RÉGION ET DÉVELOPPEMENT

n° 42-2015

Les petites économies insulaires

Nouveaux regards conceptuels et méthodologiques

REVUE RÉGION ET DÉVELOPPEMENT

Revue fondée en 1995 par Gilbert Benhayoun et Maurice Catin

Revue semestrielle référencée dans ECONLIT et dans IDEAS (REPEC)

Site web : www.regionetdeveloppement.org
ISSN 2117-0843

5-7, rue de l'Ecole-Polytechnique, 75005 Paris

http://www.harmattan.fr
diffusion.harmattan@wanadoo.fr

ISBN : 978-2-343-08588-3
EAN : 9782343085883

Région et Développement

n° 42 - 2015

Les petites économies insulaires : nouveaux regards conceptuels et méthodologiques

Coordonné par
Valérie ANGEON et Jean-François HOARAU

INTRODUCTION

LES PETITES ÉCONOMIES INSULAIRES : UN MONDE À PART ENTIÈRE ?

NOUVEAUX REGARDS CONCEPTUELS ET MÉTHODOLOGIQUES

Valérie ANGEON*, Jean-François HOARAU**

Les petites économies insulaires (PEI) font l'objet d'une attention particulière sur la scène internationale depuis les années 1970. Leurs revendications ont été légitimées, pour partie, avec l'accession à l'indépendance du « troisième monde » : souveraineté politique (décolonisation, démocratisation des régimes politiques), hégémonie économique (meilleure insertion dans la division internationale du travail, établissement d'un nouvel ordre mondial), prise en compte des facteurs sociaux dans les objectifs du développement (amélioration des conditions de vie des populations, respect des identités culturelles). Au-delà de l'expression de ce socle de revendications partagées, les espaces insulaires apparaissaient en fait comme un « quatrième monde ». Une véritable « identité insulaire » s'est concrétisée en 1990 avec la création de l'organisation intergouvernementale des pays insulaires et côtiers, l'Alliance of Small Island States (AOSIS), qui pèse d'un certain poids dans les négociations internationales, notamment pour ce qui concerne les débats actuels sur le réchauffement climatique.

La marginalité de ces espaces provient de leur distance géographique mais aussi économique et politique par rapport aux Métropoles auxquelles peu ou prou ils se rattachent. Ces espaces interrogent de manière particulière les rapports entre le local et le global et ont fait valoir leurs spécificités jusqu'à être considérés par les organisations internationales comme une catégorie à part entière de pays en développement. Leur marginalité a longtemps exprimé le résultat d'un certain "retard", d'une dépendance par rapport à leur Métropole d'origine, ce qui amène aujourd'hui les PEI à définir de nouvelles règles de production et d'échange.

L'Organisation des Nations Unies et la Banque mondiale définissent ces espaces comme des « petits Etats insulaires en développement » (PEID)[1]. Leurs caractéristiques géophysiques (petite dimension, éloignement des grands mar-

* AgroParisTech UMR Métafort - INRA URZ et Université des Antilles CRPLC, auteur correspondant ; valerie.angeon@gmail.com
** Université de la Réunion CEMOI ; jfhoarau@univ-reunion.fr

[1] On compte 47 PEID.

chés) et leur corollaire (faible diversification des activités économiques, dépendance extérieure) sont couramment présentés comme des déterminants intrinsèques de leur vulnérabilité freinant leur développement. Ces arguments ont fait l'objet d'un ensemble de théorisations économiques (Selwyn, 1980 ; Bhaduri *et al.*, 1982 ; Jalan, 1982 ; Crusol *et al.*, 1988 ; Célimène et Watson, 1991) conduisant à l'enrichissement et à l'élargissement de l'approche phénoménologique de Moles (1982) fondant la nissologie.

La science des îles reconnaît aux grandeurs topologiques une importance capitale en ce qu'elles forgent des configurations sociales singulières dans les PEI (homogénéité culturelle, qualité du substrat social, propension à l'action collective, etc.). Les représentations, les pratiques, les modes de vivre, d'habiter, de penser conféreraient aux populations insulaires une identité propre. Espaces finis et bornés, dont les frontières géographiques sont jugées tantôt cloisonnantes (discontinuité physique, enclavement, périphéricité) ou à l'inverse tantôt perméables (contiguïté) ou permissives (connexité), les îles ne constituent pas un objet d'analyse unifié (Magnan, 2009). En effet, la définition même de l'île est sujette à caution (Taglioni, 2006) et les concepts qui lui sont liés (insularité, îléité, insularisme) sont invariablement mobilisés pour désigner des réalités proches.

Néanmoins, le point commun et persistant dans le temps à l'ensemble des travaux sur les PEI tient dans la mise en évidence de facteurs constitutifs de leur vulnérabilité (Briguglio, 1995 ; UN, 2008; Angeon et Saffache, 2008 ; Guillaumont, 2009, 2010 ; Briguglio *et al.,* 2009 ; Angeon et Bates, 2015). La vulnérabilité des PEI relève de leur exposition à des chocs exogènes d'origine environnementale (risques majeurs) et économique (interdépendance des marchés). Ces aléas naturels (fréquence et violence d'épisodes climatiques extrêmes, crises sanitaires) et économiques (volatilité des cours mondiaux, instabilité du commerce international) accroissent la fragilité de ces espaces dont les ressources naturelles sont limitées (perte de biodiversité, dégradation et épuisement des écosystèmes) et dont la dynamique d'insertion dans la division internationale du travail s'est longtemps établie sur la base d'une spécialisation productive centrée sur une activité dominante.

Ainsi, la littérature se focalise sur les traits discriminants des PEI appréhendés en termes physique (petitesse, tropicalité), économique (déséconomies d'échelle, étroitesse des marchés locaux, dotations factorielles limitées, coûts d'accès aux ressources extérieures, etc.), social (moindre intensité et volatilité du capital humain, précarité du marché du travail, insécurité, etc.) et historique (relations privilégiées entretenues avec les anciennes tutelles politiques). Plus généralement, les travaux menés sur la fragilité et la marginalité de ces espaces portent un éclairage sur leur construction politique et interrogent leurs expériences et leurs "modèles" de développement (Daniel, 1996, 2007, 2011, 2013 ; Constant et Daniel, 1999 ; Baldacchino et Milne, 2000, 2009 ; Bertram et Poirine, 2007).

Les particularismes des PEI ont été soulignés en 1992 lors du Sommet de la Terre – la Conférence des Nations Unies sur l'Environnement et le Développement (CNUED) énonçant que les PEID constituent « un cas particulier pour l'environnement et le développement » (Agenda 21, Chapitre 17, section G, § 124). Leurs spécificités ont été réaffirmées par la suite lors du Sommet de la Terre à Johannesburg en 2002 (Plan d'implémentation du Sommet de la Terre sur le développement durable des PEID, Chapitre 7) et plus récemment en 2012 (Rio+20). Les déterminants structurels de la vulnérabilité des PEI apparaissent comme des handicaps que l'on cherche à contrer par des dispositifs réglementaires et des politiques appropriés. On peut citer, par exemple, les traitements préférentiels négociés et accordés aux PEID (cf. paragraphe 35 de la Déclaration de la Conférence ministérielle de l'Organisation Mondiale du Commerce tenue à Doha en 2001), les accords de préférences commerciales non réciproques passés entre l'Union européenne et les pays ACP[2] – Convention de Lomé (1975-2000, Accord de Cotonou (2000-2020)[3] – ainsi que l'amendement au traité d'Amsterdam (article 299, §2) pour ce qui concerne les petites économies ultramarines de l'Union européenne assimilées à des PEID (Levratto, 2007; Bayon, 2007; Angeon, 2011). Cet amendement constitue d'ailleurs le fondement juridique de la notion de région ultrapériphérique (RUP) et marque la nécessité d'adapter les politiques communautaires aux réalités et aux enjeux de développement de ces régions (Jos et Perrot, 1994, 2000).

Depuis leur identification comme "groupe spécial" lors du Sommet de la Terre en 1992, les PEID ont fait émerger une série d'objectifs auxquels ils entendent souscrire afin d'améliorer leurs performances économiques, sociales et environnementales. Plusieurs propositions concrètes ont ainsi vu le jour. Elles se sont traduites par des programmes d'action visant à implémenter le développement durable dans ces territoires comme stratégie de mitigation de leurs handicaps structurels. Ainsi en est-il des trois conférences des Nations Unies sur les PEID qui se sont respectivement tenues à la Barbade en 1994 (Barbados Programme of Action – BPoA), à Maurice en 2005 (the Mauritius Strategy for further implementation of the Barbados Programme of Action for the sustainable development of Small Island Developing States – SIDS) et dans l'Etat de Samoa en 2014 (SIDS Accelerated Modalities of Action [SAMOA] Pathway).

La justification de mesures dérogatoires à l'égard des PIED appelle à la constitution de méthodes d'évaluation de leurs spécificités et de la durabilité de leur développement. Une telle réflexion a été engagée dès la conférence de la Barbade. Le BPoA – visant à transformer les prescriptions de l'Agenda 21 en mesures et politiques spécifiques en faveur du développement durable des PEID – s'est spécifiquement orienté vers la construction d'indicateurs de vulnérabilité. Dans son prolongement, la conférence de Maurice s'est tournée vers l'élaboration de stratégies de résilience pour les PEID. Enfin, la conférence de Samoa souligne la nécessité d'entreprendre une approche intégrée et globale du développement durable pour satisfaire les objectifs fixés en matière de renforcement de la résilience des PEID. Cet intérêt pour l'élaboration d'indicateurs du développement à travers la mesure de la vulnérabilité et de la résilience n'est pas seulement le fait des organisations internationales. La littérature en écono-

[2] Plusieurs des PEID sont des pays ACP.

[3] Ces derniers prévoient la négociation d'Accords de Partenariat Economique entre l'Union et les pays ACP.

mie du développement est particulièrement prolifique de ce point de vue (entre autres travaux : Briguglio, 1995; Wells, 1997; Atkins *et al.*, 2000; Adrianto et Matsuda, 2004; Turvey, 2007; Briguglio *et al.*, 2009; Guillaumont, 2009, 2010 ; Blancard et Hoarau, 2013, 2015; Angeon et Bates, 2015; Bates *et al.*, 2014).

Ce numéro spécial sur les petites économies insulaires entend porter un nouveau regard sur les PEI et leurs dynamiques de développement. Il présente une triple originalité. D'abord, il comprend des contributions de différente nature enrichissant la littérature sur le plan empirique en mobilisant des outils méthodologiques novateurs. Ensuite, il rassemble des textes qui positionnent la littérature sur les PEI par rapport au développement durable. Enfin, ce numéro spécial regroupe des travaux qui considèrent différentes échelles d'analyse (macroéconomique, sectorielle, microéconomique) et opère un focus sur des espaces économiques peu étudiés jusqu'à présent, en l'occurrence les outremers français lesquels sont assimilés ici à des PEID.

Un premier ensemble de travaux tente de relativiser la vision fataliste de l'insularité comme génératrice de fragilité économique et de mal développement. Un renouvellement des analyses et des méthodes de mesure du développement des PEI est proposé à l'aune de l'enjeu contemporain du développement durable. Une attention particulière est accordée au rôle joué par le statut politique (économie indépendante versus économie affiliée), et notamment celui des territoires outre-mer français.

S'interrogeant sur la performance des PEI, l'article de **Samuel Bates et Valérie Angeon** propose, à partir d'une revue critique de la littérature, un indicateur composite de vulnérabilité et de résilience qui inclut et hiérarchise les différentes dimensions du développement durable. L'indicateur élaboré se présente comme un outil d'évaluation du développement durable des PEI. Il s'appuie sur un matériau méthodologique (théorie des graphes, algorithme B2A) et rejoint en cela les préconisations des organisations internationales invitant depuis le premier Sommet de la Terre à Rio (1992) à concevoir des indicateurs de mesure et de preuve empirique de la vulnérabilité des PEI. Sur cette base, les auteurs démontrent que les PEI ne sont pas plus vulnérables que les autres catégories de pays. Ils concluent que si les facteurs intrinsèques (tels que la périphéricité) jouent, ils ne constituent pas un déterminant grevant irréversiblement la croissance des PEI. Plus largement, les auteurs conviennent que la vulnérabilité recèle une dimension construite.

Existe-t-il un lien entre statut politique et développement économique en milieu insulaire ? En d'autres termes, la qualité institutionnelle d'économie indépendante ou affiliée a-t-elle une influence sur les performances de croissance et de développement des PEI ? L'article de **Geoffrey Bertram** se penche sur cette question en proposant une analyse descriptive dynamique de plusieurs indicateurs standards de développement (PIB réel par habitant, capacité à l'importation, espérance de vie, mortalité infantile) sur la période longue 1900-2013 pour un vaste échantillon de PEI. L'auteur montre que, même s'il est indéniable que globalement les économies affiliées affichent de meilleures performances que les économies indépendantes, les écarts de développement constatés aujourd'hui datent d'avant la période de décolonisation. Aussi, le processus de décolonisation choisi par les économies insulaires ne permet pas d'expliquer la divergence contemporaine en termes de prospérité économique.

Dans le même ordre d'idées, l'article de **Michaël Goujon et Jean-François Hoarau** s'intéresse au lien potentiel entre statut politique et performance de développement pour un ensemble particulier de PEI dépendantes d'une métropole avancée, en l'occurrence les départements et collectivités d'outremer (DCOM) français. En construisant pour la première fois, un Indice de Développement Humain (IDH) "hybride" pour ces territoires, les auteurs mettent en lumière que ces derniers manifestent, sur la période récente (1995-2010), un niveau de développement relativement important (à l'exception de Mayotte), parmi les plus élevés du monde insulaire, et en constante amélioration sur les trois dernières décennies. Néanmoins, les écarts de développement constatés par rapport à la moyenne métropolitaine restent encore significatifs, et ne semblent pas se résorber dans le temps. La décomposition de l'indicateur synthétique fait ressortir le fait que les progrès enregistrés par les DCOM en termes de développement humain sont clairement de nature sociale (santé et éducation). Autrement dit, le principal facteur explicatif du retard par rapport à la France métropolitaine est l'absence de convergence dans la dimension du niveau de vie (quelle que soit l'hypothèse faite sur les écarts de niveau de prix). Ce résultat interroge sur la pertinence du modèle économique ultramarin basé sur le triptyque : exportation agricole fortement subventionnée, industrie de substitution à l'importation protégée, transferts publics.

Ce retard économique est depuis longtemps reconnu et a fait l'objet de la mise en place dans ces territoires d'un arsenal de politiques spécifiques destinées à stimuler la croissance économique et la création d'emplois. Parmi cet ensemble, la politique fiscale, et notamment l'outil d'exonération des charges sociales, a été largement mobilisée. L'article de **Aziz Garsaa, Nadine Levratto et Luc Tessier** se propose justement d'étudier les effets des réductions de charges sociales sur l'emploi dans les DCOM et fournit une grille de lecture permettant d'apprécier, dans une perspective comparative, l'efficacité des politiques qui les soutiennent. L'analyse s'appuie sur un panel large d'entreprises de six DCOM et utilise l'économétrie des données de panel. Trois types de régressions en panel sont effectuées (MCO, effets fixes et régression quantile) afin d'apprécier l'impact des variables sur la distribution des taux de croissance. Les auteurs montrent ainsi que la réduction des charges exerce une influence positive sur la variation de l'emploi au niveau microéconomique mais différenciée selon la taille de l'entreprise, les secteurs et le dynamisme des firmes.

Un deuxième ensemble de travaux se focalise sur le lien entre spécialisation productive des PEI et vulnérabilité économique (et donc stabilité de la croissance à long terme). Le rôle des trois secteurs d'activité à la base des modèles de développement en contexte insulaire (agriculture, industrie de substitution à l'importation, tourisme) est analysé.

S'intéressant au secteur agricole, qui a pendant longtemps été un secteur dominant et structurant de ces économies, **Valérie Angeon et Samuel Bates** remettent en cause la conclusion du déterminisme agricole généralement décrit comme une composante forte de la vulnérabilité. Les auteurs construisent un indicateur de vulnérabilité agricole qu'ils appliquent à un échantillon de pays (développés et non développés, insulaires et continentaux) dont ils testent le lien avec un indicateur de vulnérabilité et de résilience macroéconomique. Ils montrent ainsi que l'ouverture économique des PEI est un facteur important de croissance mais peut aussi se révéler être un facteur de vulnérabilité qui peut être contré par une "bonne" structure de gouvernance économique. En l'occurrence, l'un des enjeux majeurs dans les PEI qui maintiennent leur spécialisation productive agricole est de faire de l'agriculture une activité présentielle. Une telle réorientation du choix de spécialisation productive pourrait alors s'inscrire dans une stratégie de développement auto-centré.

Au sortir de la décolonisation, indépendamment de l'orientation institutionnelle choisie, de nombreuses PEI ont opté pour la mise en place d'un développement endogène, de type auto-centré, à travers l'adoption d'une politique industrielle de substitution à l'importation couplée à un protectionnisme fort. Quarante ans après, on peut s'interroger sur l'efficacité de cette stratégie. Autrement dit, constitue-t-elle une option pertinente pour concevoir le développement d'économies caractérisées par la présence de handicaps structurels lourds ? L'article de **Bernard Poirine et Jean-François Gay** analyse en ce sens l'économie ultramarine polynésienne. L'analyse de la décomposition de la croissance de la Polynésie française révèle que la politique de développement auto-centré, défendue par les décideurs locaux depuis les années 1970, est un échec. D'abord, l'expérience de protectionnisme extrême a conduit à une perte de bien-être substantielle, à la fois pour le consommateur et pour la collectivité. Ensuite, l'import-substitution n'a pas apporté de contribution significative à la croissance sur longue période. Cette stratégie industrielle, résolument tournée vers le marché domestique, n'offre aucune garantie de développement soutenable. Pire, elle menace l'émergence et le développement d'activi-tés essentielles pour la croissance, comme les exportations de biens et services, et en particulier le tourisme. Pour les auteurs, le développement des DCOM français doit alors s'envisager de manière "extravertie" et non pas "introvertie" comme c'est le cas actuellement. En effet, en milieu insulaire, la croissance soutenue ne peut provenir que des ressources extérieures (transferts publics, exportations de biens, tourisme, services financiers ou éducatifs).

Partant également de ce constat d'un développement nécessairement extraverti pour les PEI, l'article de **Claire Goavec et Jean-François Hoarau** montre que nombre d'entités insulaires n'ont eu d'autres choix que de se spécialiser dans le tourisme. Prenant le contre-courant de la pensée orthodoxe en la matière, faisant de la spécialisation touristique la clé de voûte d'un développement réussi en milieu insulaire, les auteurs mettent en avant le danger potentiel d'une dépendance par rapport à ce secteur, en termes de vulnérabilité économique accrue et donc de perspectives de croissance limitées sur longue période. L'activité touristique génère des coûts importants à long terme (fuites, syndrome hollandais, trappe à faible qualification, instabilité, dégradation environnementale, coûts sociaux et culturels…) qui peuvent contrebalancer les effets positifs constatés à court terme. Les auteurs intègrent alors cette instabilité potentielle liée à la spécialisation touristique dans la construction d'une version amendée et robuste de l'Indicateur de Vulnérabilité Economique Structurelle

(IVES) des Nations-Unies. L'application de l'IVES à un large échantillon de pays en développement fait ressortir le fait que le groupe des PEI, pour la plupart dépendantes du tourisme, est significativement plus vulnérable que celui des économies non insulaires, et plus vulnérable même que le groupe des pays à faible revenu. Ce résultat contrecarre celui de Brau *et al.* (2003) qui montrent pour un échantillon de 136 pays sur la période 1960-1995 que le degré de spécialisation (en l'occurrence ici la spécialisation touristique) influe positivement sur la croissance.

Cette proposition d'un lien entre spécialisation touristique et vulnérabilité est analysée plus en détail par l'article de **Vincent Geronimi, Natalia Zugravu-Soilita, Christine Le Gargasson et Jessy Tsang King Sang**. A l'aide d'une régression en panel non-cylindré, les auteurs mettent en évidence l'existence d'une relation non linéaire entre spécialisation touristique et vulnérabilité/croissance. En clair, jusqu'à un certain seuil, plus élevé pour les PEI par rapport aux non PEI, la spécialisation touristique réduit la vulnérabilité et accélère la croissance. Toutefois, au delà du seuil, l'effet s'inverse : l'effet marginal du tourisme sur la vulnérabilité économique n'est pas constant et varie en fonction du degré de spécialisation en matière de tourisme. Comment expliquer alors la présence de ce point de retournement ? Les auteurs montrent en particulier que l'impact de la spécialisation touristique sur la vulnérabilité dépend de la plus ou moins forte différenciation des prestations touristiques, ainsi que des dynamiques d'évolution des patrimoines mobilisés. Aussi, seule la stratégie d'un tourisme différencié, exploitant les spécificités d'un patrimoine naturel ou culturel, peut permettre d'échapper à la logique de la concurrence par les prix et de réduire par conséquent la vulnérabilité des PEI pour peu que ces dernières soient capables de maintenir le patrimoine à la source de son attractivité. La forte spécialisation, ici, serait même une condition préalable à la soutenabilité de cette activité, afin de faire émerger l'expérience et les ressources financières nécessaires à l'instauration d'une politique de préservation des patrimoines.

Les handicaps structurels lourds intrinsèques aux PEI (distance, coûts de transport élevés, petitesse du marché et des économies d'échelle…), ceux-là même impliqués dans l'impossibilité d'un développement industriel, seraient aussi des facteurs limitatifs à la soutenabilité d'une spécialisation touristique basée sur le tourisme de masse. A cet ensemble de contraintes, il faut ajouter dans le contexte précis des DCOM un niveau élevé des coûts salariaux, héritage d'un modèle de développement axé sur les transferts publics, qui vient détériorer encore un peu plus la compétitivité-prix, et donc l'attractivité touristique, de ces destinations. L'article de **Florent Deisting et Serge Rey** suggère alors, que si les économies ultramarines françaises désirent miser sur le tourisme comme levier de croissance, une analyse des déterminants du tourisme pour ces territoires est indispensable. En mettant en oeuvre une estimation en données de panel avec effets fixes, les auteurs insistent particulièrement sur le rôle prépondérant joué par le taux de change euro/dollar (une variable reflétant l'aspect compétitivité-prix) dans l'arbitrage entre destinations. L'appréciation de l'euro contre le dollar exerce en effet un impact très fort sur les flux de touristes vers les DCOM. La conclusion de ce travail rejoint donc celle de l'article précédent, à savoir qu'un développement des DCOM par le tourisme ne peut passer que par la voie d'un tourisme différencié (plus cher et moins sensible aux variations de prix, de niche, innovant ou reposant sur un patrimoine culturel, naturel ou immatériel unique).

REFERENCES

Adrianto L, Matsuda Y., 2004, "Study on assessing economic vulnerability of small island regions", *Environment, Development and Sustainability,* 6(3), 317-336.

Angeon V., Bates S., 2015, "Reviewing Composite Vulnerability and Resilience Indexes: A Sustainable Approach and Application", *World Development,* 72, 140-162.

Angeon V., 2011, "De la nécessité d'une agriculture innovante dans les départements français d'Amérique", *Innovations Agronomiques*, 16, 217-238.

Angeon V., Saffache P., (Dir.), 2008, Petits territoires insulaires et développement durable, *Etudes caribéennes*, 11. http://etudescaribeennes.revues.org/3443.

Atkins J-P., Mazzi S.A., Easter, C.D., 2000, *Commonwealth vulnerability index for developing countries: The position of small states.* Economic Paper Series 40. Commonwealth Secretariat, London.

Baldacchino G., Milne G.D., 2009, *The Case for Non-sovereignty: Lessons from Sub-national Island Jurisdictions*, Routledge.

Baldacchino G., Milne G.D., 2000, *Lessons from the Political Economy of Small Islands: The Resourcefulness of Jurisdiction*, Macmillan.

Bates S., Angeon V., Ainouche A., 2014, "The Pentagon of Vulnerability and Resilience: A Methodological Proposal in Development Economics by Using Graph Theory", *Economic Modelling*, 42, 445-453.

Bayon D., 2007, "Des economies vulnérables et dépendantes", in Levratto N., *Comprendre les économies d'Outre-Mer*, Paris, L'Harmattan, 67-103.

Bertram G., Poirine B., 2007, "Island Political Economy", in G. Baldacchino (ed.), *A World of Islands: an island studies reader*, Canada and Malta, Institute of Island Studies and Agenda Academic, 332-378.

Bhaduri A., Mukheji A., Sengupta R., 1982, "Problems of long term growth in small economies: a theoretical analysis', in Jalan B., (Ed.), *Problems and Policies in Small Counrries*, Croom Helm, London, 49-67.

Blancard S., Hoarau J.F., 2013, "An optimal sustainable human development indicator for small island developing states: a reappraisal from data envelopment analysis", *Economic Modelling*, 2013, 30(C), 623-635.

Blancard S. Hoarau J.F., 2015, "Are small island developing economies more economically vulnerable than others? An empirical approach using composite indicator and data envelopment analysis ", *Revue Economique,* à paraître.

Briguglio L., 1995, "Small island developing states and their economic vulnerabilities", *World Development*, 23, 1615-1632.

Briguglio L., Cordina G., Farrugia N., Vella S., 2009, "Economic vulnerability and resilience: Concepts and measurements", *Oxford Development Studies*, 37, 229-247.

Célimène F., Watson B., 1991, *Économie politique caribéenne*, Economica, Paris.

Crusol J., Hein P., Vellas F., 1988, *L'enjeu des petites économies insulaires*, Economica, Paris.

Daniel J., 2013, "De la domiciliation des pouvoirs locaux au triomphe de la gouvernance : les nouvelles visions de la proximité ultramarine", Chicot P-Y., (Ed.), *Décentralisation et proximité. Territorialisation et efficacité de l'action publique locale*, Dalloz-Sirey, Paris, 59-73.

Daniel J., 2011, *Les outre-mer à l'épreuve du changement : réalités et perspectives des réformes territoriales*, l'Harmattan (GRALE), Paris.

Daniel J., 2007, *L'outre-mer à l'épreuve de la décentralisation : Nouveaux cadres institutionnels et difficultés d'adaptation*, l'Harmattan (GRALE), Paris.

Daniel J., 1996, *Les îles caraïbes : modèles politiques et stratégies de développement*, Karthala, Paris.

Daniel J., Constant F., 1999, *Politique et Développement dans la Caraïbe*, l'Harmattan, Paris.

Guillaumont P., 2009, "An economic vulnerability index: Its design and use for international development policy", *Oxford Development Studies*, 37, 193-228.

Guillaumont P., 2010, "Assessing the economic vulnerability of small island developing states and the least developed countries", *Journal of Development Studies,* 46, 828-854.

Jalan B. (Ed.), 1982, *Problems and policies in small economies,* St. Martin's Press, New York.

Jos E., Perrot D., 2000, *Les Départements français d'Outre-Mer et le droit de l'Union européenne — Les Grands Textes*, Paris, La Documentation française, Collection des Travaux de la Commission pour l'Étude des Communautés Européennes (CEDECE).

Jos E., Perrot D., 1994, *L'Outre-Mer et l'Europe Communautaire — Quelle insertion ? Pour quel développement ?*, Economica, Paris.

Levratto N., 2007, *Comprendre les économies d'outremer*, L'Harmattan, Paris.

Magnan A., "Systèmes insulaires, représentations pyramidales et soutenabilité : approche comparative océan Indien/Petites Antilles", *Les Cahiers d'Outre-Mer*, 248, pp. 2009, 529-548.

Moles A., 1982, "Nissologie ou science des îles", *L'Espace géographique*, 4, article repris dans Moles A. et Rohmer E., 1982, *Labyrinthes du vécu*, Librairie des Méridiens, Paris.

Selwyn P., 1980, "Smallness and islandness", *World Development,* 8, 12, 945-952.

Taglioni F., 2006, "Les petits espaces insulaires face à la variabilité de leur insularité et de leur statut politique", *Les Annales de géographie,* 652, 664-687.

Turvey R., 2007, "Vulnerability assessment of developing countries: The case of small-island developing states", *Development Policy Review*, 25, 243-264.

United Nations, 2008, *Handbook on the least developed country category: Inclusion, graduation and special support measures*. New York: Committee for Development Policy and Department of Economic and Social Affairs.

PROMOTING THE SUSTAINABLE DEVELOPMENT OF SMALL ISLAND DEVELOPING STATES: INSIGHTS FROM VULNERABILITY AND RESILIENCE ANALYSIS

Samuel BATES*, Valérie ANGEON**

Abstract - *This article suggests a generic method to compute a composite index of vulnerability and resilience from a sustainable development perspective: the Net Vulnerability-Resilience Index. A worldwide application shows that both vulnerability and resilience are policy responsive. From the worst to the ideal, the state of vulnerability-resilience can be an uncontrolled vulnerability, a contained vulnerability, an unstable resilience or a stable resilience. We show that contrary to the well-established conclusion, Small Island Developing States are not specifically more prone to vulnerability than other countries. Small Island Developing States must concentrate their efforts on a better international economic integration that should be compatible with the preservation of their natural resources.*

Key-words - COMPOSITE INDEX, GRAPH THEORY, VULNERABILITY, RESILIENCE, SUSTAINABLE DEVELOPMENT

JEL Classification - O11, Q01, C02

This work has received support under the program « Agrobiosphère » (Gaia-Trop) launched by the French Government and implemented by ANR with the references ANR-12-AGRO-0009-05.

* Université Paris-Dauphine, PSL Research University ; samuel.bates@dauphine.fr ; corresponding author.

** AgroParisTech-UMR Métafort; INRA-URZ and French West Indies University-CRPLC; valerie.angeon@gmail.com

1. INTRODUCTION

A growing interest in vulnerability and resilience issues has contributed for twenty years to the economic literature and in particular to the economic literature emanating from development economics. This body of literature analyzes the state of vulnerability and resilience (VR) of countries, given the idea that vulnerability harms development. Vulnerability is commonly defined as the exposure of a system (*i.e.,* a country) to exogenous shocks. Vulnerability refers to permanent or quasi-permanent features that are intrinsically (*i.e.,* structurally) deterministic, in contrast to resilience, which is the ability of a system to absorb shocks or to withstand its impact (Adrianto and Matsuda, 2004; Briguglio, 1995; Dabla-Norris and Bal Gündüz, 2014; Guillaumont, 2009, 2010; Guillaumont and Wagner, 2013; Rose and Krausmann, 2013). Resilience falls within the building capacity of a country that involves its policy-makers.

Various composite VR indexes computed at the macro scale have been suggested (among others, Briguglio, 1995; Briguglio *et al.*, 2009; Atkins *et al.*, 2000; UWI, 2002; Guillaumont, 2009, 2010) and have diversely informed the debate that contributes to the production of the standard "Economic Vulnerability Index (EVI)" produced by the United Nations (2008, 2014). These indexes also note the high vulnerability of Small Island Developing States (SIDS). These empirical and methodological works legitimate the common idea according to which international aid should be specifically dedicated to SIDS.

This idea was formerly endorsed in the Earth Rio 1992 Summit. Two years later, the Global Conference on the Sustainable Development of SIDS hosted in Barbados in 1994 reaffirmed this position. Ten years after the first Rio Earth Summit, the United Nations Development Program report discussed *the* growing *vulnerability of Small Island Developing States* (UNDP, 2002). During the same year, the Johannesburg Summit on Sustainable Development reaffirmed that SIDS are a special category in terms of environment and development. The UN report noticed that the vulnerability of the majority of SIDS has increased significantly since the 1994 Barbados Conference and that SIDS should pay greater attention to their ability to build resilience. In 2005, the Mauritius conference reiterated that "the acknowledged vulnerability of small island developing States continues to be of major concern and that this vulnerability will grow unless urgent steps are taken" (Mauritius declaration, p. 2) and then recognized that progress has been made. At the Rio+20 Summit, it was noted that SIDS should take innovative steps to pursue their commitment in sustainable development strategies and vulnerability management. "We [also] call for a strengthening of United Nations system support to Small Island Developing States in keeping with the multiple ongoing and emerging challenges faced by these States in achieving sustainable development" (*The future we want, II. B. 33*). In the same vein, the Samoa Conference on SIDS (2014) reaffirmed that "Small Island Developing States remain a special case for sustainable development in view of their unique and particular vulnerabilities and that they remain constrained in meeting their goals in all three dimensions of sustainable development" (*Report of the Third International Conference on SIDS, Chapter 1, § 5*). The dimensions of sustainable development are explicitly mentioned here.

Despite the numerous injunctions dictated by the international community, which have led to a proliferation of works about vulnerability and resilience indexes, the main academic contributions (Briguglio, 1995; Briguglio *et al.*, 2009; Atkins *et al.*, 2000; UWI, 2002; Guillaumont, 2009, 2010 etc.) can be criticized at several levels:

(i) The design of vulnerability-resilience dimensions. Predominance is given to the economy, whereas the reference to sustainable development emphasized by international institutions invokes other parallel dimensions (Angeon and Bates, 2015). These indexes include implicitly at least one of the following dimensions: governance, the social dimension, the environment and periphericity, without integrating them all together. However, the classification of the same variable in different dimensions on several indexes is problematic unless we assume that these dimensions coupled with the economy are complementary rather than substitutable.

(ii) The selection of variables. The selection of variables may result from a discretionary choice beyond possible redundancies in a same index. For example, although the dependency of developing countries on the agricultural sector has evolved through time (Kellman and Shachmurove, 2011), the EVI that focuses on this group of countries overstates the economic sub-index structure. In addition, the EVI considers both the merchandise export concentration and the share of agriculture, forestry and fisheries, even though the instability of agricultural output may affect the instability of exports of goods and services. Specifically, the selection of variables and their inter- and intra-dimensional structure would gain from a rigorous demonstration to limit the arbitrariness of aggregate series.

(iii) The distinction between vulnerability and resilience factors. The distinction between variables is not always explicit to capture on one side resilience capacity and on the other side vulnerability propensity. This is due to indexes that mainly relate to structural vulnerability components and that do not seek to stress on resilience. For instance, the UN (2008) excludes any consideration of resilience in the calculation of the EVI (Guillaumont, 2009).

(iv) The disputable deterministic postulate. The deterministic postulate on vulnerability and resilience admits that vulnerability refers to intrinsic and structural features that cannot be changed. On the contrary, resilience is presented as greater policy leeway and thoroughly depends on political will. Angeon and Bates (2015) adopt a nuanced definition of vulnerability and resilience that accepts policy responsiveness for both concepts. This conceptual framework in line with Seth and Ragab (2012) represents a disruptive way of thinking for examining the phenomena of vulnerability and resilience. Vulnerability derives also from non-convenient political choices, actions or strategies. In that sense, vulnerability should not be conceived merely as a given asset but, as a result of policy, it may be transient. Thus, this renewed conceptual framework allows for a definition of vulnerability and resilience which admits that both of them are built.

Despite these debatable points, a consensus has emerged around analyses based on composite VR indexes according to which most of the Small Island Developing States (SIDS) have to be considered vulnerable due to deterministic features such as "islandness"[1] (Briguglio *et al.*, 2009; Guillaumont, 2009). We can notice that the weight granted *a priori* for the intrinsic and permanent features (size, location, and economic structure) is important in these works and results from variables and methodological choices. Under these circumstances, SIDS appear as highly vulnerable, a fact that may distort the reality. The lack of sustainable concerns does not fit in the international targets of achieving inclusive growth (World Bank, 2008). Thus, conceptual and methodological refinements of VR composite indexes should reveal the effective characteristics that depict SIDS and their development propensity.

Considering the criticisms addressed to the composite VR indexes, the Net Vulnerability-Resilience Index (*NVRI*) suggested in Bates *et al.* (2014) should deserve attention. The *NVRI* provides (*i*) a holistic view of vulnerability and resilience with 5 complementary dimensions in line with sustainable development, (*ii*) a mathematical background based on an algorithm of graph theory to select the root variables that enter into its computation, (*iii*) an explicit distinction between vulnerability and resilience variables, and (*iv*) a non-deterministic view of vulnerability. Therefore, the *NVRI* is a convenient tool to reassess the vulnerability and resilience of SIDS.

Based on the advantages given by the *NVRI*, this paper sheds new light on the vulnerability-resilience of SIDS from a global sample of countries that includes developing countries, developed countries and average developed countries. As a multimetric composite index, the *NVRI* reveals the dimensions that underlie the strengths and the weaknesses of SIDS.

The holistic and non-deterministic approach involved in the *NVRI* leads to mitigate the absolute vulnerability of SIDS using the following: (1) feasible trajectories of sustainable development, and (2) the contestation of the haunting discourse on vulnerability strictly related to geophysical characteristics. Financial compensation of "islandness" becomes counterproductive if it reinforces the irresponsibility of SIDS in terms of policy orientation.

The paper is organized as follows: Section 2 discusses the computation principles and interpretation of the *NVRI*. Section 3 highlights the diversity of SIDS profiles and notes disruptive analysis about SIDS. Section 4 presents conclusions.

2. COMPUTATION PRINCIPLES AND EFFICIENCY OF THE *NVRI*

A recent survey on VR indexes (Angeon and Bates, 2015) shows that the following five dimensions: economic, social, environmental, political (governance) and periphericity are key. These different dimensions are documented by an initial pool of 43 variables. Bates *et al.* (2014) suggest a mathematical method to obtain a short set of variables to build the *NVRI* efficiently and robustly.

2.1. Computational principles

From the large initial set of variables that cover the five dimensions of VR, Bates *et al.* (2014) structure the networks of relationships by distinguishing a

[1] Smallness and remoteness.

root set (basis of VR) and non-root sets (consequences of VR)[2]. Several implications are deduced from the Tarjan algorithm (1972) that is mobilized:

(i) The 5 dimensions of VR are fully central to analyze the VR of States

Theoretically, a non-holistic consideration of VR (*i.e.*, a conception in which at least one of the five dimensions is missing) would undermine a consistent VR quantification. The 5 dimensions are structured as follows (Figure 1):

Figure 1. Networks of the dimensions of vulnerability-resilience

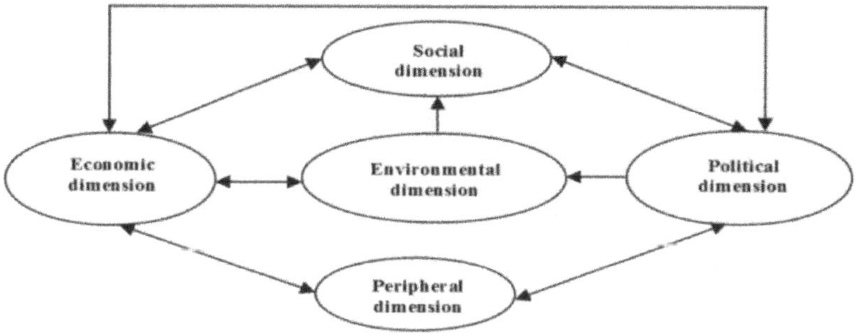

Source: Bates et al. (2014).

Graph theory shows that two groups of dimensions are involved for studying vulnerability-resilience of countries: The *control dimensions* (economic and governance) influence all of the *contingency dimensions* (social, environmental and peripheral).

(ii) The multimetric NVRI is structured as in Figure 2

The variables that compose the *NVRI* are of a different nature. They are measured in levels, either in percentages or with sub-indexes extracted from the literature (*e.g.*, world governance index of Kaufman *et al.*, 2008). All of them are rescaled to have values in the interval [0, 1] using the standard "min-max" transformation. A variable x_i with no absolute extrema is standardized for any country *k* as follows:

For components without absolute extrema:

$$x'_{ik} = [x_{ik} - min(x_{ik})] \,/\, [max(x_{ik}) - min(x_{ik})]$$

Similarly, the transformation for a variable x_i with absolute extrema is:

$$x'_{ik} = [x_{ik} - min(x)] \,/\, [max(x) - min(x)]$$

The *NVRI* aggregates the (j=5) dimensions using a non-weighted arithmetic average for variables that refer to vulnerability or to resilience.

[2] Financial imbalances of States (in accordance with Benmelech and Dvir, 2011), the structure of international trade, social inequality and exclusion are consequences of the state of VR instead of sources of VR. Thus, these aspects are not required to build a composite index of VR because they are consequences of other variables that are already included in the root set of VR.

V_k or $R_k = \Sigma_j \Sigma_i x'_{jik}$

The final computation is: $NVRI_k = R_k - V_k$

Hence, $NVRI_k \in [-1, 1]$.

Figure 2. The structure of the *NVRI*

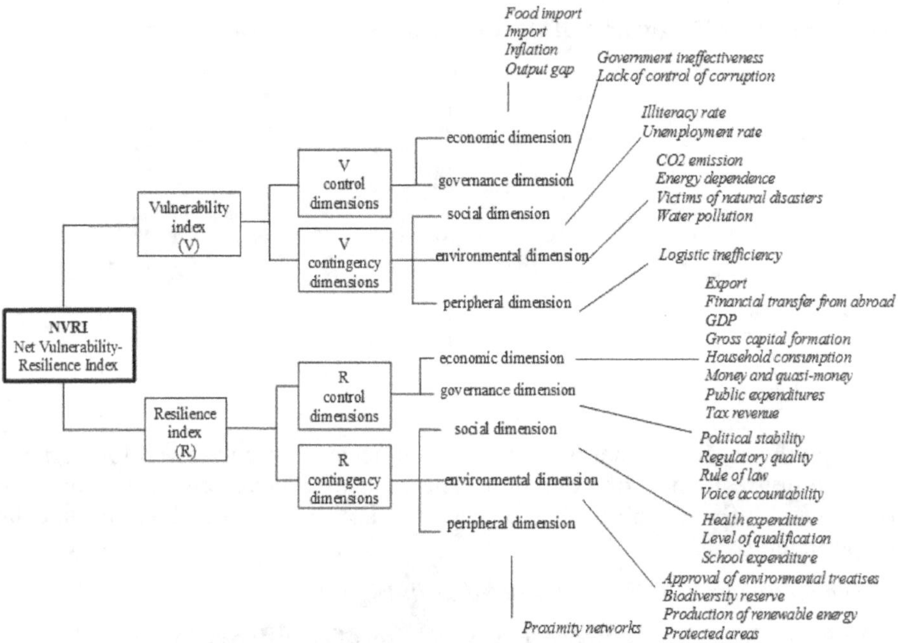

2.2. The *NVRI* efficiency

The qualities of the *NVRI* sustain its efficiency. They are summarized in 4 items:

(i) Relevance and helpfulness

The construction of a parsimonious set of variables that conveys the key messages on the state of VR provides a mathematical traceability for the selection process of variables, which limits subjectivity. Consequently, the *NVRI* includes an adequate set of variables that reflects a suitable trade-off between a small number of variables and an informational completeness on the five dimensions in line with sustainable development. Moreover, the *NVRI* is also an instrument that is easily read. A negative (*positive*) sign on the *NVRI* represents a vulnerability (*resilience*) propensity.

The *NVRI* is an intuitive and easy-to-use scoreboard to guide policy actions. This scoreboard consists of the five sub-indexes that highlight the VR dimensions and creates the context for policy strategies. Its final single value and the values of its sub-indexes must be interpreted to pinpoint the strengths and the weaknesses of countries. Therefore, reasoning on the single value coupled with the disaggregated sub-indexes enables revelation of all of the information about implicit sources of vulnerability-resilience hidden in the single value. A same aggregated value of the *NVRI* can be obtained from various economic, political, environmental, social and peripheral configurations. To avoid spurious interpretation from the single value of the *NVRI*, which may hide important disparities, the two analysis levels are complementary and required when countries or islands are compared. Using the *NVRI*, the distinction between *control dimensions* and *contingency dimensions* is central because these two types of dimensions are not equivalent. Otherwise, a spurious interpretation of the aggregated value would be obtained due to a perception of the 5 dimensions as substitutes.

(ii) Measurability

Based on the networks of interdependencies between the VR dimensions, the *NVRI* circumvents the pitfalls of weighting arbitrarily the dimensions and their associated variables. The *NVRI* helps escape from biases of experts' elicitation *à la* Cruciani *et al.* (2012) and from the time-consuming alternative statistical computations that are reported in Nardo (2005).

(iii) Workability

The scoreboard interpretation of the *NVRI* is invariant to the sample of studied countries. Boundary lines have no ambiguous definitions to separate the four VR situations (*stable resilience*, *unstable resilience*, *contained vulnerability*, *uncontrolled vulnerability*) that depict the ongoing policy strategies.

Table 1. Profiling vulnerability-resilience of countries

Stable resilience			**Unstable resilience**		
Control dimensions	Resilience capacity	Control and contingency factors complement to get resilience [SMART STRATEGY]	**Control dimensions**	Resilience capacity	Resilience capacity trespasses vulnerability propensity ['BIGIDI' STRATEGY]
Contingency dimensions	Resilience capacity		**Contingency dimensions**	Vulnerability propensity	
Contained vulnerability			**Uncontrolled vulnerability**		
Control dimensions	Resilience capacity	Vulnerability propensity trespasses resilience capacity [BOLD STRATEGY]	**Control dimensions**	Vulnerability propensity	Deficient control dimensions feed vulnerability propensity [MYOPIC STRATEGY]
Contingency dimensions	Vulnerability propensity		**Contingency dimensions**	Vulnerability propensity	

'Bigidi' is a step danced on the traditional music from Guadeloupe ("gwo-ka" drums) in which dancers are continuously imbalanced to the point of falling, without ever falling.

(iv) Flexibility

Empirical knowledge about VR is continuously updated because the appropriate measurement of the concepts is constantly debated in the literature (Montalbano, 2011). Therefore, any significant new variable can be included in the *NVRI* if it belongs to the root set of variables.

The power of the *NVRI* lies in its double interpretation, which is derived from its aggregated single value and the scoreboard for each dimension of vulnerability and resilience. In that sense, the *NVRI* is operational in two directions.

For any country, interpreting its *NVRI* value in terms of dimensions highlights the sources of the country's failures. Therefore, to promote resilience, policies should focus on the deficient dimensions to neutralize the sources of vulnerability. Thus, the changes that must occur to reverse vulnerability or improve resilience are suggested. In this way, the holistic understanding of VR fits with the international organizations' emphasis on sustainable concerns for inclusive growth.

Regarding the principles described above, the suggested *NVRI* is suitable for the analysis of both developed and developing countries. The following section provides an application of the index based on a worldwide sample to revisit the popular view according to which SIDS deserve specific attention due to their high degree of vulnerability.

3. REVISITING THE SIDS VULNERABILITY AND RESILIENCE

This section proves that the premise of greater vulnerability of SIDS must be reconsidered. Suppose that the SIDS are more vulnerable than other groups of countries; then, we must check (1) whether or not there are examples that contradict this assumption and (2) whether or not SIDS escape from the cantonment of *uncontrolled vulnerability*.

3.1. The mapping of vulnerability-resilience

The analysis focuses on worldwide data that span one decade of evolution (2000-2009). To obtain time series for the variables listed in Figure 2, the following sources were used: United Nations, World Bank, International Monetary Funds, the International Environmental Agreements Database and the International Disaster Database. The final sample totals 95 countries (with no less than 10% missing data): 25 MDCs (Most Developed Countries), 35 ADCs (Average Developed Countries), 28 LDCs (Least Developed Countries), and 7 SIDS. These countries are representative of the diverse classifications of countries discussed in Nielsen (2011). The specific category of SIDS is added for the purpose of our study. The group of SIDS is representative considering the following criteria:

(i) SIDS produce less than 1% of the worldwide wealth. The ratio of SIDS' GDP to the sample is as low as the worldwide ratio, 0.72% and 0.57%, respectively, in 2010. The 7 SIDS of the sample represent the diversity of economic performances that is effectively observed in Nielsen's classification (2011): Singapore (MDC) [3], Bahrain, the Bahamas, Maldives, Jamaica, Mauritius (ADCs), and the Dominican Republic (LDC).

(ii) The SIDS of the sample are distributed according to geographical diversity. SIDS are located in the Caribbean (Dominican Republic, Jamaica, The Baha-

[3] Cyprus and Malta are included in our sample but are no longer considered as SIDS because they integrated into the European Union in 2004.

mas), the Pacific ocean (Singapore), the Indian Ocean (Mauritius), and the Persian Gulf (Bahrain)[4].

Figure 3 maps the *NVRI* values on a worldwide basis.

Figure 3. Mapping the state of vulnerability-resilience

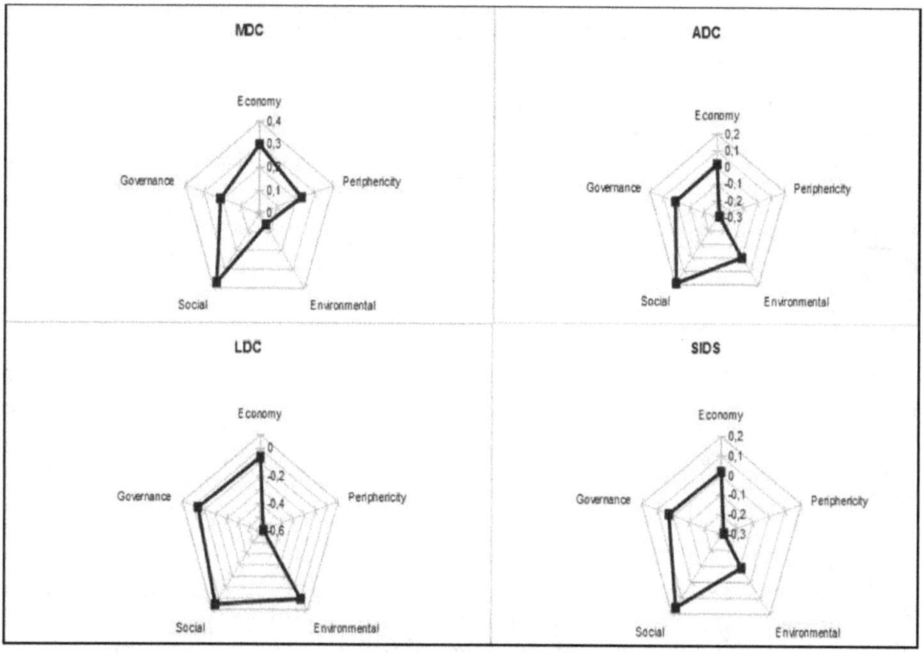

Low vulnerability and high resilience coincide with the MDCs. Conversely, high vulnerability and low resilience coincide with the LDCs. There is a cantonment effect for the most (*least*) developed countries in the profile of *stable resilience* (*uncontrolled vulnerability*). This conclusion is consistent with Atkins *et al.* (2000), Briguglio (1995), Guillaumont (2009, 2010), UN (2008).

Concerning SIDS and their specificities, we notice that SIDS have an intermediate ranking between the LDCs and the ADCs. On average, the performance of SIDS is better than the performance of LDCs. SIDS show poor performance particularly in the environmental dimensions (*NVRI* for environment equals to -0.09). However, the peripheral component of SIDS' vulnerability does not differ from that of the ADCs. For both SIDS and ADCs, the *NVRI* in terms of periphericity is equal to -0.28. LDCs suffer twice as much in terms of periphericity (*NVRI* for this dimension is equal to -0.57). This leads to doubt regarding the stance according to which remoteness as a vulnerability factor is solely specific to SIDS. Despite the negative effect of periphericity, SIDS exhibit good performances in terms of governance. Their results outperform the ones the ADCs' results (*NVRI* = 0.03 and 0.01, respectively). Consequently, claiming that remoteness is an intrinsic factor of vulnerability that impedes de-

[4] Former SIDS (Cyprus and Malta) are located in the Mediterranean Sea.

velopment is debatable. SIDS can activate resources of resilience particularly in the economic and political dimensions to reverse physical assets of vulnerability. This calls for envisioning the state of vulnerability-resilience as a built strategy instead of an incurred factor.

3.2. SIDS vulnerability-resilience at a glance

Contrary to the MDCs and to the LDCs, results are not so clear for the 7 SIDS of the sample. Table 2 provides an illustration on this point.

Table 2. Profiling SIDS vulnerability and resilience

Stable resilience		**Unstable resilience**	
[SMART STRATEGY]	Singapore *(27/95)*	['BIGIDI' STRATEGY]	Bahamas *(59/95)*
Contained vulnerability		**Uncontrolled vulnerability**	
[BOLD STRATEGY]	Bahrain *(45/95)* Mauritius *(58/95)*	[MYOPIC STRATEGY]	Jamaica *(59/95)* Maldives *(62/95)* Dominican Republic *(76/95)*

Figures in parentheses indicate the NVRI rank on a worldwide sample of 95 countries.

There is no "cantonment effect" for the SIDS in terms of vulnerability and resilience wherever they are geographically located. Such a conclusion invalidates the premise of the absolutely high vulnerability of SIDS that would imply that the SIDS represent a homogeneous group of countries located in the worst case of *uncontrolled vulnerability*.

Figure 4 gives further details by focusing on 4 archetypal profiles.

The best case of Singapore shows that being one of the SIDS does not hamper resilience capacities to counterbalance vulnerability propensities (Bates *et al.*, 2014). Despite the physical characteristics that could expose the island to a high vulnerability, the net resilience of the *control dimensions* (14.45%) enables a resilience of the *contingent dimensions* (4.02%). This situation is described as the 'Singapore paradox'. The weaknesses of Singapore are mainly rooted in the environmental dimension, a fact that is shared by all groups of developed and developing countries.

What is the difference between the best case of Singapore and the case of the Bahamas? Figure 4 shows that the gap between these two countries results from the peripheral dimension. The Bahamas fall in the category of *unstable resilience* because of an inadequate strategy to manage their periphericity. Singapore and the Bahamas have a geographical proximity to worldwide centers (respectively, South-East Asia and the United States). Consequently, both SIDS may have a comparative advantage associated with their peripheral status. Nevertheless, the main difference between the two entities relies on their economic specialization. Thanks to a *smart strategy*, Singapore has created a monopolistic regional status from its economic specialization: financial services. Financial services do not depend on geographic features. Moreover, Singapore is the gateway to the South-East Asian market. The Bahamas have developed two specific activities (offshore finance and tourism) in which they have no monopolistic position in the Caribbean comparable to Singapore in South-East Asia.

Figure 4. SIDS profiles at a glance

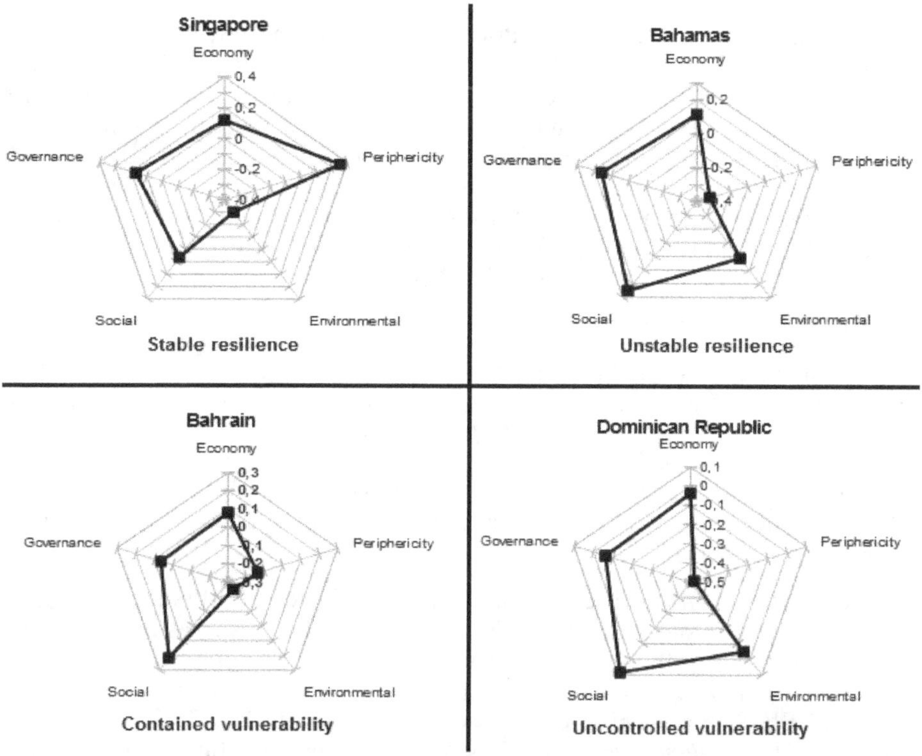

Additionally, as an archipelago, the Bahamas incur more logistic cost due to their geophysical characteristics. The conclusion obtained for the Bahamas concerning the periphericity issue is often shared among most of the SIDS. If smallness and remoteness have a permanent physical component, they are also reinforced by persistent political choices. Consistent strategies to develop networks that break the economic consequences of "islandness" and that favor a better international trade specialization should be deployed. In that sense, the ability of SIDS to turn their periphericity into a source of resilience such as in the Singaporean case is the key to their development success stories.

The *contained vulnerability* of Bahrain reveals the importance that should be given to the environment-periphericity duo and also illustrates the importance of considering a scoreboard such as the *NVRI* and its sub-indexes instead of considering only one aggregate result. The single value of the *NVRI* = -0.01% means *a priori* that Bahrain balances its resilience capacity and its vulnerability propensity well. However, a focus on each dimension reveals that the international trade structure of Bahrain tends to increase its vulnerability and impedes the obtaining of a *stable resilience*. The development strategy based on the dependency on the oil sector creates a "Dutch disease" trajectory that weakens the economic integration of the island. The lack of environmental considerations hampers the resilience of Bahrain.

The worst case of the Dominican Republic sheds light on two points. First, this is an example of the vulnerability trap in which most of the least developed countries are locked up. Without drastic changes in the governance and economic strategy, there are few chances for the Dominican Republic to shift to a trajectory of sustainable development. The specialization of the island in mass tourism can be incriminated, and the redistribution of tourism returns are involved. Thus, in this case, policy interventions also determine the state of high vulnerability beyond geographic or physical characteristics. Second, the Dominican Republic exhibits a good result for social resilience. This is the case for all of the SIDS whatever their profile; a fact that distinguishes SIDS from LDCs and provides a comparative advantage to SIDS.

3.3. Implications for SIDS analysis

Our analysis validates the overall results found in the literature on development economics regarding the extreme vulnerability of the LDCs and the solid profiles of the MDCs shows that periphericity and environment are determining factors of vulnerability for the SIDS (Briguglio, 1995; Atkins *et al.*, 2000; UN, 2008; Guillaumont, 2009; Briguglio *et al.*, 2009). These findings demonstrate the consistency of the *NVRI* insofar as no aberrant outcomes are underlined (Angeon and Bates, 2015).

The legitimacy of specific international aid dedicated to SIDS is all the more disputable because our sustainable development approach shows that SIDS are identifiable in any of the 4 profiles of VR *(stable resilience, unstable resilience, contained vulnerability, uncontrolled vulnerability*). There is no "cantonment effect" of SIDS in a specific case of VR, in contrast to MDCs, which always have a *stable resilience,* and to LDCs, which always exhibit an *uncontrolled vulnerability*. We understand that "islandness" specificities cannot be the main argument to target a group of countries through international aid. This disruptive view renews the stance of Easterly and Kraay (2000) and of Lee and Smith (2010). These authors explicitly argue that vulnerability discourses based on intrinsic features divert SIDS policy-makers from their accountability in their state of vulnerability.

Our analysis adds to the literature by pinpointing countries' strengths and weaknesses from a sustainable development perspective, which adds momentum to policy implications. Indeed, if the *NVRI* ranking could be applied, the effects of international aid would be less detrimental provided that the dimensions of weaknesses are properly identified.

4. CONCLUSION

The interest in re-examining the calculation of vulnerability-resilience from a sustainable development perspective stems from international recommendations. The *NVRI* is an attempt to improve the measurement of the state of vulnerability-resilience in this perspective and allows comparisons between countries regarding their ability to achieve sustained and inclusive growth.

On this holistic basis, we provide evidence that SIDS are not specifically more prone to vulnerability than other countries. We show that there is no determinism that dictates that a country will remain either vulnerable or resilient despite its intrinsic and structural features. Despite the stance of international organizations, which have tried to maintain SIDS as an homogenous analysis unit (Earth summits, 1992, 2002, 2012 and the international conference on SIDS: the Barbados Programme of Action in 1994, the Mauritius Strategy in 2005 and the SAMOA conference in 2014), our analysis examines whether the SIDS category is an artificial construction.

Using the *NVRI* or using indexes that follow the same building principles should lead to improvement in the distribution rules of international aid from an economic vision to a more fair and ethical vision, which highlights the responsibility of SIDS policy-makers.

REFERENCES

Adrianto L, Matsuda Y., 2004, "Study on assessing economic vulnerability of small island regions", *Environment, Development and Sustainability*, 6(3), 317-336.

Angeon V., Bates S., 2015, "Reviewing Composite Vulnerability and Resilience Indexes: A Sustainable Approach and Application", *World Development*, 72, 140-162.

Atkins J-P., Mazzi S.A., Easter, C.D., 2000, *Commonwealth vulnerability index for developing countries: The position of small states.* Economic Paper Series 40. Commonwealth Secretariat. London.

Bates S., Angeon V., Ainouche A., 2014, "The Pentagon of Vulnerability and Resilience: A Methodological Proposal in Development Economics by Using Graph Theory", *Economic Modelling*, 42, 445-453.

Benmelech E, Dvir E., 2011, "Does Short-Term Debt Increase Vulnerability to Crisis", *NBER Working Paper 17468* http://www.nber.org/papers/w17468

Briguglio L., 1995, "Small island developing states and their economic vulnerabilities", *World Development*, 23, 1615-1632.

Briguglio L., Cordina G., Farrugia N., Vella, S., 2009, "Economic vulnerability and resilience: Concepts and measurements", *Oxford Development Studies*, 37, pp. 229-247.

Cruciani C., Giove S., Pinar M., Sostero M., 2012, "Constructing the FEEM Sustainability Index: A Choquet-Integral Application", *FEEM Working Paper 50.* Fondazione Eni Enrico Mattei, Venice.

Dabla-Norris E., Bal Gündüz Y., 2014, "Exogenous shocks and growth crises in low-income countries: A vulnerability index", *World Development*, 59, 360-378.

Easterly W., Kraay A. 2000, "Small states, small problems? Income, growth, and volatility in small states", *World Development,* 28, 2013-2027.

Guillaumont P., 2009, "An economic vulnerability index: Its design and use for international development policy", *Oxford Development Studies*, 37, 193-228.

Guillaumont P., 2010, "Assessing the economic vulnerability of small island developing states and the least developed countries", *Journal of Development Studies*, 46, 828-854.

Guillaumont P., Wagner L., 2013, "L'efficacité de l'aide pour réduire la pauvreté : leçons des analyses transversales et influence de la vulnérabilité des pays", *Revue d'économie du développement,* 21, 115-164.

Kaufmann D., Kraay A., Mastruzzi M., 2008, "Governance matters VII: Aggregate and individual governance indicators 1996-2007", *Policy Research Working Paper 4654*, World Bank.

Kellman M., Shachmurove Y., 2011, "Diversification and Specialization Paradox in Developing Country Trade", *Review of Development Economics*, 15, 212-222.

Lee D., Smith N., 2010, "Small state discourses in the international political economy: "Can't do, won't do"", *Third World Quarterly*, 31, 1091-1105.

Montalbano P., 2011, "Trade openness and developing countries' vulnerability: Concepts, misconceptions, and directions for research", *World Development*, *39*, 1489-1502.

Nardo, M., Saisana, M., Saltelli, A., Tarantola, S., 2005, *Tools for composite indicators building*. European Commission. Ispra.

Rose A., Krausmann E., 2013, "An economic framework for the development of a resilience index for business recovery", *International Journal of Disaster Risk Reduction*, 5, 73-83.

Seth A., Ragab A., 2012, "Macroeconomic Vulnerability in Developing Countries: Approaches and Issues", *Working Paper 94, International Policy Centre for Inclusive Growth*, UNDP.

Singh R-K., Murty H-R., Gupta S-K., Dikshit A-K., 2009, "An overview of sustainability assessment methodologies", *Ecological indicators*, 9, 189-212.

Tarjan R., 1972, "Depth-First Search and Linear Graph Algorithms", *SIAM Journal of Computing*, 1, 146–160.

United Nations, 2008, *Handbook on the least developed country category: Inclusion, graduation and special support measures*, Committee for Development Policy and Department of Economic and Social Affairs, New York.

United Nations, 2014, *LDC information: The criteria for identifying least developed countries*. http://www.un.org/en/development/desa/policy/cdp/ldc/ldc_criteria.shtml#evi

UWI - University of the West Indies Center for Environment and Development, 2002, "Vulnerability and Small Island States", *UNDP Policy Journal*, 1, 49-81.

World Bank, 2008, *The Growth Report Strategies for Sustained Growth and Inclusive Development*. On behalf of the Commission on Growth and Development. Washington, DC.

PROMOUVOIR LE DÉVELOPPEMENT DURABLE DANS LES PETITES ÉCONOMIES INSULAIRES EN DÉVELOPPEMENT : LES ENSEIGNEMENTS D'UNE ANALYSE EN TERMES DE VULNERABILITÉ ET DE RÉSILIENCE

Résumé - *Cet article présente une méthode générique de construction d'indice composite de vulnérabilité et de résilience intégrant les dimensions du développement durable : l'indicateur net de vulnérabilité et de résilience. Une application de cet indicateur sur un échantillon mondial de pays permet d'identifier quatre états de vulnérabilité et de résilience : une vulnérabilité non contrôlée, une vulnérabilité contenue, une résilience instable ou une résilience stable. Nous montrons que la vulnérabilité et la résilience d'un État ne relèvent pas uniquement de facteurs déterministes mais revêtent également un caractère construit au sens où ils sont déterminés par les acteurs et leurs choix politiques. Contrairement à la conclusion communément admise, nos résultats empiriques révèlent que les petits États insulaires en développement ne sont pas plus vulnérables que les autres. Ces États doivent concentrer leurs efforts sur une meilleure insertion économique internationale compatible avec la préservation de leurs ressources environnementales.*

Mots-clés - DÉVELOPPEMENT DURABLE, INDICATEUR COMPOSITE, RÉSILIENCE, THÉORIE DES GRAPHES, VULNÉRABILITÉ

IS INDEPENDENCE GOOD OR BAD FOR DEVELOPMENT IN SMALL ISLAND ECONOMIES? A LONG-RUN ANALYSIS

Geoffrey BERTRAM*

Abstract - *It is well established that sovereign independent small islands have lower incomes than politically affiliated islands. Many studies have argued that this is a causal relationship, with independence acting as a drag on development performance. Cross-section data from the past four decades has been viewed as evidence for this hypothesis, but longer-run time series data do not support it. This paper uses time series for GDP, infant mortality, life expectancy and international trade to check whether the emergence of the two modern convergence clubs (sovereign and affiliated) occurred before or after decolonisation. It appears that the two groups of island economies began to diverge about 1920, with separation largely complete by the time political status was assigned during decolonisation in the period 1950-1970. The causes of this early divergence remain unidentified.*

Keywords - DECOLONISATION, DEVELOPMENT, POLITICAL STATUS, SMALL ISLAND ECONOMIES, TIME SERIES.

JEL Classification - 011, 047, P51

An earlier version of this paper was presented to the conference "Tourism specialization and vulnerability: evidence and challenges for sustainable development in small island territories" in Reunion Island, 5 December 2014. I am grateful to conference participants, to Godfrey Baldacchino, and to two anonymous referees, for comments and suggestions.

* Institute for Governance and Policy Studies, Victoria University of Wellington, New Zealand, Geoff.Bertram@vuw.ac.nz.

1. INTRODUCTION

This paper presents some new results from research on the long-run economic development of small islands. The focus is on the relationship between relative economic performance and the political status (sovereign independence, or affiliation with a metropolitan patron state[1]) assigned to small islands during the decolonisation era 1945-1982. Island-by-island time series are assembled on four key indicators of material well-being – per capita income, infant mortality, life expectancy and import capacity – and examined to see whether they provide *prima facie* evidence for the proposition that islands that became sovereign independent states during decolonisation performed less well as a result of that decision, compared with islands that remained, or became, politically affiliated with a larger metropolitan nation.

It is well established that politically-affiliated islands currently have higher per capita incomes than sovereign ones. This discrepancy is clearly visible in Graph 1 which plots per capita income against population for sovereign and affiliated islands. A number of authors (Armstrong and Read 2000, 2002; Armstrong *et al.* 1998; Baldacchino 2004, 2006, 2010; Baldacchino and Bertram 2009; Baldacchino and Milne 2000, 2006, 2009; Bertram 1987, 1999, 2004, 2006, 2007, 2013, 2014; Bertram and Poirine 2007; Feyrer and Sacerdote 2009; McElroy 2014; McElroy and De Albuquerque 1995; McElroy and Parry 2012; McElroy and Pearce 2006) have argued that the superior performance of affiliated islands can be explained by their political status. This could be, for example, because affiliated economies have not been obliged to carry the potentially-deadweight burden of sovereign statehood, with its associated requirement to sustain a full-service government; or because close political association has meant lower barriers hindering migration and other transactions with the metropolitan power with which each island economy had historic links. Bertram (2004) described sovereign independence as a "tax". McElroy and Parry (2012) wrote of a "propensity for political affiliation" arising from the conscious recognition of economic benefits from holding onto affiliated status and resisting proposed switches to sovereign independence.

Drawing causal conclusions from cross-section data is, however, a risky procedure. With only one exception, statistical work on the link between political status and development performance has relied on cross-section or panel regressions, all of which have found a significant negative association between independence and income for periods after 1980 – that is, after the close of the main era of postwar decolonisation. However Sampson (2005) compared not levels but growth rates of per capita income between politically sovereign and politically affiliated island economies, and found no relationship – a result that raised immediately the question of when and how the modern income differential arose. If sovereign independent political status is negatively associated with

[1] "Affiliation" is a term that covers various decolonisation options including integration with a larger state, self-government in free association with a larger state, commonwealth status, and territory status.

present-day per capita income, but not with growth rates over the past few decades, this casts doubt on the hypothesis of a causal link whereby political sovereignty has held back the relative development of island economies since decolonisation. It might indicate instead the persistence of pre-decolonisation differentials, onto which political status was grafted during decolonisation. In that case, the issue of causality would have to be re-framed: why might poorer colonies have tended to end up independent while richer ones tended to remain non-sovereign?

Graph 1. Per capita GDP plotted against population for small island economies, 2012

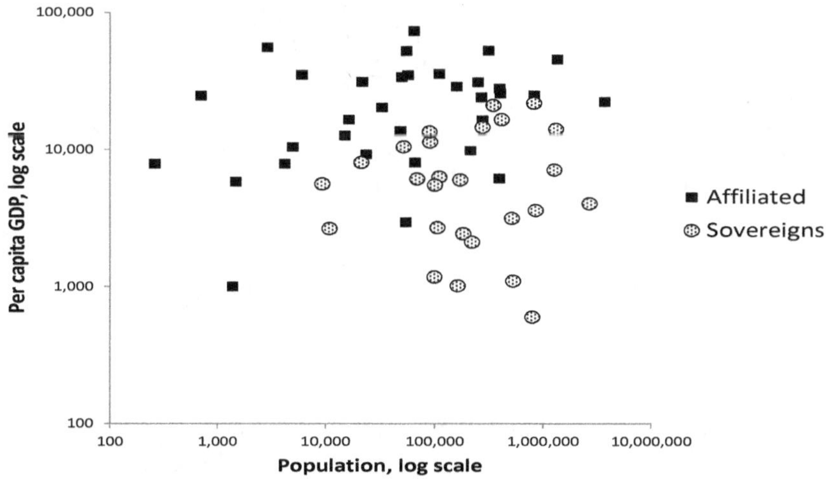

Source: The author.

To put the issue another way, suppose that all the island economies in Table 1 had become sovereign independent states during the decolonisation era, would they all have ended up at the same, relatively low, income levels as those which are actually sovereign? Or if all the island economies in the data set had become affiliated political entities after decolonisation, would they all have ended up at the same, relatively high, income levels as those that are actually affiliated? Has there been, in other words, any tendency for political status to cause the sorting of small islands into the two "convergence clubs" visible at the beginning of the twenty-first century?

Graph 2 shows the two competing models to be tested. Model 1 is the hypothesis that political status has caused differences in economic performance, so that the difference between sovereign and affiliated islands is the end product of a process of separation into two "convergence clubs", with all the small-island colonies starting out as an undifferentiated group at 1950 and then, after political status had been determined, sorting themselves into the two present-day clubs. Bertram (1999, 2004, 2013) argued in favour of this story, but had no direct evidence for years before 1980.

Model 2 is the opposing hypothesis, that causality may have run the other way. Prior to decolonisation, this hypothesis proposes, small-island colonies were already differentiated into two distinct clusters, and the decolonisation process imprinted this existing ranking onto post-colonial political status: more-developed colonies became affiliated, and less-developed ones became sovereign.

Graph 2. Two competing models of the origin of modern differences

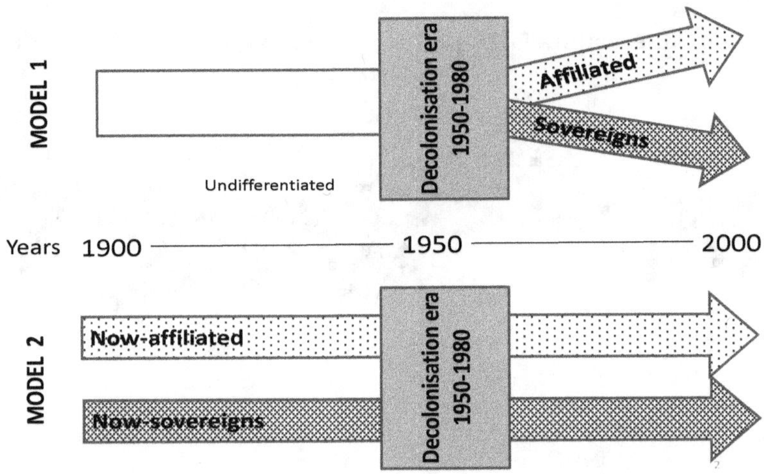

Source: The author.

To test which of the two models has greater explanatory power, two questions are addressed in this paper using time-series data. First, is there evidence of divergence between the two groups during and after decolonisation? Second, is there evidence that the two modern convergence clubs existed prior to decolonisation, which would be inconsistent with the proposition that they were caused by it?

Time-series data extending back to or before the decolonisation era are unfortunately scarce. Ideally, the Human Development Index or some similar measure of overall performance would be available back to 1900, enabling a straightforward analysis of convergence and divergence across the small-island economies. However neither the HDI, nor the national-accounts aggregates which are an important component in its calculation, extend back into the pre-decolonisation era. The official HDI series[2] start from 1980 and cover only sovereign independent island states.

Construction of an estimated HDI for affiliated island states, and for all islands over the period 1900-1980, is a task beyond the scope of the present paper. Such an exercise would require time series for GDP per capita, educational status (years of schooling), and health status (life expectancy). At present, comprehensive official UN national accounts data begin about 1970, after decoloni-

[2] https://data.undp.org/dataset/Table-2-Human-Development-Index-trends-1980-2013/y8j2-3vi9

sation, and there are only a few scattered unofficial GDP estimates for individual island economies for earlier years. Comparative education data for years before 1960 are similarly scarce, and have not been included in the research for this paper. Health statistics – infant mortality and life expectancy – are available back to 1950, and are utilised in the analysis to follow. Only international trade statistics are sufficiently comprehensive to enable comparison across a wide sample of small island economies over the past century, and these will provide the key indicator of convergence and divergence over time.

The number of identifiable small island economies is very large – Baldacchino (2010) lists 120 small island colonies in his appendix. Table 1 in the appendix to this paper lists 72 island economies which provide the initial sample for this paper, with summary present-day statistical profiles[3].

2. NATIONAL ACCOUNTS DATA

Take first the data on GDP per capita. Reasonably consistent long-run series for small island economies have begun to appear only recently, but four major sets of data are now available. First is the United Nations System of National Accounts database[4], which presents annual estimates of per capita GDP and GNI in US dollars at current prices, and real GDP at 2005 prices, from 1970 to 2012. From this source, per capita real GDP can be derived for 217 economies around the world, of which 41 are in the list of small and medium islands in Table 1. Second is the large Caribbean dataset compiled by Bulmer-Thomas (2012)[5], which includes per capita real GDP estimates for 18 islands, at 2000 prices, for the period 1960-2008. Third is the very-long-run data set (extending from AD1 to AD2010) for GDP and GNI per capita, produced by Angus Maddison and his colleagues[6] which has annual estimates of GDP per capita back to 1950, measured in 1990 Geary-Khamis dollars, for eight of the larger island economies listed in Table 1. Fourth is the Penn World Table version 8.0[7], which provides data back to the 1950s for several island economies.

In constructing per capita GDP of the small island world for this paper the United Nations SNA data for 41 island economies is used as the starting point because of its greater coverage than the other sources. Where earlier series were available from those other sources, they have been chain-linked to the UN series at 1970. (There are inevitable, but not fatal, risks in this procedure: the Bulmer-Thomas figures are on the same basis as the UN figures, but the Maddison and

---

[3] The inclusion of Puerto Rico and Jamaica in Table 1 goes beyond the usual idea of "smallness" in relation to islands. These two larger entities are reported because of data availability and because they provide a contrast between sovereignty and affiliation at medium population size. These two have been excluded from the population-weighted calculations later in the paper.

[4] http://unstats.un.org/unsd/snaama/dnlList.asp

[5] Online at http://www.cambridge.org/download_file/134497 for the A tables covering 1820-1900, http://www.cambridge.org/download_file/134483 for the C tables covering 1900-1960, and http://www.cambridge.org/download_file/134476 for the D tables covering 1960-2008.

[6] http://www.ggdc.net/maddison/maddison-project/data.htm

[7] http://www.rug.nl/research/ggdc/data/penn-world-table

Penn World Tables data are in purchasing-power-parity dollars.) Per capita GDP estimates from the Bulmer-Thomas dataset for Guadeloupe, Martinique and the US Virgin Islands, which are not covered by the UN data, have been added to the UN coverage[8], along with Bahrain, Cabo Verde, and Sao Tome & Principe from the Maddison dataset.

Results are shown in Graph 3. From 1970 on the chart traces the growth paths of 47 (31 sovereigns and 16 affiliated) of the 72 island economies listed in Table 1, a 65% sample which should be sufficient to reveal any general tendency for convergence or divergence between the two groups of islands, at least from 1970. Prior to 1970 the data covers mainly sovereigns, with only a few affiliated islands - all in the Caribbean and individually identified in Graph 3 – which is too few to draw any broad conclusions.

The immediate impression from Graph 1 is that neither convergence nor divergence is apparent over the 40 years from 1970. If there was a rapid post-decolonisation divergence in incomes, it would have had to be very sudden, and to have occurred in the years before 1970, by which date the now-affiliated island economies already exhibited higher incomes than the now-sovereign ones. The growth rates of the two groups over the forty-two years 1970-2012 are very similar apart from six conspicuously-lagging sovereign economies (Micronesia, Vanuatu, Kiribati, Solomon Islands, and Comoros) plus the spectacular decline of Nauru. (Not coincidentally, six of these seven weakly performing sovereigns are in the Pacific[9].)

Before 1970, GDP per capita is available for only seven affiliated islands, all in the Caribbean, which rules out any worldwide conclusions for that period. In the 1960s six affiliated Caribbean islands – Cayman Islands, British Virgin Islands, Montserrat, Puerto Rico[10], Guadeloupe and Martinique - can be seen in Graph 3 growing substantially more rapidly than the typical sovereigns (cf Bertram 2015 Graph 8), and almost all of these had settled their post-colonial political status by the early 1960s[11], which means that the hypothesis of a causal effect of political status on growth retains some plausibility for this sub-set of economies at this stage of the analysis.

[8] These figures were added at Bulmer-Thomas's 2000 prices rather than the 2005 prices used in all other series; any resulting errors are likely to be minor and are unlikely to upset the results of the comparative exercise.

[9] For discussion of a negative Pacific regional effect on growth see Gibson and Nero, 2008.

[10] Puerto Rico has been included in this study because of its long run of GDP data, though with a population of 3.7 million it is too large to count as a small island. The same applies to Jamaica with its 2.7 million.

[11] Puerto Rico had been a commonwealth of the USA since 1952. The Cayman Islands had separated from Jamaica in 1960 to avoid independence and retain their status as a British overseas territory; the British Virgin Islands similarly consolidated their territory status in 1960, gaining a degree of self-government in 1967. The French territories had been withdrawn by France from the United Nations' list of "non-self-governing territories" in 1947 and declared to be parts of France. Montserrat was less clear-cut but never moved towards sovereign independence.

Graph 3. Per capita GDP (in US$ at 2005 prices) for small island economies, 1950-2012

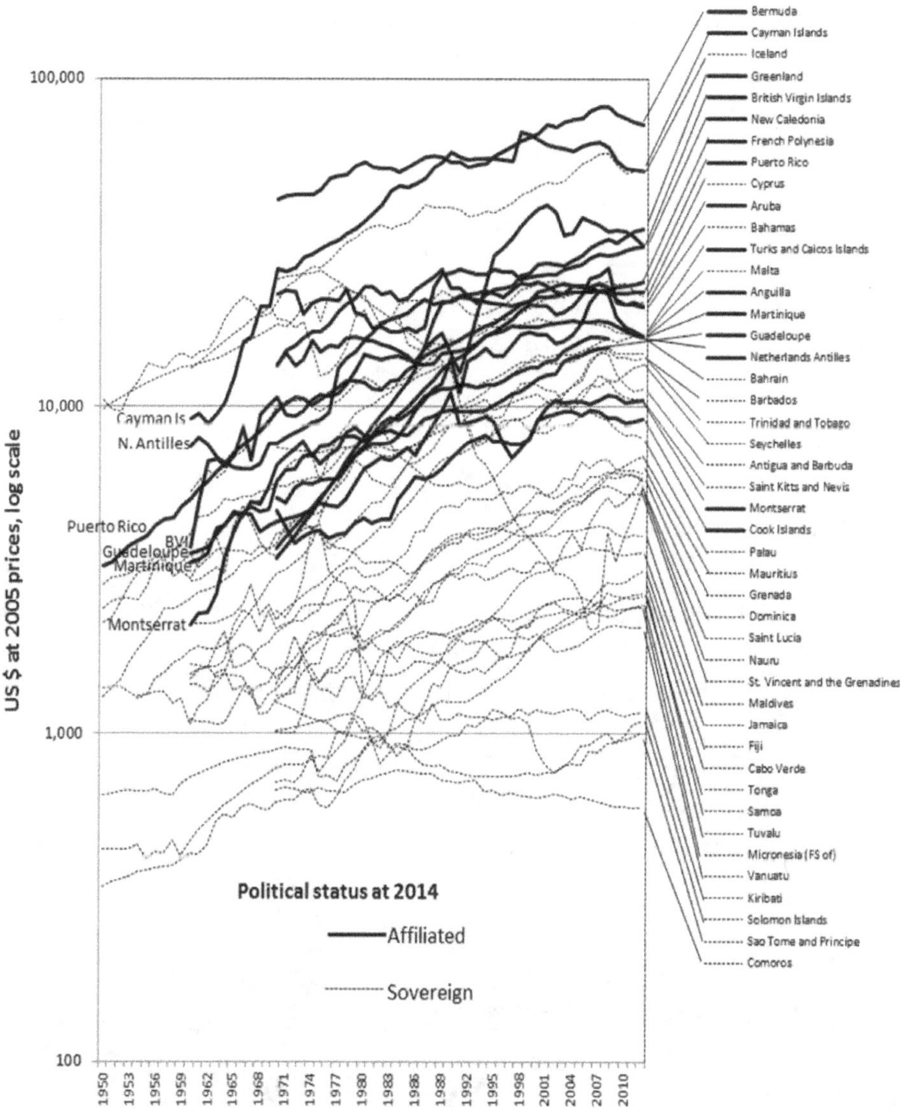

Note: The raw data can be obtained from the author upon request.
Source: The author.

Overall, however, the available GDP data are insufficient to sustain any strong general propositions pre-1970, and for 1970-2012 they demonstrate parallel growth with no sign of divergence. If indeed political status explains current income levels, the relevant events had all happened by 1970 and nothing since then suggests persistent growth advantages flowing from political affiliation. (It might be argued that political affiliation has operated to sustain the pre-existing income gap, but this is not the issue addressed in this paper.)

Graph 4. Population-weighted real per capita GDP for small island economies, 1970-2008

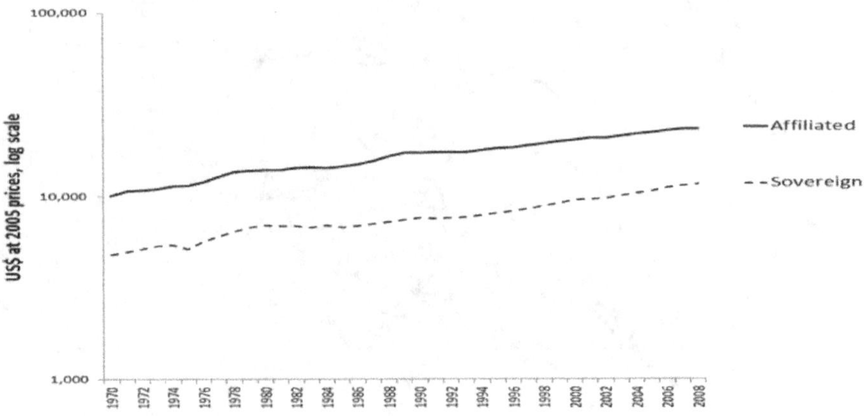

Islands < 1.5m population.
Source: The author.

Graph 5. Ratio of population-weighted real per capita GDP between affiliated and sovereign islands, 1970-2008

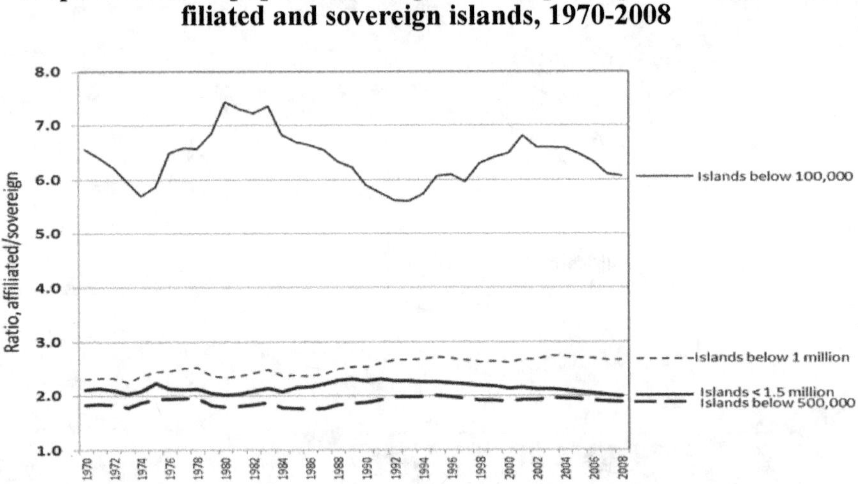

Ratio of population-weighted per capita GDP between affiliated and sovereign islands, below four population thresholds.
Source: The author.

Over the four decades since 1970, although the two sets of island economies have grown parallel over the long run, in the short run the tide of relative economic fortune has ebbed and flowed. To encapsulate this result in a simple chart, Graph 4 shows the population-weighted combined per capita GDPs of the two groups for all islands below 1.5 million population for which data is available from 1970 to 2008. Graph 5 then shows the ratio of affiliated to sovereign population-weighted per capita GDP for four size categories as at 2012: islands below 1.5 million population, below 1 million, below 0.5 million, and below 100,000.

The result of this exercise is unequivocal with regard to the period 1970-2008: among small island economies with less than 1.5 million population, those that became affiliated during decolonisation already at 1970 enjoyed, collectively, double the per-capita income of those that became sovereign, and at the end of the forty-year period the ratio was basically the same. For the more restricted sample of islands below 100,000 population, affiliated islands had on average a far more dramatic advantage at the start (five to six times the per capita income of now-sovereign islands back in 1970) and retained that lead in 2008, although the ratio exhibits wide swings over the four decades.

Affiliated islands pulled ahead relative to the sovereigns during the 1970s, fell back in the 1980s (dramatically in the case of the <100,000 sample), gained again in the 1990s and then fell back in the 2000s. The precise timing of turning points differs depending which population-size sample is chosen, and the overall change from beginning to end of the four decades differs from sample to sample: in 2008 the <1.5 million sample had an income ratio of 1.9 times the sovereign group, compared to 2.1 in 1970; the <1 million sample had gone up from 2.3 to 2.7 times the sovereign group's income; the <500,000 sample had gone from 1.8 to 1.9; and the ratio for the <100,000 sample had fallen from 6.6 to 6.1. Long-run major divergence is not observed. The statistical evidence of higher incomes in affiliated islands in recent decades, summarised in the introduction to this paper, therefore represents not the end-product of divergence over the past half-century, but rather the persistence of a long-established gap between the two groups dating back at least to the 1960s - a dying echo of some original "big-bang" event either coincident with decolonisation or prior to it.

One other way of representing the national-accounts results is to show a series of snapshots of the GDP data (displayed in Graph 3) at ten-year intervals. These snapshots are set out in Graph 6. Again the pattern is one of persistent advantage to affiliated islands at all population sizes, but no overall tendency towards a widening gap.

The analysis in this section has been on a global scale, and several issues remain to be explored further in future research – in particular, regional differences.

The main limitation of the data on per capita GDP is that for years before 1970 only a few of the now-affiliated economies are covered. This leaves open the possibility that a rapid divergence between the two sets of economies might have occurred during the 1950s and 1960s, coincident with decolonisation but too early to be captured by the available national accounts data. As already noted, there is a hint of some such process in the Caribbean (see Graph 3), but no data at all for other regions. Some other indicators of material welfare must therefore be brought into the analysis.

Graph 6. Scatter plots of population against per capita GDP, 1950-2008

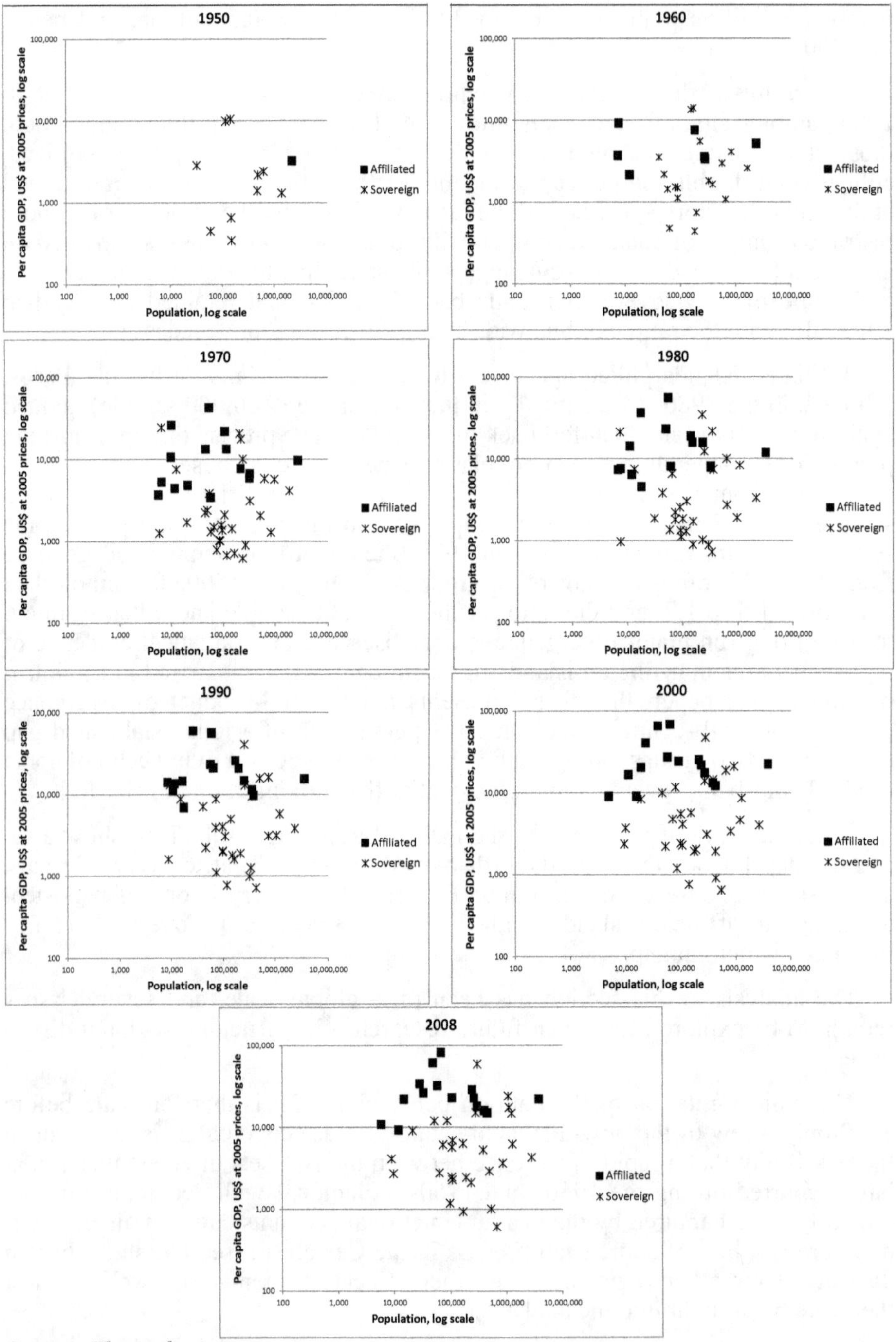

Source: The author.

3. INFANT MORTALITY AND LIFE EXPECTANCY

Whereas national accounting estimates of GDP per capita for small islands are very scarce before 1970, and virtually non-existent before 1960, demographic indicators of the health status of island populations are now available back to 1950, at the beginning of the decolonisation era. The 2015 revision of the United Nations' *World Population Prospects*[12] has tables covering 1950-2015 for infant mortality[13] and life expectancy at birth[14] for 37 of the island economies in Table 1. The World Bank's *World Development Indicators* has a table showing infant mortality for 50 of the island economies in Table 1 back to 1960[15], and also carries its series up to 2015.

Take first infant mortality. Combining the UN and World Bank data, adding Hawaii 1950-2013 (for which data is available from Schmitt 1977 Table 2.5, updated from the Hawaiian Government's *Health Trends in Hawaii* website)[16], and filling gaps using data from the US Census Bureau database[17], the results are obtained for 62 island economies of which 59 have data back to 1990, 44 back to 1980, and 38 back to 1950. Of the 38 economies for which full data is available 1950-2015, 25 are sovereign and 13 are affiliated. The resulting sample is less representative of affiliated islands than would be ideal, but enables at least a preliminary enquiry as to whether there is any evidence of convergent or divergent paths for the two groups starting from 1950.

The results are plotted in Graph 7 (the full dataset) and Graph 8 (simple unweighted averages for affiliated and sovereign islands). Three immediate conclusions can be drawn. First, all of the island economies have experienced rapidly falling rates of infant mortality, with only a couple of setbacks (St Vincent briefly in the 1950s, Mauritius briefly in the 1960s). Second, consistent with the GDP picture, at the end of the process in 2010-2015 the affiliated islands are clustered at lower rates of infant mortality (indicative of a higher standard of living) than the sovereign islands. By 2015 only two of the 32 affiliated islands (Cook Islands and St Helena) had rates over 15 per 1000, whereas 16 of the 32 sovereign islands were at or above 15, with rates ranging up to 47 in Kiribati and 58 in the Comoros. In terms of simple averages, affiliated islands currently have infant mortality of 7.8 per thousand live births compared with the average of 18.2 for sovereign islands.

Third, although the 1950 sample is much thinner, the figures suggest a general tendency for islands on their way to affiliated status to have started off at 1950 with lower infant mortality rates than those on their way to sovereign status. The 13 affiliated islands for which data is available had average infant mortality of 83.6 per thousand live births in the early 1950s, compared with the average of 112.1 for 25 now-sovereign islands. Graphs 7 and 8 do not support

12 http://esa.un.org/wpp/

13 http://esa.un.org/wpp/Excel-Data/EXCEL_FILES/3_Mortality/WPP2012_MORT_F01_1_IMR_BOTH_SEXES.XLS

14 http://esa.un.org/wpp/Excel-Data/EXCEL_FILES/3_Mortality/WPP2012_MORT_F07_1_LIFE_EXPECTANCY_0_BOTH_SEXES.XLS

15 http://data.worldbank.org/indicator/SP.DYN.IMRT.IN/countries?display=default

16 http://www.healthtrends.org/DataTable.aspx?ChartID=HS-15

17 http://www.census.gov/population/international/data/idb/informationGateway.php

the Model 1 hypothesis, that at the outset of decolonisation health status was randomly distributed across the small-island world and that the lower infant mortality rates in affiliated islands today emerged only in the past half-century. (This does not, of course, rule out the possibility that an initial advantage possessed by today's affiliated islands may have been reinforced during the decolonisation era by their emerging political status. In other words, a possible causal link from political status to health status is not necessarily rejected, but it could have been only a marginal effect if any.) The substantial gap between the two groups of islands had already opened up before decolonisation occurred and cannot be attributed to it.

Graph 7. Infant mortality for small island economies, 1950-2015

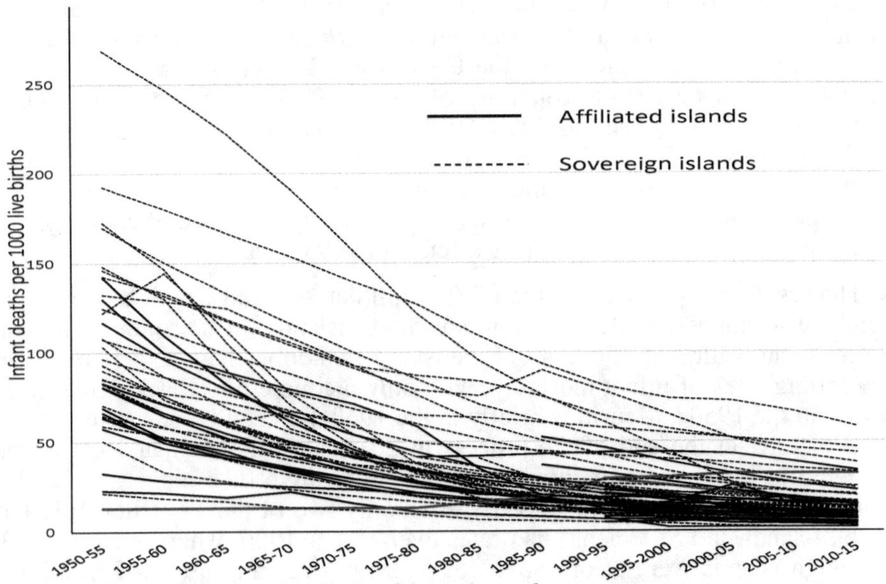

Note: The raw data can be obtained from the author upon request.
Source: The author.

Similar conclusions flow from inspection of the data on life expectancy at birth, arrayed in Graphs 9 and 10. The data again come mainly from the United Nation's *World Population Prospects* for 1950-55 to 2010-15[18], supplemented by figures for Hawai'i from Schmitt (1977 Table 2.6), and two websites[19]. US Census Bureau data[20] has again provided figures, starting at later dates than 1950, for another 26 islands not covered by the UN data. The final database covers 59 islands back to 1990, 45 islands back to 1980, and 38 back to 1950.

[18] http://esa.un.org/wpp/Excel-Data/EXCEL_FILES/3_Mortality/WPP2012_ MORT_F07_1_LIFE_ EXPECTANCY_0_BOTH_SEXES.XLS
[19] http://www.healthtrends.org/DataTable.aspx?ChartID=HS-01
http://www.worldlifeexpectancy.com/usa/hawaii-life-expectancy
[20] http://www.census.gov/population/international/data/idb/region.php

Graph 8. Unweighted average infant mortality rates for affiliated and sovereign islands

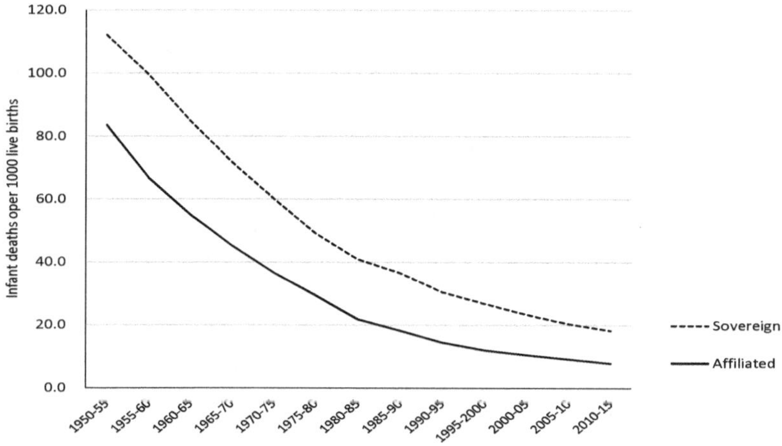

Source: The author.

Graph 9. Life expectancy at birth for small island economies, 1950-2014

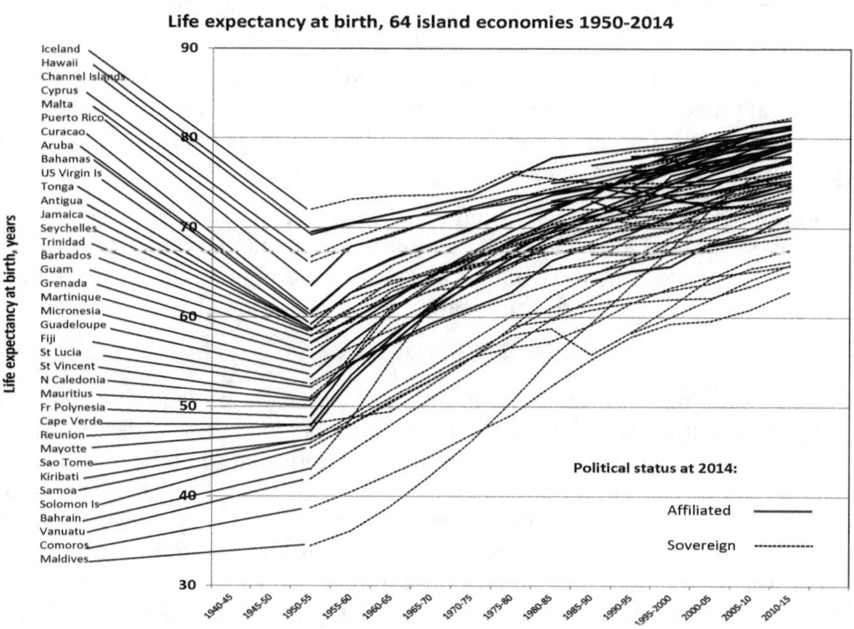

Note: The raw data can be obtained from the author upon request.
Source: The author.

Graph 10. Unweighted average life expectancy for affiliated and sovereign islands, 1950-2014

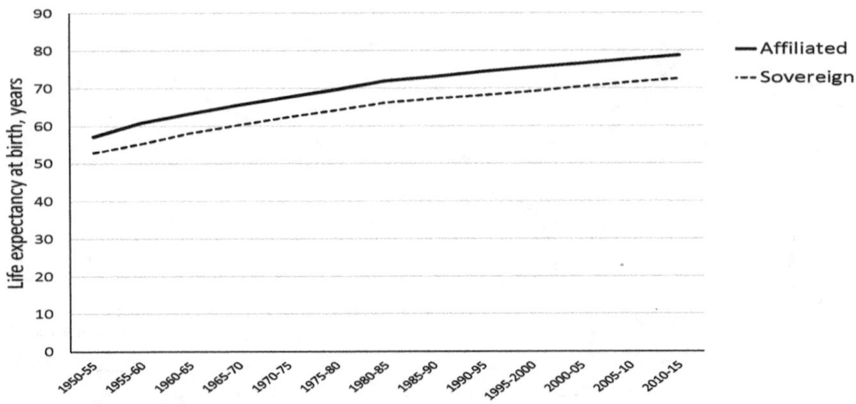

Source: The author.

The situation at 1950 again seems to show some initial advantage for later-affiliated islands over later-sovereign ones, though this time the initial overlap between the two groups is greater than for infant mortality. There was a clear tendency for the affiliated group to raise life expectancy faster than the sovereign group during the 1950s and 1960s, consolidating a clear lead by the 1980s (though Greenland and Montserrat remain laggards among the affiliated).

The evidence here is at least consistent with the proposition that a growing lead for affiliated islands may have coincided with the decolonisation era of the 1950s and 1960s, but again the origins of this lead date back before 1950, leaving the issue of causality unclear.

Summing up, the demographic/health evidence suggests that political status may have followed after superior economic performance, rather than preceding it. The gap between now-affiliated and now-sovereign small island economies had opened up before the decolonisation process got under way.

4. TRADE DATA

While national-accounts data are hard to come by prior to 1970, and infant mortality and life expectancy data for small islands are unavailable on any authoritative basis prior to 1950, merchandise trade data has been collected for most economies since the nineteenth century. This section therefore analyses figures on merchandise imports per capita since 1900 for 51 small island economies. Because island economies are very open and commonly rely upon imports for a wide range of consumption items, there is a clear link between material consumption levels in each island economy and the availability of imports, with causality running both ways: the ability to finance imports places a constraint on achievable levels of consumption, while at times when the import capacity constraint does not bind, consumption levels will "cause" imports. Whichever direction causality runs in, a relationship is to be expected between the material welfare of islander populations and the volume of import trade.

The scatter plot in Graph 11 shows this tight relationship between merchandise imports per capita and GDP per capita, using cross-section data for 1970. Using real merchandise imports as a proxy for real income for earlier periods seems reasonable on the basis of these charts.

Graph 11. The relationship of merchandise imports per capita with GDP per capita, 1970

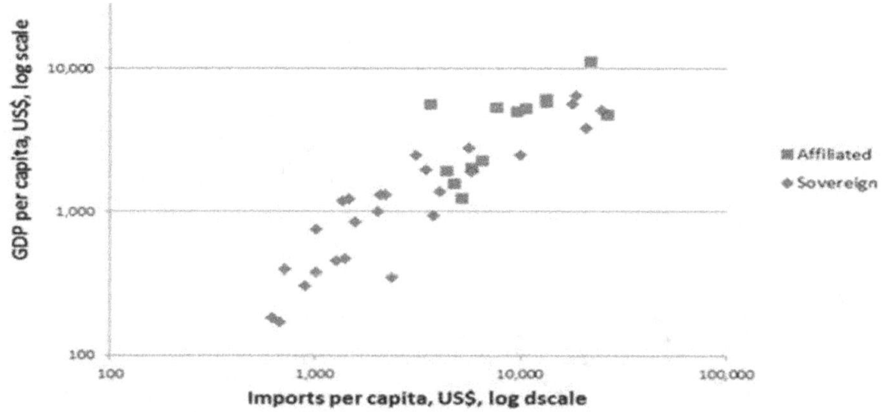

Source: The author.

To collect trade data in current US dollars for as many island economies as possible from 1900 to 2013, a range of sources was drawn upon, starting with the World Trade Organization's online database[21] and the Bulmer-Thomas Caribbean dataset[22], and filling gaps using Mitchell's historical statistics collections (Mitchell 2005, 2007), early data for the Cook Islands, Niue and Tokelau culled from administrators' reports to the New Zealand Government, and several other miscellaneous sources. Figures in other currencies were converted to US dollars at current exchange rates. Each US dollar import series was then divided through by population, and deflated using the US consumer price index[23]. The results of this exercise are in Graph 12.

Graph 12 finally reveals the timing of a clear divergence between those islands destined for affiliated status and those headed for sovereignty. The visual dividing line is around 1940 – before decolonisation moved to the top of the UN agenda in 1946. From 1900 to 1920 the two groups of islands followed a common trajectory; by 1940 on they were on diverging paths, and since the 1970s

[21] World Trade Organisation database in US$, current price, data for 1950-2013. http://stat.wto.org/StatisticalProgram/WsdbExportZip.aspx?Language=E

[22] http://www.cambridge.org/download_file/134483, Table C.18 Merchandise Imports 1900-1960, and http://www.cambridge.org/download_file/134476, Table D.11 Merchandise Imports 1960-2008.

[23] Price index for 1900-1912 from :
http://www.minneapolisfed.org/community_education/teacher/calc/hist1800.cfm
Index for 1913-2014 from : http://www.usinflationcalculator.com/inflation/consumer-price-index-and-annual-percent-changes-from-1913-to-2008/

the clustering of affiliated islands at the top of the chart has been locked in at an unchanging relativity to the sovereign group.

Graph 12. Real merchandise imports per capita for 52 small island economies, 1900-2013

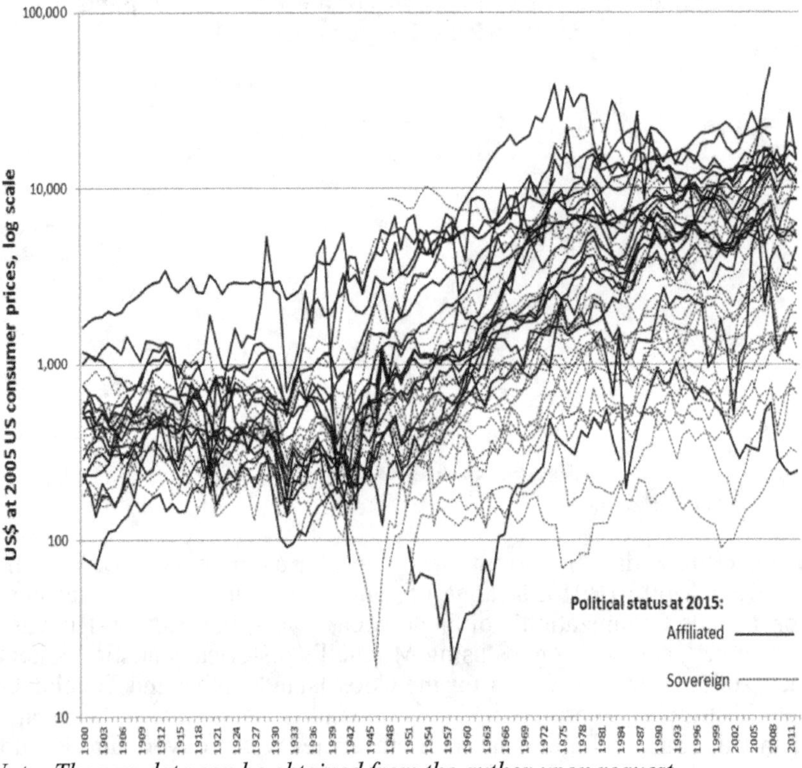

Note: The raw data can be obtained from the author upon request.
Source: The author.

The emergence of the now-affiliated islands' lead over the sovereigns therefore began before decolonisation got underway, and proceeded through the first decade or so of decolonisation. This is consistent with Model 2 (divergence preceded decolonisation) but potentially also with a third hypothesis – that political status and relative economic performance were jointly determined by some third cause during the period 1920-1960. One way to frame this third hypothesis is that the colonial powers, at some time in the mid-twentieth century, whether deliberately or by accident, set some of their colonies on the path to affiliation and greater wealth, and others on the path to sovereignty and lower wealth. This suggests a need to know more about what may have been in the minds of metropolitan statesmen at the time (see, e.g., Heinlein 2002).

To explore more closely the timing of divergence, Graph 13 aggregates the total imports and population of all affiliated and sovereign islands for which complete import data is available 1900-2008, and calculates the collective per capita real imports of the two groups on a population-weighted basis. The exercise is conducted for four samples: 24 islands with 2012 populations below 1.5 million (12 sovereign and 12 affiliated); 22 islands with population below 1 million (10 sovereigns and 12 affiliated); 21 islands with population below 500,000 (nine sovereigns, 12 affiliated); and nine islands with 2012 populations below 100,000 (three sovereigns, six affiliated). The representativeness of the samples is driven by data availability rather than more directly-relevant criteria, and the results need to be read with corresponding caution.

Graph 13. Ratio of population-weighted imports per capita (2005 US$) for 24 small islands, 1900-2008

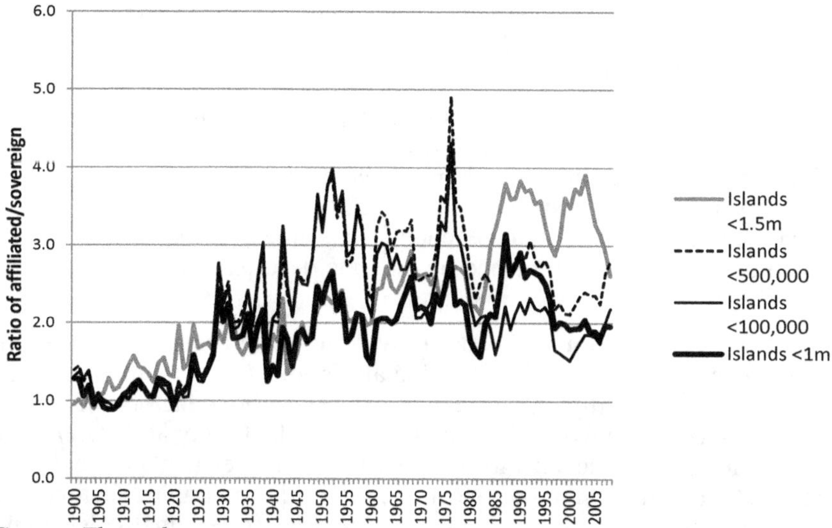

Source: The author.

The pattern shown in Graph 13 is nevertheless very striking. The population-weighted ratio between now-affiliated and now-sovereign small islands was unity at 1900 (that is, the two groups of islands were essentially identical) and had shifted to two by the 1930s, well before political decolonisation. For eight decades from 1930 to 2008 the ratio fluctuated around a long-run average of two for the <1 million sample of 22 islands. The two smaller-population samples (<500,000 and <100,000) both saw their ratios surge up above three in the first half of the 1950s, then stabilise until about 1980, then fall steadily through to 2008. One reading of Graph 13 is that these smallest islands actually had a secularly-declining trend in their affiliated/sovereign ratio from 1965 on, broken by a short-lived spike coinciding with the oil shocks of the 1970s and the global debt-crisis recession of the early 1980s. Only when islands with 2012 populations between one million and 1.5 million are added to the sample does there emerge any upward trend in the ratio throughout the period of decolonisation and the following half-century. The fact that this change arises from adding to the dataset just two relatively weak sovereign economies (Cyprus, and Trinidad and Tobago) makes the result very suspect, but it is the closest that Graph 13 comes to support for the Model 1 hypothesis of economic divergence driven by decolonisation rather than preceding it. The remainder of the chart supports the Model 2 story in which divergence was underway well before the allocation of political status.

5. CONCLUSION

This paper has addressed the issue of whether the positive association of affiliated political status with favourable income and health statistics in the world's small island economies is the outcome of a process of divergence driven by the politics of decolonisation, in which the political status to which islands were allocated in the mid-twentieth century "caused" subsequent economic performance; or whether the modern divergence dates back before decolonisation, which case causality may have run from relative economic performance to post-colonial political status.

The evidence collected to date does not support the hypothesis that the form of decolonisation caused subsequent differences in economic prosperity. It does provide support for the alternative hypothesis that the economic divergence was well established prior to decolonisation. Trade data indicates that divergence between the two groups of island economies became apparent during the 1920s and 1930s and was well entrenched by the time decolonisation got underway in the 1950s.

The data assembled for this paper provide now the basis for more sophisticated research using tools of statistical analysis to test the competing causality hypotheses more carefully and to take account of various factors that undoubtedly conditioned the outcomes for particular islands. Regional differences may be important, as may the identity of the colonial power (a theme explored in Bertram 2004 and in Feyrer and Sacerdote 2011). Demographic factors such as age structure and migration flows may have played a role. Finally, island populations and local authorities may themselves have adopted divergent attitudes and policy initiatives in the decades leading to decolonisation, leading to mutually-reinforcing divergent political and economic outcomes – a theme which would resonate with the recently-growing literature on the "resourcefulness of jurisdiction" (Baldacchino 2006, Baldacchino and Greenwood 1998, Bertram and Poirine 2007).

REFERENCES

Armstrong H., Read R., 2000, "Comparing the economic performance of dependent territories and sovereign micro-states", *Economic Development and Cultural Change*, 48(2), 285-306.

Armstrong H.W., Read R., 2002, "The phantom of liberty? Economic growth and the vulnerability of small states", *Journal of international development*, 14(3), 435-458.

Armstrong, H., De Kervenoael R.J., Li X., Read R., 1998, "A comparison of the economic performance of different microstates and between microstates and larger countries", *World Development*, 26(4), 639-656.

Baldacchino G., 2004, "Autonomous but not sovereign? A review of island sub-nationalism", *Canadian Review of Studies in Nationalism*, 31(1-2), 77-90.

Baldacchino G., 2006, "Innovative development strategies from non-sovereign island jurisdictions? A global review of economic policy and governance practices", *World development*, 34(5), 852-867.

Baldachino G., 2010, *Island Enclaves: Offshoring strategies, creative governance, and subnational island jurisdictions*, Montreal: McGill-Queen's University Press.

Baldacchino G., Bertram G., 2009, "The beak of the finch: insights into the economic development of small, often island, economies", *The Round Table*, 98(401), 141-160.

Baldacchino G., Greenwood R., 1998, *Competing Strategies of socio-economic development for small* islands, Charlottetown, PEI: Institute of Island Studies, University of Prince Edward Island.

Baldacchino G., Milne D. (eds), 2000, *Lessons from the political economy of small islands: the resourcefulness of jurisdiction.* Basingstoke: Macmillan.

Baldacchino G., Milne D., 2006, "Exploring sub-national island jurisdictions", *The Round Table*, 95(386), 487-502.

Baldacchino G., Milne D. (eds), 2009, *The case for non-sovereignty: lessons from sub-national island jurisdictions*, London: Routledge.

Bertram G., 1987, "Decolonisation and Nationhood in Small South Pacific Societies", in A. Hooper, S. Britton, R. Crocombe, J. Hunstman, and C. Macpherson (eds), *Class and Culture in the South Pacific*, 16-31. Auckland: Centre for Pacific Studies, University of Auckland, and Suva: Institute of Pacific Studies.

Bertram G., 1993, "Sustainability, aid, and material welfare in small South Pacific island economies, 1900-1990", *World Development*, 21(2), 247-258.

Bertram G., 1999, "Economy", Chapter 28 in M. Rapaport (ed) *The Pacific Islands: Environment and Society*, Honolulu: Bess Press.

Bertram G., 2004, "On the convergence of small island economies with their metropolitan patrons", *World Development*, 32(2), 343-364.

Bertram G. 2006, "Introduction: the MIRAB model in the twenty-first century", *Asia Pacific Viewpoint*, 47(1), 1-14.

Bertram G., 2007, "Reappraising the Legacy of Colonialism: A Response to Feyrer and Sacerdote", *Island Studies Journal*, 2(2), 239-254, November.

Bertram G., 2011, "Assessing the Structure of Small Welfare States", *Commonwealth Secretariat and UNRISD, Social Policies in Small States Series*, n°4, 2011.

Bertram G., 2013, "Pacific Island economies", Chapter 27 in Moshe Rapaport (ed) *The Pacific Islands: Environment and Society*, revised edition, Honolulu: University of Hawai'i Press, 325-340.

Bertram G., 2014, "A response to McElroy and Lucas", *Island Studies Journal*, 9(2), 377-382, November.

Bertram G., Poirine B., 2007, "Island Political Economy", Chapter 10 in G. Baldacchino (ed.) *A World of Islands*. Charlottetown: Institute of Island Studies, University of Prince Edward Island, 325-377.

Bertram G., 2015, forthcoming. "Sovereignty and material welfare in small island jurisdictions", in A. Holz, M. Kowasch, M. and O. Hasenkamp (eds), *Eine region im wandel: Politik & macht in den pazifischen inselstaaten,* Saarbrücken: Saarland University *Press*

Briguglio L., 1995, "Small island developing states and their vulnerabilities", *World Development*, 23(9), 1615-1632.

Briguglio L., Kisanga E.J. (eds), 2004, *Economic vulnerability and resilience of small states,* Malta: Formatek.

Bulmer-Thomas V., 2001, The wider Caribbean in the twentieth century: a long run development perspective, *Integration and Trade Journal* 5, 5-56, reprinted as Chapter 13 in in Denis Pantin (ed) *The Caribbean economy: a reader*, Kingston and Miami: Ian Randle Publishers, 2005.

Drezner D., 2001, "Sovereignty for Sale", *Foreign Policy*, 126, 76-77, September.

Easterly W., Kraay A., 2002, "Small states, small problems? Income, growth, and volatility in small states", *World Development*, 28(11), 2013-2027, November.

Feyrer J., Sacerdote B., 2009, "Colonialism and Modern Income: Islands as Natural Experiments", *Review of Economics and Statistics*, 91(2), 245-262, May.

Gibson J., Nero K., 2008, "Why don't Pacific economies grow faster?", in A. Bisley (ed) *Pacific interactions: Pasifika in New Zealand, New Zealand in Pasifika*, Wellington: Institute for Policy Studies e-book. http://igps.victoria.ac.nz/publications/files/1fb71b51d69.pdf.

Heinlein F., 2002, *British Government policy and decolonisation 1945-1963: scrutinising the official mind*, London: Frank Cass.

McElroy J.L., 2014, "A note on the significance of geographic location in island studies", *Island Studies Journal*, 9(2), 363-366, November.

McElroy J. L., de Albuquerque K., 1995, "The social and economic propensity for political dependence in the insular Caribbean", *Social and Economic Studies,* 44(1), 167-193.

McElroy J.L., Parry C.E., 2012, "The long-term propensity for political affiliation in island Microstates", *Commonwealth and Comparative Politics,* 50(4), 403-421.

McElroy J.L., Pearce K., 2006, "The advantage of political affiliation: dependent and independent small island profiles", *The Round Table: Commonwealth Journal of International Affairs,* 95(386), 529-539.

Mitchell B.R., 2005, I*nternational Historical Statistics: Africa, Asia and Oceania 1750-2005*, 5 ed, Palgrave.

Mitchell B.R., 2007, *International Historical Statistics: The Americas, 1750-2005,* 6 ed, Palgrave Macmillan.

Sampson T., 2005, *Notes on the economic performance of small states 1995–2003,* Working Paper n°2, Asian Development Bank-Commonwealth Secretariat Joint Report to the Pacific Islands Forum Secretariat. Suva: Forum Secretariat. http://www.adb.org/Documents/Reports/Pacific-Regionalism/vol3/wp02.pdf

Schmitt Robert C., *Historical Statistics of Hawai'i*, Honolulu: University of Hawai'I Press.

Shaxson N., 2011, *Treasure islands: uncovering the damage of offshore banking and tax* havens, New York: Palgrave Macmillan.

Streeten P.P., 1993, "The special problems of small countries", *World Development*, 21(2), 197-202.

United Nations Department of Economic and Social Affairs 2013, *World Population Prospects: the 2012 revision* June, http://esa.un.org/wpp/

ANNEX 1.

Table 1. Current data for 72 island economies

Islands	Metropolitan power	Political Status at 2015	Population 2010	GDP per capita US$	Infant mortality per 1000 live births	Life expectancy at birth	Merchandise imports per capita us$
American Samoa	USA	Affiliated	66,000	8,000	9.3	74.4	
Anguilla	UK	Affiliated	16,373	16,469	3.0	81.0	16,619
Antigua and Barbuda	UK	Sovereign	90,801	11,301	9.1	75.6	7,847
Ascension Island	UK	Affiliated	702	24,595			
Bahamas	UK	Sovereign	346,900	20,895	9.1	71.4	9,999
Bahrain		Sovereign	1,314,000	16,765	6.9	78.2	8,745
Barbados	UK	Sovereign	276,302	14,483	9.6	74.6	5,671
Bermuda	UK	Affiliated	64,566	72,683	2.0	81.0	11,095
British Virgin Islands	UK	Affiliated	21,689	31,077	14.0	78.0	22,888
Cape Verde	Portugal	Sovereign	517,831	3,132	20.1	71.0	1,242
Cayman Islands	UK	Affiliated	54,878	52,112	6.3	81.0	19,956
Channel Islands	UK	Affiliated	159.518		8.0	79.5	
Cocos (Keeling) Islands	Australia	Affiliated	600				
Comoros	France	Sovereign	798,000	595	58.1	62.6	316
Cook Islands	New Zealand	Affiliated	23,600	9,174	15.0	74.8	8,644
Cyprus	UK	Sovereign	827,697	21,703	4.2	78.0	5,453
Dominica	UK	Sovereign	69,017	6,052	12.2	76.2	2,469
Faeroe Islands	Denmark	Affiliated	49703	33,700	6.0	80.0	16,526
Falkland Islands	UK	Affiliated	2932	55,400			
Fiji	UK	Sovereign	857,000	3,573	16.0	71.6	2,153
French Polynesia	France	Affiliated	268,500	23,928	6.9	76.3	5,276
Greenland	Denmark	Affiliated	56,534	34,771	9.7	71.4	12,623
Grenada	UK	Sovereign	110,821	6,261	9.6	73.4	2,663
Guadeloupe	France	Affiliated	401,784	25,479	5.8	79.4	7,483
Guam	USA	Affiliated	159,600	28,700	9.7	78.6	245
Hawaii	USA	Affiliated	1,360,301	45,112	5.1	81.5	
Iceland	Denmark	Sovereign	313,000	52,361	2.0	81.0	12,969
Isle of Man	UK	Affiliated	87.0	53,800	4.0	81.0	
Jamaica	UK	Sovereign	2,702,310	4,010	15.0	73.0	1,938
Kiribati	UK	Sovereign	100,000	1,169	46.7	64.6	905
Maldives	UK	Sovereign	394,000	6,106	9.0	74.6	679
Malta	UK	Sovereign	415,275	16,452	4.8	80.0	13,688
Marshall Islands	USA	Affiliated	54,305	2,938	22.7	72.0	182

Islands	Metropolitan power	Political Status at 2015	Population 2010	GDP per capita US$	Infant mortality per 1000 live births	Life expectancy at birth	Merchandise imports per capita us$
Martinique	France	Affiliated	396,308	27,688	6.4	80.1	8,400
Mauritius	UK	Sovereign	1,280,924	7,041	12.0	74.6	3,468
Mayotte	France	Affiliated	212,645	9,766	4.2	77.9	
Micronesia, Federated States	USA	Sovereign	107,839	2,467	32.7	71.8	1,725
Montserrat	UK	Affiliated	5,020	10,438	14.5	73.4	6,285
Nauru	Australia	Sovereign	9,378	5,573	8.5	65.6	12,796
Netherlands Antilles	Netherlands	Affiliated	275,077	16,247		14,699	
Aruba	Netherlands	Affiliated	101,860	20,099	14.8	76.0	20,036
Bonaire	Netherlands	Affiliated	14,006			77.6	
Curacao	Netherlands	Affiliated	152,760		10.3		
Sint Maarten	Netherlands	Affiliated	917		9.3	77.4	
Saba	Netherlands	Affiliated	1,991				
Sint Eustacius	Netherlands	Affiliated	3,543				
New Caledonia	France	Affiliated	250,040	30,836	13.1	77.0	10,616
Niue	New Zealand	Affiliated	1,496	5,800			4,537
Northern Marianas	USA	Affiliated	48,317	13,600	5.8	77.2	1,501
Palau	USA	Sovereign	21,388	7,984	11.8	72.2	5,748
Pitcairn	UK	Affiliated	58				
Puerto Rico	USA	Affiliated	3,721,208	22,259	6.3	79.0	13,012
Rapanui (Easter Island)	Chile	Affiliated	5,761				
Reunion	France	Affiliated	828,054	24,765	4.2	78.2	5,158
Samoa	New Zealand	Sovereign	184,032	2,423	19.7	72.6	1,515
Sao Tome and Principe	Portugal	Sovereign	163,783	1,010	43.5	63.4	
Seychelles	UK	Sovereign	89,770	13,392	10.2	73.8	10,116
Solomon Islands	UK	Sovereign	530,669	1,095	38.0	74.4	727
St Barthelemy	France	Affiliated	9,035	27,700	6.5		
St Helena	UK	Affiliated	4,250	7,800	15.5	79.0	
St Kitts & Nevis	UK	Sovereign	51,970	10,420	9.3	74.8	3,763
St Lucia	UK	Sovereign	172,370	5,958	10.9	77.0	3,382
St Martin	France	Affiliated	77,741	15,400	6.5		
St Vincent and the Grenadines	UK	Sovereign	100,892	5,451	16.5	74.4	2,921
St. Pierre and Miquelon	France	Affiliated	6,080	34,900	7.2	80.0	14,422

Islands	Metropolitan power	Political Status at 2015	Population 2010	GDP per capita US$	Infant mortality per 1000 live births	Life expectancy at birth	Merchandise imports per capita us$
Tokelau	New Zealand	Affiliated	1,400	1,000			
Tonga	UK but never a colony	Sovereign	106,000	2,677	20.4	75.4	1,598
Trinidad and Tobago	UK	Sovereign	1,317,714	14,023	24.8	71.6	6,290
Turks and Caicos	UK		32,664	20,215	11.5	79.2	16,419
Tristan da Cunha	UK	Affiliated	263	7,800			
Tuvalu	UK	Sovereign	10,924	2,640	33.5	65.0	2,320
US Virgin Islands	USA	Affiliated	110,000	35,500	9.4	79.4	
Vanuatu	France and UK	Sovereign	221,417	2,100	23.9	72.0	985
Wallis and Futuna	France	Affiliated	15,000	12,640	4.7	79.0	

Source: The author.

LE STATUT D'INDÉPENDANCE EST-IL BÉNÉFIQUE POUR LE DÉVELOPPEMENT DES PETITES ÉCONOMIES INSULAIRES ? UNE ANALYSE SUR LONGUE PÉRIODE

Résumé - *Un consensus se dégage aujourd'hui sur le fait que les petites économies insulaires indépendantes présentent des niveaux de revenus plus faibles que leurs homologues « affiliés ». Une certaine relation de causalité apparaît alors entre statut politique et performance économique dans le sens où l'indépendance serait un frein au développement économique. Toutefois, même si les études en coupe transversale semblent confirmer cette hypothèse, l'analyse présente, mobilisant des séries temporelles sur longue période pour plusieurs indicateurs clés de développement, tend à la rejeter. Il est montré que le processus de divergence en cours entre les deux groupes (économies indépendantes et économies affiliées) a débuté bien avant la décolonisation (vers 1920). Le statut politique ne peut donc être considéré tout au plus que comme un facteur aggravant, les vraies causes de la divergence restant à identifier.*

Mots-clés - DÉVELOPPEMENT, PETITES ÉCONOMIES INSULAIRES, STATUT POLITIQUE, DÉCOLONISATION, SÉRIES TEMPORELLES

UNE NOUVELLE MESURE DU DÉVELOPPEMENT DES ÉCONOMIES ULTRAMARINES FRANÇAISES À TRAVERS L'APPLICATION DE L'INDICATEUR DE DÉVELOPPEMENT HUMAIN « HYBRIDE »

Michaël GOUJON [*], **Jean-François HOARAU** [**]

Résumé - *La littérature sur l'évaluation du niveau de développement des Départements et Collectivités d'Outre-Mer montre que ces territoires ont fait preuve sur les dernières décennies d'un dynamisme certain en matière de développement, même si leurs performances restent encore bien en deçà de celles de la France métropolitaine. Toutefois, ces rares études souffrent d'un certain nombre de limites qui viennent réduire la portée de leurs conclusions. L'objet de notre étude est de contribuer à une meilleure évaluation des performances de développement humain des espaces français d'Outremer en mobilisant l'Indicateur de Développement Humain « Hybride », introduit par le PNUD en 2010, que nous calculons sur la période 1995-2010. Ce dernier a l'avantage de permettre une comparaison à la fois dans le temps et dans l'espace plus exhaustive. Les résultats montrent que ces économies présentent globalement des niveaux de développement satisfaisants (à l'exception de Mayotte) comparés aux autres petits territoires insulaires ou côtiers, mais ils demeurent cependant loin de la performance métropolitaine.*

Mots-clés - DÉVELOPPEMENT HUMAIN, INSULARITÉ, INDICATEUR SYNTHÉTIQUE, OUTREMER

Codes JEL - I00, O15, R00

Ce travail s'inscrit dans un projet de recherches plus vaste financé par l'Agence Française de Développement (AFD) que nous tenons à remercier pour son aide financière précieuse.

[*] CERDI, CNRS-Université d'Auvergne, et Ferdi ; michael.goujon@udamail.fr
[**] CEMOI, Université de la Réunion, auteur correspondant ; jfhoarau@univ-reunion.fr

1. INTRODUCTION

Un large consensus se dégage aujourd'hui sur le fait que les Petites Economies insulaires (PEI) souffrent d'une forte vulnérabilité structurelle comparativement aux autres économies (Briguglio, 1995 ; Andrianto et Matsuda, 2004 ; Logossah (2007) ; Guillaumont, 2009, 2010 ; Blancard et Hoarau, 2015)[1]. Toutefois, au regard des indicateurs de performance standard, les PEI montrent des niveaux de développement économique et humain relativement élevés (Srinivasan, 1986 ; Easterly et Kraay, 2001 ; Armstrong et Read, 2002 ; Blancard et Hoarau, 2013). Ces économies font donc preuve d'une grande capacité de résilience, c'est-à-dire une « capacité à faire face à une vulnérabilité inhérente grâce à la mise en œuvre de politiques délibérées » (Briguglio et Galea, 2003 ; Briguglio et al., 2006). Ces études portent essentiellement sur les PEI dites « indépendantes », en délaissant largement les économies « non indépendantes », parmi lesquelles les Départements français d'Outre-Mer [DOM] (Guadeloupe, Martinique, Réunion, Guyane, Mayotte) et les Collectivités françaises d'Outre-Mer [COM] (Nouvelle Calédonie, Polynésie, Wallis et Futuna, Saint-Pierre et Miquelon). Or, les choix en matière de stratégies de développement, et les performances économiques qui en découlent, n'ont pas été les mêmes selon le statut politique adopté (Bertram, 2006 ; Oberst et McElroy, 2007).

Les rares études sur les DOM-COM montrent que ces territoires, bien qu'évoluant dans un environnement économique et social protecteur garanti par leur statut de territoires affiliés à une métropole développée, présentent une vulnérabilité économique structurelle semblable à celle des PEI en développement (Bayon, 2007 ; Goavec et Hoarau, 2015 ; Goujon et al., 2015). Dans le domaine du développement humain, le PNUD ne calculant pas d'Indicateur de Développement Humain (IDH) pour les économies non indépendantes, un certain nombre d'auteurs ont tenté ces dernières années ce calcul pour les DOM-COM. François et Salmon (2006) proposent ce calcul pour la Guadeloupe, la Martinique et la Guyane pour les années 1990, 1995 et 2000. Ils montrent que ces territoires présentent un bon niveau d'IDH même si la progression est en net ralentissement sur la période d'étude. Le CEROM (2008) fait figurer les DOM des Caraïbes et COM du Pacifique dans le groupe des pays et territoires à niveau d'IDH très élevé. Utilisant la méthodologie de travaux entrepris pour mesurer l'IDH de régions métropolitaines (Gadray et al., 2006 ; Boutaud, 2007), Goujon (2008) et Goujon et Hermet (2012) proposent quant à eux des calculs d'IDH pour La Réunion et Mayotte. Alors que La Réunion se positionne au niveau des autres DOM à des niveaux élevés de développement humain,

[1] Les causes sous-jacentes sont diverses et nombreuses : (i) les caractéristiques géographiques (petite dimension, éloignement, enclavement, exposition à des risques majeurs, fragilité des écosystèmes, etc.), (ii) le contexte historique (dépendance vis-à-vis de l'extérieur, relations privilégiées avec les anciennes tutelles politiques, etc.), (iii) la situation sociale (moindre intensité et volatilité du capital humain, précarité du marché du travail, insécurité, etc.), et (iv) la structure économique (déséconomies d'échelle, étroitesse des marchés locaux, faible diversification des activités, coûts d'accès aux ressources extérieures, etc.).

Mayotte accuse un retard important en se plaçant dans le groupe des pays à niveau moyen de développement. Enfin, Sudrie (2013) utilise la nouvelle forme de l'IDH appliquée par le PNUD dans sa réforme de 2010, caractérisée par une nouvelle formule d'agrégation (géométrique plutôt qu'arithmétique) et de nouvelles composantes. Ses conclusions viennent conforter les précédentes, le niveau d'IDH atteint par les DOM-COM en 2010 les place dans le groupe des pays à développement humain très élevé (Guadeloupe, Martinique, Nouvelle-Calédonie) ou élevé (Réunion, Polynésie). Seules la Guyane et Mayotte figurent dans la catégorie des pays à développement humain moyen.

La revue de la littérature fait donc ressortir un consensus en faveur d'une dynamique de développement régionale favorable pour les territoires ultramarins français malgré la présence d'handicaps structurels forts. Toutefois, ces conclusions doivent être relativisées pour au moins deux raisons. D'abord, les études précitées souffrent d'un certain nombre de limites méthodologiques (méthode d'agrégation critiquable, choix des indicateurs de base, hypothèse sur les écarts de prix par rapport à la métropole, absence de calculs rétrospectifs pour certains...) venant réduire la portée des résultats. Même l'étude de Sudrie (2013), qui reste à ce jour la plus aboutie, se heurte à un problème sérieux de disponibilité de données qui a conduit l'auteur à faire de nombreuses approximations pouvant mettre en doute certains résultats. De plus, le choix de l'IDH dans sa version de 2010 ne permet pas les comparaisons temporelles avec les autres économies insulaires. En effet, les données concernant les nouvelles variables retenues depuis la réforme n'existent pas pour bon nombre de petits pays, conduisant le PNUD à les écarter du champ d'investigation. Ensuite, plusieurs faits stylisés révèlent que la situation en termes de développement n'est pas aussi flatteuse. Premièrement, le niveau du revenu par habitant des DOM-COM, à l'exception de la Nouvelle-Calédonie, reste largement en deçà du niveau moyen métropolitain, indiquant l'absence de processus de convergence réelle malgré 40 ans de transferts publics (Charles et al., 2013). Deuxièmement, ces territoires sont frappés par un taux de chômage structurel très élevé et persistant, oscillant entre 25% et 30% depuis la fin des années 1980 (Hoarau et al., 2010). Enfin, les calculs d'IDH montrent que le retard par rapport à la métropole demeure encore très significatif.

Aussi, dans cet article, nous nous proposons d'enrichir les investigations dans le domaine de l'évaluation du développement humain pour les DOM-COM en mettant en œuvre une nouvelle mesure d'IDH mieux adaptée aux contraintes statistiques très prégnantes lorsque l'on désire étudier les économies insulaires. De manière plus précise, contrairement à Sudrie (2013), nous appliquons, sur la période 1995-2010, la stratégie dite « pragmatique » présentée par le PNUD en 2010 (Gidwitz et al., 2010). Nous retenons la version hybride de l'IDH, qui combine la forme fonctionnelle géométrique et les composantes utilisées avant la réforme de 2010, dont les données sont plus disponibles, et ne nécessitent donc pas d'approximations trop importantes. Celles-ci permettent également une comparaison des résultats avec un nombre plus large de PEID. Sur ce dernier point, précisons que notre approche permet de couvrir, en plus des économies ultramarines, un échantillon de 30 PEI contre seulement 24 entités avec l'approche retenue par Sudrie (2013).

La suite de l'article est organisée de la manière suivante. La section 2 décrit la méthodologie de construction de l'IDH hybride. La section 3 expose les résultats par composante pour l'ensemble des territoires ultramarins dont les données sont disponibles sur la période d'étude retenue. La section 4 présente l'indicateur agrégé et discute les résultats qui en découlent. Enfin, la dernière section conclut sur les principaux enseignements de cette réflexion et propose quelques perspectives pour de futures recherches.

2. L'IDH « HYBRIDE » : MÉTHODOLOGIE ET AVANTAGES POUR LE CALCUL SUR LES DOM-COM

L'IDH a été introduit par le premier rapport sur le développement humain du PNUD publié en 1990 (PNUD, 1990). Jusqu'en 2009, celui-ci s'obtenait par la moyenne arithmétique de trois indicateurs socioéconomiques reflétant les trois grandes dimensions du développement humain : (i) la longévité (L) mesurée par l'espérance de vie à la naissance, (ii) le savoir (EA) mesuré par la moyenne pondérée du taux d'alphabétisation des adultes (TAA) et le taux brut de scolarisation (TBS) combiné (primaire, secondaire et supérieur) et (iii) le niveau de vie donné par le PIB réel par habitant en parité des pouvoirs d'achat PPA (PIB). Pour les trois composantes, les indices dimensionnels individuels (I_L, I_{EA}, I_{PIB}) sont calculés en utilisant la transformation linéaire « Min-Max », soit $\frac{\text{valeur observée - valeur min}}{\text{valeur max - valeur min}}$. Notons que la dimension du niveau de vie fait l'objet d'un traitement particulier. Le PNUD pose l'hypothèse des rendements décroissants du bien-être associé au revenu, c'est-à-dire qu'une augmentation de la richesse est susceptible d'avoir moins d'importance pour les pays riches que pour les pays pauvres. Cette hypothèse est introduite dans l'indice dimensionnel en appliquant aux différentes valeurs la transformation logarithmique. Les valeurs minimales (maximales) sont fixées par le PNUD à 25 (85) années pour L, 0% (100%) pour EA et 100 (40000) dollar US pour PIB. Ensuite, l'IDH global se déduit comme suit :

$$IDH = \frac{1}{3}(I_L + I_{EA} + I_{PIB})$$

Les premières applications aux DOM-COM, issues des travaux de François et Salmon (2006), du CEROM (2008), de Goujon (2008) et de Goujon et Hermet (2012), ont mobilisé cette méthode. Néanmoins, cette première forme de l'IDH a fait l'objet de trois types de critiques (Blancard et Hoarau, 2011) : (i) la faible qualité et le manque de disponibilité des données élémentaires, (ii) le besoin de tenir compte de plus d'informations en intégrant d'autres variables dans l'indicateur synthétique, et (iii) des limites techniques à travers les problèmes d'agrégation et de pondération.

Aussi, pour répondre à certaines de ces critiques, le PNUD a décidé de réviser en 2010 la méthodologie (PNUD, 2010, voir également Blancard et Hoarau, 2011). D'un côté, plusieurs variables élémentaires ont changé dans l'objectif de mieux caractériser le développement humain. Dans la dimension du savoir, la durée moyenne de scolarisation et la durée attendue de scolarisation remplacent respectivement le taux d'alphabétisation des adultes et le taux brut de scolarisation. Dans la dimension du niveau de vie, le PIB par habitant laisse place au Revenu National Brut (RNB) par habitant. Dans la formule de normalisation, les valeurs maximales deviennent celles effectivement constatées dans les pays considérés sur la période 1980-2010 et les valeurs minimales sont fixées à des seuils correspondant aux niveaux de subsistance (20 ans pour l'espérance de vie, zéro pour les deux variables d'éducation et 163 dollar US pour le RNB par habitant). D'un autre côté, l'IDH global est désormais calculé en prenant la moyenne géométrique des trois indices, et non plus la moyenne arithmétique, afin d'introduire une substituabilité imparfaite entre les trois dimensions, d'où :

$$IDH = I_L^{1/3} \times I_{EA}^{1/3} \times I_{RNB}^{1/3}$$

C'est précisément l'approche retenue par Sudrie (2013). Toutefois, comme le précise le PNUD, les nouvelles variables sont basées sur des données peu disponibles dans la double dimension spatiale et temporelle pour les petites économies, et en particulier pour les PEI. Ce problème de disponibilité de données, notamment sur le Revenu National Brut [RNB] réel par habitant, a contraint le PNUD à ne pas présenter de résultats de calcul d'IDH pour de nombreuses PEI. Cette limite est encore plus criante pour les DOM-COM. Dans Sudrie (2013), le PIB reste utilisé au lieu du RNB pour certains territoires en supposant un ratio RNB/PIB constant sur la période d'étude, tandis que pour d'autres, le RNB est généré à partir d'une relation économétrique simple liant le RNB réel par habitant et le PIB réel par habitant estimée sur un échantillon mondial. Cette méthode pose problème car elle consiste à imputer des valeurs manquantes spécifiques sinon atypiques par des estimations « moyennes » tirées d'un modèle commun estimé sur l'ensemble de l'échantillon. Un autre problème, moins évident à surmonter, apparaît si le manque de données n'est pas dû au hasard, c'est-à-dire si les pays pour lesquels les données sont manquantes présentent une caractéristique particulière : dans ce cas, ces derniers ne peuvent répondre au modèle estimé sur l'échantillon de pays pour lesquels toutes les variables sont disponibles. Ce problème est très probablement amplifié dans l'étude de Sudrie (2013) puisque la relation entre le PIB et le RNB est estimée sur un échantillon mondial sans contrôle pour des caractéristiques particulières importantes qui influencent de toute évidence cette relation (îles, niveau de développement, structure de la population, structure du PIB...)[2].

Aussi, pour permettre le calcul d'un IDH rétrospectif et la comparaison dans le temps, le PNUD dans sa réforme de 2010 propose également une version « hybride » de l'IDH (Figure 1), dite « pragmatique », combinant la nouvelle méthode d'agrégation géométrique et l'ensemble des anciennes variables élémentaires qui ont le mérite d'être disponibles pour un échantillon plus vaste de pays sur une période longue.

---

[2] Notons que ce contrôle peut se faire soit en maintenant l'échantillon et en ajoutant des variables explicatives, soit en maintenant le modèle mais en l'estimant sur un sous échantillon constitué de pays dont toutes les données existent et qui partagent les caractéristiques des pays ciblés dont les données sont manquantes.

Figure 1. La composition de l'IDH hybride

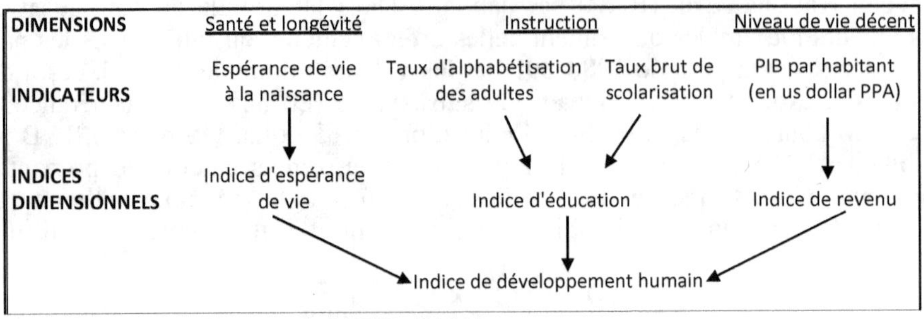

Source: les auteurs, à partir de PNUD (2010).

C'est cette dernière approche que nous appliquons. Nous retenons donc la moyenne géométrique des variables de l'espérance de vie, du taux brut de scolarisation, du taux d'alphabétisation des adultes et du PIB réel par habitant en dollar PPA, soit :

$$\mathrm{IDH} = \mathrm{I_L}^{\frac{1}{3}} \times \left(\mathrm{I_{TAA}}^{\frac{1}{2}} \times \mathrm{I_{TBS}}^{\frac{1}{2}}\right)^{\frac{1}{3}} \times \mathrm{I_{PIB}}^{\frac{1}{3}}$$

La normalisation des données élémentaires repose sur les valeurs seuils déterminées par le PNUD et valables pour toutes les années de la période d'étude (voir Tableau 1). Les indices dimensionnels (normalisés) se déduisent alors comme suit :

$$\mathrm{I_{L,TAA,TBS}} = \frac{\text{Valeur observée} - \text{Valeur Min}}{\text{Valeur Max} - \text{Valeur Min}} \quad \text{et} \quad \mathrm{I_{PIB}} = \frac{\ln(\text{Valeur observée}) - \ln(\text{Valeur Min})}{\ln(\text{Valeur Max}) - \ln(\text{Valeur Min})}$$

Tableau 1. Les valeurs minimales et maximales pour le calcul de l'IDH hybride

Variables	Min	Max
Espérance de vie	20	83,166 (Japon, 2010)
Taux d'alphabétisation des adultes	0	99 (plusieurs pays)
Taux brut de scolarisation combiné	0	115,81 (Australie, 2002)
PIB par habitant (en dollar US PPA)	163,28 (Libéria, 1995)	108 211 (EAU, 1980)

Source: PNUD (2010).

3. LA CONSTRUCTION DES INDICES DIMENSIONNELS POUR LES DOM-COM

La méthode présentée ci-dessus est appliquée à l'ensemble des économies ultrapériphériques françaises sur la période allant de 1995 à 2010. Les résultats obtenus seront ensuite replacés dans le classement mondial établi par le PNUD. Ce travail doit nous permettre d'évaluer les écarts de développement entre, d'une part, les territoires ultramarins entre eux, et entre ces territoires et la France métropolitaine comme dans Sudrie (2013) et, d'autre part, entre les DOM-COM et le groupe des PEI avec une attention particulière sur les pays limitrophes. Même si nous travaillons sur des données primaires plus disponibles que dans Sudrie (2013), certaines ont nécessité des approximations que nous présentons en détail dans la suite.

3.1. La dimension du niveau de vie

L'utilisation de l'unité « parité des pouvoirs d'achat » qui permet la comparaison entre territoires pose problème car elle nécessite l'estimation des différences de prix des biens et services, ici entre les DOM-COM et la métropole.

3.1.1. Le cas des COM

Concernant les COM du Pacifique, il n'y a pas de problème particulier dans la mesure où le PNUD fournit les séries longues en dollar PPA pour la Nouvelle Calédonie et la Polynésie Française[3] (voir Tableau 2).

Tableau 2. Le PIB par habitant en dollar PPA des COM, 1995-2010

Pays	PIB par habitant en dollar PPA			
	1995	**2000**	**2005**	**2010**
Niveau				
Polynésie	19718	20736	21434	21885
Nouvelle-Calédonie	27127	24945	26986	29411
France	29076	32516	34050	34173
En % de la France				
Polynésie	67,8	63,7	62,9	64,0
Nouvelle-Calédonie	93,2	76,7	79,2	86,0
France	100	100	100	100
En indice				
Polynésie	0,740	0,747	0,752	0,756
Nouvelle-Calédonie	0,789	0,776	0,788	0,801
France	0,799	0,817	0,824	0,824

Source : PNUD, calculs des auteurs.

3.1.2. Le cas des DOM

S'agissant des DOM, EUROSTAT publie des niveaux de PIB par habitant en euro Standard de Pouvoir d'Achat [SPA] sur la période 1995-2010. La différence avec le concept de PPA est purement terminologique dans la mesure où la méthode de conversion est similaire à celle de la PPA. Cependant, cet indicateur est construit sur l'hypothèse implicite irréaliste d'égalité de niveau général des prix entre les différents territoires et la métropole. Pour pouvoir calculer un IDH comparable aux données du PNUD, il est indispensable de transformer les séries exprimées en euro SPA en dollar PPA. Pour ce faire, plusieurs étapes doivent être respectées (Goujon, 2008).

- Le passage du PIB par habitant en euros courants au PIB par habitant en euros SPA

[3] Pour les autres COM (Saint-Barthélemy, Saint Martin et Saint-Pierre et Miquelon), les données n'existent pas et il n'est pas possible d'avoir une estimation fiable.

EUROSTAT publie les données de PIB par habitant en euro à prix courants et en euro SPA pour l'Union européenne à 27 pays [UE-27]. Ces données sont disponibles au niveau NUTS3 donc pour l'ensemble des régions européennes dont les DOM. Le passage du PIB par habitant à prix courants au PIB par habitant en euro SPA se fait par le biais de la formule suivante :

$$\text{PIB par habitant en euros courants} \times m = \text{PIB par habitant en euros SPA}$$

Le coefficient m, qui représente en quelque sorte un taux de change SPA correspondant au rapport du niveau moyen des prix dans l'UE-27 sur le niveau des prix dans le pays ou la région considérée, se déduit de la division du PIB par habitant en euros SPA par le PIB par habitant en euros courants. En calculant ce coefficient pour chaque année de la période d'étude, nous découvrons que celui-ci est identique pour la France et l'ensemble des DOM quelle que soit l'année considérée. En d'autres termes, EUROSTAT considère dans ses calculs que le niveau général des prix en France et dans les DOM est similaire et toujours supérieur à la moyenne de l'UE-27. Il faudra bien évidemment tenir compte de cette information lorsqu'il faudra passer des séries en euros SPA aux séries en dollar US PPA.

- Le passage du PIB par habitant en euros SPA au PIB par habitant en dollar US PPA

Pour pouvoir calculer un IDH dans l'esprit du PNUD et permettre des comparaisons internationales, il est indispensable de transformer les séries exprimées en euro SPA en dollar US PPA. Ce passage se fait en deux temps. Dans un premier temps, nous utilisons le rapport du PIB par habitant en dollar US PPA de la France (source : PNUD-IDH) sur le PIB par habitant en euro SPA de la France (source : Eurostat) pour chaque année, soit :

$$c = \frac{\text{PIB par habitant en dollar US PPA de la France}}{\text{PIB par habitant en euro SPA de la France}}$$

Nous obtenons pour chaque année un taux de change *c* que nous appliquons aux PIB par habitant en euro SPA des DOM :

$$\text{PIB/h en dollar US PPA des DOM} = c \times \text{PIB/h en euro SPA des DOM}$$

A ce stade, nous obtenons un PIB par habitant en us dollar PPA sous l'hypothèse forte que le pouvoir d'achat de l'euro ou du dollar entre la Métropole et les DOM est le même ou encore que le niveau général des prix entre ces derniers est identique. Aussi, il convient de lever cette contrainte.

En reprenant la formule d'ajustement utilisée pour tenir compte des différences de prix entre pays, exposée plus haut, le PIB par habitant en us dollar PPA (ou euro SPA) sous l'hypothèse d'un niveau de prix X% plus élevé dans les DOM (par rapport à la Métropole) est en fait égal au PIB par habitant en dollar US PPA (ou euro SPA) sous l'hypothèse de niveaux de prix similaires, divisé par le facteur (1+X%), soit :

$$\text{PIB/h en us dollar PPA des DOM} = \frac{c \times \text{PIB/h en euro SPA des DOM}}{(1 + X\%)}$$

Tableau 3. L'évaluation des écarts de prix entre les DOM et la France métropolitaine par l'INSEE, 2010

Pays	Panier métropolitain	Panier outremer	Indice de Fischer
Martinique	6,9	-2,9	9,7
Guadeloupe	14,8	-2,2	8,3
Guyane	19,6	-6,4	13
La Réunion	12,4	-0,4	6,2

Goujon et Hermet (2012). Source : INSEE (2010).

Figure 2. Le PIB par habitant en dollar PPA pour quelques petites économies insulaires, année 2010

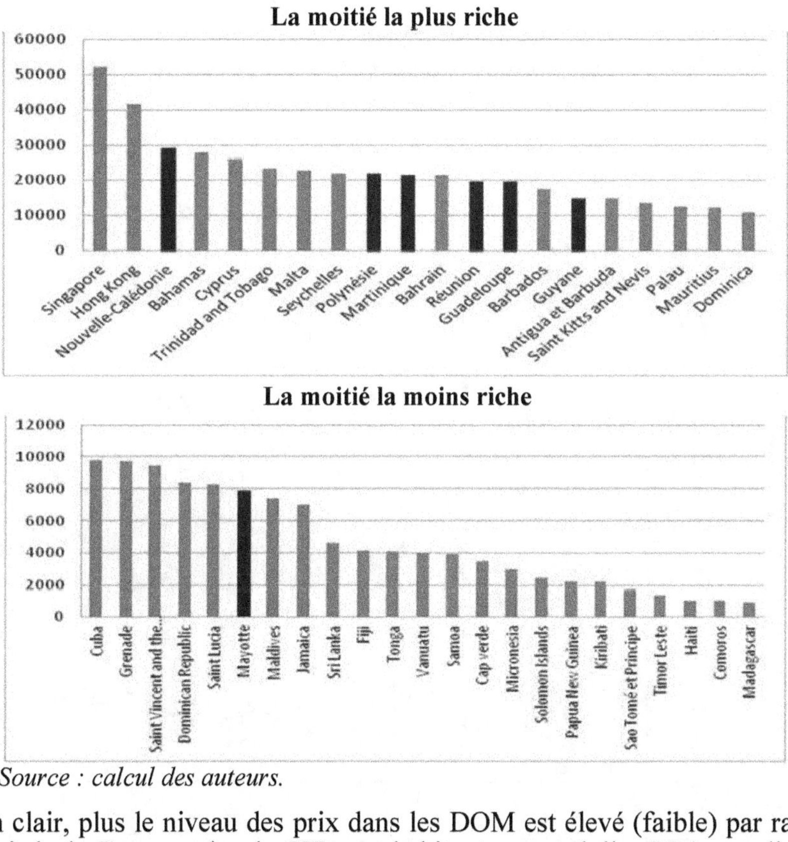

Source : calcul des auteurs.

En clair, plus le niveau des prix dans les DOM est élevé (faible) par rapport à celui de la France, plus le PIB par habitant en us dollar PPA est diminué (augmenté), car le pouvoir d'achat d'un dollar est diminué (augmenté) d'autant dans les DOM par rapport à la France. Plus précisément, nous calculons le PIB par habitant en dollar US PPA des DOM en retenant trois hypothèses distinctes sur les écarts potentiels de prix entre ces derniers et la France, à savoir (i) des prix similaires, (ii) les écarts tirés de l'étude récente de l'INSEE (2010) présentés dans le Tableau 3 et (iii) un écart de +55% découlant du rapport de l'ADLC (2009) . Précisons que les hypothèses (i) et (iii) permettent une analyse de sensibilité des résultats autour de l'hypothèse centrale (ii) (voir Tableau 4).

Tableau 4. Le PIB par habitant en dollar PPA des DOM selon différentes hypothèses sur les écarts de prix, 1995-2010

Pays	PIB par habitant en dollar PPA											
	1995			2000			2005			2010		
En niveau :	1	2	3	1	2	3	1	2	3	1	2	3
Guadeloupe	16248	15003	10483	19005	17548	12261	23711	21894	15297	21100	19483	13613
Guyane	18472	16347	11917	14996	13271	9675	16267	14395	10495	16847	14909	10869
Martinique	18643	16994	12028	20786	18948	13410	23435	21363	15119	23431	21359	15117
Mayotte	..	..	..	5319	5009	3432	6487	6108	4185	8386	7897	5410
Réunion	14709	13850	9490	17074	16078	11016	19989	18822	12896	20769	19556	13399
France	29076	29076	29076	32516	32516	32516	34050	34050	34050	34173	34173	34173
En % de la France :												
Guadeloupe	55,9	51,6	36,1	58,4	54,0	37,7	69,6	64,3	44,9	61,7	57,0	39,8
Guyane	63,5	56,2	41,0	46,1	40,8	29,8	47,8	42,3	30,8	49,3	43,6	31,8
Martinique	64,1	58,4	41,4	63,9	58,3	41,2	68,8	62,7	44,4	68,6	62,5	44,2
Mayotte	..	..	..	16,4	15,4	10,6	19,1	17,9	12,3	24,5	23,1	15,8
Réunion	50,6	47,6	32,6	52,5	49,4	33,9	58,7	55,3	37,9	60,8	57,2	39,2
France	100,0	100,0	100,0	100,0	100,0	100,0	100,0	100,0	100,0	100,0	100,0	100,0
En indice :												
Guadeloupe	0,710	0,697	0,642	0,734	0,722	0,666	0,768	0,756	0,700	0,750	0,738	0,682
Guyane	0,729	0,711	0,662	0,697	0,678	0,630	0,710	0,691	0,642	0,715	0,696	0,648
Martinique	0,731	0,717	0,663	0,748	0,733	0,680	0,766	0,752	0,699	0,766	0,752	0,699
Mayotte	..	..	..	0,537	0,528	0,470	0,568	0,558	0,500	0,608	0,598	0,540
Réunion	0,694	0,685	0,627	0,717	0,708	0,650	0,742	0,732	0,674	0,748	0,738	0,680
France	0,799	0,799	0,799	0,817	0,817	0,817	0,824	0,824	0,824	0,824	0,824	0,824

Note : 1,2 et 3 correspondent aux différentes hypothèses sur les écarts de prix entre les DOM et la France : 1=différentiel nul ; 2=INSEE (2012) ; 3=+55%.
Source : INSEE (2010), ADLC (2009), calcul des auteurs.

Il semble ainsi apparaître que les DOM ne sont pas dans une phase de rattrapage en termes de niveaux de vie (quel que soit l'écart de prix retenu) : leur niveau de richesse moyenne ne représente que 55% du niveau métropolitain pour les territoires les plus performants (sous l'hypothèse d'écarts de prix de l'INSEE). Dans la perspective d'une comparaison au sein du groupe des PEID, avec une attention particulière accordée aux économies insulaires voisines, les territoires français d'outremer, à l'exception de Mayotte, apparaissent en revanche relativement performants (voir Figure 2).

En effet, les COM du Pacifique (Nouvelle-Calédonie et Polynésie) rivalisent avec les économies insulaires les plus riches au monde (Bahreïn, Chypre, Trinidad et Tobago), les DOM de l'Atlantique font partie des îles les plus riches de la Caraïbe, La Réunion domine la zone insulaire de l'Afrique australe. Mayotte, enfin, même si son niveau de vie reste encore largement en retrait par rapport aux autres territoires français, se place devant ses voisins les plus proches, à savoir Les Maldives, Comores et Madagascar.

3.2. La dimension de la longévité

Concernant la variable de la longévité, il n'existe aucune difficulté pour construire l'indice dimensionnel. L'INSEE, EUROSTAT et l'Index Mundi offrent des séries longues sur l'espérance de vie à la naissance, définie comme l'âge moyen atteint par une génération d'enfants nés vivants qui seraient soumis pendant toute leur vie aux quotients de mortalité par âge observés pendant l'année de naissance de la génération. Nous nous contentons par conséquent de reprendre la synthèse effectuée par Sudrie (2013). Le Tableau 5 regroupe ces informations ainsi que nos calculs de normalisation de la dimension concernée.

Trois faits marquants sont à signaler. D'abord, contrairement à la dimension du revenu, un mouvement de rattrapage significatif est à l'œuvre pour l'ensemble des DOM-COM par rapport à la métropole, à l'exception notable de Wallis et Futuna. Pour celle-ci, l'espérance de vie a même diminué sur les quinze dernières années. Ensuite, des différences non négligeables existent selon les territoires. L'indicateur se situe en moyenne aux alentours de 79-80 ans pour les territoires français d'Amérique et la Réunion et de 76 ans pour les territoires du Pacifique et Mayotte. Enfin, la comparaison régionale permet de faire ressortir l'excellente performance des outremers français dans ce domaine puisqu'ils rivalisent largement avec des économies insulaires émergentes voir même « émergés » comme Hong-Kong, Malte et Chypre (voir Figure 3). Cette tendance lourde concerne véritablement l'ensemble des territoires. Pour les économies ultramarines les plus en retrait sur le plan du niveau de vie (Guyane et Mayotte), l'écart d'espérance de vie par rapport aux économies insulaires les plus développées est notablement inférieur à l'écart dans la dimension du PIB réel par habitant.

Tableau 5. L'indice dimensionnel pour la longévité des DOM-COM, 1995-2010

Pays	1995		2000		2005		2010	
	Niveau	Indice	Niveau	Indice	Niveau	Indice	Niveau	Indice
DOM								
Guadeloupe	76,2	0,89	77,6	0,91	78,5	0,93	80,2	0,95
Guyane	74,0	0,86	75,4	0,88	76,6	0,90	78,9	0,93
Martinique	78,1	0,92	78,2	0,92	79,5	0,94	81,5	0,97
Mayotte	..	..	71,3	0,81	72,7	0,83	75,8	0,88
Réunion	74,5	0,86	75,1	0,87	76,6	0,90	79,2	0,94
France	77,9	0,92	78,9	0,93	80,4	0,96	81,6	0,98
COM								
Polynésie	72,7	0,83	74,1	0,86	75,1	0,87	76,5	0,89
St. Pierre & Miquelon	..	..	77,6	0,91	78,5	0,93	79,7	0,95
Wallis & Futuna	76,7(a)	0,90(a)	..	..	74,3	0,86	74,3	0,86
Saint-Martin	..	..	77,2(b)	0,91(b)	77,8(c)	0,92(c)	80,2	0,95
Saint-Barthélemy	..	..	77,2(b)	0,91(b)	77,8(c)	0,92(c)	80,2	0,95
Nouvelle-Calédonie	71,7	0,81	74,7	0,87	75,2	0,87	76,1	0,89

Note : (a) chiffres de 1996, (b) chiffres de 1999, (c) chiffres de 2003.
Source : EUROSTAT, INSEE, calcul des auteurs.

Figure 3. Espérance de vie à la naissance pour quelques économies insulaires, année 2010

Le top 25

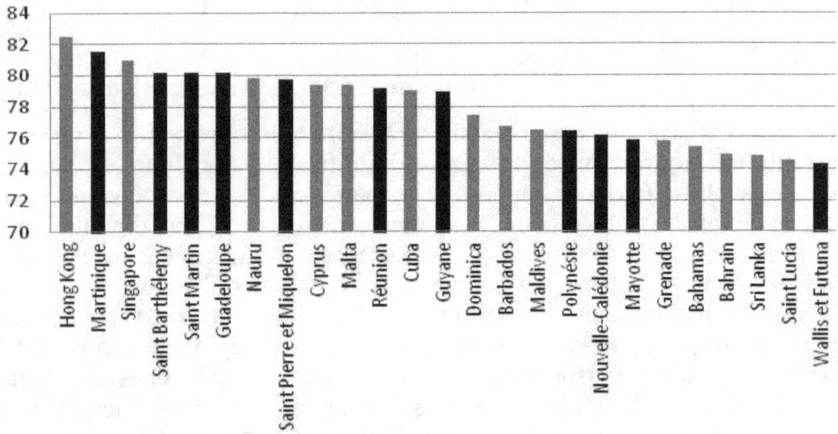

Source : PNUD (2010), calcul des auteurs.

3.3. La dimension de l'éducation

Concernant la dimension de l'éducation, les calculs sont plus complexes. Cette dimension est mesurée à partir de deux variables, le taux brut de scolarisation [TBS], tous niveaux confondus (primaire, secondaire et supérieur) et le taux d'alphabétisation des adultes [TAA].

3.3.1. Le taux brut de scolarisation

Le TBS est obtenu par le pourcentage d'élèves inscrits par rapport au nombre d'individus en âge d'être scolarisés de moins de 25 ans. Les données n'existent pas en tant que telles pour les DOM-COM. Toutefois, nous pouvons les reconstruire en utilisant une transformation de la variable « espérance de vie scolaire » (en années) (ERS) fournie par Sudrie (2013). L'ERS est définie comme « le nombre total d'années qu'un enfant d'un certain âge peut s'attendre à recevoir dans le futur, tout en supposant que la probabilité d'être inscrit à l'école est égale aux taux de scolarisation actuel pour cet âge », d'où la formule: $ERS = \frac{Ps}{P^*} DT$, avec Ps = population scolarisée (niveaux 1-6 de la CITE), P* = population de moins de 25 ans, et DT = durée théorique de scolarisation exprimée en années (fixée à 17 ans soit 5 années d'études primaires, 7 années d'études secondaires et 5 années d'études supérieures). Aussi, de par la définition du TBS présentée plus haut, ce dernier se déduit comme :

$$\text{TBS} = \frac{Ps}{P^*} = \frac{ERS}{DT}$$

Les résultats sont donnés dans le Tableau 6. Deux enseignements importants peuvent être délivrés. Premièrement, un contraste apparaît dans la dynamique d'évolution des TBS entre les DOM et les COM. Tous les DOM, à l'image de la France métropolitaine, ont vu leur performance augmenter entre 1995 et 2010. A l'opposé, l'ensemble des COM montre un niveau de scolarisation stagnant voire décroissant. Deuxièmement, à l'exception de Saint-Pierre et Miquelon et dans une moindre mesure de la Guadeloupe, les territoires d'outremer sont encore en retard par rapport à la moyenne nationale.

Tableau 6. L'indice dimensionnel pour le taux brut de scolarisation des DOM-COM, 1995-2010

Pays	1995		2000		2005		2010	
	Niveau	Indice	Niveau	Indice	Niveau	Indice	Niveau	Indice
DOM								
Guadeloupe	0,75	0,646	0,84	0,725	0,86	0,742	0,89	0,768
Guyane	0,61	0,527	0,63	0,544	0,61	0,527	0,63	0,544
Martinique	0,73	0,630	0,81	0,669	0,80	0,691	0,78	0,673
Mayotte	0,50	0,432	0,60	0,518	0,53	0,458	0,53	0,458
Réunion	0,70	0,604	0,74	0,639	0,74	0,639	0,73	0,630
France	0,92	0,794	0,91	0,786	0,95	0,820	0,95	0,820
COM								
Polynésie	0,67	0,578	0,68	0,587	0,67	0,578	0,63	0,544
St. Pierre & Miquelon	0,95	0,820	0,95	0,820	0,94	0,812	0,92	0,794
Wallis & Futuna	..	..	..	..	0,83	0,717	0,86	0,743
Saint-Martin	0,66	0,570	0,66	0,570	0,60	0,518	0,55	0,475
Saint-Barthélemy	..	..	0,48	0,414	0,47	0,406	0,44	0,380
Nouvelle-Calédonie	0,73	0,630	0,71	0,613	0,69	0,596	0,66	0,570

Source : Sudrie (2013), calcul des auteurs.

3.3.2. Le taux d'alphabétisation des adultes

Pour le TAA, la difficulté majeure est le manque voire l'absence, pour l'ensemble des entités concernées, de données correspondant à la définition du PNUD de l'analphabétisme, en l'occurrence « le pourcentage des personnes âgées de 15 ans ou plus qui peuvent, en comprenant, lire et écrire un texte court en rapport avec leur vie de tous les jours ». Par conséquent, pour le PNUD, l'analphabétisme est l'incapacité de comprendre, lire et écrire un texte court. La distinction n'est pas toujours claire entre l'analphabétisme et l'illettrisme, ce dernier étant défini comme un apprentissage imparfait de la lecture et de l'écriture. La question du type et des seuils de compétences testées est donc cruciale, et la difficulté vient du fait qu'ils peuvent différer entre les pays et les organismes qui évaluent ces compétences. Les comparaisons internationales, ou même régionales, ne sont donc pas aisées en la matière. Concernant les DOM-COM en particulier, les données n'existant pas, il nous a fallu trouver une façon d'approcher le plus fidèlement possible la conception que le PNUD donne à l'analphabétisme. Aussi, nous avons choisi de considérer comme analphabètes les personnes âgées de 15 et plus non scolarisées à l'année considérée n'ayant jamais eu de scolarisation, c'est-à-dire n'ayant même pas le niveau du primaire. Cette donnée est disponible pour l'ensemble des DOM-COM sur les années récentes (2006, 2007, 2008, 2009) grâce aux différents recensements mis en place par l'INSEE. Le fait de considérer que les adultes n'ayant jamais été scolarisés sont dans l'incapacité de comprendre, lire et écrire un texte court ne paraît pas exagéré. Les taux d'analphabétisme pour les années plus anciennes sont reconstruits en appliquant la formule du taux de croissance annuel moyen trouvé entre deux points séparés sur la période étudiée, en supposant bien évidemment que la progression s'est faite de manière constante sur cette période, soit: $1 + \bar{g} = (X_n/X_0)^{\frac{1}{n}}$, où g, Xn, $X0$ et n représentent respectivement le taux de croissance annuel moyen, la valeur finale de la variable, la valeur de départ de la variable et le nombre d'années. Les taux d'alphabétisation des adultes se déduisent ensuite du complément à 100% des taux d'analphabétisme. Le Tableau 7 regroupe les résultats pour l'ensemble des DOM-COM.

Tableau 7. Taux d'alphabétisation des adultes pour les DOM-COM, 1995-2010 (%)

Pays	1995		2000		2005		2010	
	Niveau	Indice	Niveau	Indice	Niveau	Indice	Niveau	Indice
DOM								
Guadeloupe	94,6	0,955	95,6	0,966	96,6	0,976	97,6	0,986
Guyane	81,1	0,819	82,5	0,834	84,0	0,849	86,0	0,869
Martinique	95,8	0,968	97,0	0,980	98,2	0,992	98,5	0,995
Mayotte	..	..	..	..	..	..	56,0(a)	0,566(a)
Réunion	90,1	0,910	91,6	0,926	93,3	0,942	94,9	0,959
France	99,0	1,000	99,0	1,000	99,0	1,000	99,0	1,000
COM								
Polynésie	95,8	0,968	95,7	0,967	95,6	0,966	95,5	0,965
St. Pierre & Miquelon	98,3	0,993	98,8	0,998	99,0	1,000	99,0	1,000
Wallis & Futuna	..	..	..	..	..	..	93,3(b)	0,942(b)
Saint-Martin	95,4	0,963	95,7	0,967	96,0	0,970	96,4	0,973
Saint-Barthélemy	98,0	0,990	98,1	0,991	98,3	0,993	98,4	0,994
Nouvelle-Calédonie	96,0	0,970	97,0	0,980	97,9	0,988	98,2	0,992

Note : (a) chiffres de 2007, (b) chiffres de 2008.
Source : PNUD (2010), INSEE (recensements 2006, 2007, 2008, 2009) et calcul des auteurs.

Un constat majeur se dégage de ces résultats. Pour les territoires dont les données sont disponibles dans le temps, l'alphabétisation progresse de manière continue depuis 1995 jusqu'à atteindre des niveaux très proches de celui de la France métropolitaine en 2010. Seules Mayotte (56%) et dans une moindre mesure la Guyane (86%) accusent encore un retard important. Pour Mayotte, l'énorme retard s'explique par la mise en place tardive des campagnes d'alphabétisation en français comparativement aux autres territoires (ANLCI, 2015). La population locale n'accède massivement à l'école que depuis une vingtaine d'années et la généralisation de la scolarisation des enfants de 3 ans n'a réellement débuté qu'à partir de 2010.

3.3.3. L'indice combiné d'éducation

En définitive, il est possible de construire l'indice dimensionnel de l'éducation en appliquant une moyenne géométrique simple des deux sous indices liés à la scolarisation des jeunes et à l'alphabétisation des adultes telle que :

$$I_E = (I_{TAA} \times I_{TBS})^{\frac{1}{2}}$$

La conclusion principale qui ressort des résultats (voir Tableau 8) révèle que, à l'instar de la dimension du niveau de vie, le rattrapage par rapport à la métropole n'est pas évident. La performance en termes d'éducation semble stagner pour les COM et progresser très légèrement pour les DOM. En tout état de cause, l'écart par rapport à la France se maintient sur la période d'étude.

Tableau 8. L'indice dimensionnel de l'éducation pour les DOM-COM, 1995-2010

Pays	1995	2000	2005	2010
DOM				
Guadeloupe	0,785	0,837	0,851	0,870
Guyane	0,657	0,674	0,669	0,688
Martinique	0,781	0,810	0,828	0,818
Mayotte	..	..	..	0,509
Réunion	0,741	0,769	0,776	0,777
France	0,891	0,887	0,906	0,906
COM				
Polynésie	0,748	0,753	0,747	0,725
St. Pierre & Miquelon	0,902	0,905	0,901	0,891
Wallis & Futuna	..	..	..	0,837
Saint-Martin	0,741	0,742	0,709	0,680
Saint-Barthélemy	..	0,641	0,635	0,615
Nouvelle-Calédonie	0,78	0,78	0,77	0,75

Source : Calcul des auteurs.

Par ailleurs, la comparaison par rapport aux autres économies insulaires débouche sur une conclusion mitigée (voir Figure 4) : certains territoires d'outremer présentent des niveaux parmi les plus élevés (St Pierre et Miquelon, la Guadeloupe, Wallis et Futuna, et la Martinique) alors que d'autres ont des performances faibles (Polynésie, Guyane, St Martin, St Barthélemy et Mayotte).

4. L'AGRÉGATION DES TROIS COMPOSANTES : L'IDH HYBRIDE POUR LES DOM-COM

Finalement, l'IDH hybride s'obtient à partir de l'agrégation des trois indices dimensionnels présentés plus haut. A l'instar de Sudrie (2013), afin de montrer l'impact des écarts de niveau de vie entre les territoires d'outremer et la France métropolitaine, le Tableau 9 présente deux indicateurs, l'IDH hybride standard et l'IDH hybride non monétaire [IDHNM], c'est-à-dire l'IDH calculé en excluant la dimension du PIB réel par habitant. Trois enseignements importants apparaissent.

Figure 4. Performances en termes d'éducation pour quelques économies insulaires, année 2010

La moitié la mieux éduquée

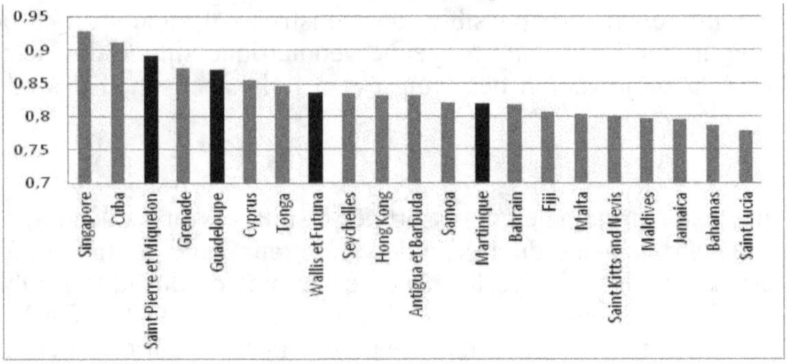

La moitié la moins éduquée

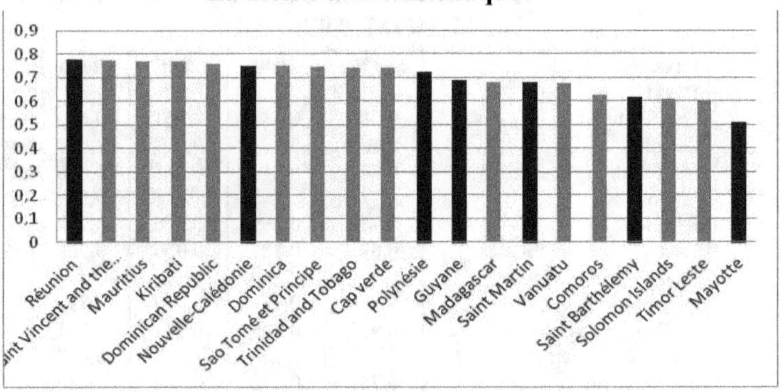

Source : PNUD (2010), calcul des auteurs.

En premier lieu, les performances en termes de développement humain sont globalement satisfaisantes pour les outremers français. En effet, l'IDH varie entre 0,761 et 0,846 pour l'année 2010 sauf pour Mayotte qui affiche encore un niveau relativement médiocre (évalué à 0,645). Le Tableau 10 montre que la Guadeloupe, la Martinique, la Réunion, la Nouvelle-Calédonie et la Polynésie se classent toutes dans la catégorie des IDH élevés composée de 53 pays (sur 178 pays). La comparaison par rapport au groupe des économies insulaires conforte ce constat positif (voir Figure 5). Ce dernier est néanmoins entaché par les situations de Mayotte et de la Polynésie. En effet, Mayotte affiche une piètre performance en se positionnant dans la seconde moitié du quart regroupant les pays à développement humain moyen. La Polynésie, quant à elle, voit son niveau de développement humain stagner depuis le début des années 2000 malgré une performance relative voisine de la Réunion : un léger recul est même constaté en 2010.

Tableau 9. IDH hybride global et IDH non monétaire pour les DOM-COM, 1995-2010

Pays	1995				2000				2005				2010			
	IDH			IDHNM	IDH			IDHNM	IDH			IDHNM	IDH			IDHNM
	1	2	3		1	2	3		1	2	3		1	2	3	
DOM																
Guadeloupe	0,792	0,787	0,766	0,836	0,827	0,822	0,800	0,877	0,848	0,843	0,822	0,890	0,851	0,846	0,824	0,906
Guyane	0,743	0,736	0,719	0,750	0,747	0,741	0,722	0,774	0,757	0,750	0,732	0,782	0,768	0,761	0,743	0,796
Martinique	0,807	0,801	0,781	0,848	0,826	0,820	0,800	0,868	0,845	0,840	0,819	0,888	0,845	0,840	0,820	0,888
Mayotte	..	..	..	..	..	..	..	..	..	..	..	..	0,658	0,645	0,632	0,684
Réunion	0,763	0,760	0,737	0,800	0,788	0,785	0,762	0,826	0,802	0,798	0,777	0,834	0,815	0,811	0,789	0,851
France		0,868		0,905		0,877		0,908		0,895		0,933		0,901		0,942
COM																
Polynésie		0,772		0,788		0,785		0,805		0,788		0,806		0,787		0,803
St. Pierre & Miquelon				..				0,907				0,915				0,920
Wallis & Futuna				..				..				..				0,848
Saint-Martin				..				0,822				0,808				0,804
Saint-Barthélemy				..				0,764				0,764				0,764
Nouvelle-Calédonie		0,795		0,798		0,808		0,824		0,808		0,818		0,812		0,817

Source : calcul des auteurs. 1,2 et 3 correspondent aux différentes estimations du PIB par habitant selon trois hypothèses différentes sur les écarts de prix entre les DOM et la France, voir Tableau 4.

Tableau 10. Classement mondial selon l'IDH pour l'année 2010

Développement humain très élevé			Développement humain élevé			Développement humain moyen			Développement humain faible		
Pays	**IDH**	**Rang**	**Pays**	**IDH**	**Rang**	**Pays**	**IDH**	**Rang**	**Pays**	**IDH**	**Rang**
Singapore	0,927	1	Bahrain	0,811	46	Tunisia	0,729	91	Congo	0,572	136
Australia	0,920	2	**Réunion**	**0,811**	**46**	Jamaica	0,728	92	Côte d'Ivoire	0,553	137
Norway	0,917	3	Seychelles	0,811	46	Azerbaijan	0,727	93	Cambodia	0,553	138
Ireland	0,909	4	Uruguay	0,807	49	Ukraine	0,723	94	Swaziland	0,552	139
Netherlands	0,905	5	Libya	0,806	50	China	0,716	95	Angola	0,547	140
United States	0,900	6	Lithuania	0,801	51	Armenia	0,716	96	Yemen	0,546	141
Iceland	0,899	7	Saudi Arabia	0,797	52	Jordan	0,713	97	Ghana	0,526	142
New Zealand	0,895	8	**Polynésie**	**0,788**	**53**	Algeria	0,711	98	Pakistan	0,519	143
Finland	0,894	9	Grenade	0,786	54	Suriname	0,705	99	Kenya	0,513	144
Sweden	0,893	10	Oman	0,786	55	Gabon	0,705	100	Madagascar	0,506	145
Switzerland	0,893	10	Mexico	0,786	56	Belize	0,704	101	Bangladesh	0,505	146
Belgium	0,893	10	Antigua et Barbuda	0,784	57	Tonga	0,703	102	Timor Leste	0,504	147
Luxembourg	0,892	13	Venezuela	0,783	58	Georgia	0,700	103	Cameroon	0,501	148
Japan	0,892	13	Latvia	0,781	59	Samoa	0,693	104	Sudan	0,500	149
Austria	0,891	15	Panama	0,780	60	El Salvador	0,690	105	Nepal	0,498	150
Spain	0,891	15	Costa Rica	0,780	61	Paraguay	0,690	106	Mauritania	0,497	151
Hong Kong	0,890	17	Montenegro	0,778	62	Fiji	0,679	107	Nigeria	0,492	152
Korea	0,889	18	Romania	0,777	63	Mongolia	0,674	108	Djibouti	0,485	153
France	0,889	18	Belarus	0,776	64	Egypt	0,674	109	Comoros	0,481	154
Canada	0,888	20	Saint Kitts and Nevis	0,770	65	Bolivia	0,669	110	Gambia	0,478	155
Denmark	0,888	20	Russian Fed.	0,768	66	Cap verde	0,669	111	Uganda	0,478	156
United Kingdom	0,881	22	Bulgaria	0,767	67	Indonesia	0,668	112	Rwanda	0,474	157
Italy	0,881	22	Trinidad and Tobago	0,766	68	Philippines	0,664	113	Senegal	0,465	158
Israel	0,877	24	Serbia	0,765	69	Honduras	0,662	114	Lesotho	0,459	159
Greece	0,875	25	Lebanon	0,764	70	Viet Nam	0,655	115	Guinea	0,458	160
Brunei Darussalam	0,872	26	Brazil	0,763	71	Guatemala	0,652	116	Togo	0,449	161
Slovenia	0,869	27	Dominica	0,762	72	Guyana	0,651	117	Benin	0,445	162
Portugal	0,859	28	**Guyane**	**0,761**	**73**	Namibia	0,646	118	Malawi	0,442	163
Cyprus	0,856	29	Turkey	0,761	73	**Mayotte**	**0,645**	**119**	Zambia	0,431	164
Kuwait	0,854	30	Malaysia	0,760	75	Vanuatu	0,644	120	Ethiopia	0,419	165
Guadeloupe	**0,846**	**31**	Mauritius	0,755	76	Equatorial Guinea	0,642	121	Guinea-Buissau	0,413	166
Czech Republic	0,842	32	Colombia	0,754	77	Moldova	0,640	122	Mozambique	0,386	167
Martinique	**0,840**	**33**	Kazakhstan	0,753	78	Botswana	0,633	123	Liberia	0,381	168
Qatar	0,839	34	Maldives	0,748	79	Nicaragua	0,630	124	Burundi	0,380	169
Malta	0,832	35	Peru	0,748	79	Kyrgyzstan	0,617	125	Burkina Faso	0,379	170
United Arab Emir.	0,826	36	Macedonia	0,748	79	Uzbekistan	0,616	126	Chad	0,377	171
Poland	0,822	37	Ecuador	0,743	82	Kiribati	0,615	127	Afghanistan	0,372	172
Bahamas	0,819	38	Albania	0,742	83	Iraq	0,613	128	Central Afr. Rep.	0,361	173
Chile	0,818	39	Saint Lucia	0,741	84	Morocco	0,611	129	Mali	0,361	174
Argentina	0,817	40	Croatia	0,739	85	Tajikistan	0,608	130	Eritrea	0,356	175
Estonia	0,814	41	Bosnia and Herzeg.	0,739	85	Bhutan	0,600	131	Niger	0,332	176
Slovakia	0,814	41	Iran	0,737	87	India	0,585	132	Congo DR	0,303	177
Hungary	0,814	41	St Vinc. and the Gren.	0,737	87	Laos	0,580	133	Zimbabwe	0,187	178
Cuba	0,813	44	Thailand	0,730	89	Sao Tomé et Princ.	0,576	134			
Nouvelle-Calédonie	**0,812**	**45**	Dominican Republic	0,729	90	Solomon Islands	0,575	135			

Source : PNUD (2010), calcul des auteurs.

Figure 5. L'IDH hybride pour quelques économies insulaires, année 2010

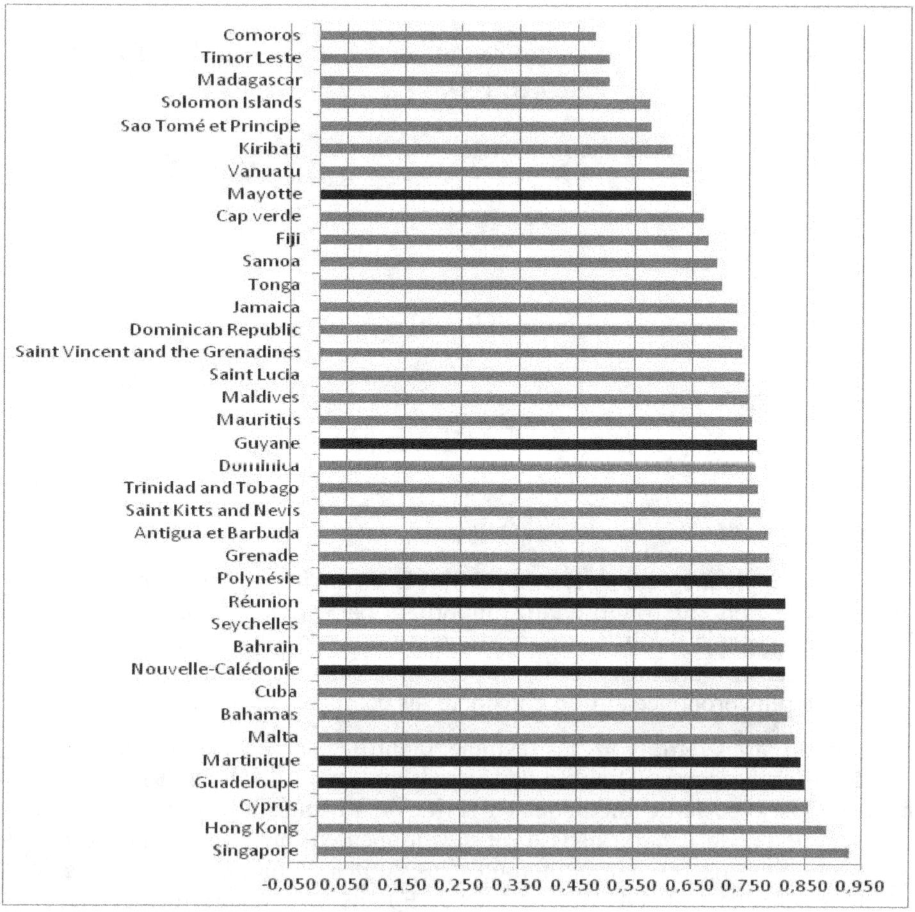

Source : PNUD (2010), calculs des auteurs.

En second lieu, l'IDH n'est pas influencé significativement par l'hypothèse retenue sur les différentiels de prix entre les DOM et la métropole. En effet, quelle que soit l'hypothèse retenue, les entités considérées ne changent pas de catégorie de développement humain.

En troisième lieu, il existe un écart non négligeable entre les scores d'IDH et d'IDHNM pour l'ensemble des territoires ultramarins, suggérant que la dimension de niveau de vie est bien la dimension qui pénalise le plus ces économies. En d'autres termes, le progrès en termes de développement humain qui caractérise les territoires ultramarins sur les 15 dernières années est plutôt de nature sociale. Il convient ici de relativiser cette conclusion. Le calcul du taux de croissance annuel moyen sur la période 1995-2010 fait ressortir un constat moins tranché (voir Figure 6). Pour la Martinique, la Réunion et la Polynésie, en moyenne annuelle, la progression de PIB réel par habitant a été plus importante que celle de l'IDHNM. Même si l'écart ne semble pas significatif dans les cas de la Martinique et de la Polynésie, il est par contre très prononcé pour l'économie réunionnaise.

Figure 6. Taux de croissance annuel moyen pour l'IDH, l'IDHNM et le PIB réel, 1995-2010

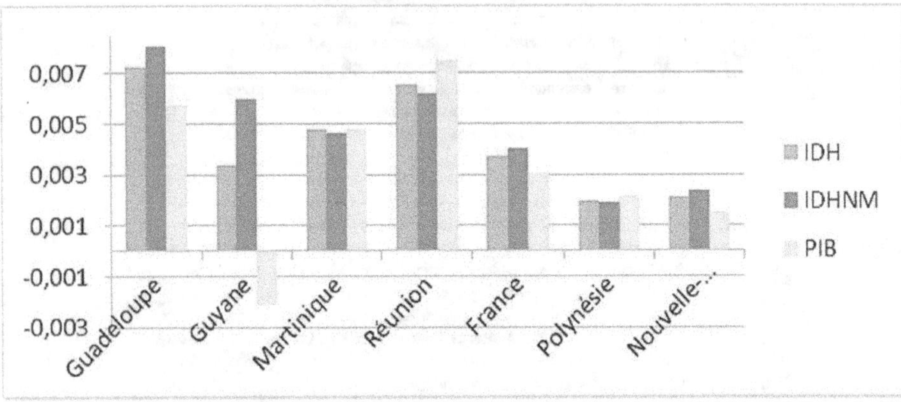

Source : calcul des auteurs.

En dernier lieu, en considérant l'IDHNM, les territoires d'outremer manifestent toujours en 2010 un retard important par rapport à la métropole. A l'exception notable de St-Pierre et Miquelon et de la Guadeloupe, aucun territoire ultramarin n'atteint en 2010 la performance française de 1995. Ce retard est encore plus prononcé si l'on considère les écarts en termes d'IDH.

Au final, nous retrouvons les résultats identifiés par l'étude de Sudrie (2013) à trois différences près. D'abord, les retards en termes d'IDH et d'IDHNM sont plus grands avec notre méthode « hybride ». Ensuite, la responsabilité de la dimension sociale dans la hausse du développement humain des territoires ultramarins n'est pas établie pour toutes les entités étudiées. Enfin, nos calculs donnent des scores d'IDH élevés pour la Polynésie comparativement aux travaux de Sudrie (2013). Cela s'explique en grande partie par le fait que la dimension du niveau de vie ici est approchée par le PIB réel par habitant en dollar PPA, et non par le RNB en dollar PPA. Pour la Polynésie, la différence entre ces deux variables est très importante, traduisant des mouvements de transferts de revenus vers l'extérieur conséquents.

5. CONCLUSION

L'objectif de notre étude est de contribuer à la détermination des performances en termes de développement humain des espaces français d'outremer en mobilisant l'Indicateur de Développement Humain « Hybride », introduit par le PNUD en 2010, sur la période récente 1995-2010. Par rapport aux estimations existantes, notre étude a l'avantage de permettre une comparaison plus exhaustive à la fois dans le temps et dans l'espace. La conclusion majeure qui en ressort conforte le sentiment largement répandu dans la littérature appliquée selon lequel les DOM-COM présentent des niveaux de développement satisfaisants à l'échelle mondial (à l'exception de Mayotte et dans une moindre mesure la

Guyane) mais encore loin de la performance métropolitaine. Cette étude permet aussi de préciser que les progrès en termes de développement humain enregistrés par les territoires ultramarins français sont clairement de nature sociale (santé et éducation). Leurs performances globalement modestes sur la dimension du niveau de vie expliquent en grande partie le retard encore important par rapport à la métropole : aucun des territoires considérés n'atteint le niveau de développement réalisé par la France métropolitaine en 1995.

Pour conclure, hormis les défauts méthodologiques et conceptuels inhérents à la construction d'un indicateur composite tel que l'IDH (Blancard et Hoarau, 2011), notre mesure souffre d'une limite importante qu'il convient de lever pour statuer définitivement sur le constat effectué. Comme le souligne le PNUD (2010), l'IDH standard met en évidence un développement courant et ne permet pas par conséquent d'évaluer sa soutenabilité, c'est-à-dire d'établir si le niveau de développement réalisé aujourd'hui se transmettra aux générations futures. Or, il n'est plus à démontrer, et cela est encore plus vrai pour les PEI, que de nombreuses contraintes économiques, sociales et écologiques sont susceptibles de remettre en cause à terme un processus de développement humain en cours satisfaisant (Martins et Winters, 2003) ; Redding et Venables, 2004). Les études récentes menées sur les DOM-COM tendent d'ailleurs à montrer que de telles vulnérabilités sont présentes pour un certain nombre de ces territoires. Ainsi, suivant Garabedian et Hoarau (2011) et Blancard et Hoarau (2013), il apparaît fondamental de proposer pour les DOM-COM une nouvelle mesure de l'IDH robuste aux aspects de soutenabilité économique et environnementale.

REFERENCES

ADLC, 2009, « Avis n°09-A-45 du 8 septembre 2009 relatif aux mécanismes d'importation et de distribution des produits de grande consommation dans les départements d'outre-mer, République Française ». http://www.autoritedelaconcurrence.fr/pdf/avis/09a45.pdf.

Adrianto, L., Matsuda, Y., 2004, "Study on assessing economic vulnerability of small island regions", *Environment, Development and Sustainability* 6(3), 317-336.

ANLCI, 2015, « Plan départemental de prévention et de lutte contre l'illettrisme et l'analphabétisme à Mayotte. Préfecture de Mayotte, République Française ». www.anlci.gouv.fr/content/download/.../Mayotte_Plan_2011_2015.pdf.

Armstrong, H., Read, R., 2002, "The Phantom of Liberty? Economic Growth and the Vulnerability of Small States", *Journal of International Development*, 435-358.

Bayon, D., 2007, « Des économies vulnérables et dépendantes », in N. Levratto (eds), *Comprendre les économies d'outre-mer*, chapitre 2, L'Harmattan, Paris, 67-103.

Bertram, G., 2006, "Introduction: The MiRAB Economy in the Twenty-First Century", *Asia Pacific Viewpoint*, 47(1), 1-12, April.

Blancard, S., Hoarau, J.-F. 2011, "Optimizing the new formulation of the United Nations' human development index: An empirical view from data envelopment analysis", *Economics Bulletin*, 31(1), 989-1003.

Blancard, S., Hoarau, J.-F., 2013, "A new sustainable human development indicator for small island developing states: A reappraisal from data envelopment analysis", *Economic Modelling*, 30, 623-635.

Blancard, S., Hoarau, J.-F., 2015, "Are small island states more economically vulnerable than others: an empirical approach using composite indicator and data development analysis", *Revue Economique*, à paraître.

Boutaud, A., 2007, « Les indices synthétiques du PNUD en région Ile de France », Etude pour le MIPES Conseil Régional Ile de France.

Briguglio, L., 1995, "Small island developing states and their economic vulnerabilities", *World Development* 23(9), 1615–1632.

Briguglio, L., Galea, W., 2003, "Updating and Augmenting the Economic Vulnerability Index", Occasional Paper on Islands and Small States 2003/4, Islands and Small States Institute, University of Malta.

Briguglio, L., Cordina G., Farrugia N., Vella S., 2006, "Economic Vulnerability and Resilience Concepts and Measurements", *Oxford Development Studies*, 37(3), 229-247.

CEROM, 2008, « Les défis de la croissance calédonienne ». AFD, ISEE, IEOM.

Charles, A., Darné, O., Hoarau, J.F., Jean-Pierre, Ph., 2012, « La persistance des écarts de richesse entre la Réunion et les standards français et européens : l'apport des tests de racine unitaire », Document de travail du CEMOI, Université de la Réunion.

Dery, S., 2005, « Problèmes de développement ans les régions marginales ». Travaux du GREDIN, n°1, Université de Laval, Québec, novembre.

Easterly, W., Kraay, A., 2001, "Small states, small problems? Income, growth and volatility in small states", *World Development,* 28 (11), 2013-2027.

François, T., Salmon, J.-M., 2006, « Le développement humain dans la Caraïbe : des progrès fragiles ? », *Antiane*, N°65.

Gadray, J., Ruyters, C., Laffut, M., 2006, « Des indicateurs régionaux de développement humain dans le Nord Pas de Calais et en Wallonie », Etude pour le Conseil Régional Nord Pas de Calais.

Garabédian, S., Hoarau, J.-F. , 2011, « Un indicateur de développement humain soutenable pour les petites économies insulaires en développement », *Revue d'Economie Régionale et Urbaine*, 4, 651-680.

Gidwitz, Z., Heger, M.P., Pineda, J., Rodriguez, F., 2010, "Understanding Performance in Human Development: A Cross-National Study", Human Development Research Paper, n°42, PNUD.

Goavec, C., Hoarau, J.-F., 2012, « Une mesure de la vulnérabilité économique structurelle de La Réunion : Une adaptation de l'indicateur du « Committee for Development Policy » des Nations Unies », Document de travail du CEMOI.

Goujon, M., 2008, « L'indice de développement humain : une évaluation pour La Réunion », *Région et Développement*, n°27, 225-244.

Goujon, M. et F. Hermet, 2012, « L'indice de développement humain : une évaluation pour Mayotte », *Région et Développement*, n°36, 229-244.

Goujon, M., Hoarau, J.-F., Rivière F., 2015, « Vulnérabilités économique et environnementale comparées des économies ultramarines françaises », Document de travail de l'AFD, n°145.

Guillaumont, P., 2009, "Caught in a Trap: Identifying the Least Developed Countries », Economica, France.

Guillaumont, P., 2010, "Assessing the economic vulnerability of small island developing states and the least developed countries", *Journal of Development Studies* 46(5), 828-854.

Hoarau, J.-F, Lopez, C., Paul, M., 2010, "Short note on the unemployment rate of the French Overseas Regions", *Economics Bulletin*, 30(3), 1-8.

INSEE, 2010, « Comparaison des prix entre les DOM et la métropole en 2010 », *INSEE Première*, n°1304, Paris.

Logossah, K., 2007, "Small developing island: what specificity?", *Journal of Regional and Urban Economics* 1, 3-11.

Martins, P., Winters, L., 2003, "Beautiful but costly business costs in small economies", Complete First Draft, Commonwealth Secretary, Juillet.

Oberst, A., McElroy, J., 2007, "Contrasting Socio-Economic and Demographic Profiles of Two, Small Island, Economic Species: MIRAB versus PROFIT/SITE", *Island Studies Journal*, 2(2), 163-176.

PNUD, 1990, *Concept and Measurement of Human Development*, Human Development Report 1990, Oxford University Press.

PNUD, 2010, *The real wealth of nations: Pathways to human development*, Human Development Report 2010, Oxford University Press.

Reading, S., Venables, A., 2004, "Economic geography and international inequality", *Journal of International Economics*, 62(1), 53-82.

Srinivasan, T.N., 1986, "The Costs and Benefits of Being A Small, Remote, Island, Landlocked, or Ministate Economy", *World Bank Research Observer*, 1(2), 205-218.

Sudrie, O., 2013, « Quel niveau de développement des départements et collectivités d'outre-mer? Une approche par l'indice de développement humain », Document de travail de l'AFD, n°129, novembre 2012, mis à jour février 2013.

UNESCO (2007, "Education Indicators – Technical Guidelines", UNESCO Institute for Statistics, Montreal.

A NEW ASSESSMENT FOR THE DEVELOPMENT LEVEL OF THE FRENCH OVERSEAS ECONOMIES BY IMPLEMENTING THE « HYBRID » HUMAN DEVELOPMENT INDEX

Abstract - *There is a large consensus in the literature that French overseas economies show good performances in terms of development during the last decades. However, this finding relies on empirical studies suffering from a number of methodological drawbacks. Then, we decide to check if this conclusion still holds when a more robust approach is retained. Thus, we propose a new assessment of the French overseas territories' development level over the period 1995-2010 by implementing the « hybrid » Human Development Index introduced by the UNDP in 2010. Finally, our indicator strongly supports the earlier conclusion: these economies display high development levels (except for Mayotte), notably compared to the other small island economies. Nevertheless, their performances still remain far behind the national average.*

Keywords - HUMAN DEVELOPMENT, INSULARITY, OVERSEAS REGION, SYNTHETIC INDICATOR

DO EXEMPTIONS FROM SOCIAL SECURITY CONTRIBUTIONS AFFECT JOB CREATION?

NEW EMPIRICAL EVIDENCE FROM FRENCH OVERSEAS REGIONS

Aziza GARSAA[*], **Nadine LEVRATTO**[**], **Luc TESSIER**[***]

Abstract - *Targeted reductions in employers' social security contributions are conceived as a key policy instrument used to facilitate job creation when labor cost is so high that it may deter companies from hiring new employees. Among the different measures in force in France, the set of instruments implemented in overseas Départements is the most accomplished form as the rates of exemption as well as the base and scope of these measures have reached their maximum there. This paper seeks to determine to what extent these instruments contribute to job creation looking at the growth rate in the number of employees through the use of an unbalanced panel of business entities with at least one employee. This dataset is drawn from a matching between several administrative data sources from 2004 to 2011. We study the differentiated effects of the payroll tax using a quantile regression on panel data estimation technique. We show that the impact of the exemption rate and of the intensity of use of the various measures on changes in the number of employees differ according to the establishment growth rate. The impact tends to decrease as the growth rate increases. However, these effects may significantly differ according to the size class and the industry in which the business operates. Large ones tend to be globally advantaged compared to the small ones. The coefficients associated with exemption rate are higher for most of the entities in manufacturing industry but only for a small part of those in business services.*

Key-words - FIRM GROWTH, JOB CREATION, LABOUR COST, REDUCED SOCIAL SECURITY CONTRIBUTIONS, QUANTILE ESTIMATIONS ON PANEL DATA

JEL Classification - C14, J3, J38, L25

[*] EconomiX, Université Paris Ouest, Nanterre-La Défense; aziza.garsaa@u-paris10.fr
[**] EconomiX, CNRS, Université Paris Ouest, Nanterre-La Défense et Centre d'Etudes de l'Emploi; nadine.levratto@u-paris10.fr
[***] Erudite, Université Paris Est Marne-la-Vallée et Centre d'Etudes de l'Emploi; luc.tessier@u-pem.fr

1. INTRODUCTION

An excessive labor cost is considered as responsible for unemployment. This settlement has motivated many governments to implement a large set of devices aiming at reducing labor cost. Among the different schemes available, the reduction in social security contributions (RSSCs) targeting low wages has become one of the most popular.

Theoretically, the fall in the relative cost of labor resulting from the RSSCs has a positive effect on employment [Nickell and Bell, 1997]. As pointed out by Calmfors [1994], this relationship rests upon an equilibrium framework synthesized by the Layard-Nickek diagram (1986). Assumptions and underlying mechanisms are such that the decrease in low wages induces a substitution effect between low skilled and qualified workers [Malinvaud, 1998] and/or equipment [Mihoubi, 1997]. The decrease in production costs it causes also improves the competitiveness of the companies benefiting from the measure. These companies then face a higher demand leading to an increase in their demand for labor [Turquet, 2002]. On the whole, the number of jobs created or maintained is higher than it would be without such an intervention.

A large number of applied studies have already investigated the incidence of payroll taxes on a national scale [Marx, 2001]. They mainly deal with public policy evaluation and are based on comparisons between supported companies and a reference group using different techniques to choose the samples and to estimate the models (Remy [2005], Ourliac and Nouveau [2012] propose comprehensive surveys on the literature). A first generation of studies, initiated by Brittain [1971], extended by Beach and Balfour [1983] and updated by Kugler and Kugler [2009], pays attention to time series and focuses on international comparisons. A second generation of works, launched by Hamermesh [1979], is based upon microdata able to reflect the broad range of payroll taxes applicable to individuals participating in the labor market. Both analyze incidence effects of payroll tax roll back on labor supply (Holmlund [1983]; Anderson and Meyer [2000]; Lang [2003]) and have found mixed results which are still debated.

The high and increasing cost RSSCs induce in France motivated an abundant literature on their efficiency too. After a first set of papers resting upon macro models and data (Lafargue, [2000], Sneessens, [1993]) initiated a long series of studies based upon micro-data. The main innovation arrived with Crépon and Desplatz [2001] who introduced the an *ex-ante* labor cost into a propensity score method.[1] Whatever the technique used, these papers conclude that RSSCs have a positive global effect whose intensity at the individual level depends on the firm's characteristics [Bunel and L'Horty, 2012]. The question is thus far from being definitively solved. The conclusion by Euzeby [1995], who consid-

[1] The method of propensity score (Rosenbaum and Rubin [1983]), or propensity score matching, is the most developed and popular strategy for causal analysis in observational studies. Introduced by it Rosenbaum and Rubin [1983], it involves calculating the conditional probability (propensity) of being in the treated group (of the exposure) given a set of covariates, weighting (or sampling) the data based on these propensity scores, and then analyzing the outcome using the weighted data.

ered, twenty years ago, that "Employers' contributions are ... at the heart of numerous discussions, controversies and proposed reforms relating to the financing of social security" (p. 227) still holds. It has been revived by Nickell et al. [2005] for whom the impact of labor taxation on the labor market "remains a subject of some debate despite the large number of empirical investigations" (pp. 8-9). Recent academic literature [Bunel and L'Horty, 2012] and operational reports [European Commission, 2011] attest to the continuing interest raised by this question. This paper aims thus at proposing a new way to address the problem.

Unlike previously research focusing on the causal effect of different types of social security contributions and their reforms on labor market outcomes, our purpose is to appreciate to what extent employers react to a decrease in the cost of labor per employee by hiring more workers. What are the dynamics of this process? Does it differ according to the type of industry? Does it depend on the firm size?

We tackle these questions at the finest level, that of the establishment, using a unique database made available by the French National Institute of Statistics and Economic Studies (*Institut National de la Statistique et des Etudes Economiques* - INSEE) and the Central Agency for Social Security Bodies (Agence Centrale des Organismes de Sécurité Sociale - ACOSS) consisting of quarterly data related to employment, wages, exemptions and social security contributions. Our study provides some insight into the question of why establishments may differ in their propensity for creating jobs not only because of the sensitivity of the demand for labor [Hamermesh, 1993] but because other individual characteristics are taken into account. We show first that the rate of exemption is far from being either the sole, or the main determinant of job creation. Instead and this is a second point, size, industry, qualifications and market dynamics dominate in determining establishment decisions. Third, we refine the results about the relationship between individual growth and labor cost using the quantile regression for longitudinal data. This method makes it possible to consider the fixed effects of the policy at the establishment level. An additional precision results from the use of quarterly data which helps to determine how the policy measure and the period interact to produce the final result.

The remainder of the paper is structured in the following way. Section 2 recalls the origin and the main characteristics of the measures adopted to decrease the labor cost in France. Section 3 describes the dataset, the empirical model and the econometric strategy adopted. The results of our study are presented and discussed in section 4. Finally, in section 5, an outlook for further research is given.

2. THE POLICY

Exemptions on Social Security contributions paid by employers as a mean to reduce labor cost were initially introduced in France in 1993 as a very targeted instrument. They were specifically devoted to employees whose wages were below 1.2 times the minimum wage (SMIC) and only related to the family social security contributions. As the unemployment rate has continued to rise, the scope of the measure has been progressively extended. The last 2003-2005 reform was implemented in order to unify the targeted exemptions from social security contributions for all companies.[2] A report of the European Commission (2011) puts some emphasis on the importance of this employment policy in France which has no equivalent in other European country. As a consequence, the cost of these policies for the public budget increased dramatically. The global cost of RSSCs increased continuously since its inception. It rose to Euros 29.9 billion in 2012 (1.5% of French GDP).

Already generous in mainland regions, an experimental scheme is applied in overseas regions. The rates and the level of wages targeted are higher in overseas regions than in mainland. The scheme consists in:

- A decreasing scheme for companies employing less than 11 workers. For these firms, the exemption of the employer's contribution reaches 100% of the sums payable when the hourly remuneration is below 1.4 times the minimum wage. Between 1.4 times and 2.2 the minimum wage, the exemption is limited to the share of the wage below 1.4 the minimum wage. From this threshold, the amount of the exemption linearly decreases according to a scale fixed by decree[3] until cancellation for employees whose remuneration equals 3.8 times the minimum wage.

- Another decreasing scheme for companies employing 11 workers and more providing that they belong to a long list of targeted industries. In that case, the exemption of social security contribution equals 100\% for any remuneration strictly below 1.4 times the minimum wage. From this maximum the rate of exemption decreases linearly down to zero for employees whose remuneration equals 3.8 times the minimum wage.

- An enhanced exemption arrangement for companies located in specific areas or operating in specific industries in the four main departments and Saint Martin. In those companies, the exemption rate is 100\% for remunerations up to 2.5 times the minimum wage and decreasing up to the maximum upper limit of 4.5 times the minimum wage.

The case of overseas regions is suitable to an analysis of the effects on establishment growth for two main reasons. Firstly, there is no difference in nature between the framework used in mainland France and the policy implemented in overseas regions, a factor which is satisfying from the point of view of institutional representativeness. Secondly, its superior intensity (larger field of coverage, higher rates and higher thresholds) makes it possible to catch sight of the best results such a scheme could produce on establishments' growth as a source of jobs.

---

[2] Employers' social contributions are normally about 40 percentage points of gross wage. Thanks to the exemption schemes, it is only of 26 points at the minimum wage level and decreases linearly with wage until it stops at 1.6 points of gross minimum wage. All the firms and about two thirds of the labor force are concerned.

[3] The same decree applies to the two other schemes.

3. DATA, EMPIRICAL MODEL AND ECONOMETRIC STRATEGY

3.1. Data and selection of the variables

In this paper we use a large dataset of establishments[4] having at least one employee located in six French overseas regions[5] operating between January 2004 and the end of December 2011. We built an unbalanced panel consisting in more than 30,000 establishments declaring at least one employee over three successive quarters.[6] Table1 presents the coverage rates of the panel according to different criteria.

Our dataset reflects the industrial structure of these regions over the period. Considering the number of employees, trade, human health, and business services are the main sectors. Appendix 1 provides details on the distribution of the main variables[7] before and after filtering the data. For any establishment we know the number of employees, the type and the total of any kind of RSSC the establishment received, and the payroll attributable to the eligible and non-eligible employees.

Table 1. Coverage rate of the panel

Year	Number of establishments	Percentages of			
		Operating establishments	Number of employees	Payroll	Exemptions
2004	22,554	75.9	75.1	74.5	73.8
2005	26,086	77.4	78.0	77.3	75.6
2006	31,013	79.0	81.5	83.4	78.8
2007	35,848	77.8	83.7	84.4	80.2
2008	37,532	81.6	86.6	86.8	81.9
2009	38,186	84.5	88.8	88.6	84.0
2010	39,154	85.4	89.2	90.0	85.8
2011	36,941	78.3	79.7	84.4	83.8

Sources: INSEE, ACOSS. Computations are authors' ones.

3.2. Empirical model

In order to address the impact of RSSCs on job creation we estimate a growth model, augmented for variables describing the rate of RSSCs, the intensity of the use of these measures by any establishment and, as it is a quarterly model, interaction variables which determine to what extent the sensibility of an establishment to rebates on social security contribution may differ over the year, as well as dummy variables to consider the existence of a possible seasonal effect which can be strong in small island economies [Schubert et al., 2011]. Our basic econometric model directly derives from the multivariate model of

[4] Temporary agency workers, sole proprietorships, in-home employers and home workers are not taken into account by the administrative sources.

[5] Guadeloupe, French Guiana, Martinique, Reunion, Saint-Barthelemy and Saint-Martin.

[6] This condition is introduced to get at least two successive growth rates, a requirement to run the estimation.

[7] Age has been omitted because it comes from a different source (CLAP dataset) whereas our main purpose is the representativeness of our sample compared to ACOSS dataset which is exhaustive.

firm growth (see Coad [2009] for a survey). It begins with a standard definition of firm growth such as equation 1:

$$GROWTH_{i,t} = ln(Empl_{i,t}) - ln(Empl_{i,t-1}) \quad (1)$$

From the basic Gibrat model revisited [Coad, 2009], the best way to examine the origins of growth is to express it in a regression framework enriched with different factors determining growth. Our point of departure is thus a basic growth model as in equation 2:

$$GROWTH_{i,t} = \beta_0 + \beta_1 Size2_{i,t-1} + \beta_2 Size3_{i,t-1} + \beta_3 Size4_{i,t-1} + \beta_4 Age_{i,t} + \beta_5 RSSC_{i,t} + \beta_6 Intens_{i,t} + \beta_7 RSSCxQ2_{i,t} + \beta_8 RSSCxQ3_{i,t} + \beta_9 RSSCxQ4_{i,t} + \beta_{10} Q2_{i,t} + \beta_{11} Q3_{i,t} + \beta_{12} Q4_{i,t} + \varepsilon_{i,t} + \alpha_i \quad (2)$$

where $GROWTH_{i,t}$ denotes the change in the number of employees in a given establishment i in a given quarter Q, $RSSC_{i,t}$ measures the rate of exemption establishment i benefits from at time t and $Intens_{i,t}$ is the number of measures effectively applied to the establishment i at time t used as a proxy for the intensity in the use of exemption of social security payments by employers. We also add interaction variables $RSSCxQj_{i,t}$, j={1, 2, 3} to appreciate the influence of the quarter on the intensity of the relationship between the rebate on social contributions and the change in the number of employees. Q1, $Size2$ and $RSSCxQ1$ are used as references.

Table 2. Descriptive statistics of the main explicative variables

	mean	sd	p50	min	max
Growth	0.001	0.262	0.000	-4.394	4.779
Size1	0.840	0.366	1.000	0.000	1.000
Size2	0.076	0.266	0.000	0.000	1.000
Size3	0.059	0.236	0.000	0.000	1.000
Size4	0.024	0.152	0.000	0.000	1.000
LnAge	4.324	0.967	4.443	0.000	6.950
RSSC	0.239	0.093	0.281	0.000	0.400
RSSCxQ1	0.059	0.113	0.000	0.000	0.400
RSSCxQ2	0.060	0.114	0.000	0.000	0.400
RSSCxQ3	0.061	0.115	0.000	0.000	0.400
RSSCxQ4	0.058	0.112	0.000	0.000	0.400
Observations	964,122				

Source: INSEE, ACOSS. Computations are authors' ones.

Several points in the empirical model are worth noticing. First, instead of considering *lnEmpl* as a continuous variable, we follow Bunel and L'Horty [2011] and introduce the establishment size as a dummy variable. Secondly, we complement the model with interaction variables to assess the impact of seasonality on the relationship between establishment's growth and reduced rates of social security contributions. Interacting variables makes it then possible to take into account the seasonality of the economic activity and, thus, of employment. If the rate of social security exemptions and the increasing number of measures used do not play any role in determining employment growth, coefficients will not be significantly different from zero. But if the policy factors have an influence on establishment behavior, what is the hypothesis posed in this paper, then the coefficients will not equal zero.

The characteristics of the panel are presented Table 2.

3.3. Estimation

Previous studies of the determinants of exemption of Social security contributions employ classical econometric techniques to assess the impact of a change in the policy and to compare supported firms to a reference of non-supported ones [Bunel and L'Horty, 2011]. Our purpose is quite different as we are interested not only in estimating the effects of RSSCs on job creation but also how they vary across the distribution while accounting for the unobserved individual-specific heterogeneity. The econometric strategy compatible with these questions usually lies in applying a quantile regression (QR below) which makes it possible to examine the different quantiles of the conditional distribution [Koenker and Bassett, 1978] and then to identify the effects of an explanatory variable in any point of the distribution of the explained variable. However, the estimation of a panel data fixed effects model within a quantile regression is not straightforward. It is especially the case when T is short.[8] The main problem comes from the fact that pooled data do not take into account unobserved heterogeneity. As pointed out by Ponomareva [2010] "... the standard methods that difference out fixed effects are no longer applicable since the quantiles of the difference in general are not equal to the difference in quantiles but rather are some intractable object..." Ponomareva [2010], p. 2).

In this paper we perform a method recently developed to introduce fixed effects in quantile method, following the work of Koenker [2004]. His estimator makes it possible to correct the endogeneity resulting from a possible correlation between fixed effects and one of the explanatory variables in the model.[9] Canay [2011] has improved this method by introducing an estimator able to clean up fixed effects. He proposes a simple transformation of the explained variable that gets rid of the fixed effects under the assumption that these effects are location shifters.[10] This new method provides an estimator consistent and asymptotically normal as both n and T go to infinity. The technical details on the estimator are given in the appendix 2.

In accordance with the basic principle Canay [2011] estimation is run using the transformed form of the growth variable, i.e. the initial variable purged of fixed effects, as an explanatory variable. Fixed effects have to be removed because exemptions of social security contributions depend on the fulfillment of some requisites (number of employees, level of wages, location mainly) which

---

[8] When the number of coefficients goes to infinity but the number of time periods is small, the incidental parameters problem harms the consistency of the estimators [Galvao, 2011].

[9] According to Canay [2011], Koenker [2004] method presents a serious drawback, as it requires a large number of parameters to estimate. According to Matano and Naticcioni [2012] these two methods lead to roughly similar results.

[10] Location shift variables affect all quantiles in the same way. Koenker [2004] and Lamarche [2010] also foresee this assumption.

tend to remain unchanged over time. This could lead to a significant correlation between these fixed effects and the exemption rate causing a bias in the results. We performed thus a Hausman test to test the nullity of the correlation between the individual fixed effects and at least one explanatory variable. The null hypothesis supporting the absence of a correlation has been rejected. These elements support the use of a transformed variable, named *Growth** hereafter.

4. RESULTS AND COMMENTS

This Section presents the central empirical findings with respect to the effect of the social contributions cuts on variation in the number of employees.

The influence of the technique on the results obtained is controlled comparing the outputs we have obtained using OLS and FE. As expected, OLS are always biased whereas FE over-or under-estimates the effects of explained variables on some points of the distribution of the growth rate. The first subsection reports the basic results for the total sample, while the second subsection proposes some additional robustness checks considering several sub samples referring to industry and size criteria. In each case, we focus on RSSCs. The analysis of this direct effect is supplemented by considerations about interaction variables and *Intens* narrowly connected to the policy. Additional elements about more traditional explanatory variables are also introduced in the comments for the total sample to complete the comparison between our results and previous research. The results are reported as graphs; the detailed tables for the whole sample are presented in the Appendix 3 (Table 4) but they have only been presented in a synthetic form for the subsamples.[11]

4.1. Aggregate analysis

Throughout this section, the independent variables of interest are *RSSC*, reported Figure 1, and *Intens*, as well as the interaction variables.

Looking at the upper graph on the left (Figure 1), it becomes clear that the RSSCs have a significant contribution in explaining the growth path of establishments. Their influence is however different according to the growth rate of employment. Indeed, RSSCs play a differentiated role along the growth rate distribution. It is negative on the extreme right side and stabilizes at a higher level at least equal to 0.012 as growth rate increases, the maximum value being observed in 0.90 quantile. Our results are partially in agreement with the theoretical approaches reiterated in the review of literature [Bauduin et al., 2011]. We see that (a) reduced rates of social security contributions contribute to supporting employment, (b) this positive effect tends to decrease along the central part of the distribution, (c) the effect is especially strong in establishments exhibiting high growth, and (d) the difference in the efficiency of the policy is sensitive to the quarter considered.

[11] The tables report estimates for the quantiles $\theta \in \{0.10, 0.25, 0.50, 0.75, 0.90\}$. Complete estimations for the breaking down by size and industry are available upon request from the authors.

Figure 1. Estimated coefficients for the variable RSSC and interaction variables (2004-2011)

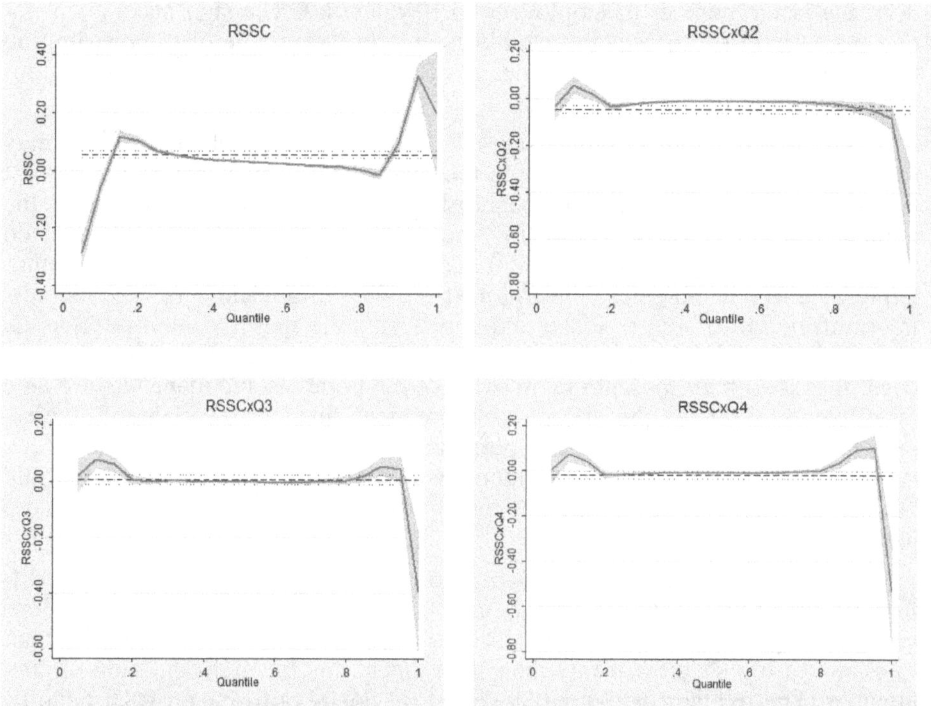

The graph shows the values of the estimated coefficient of the variable RSSC as a function of the conditional distribution of the employment growth rate. The bold, dotted horizontal line is the fixed-effects estimated coefficient. It corresponds to the OLS estimation of the transformed model, where the transformed variable Growth replaces the dependent variable Growth. The thin, dashed parallel lines represent the confidence intervals of the fixed-effects estimation. The graph was estimated using the ''grqreg'' package in STATA 12 software. The estimation was run on 884,798 observations over the 2004-2011 period.*

The influence the season has on the effect of RSSCs on employment change is, indeed, important as shown by graphs representing *RSSCXQ2*, *RSSCXQ3*, and *RSSCXQ4*, which represent the coefficients for the interaction variables. Even if weak, the coefficients are significantly different from zero, a variation which allows us to consider that the establishments do not react in the same way to the decrease in labor cost caused by reduction of social security contribution according to the season. In these economies where annual economic cycle is strongly shaped by tourism, this differentiated effect can be strong (Witt and Witt [1995] and Alleyne [2002]). The sign of the interaction variable *RSSCXQ2* is negative from .25Q until the extreme right side of the distribution. April, May and June correspond to the downward period in the annual economic cycle.[12] This can explain why companies are less affected by the labor cost reduction

[12] Short-term regional outputs demonstrate that unemployment rates usually increases whereas activity in transportation, accommodation and other tourist activities usually slow down during the second quarter [Institut d'Emission de l'Outre Mer, 2012].

than during the first quarter. The effect of RSSCs on establishments' growth is significantly higher over the 3rd and 4th quarters for companies experiencing a decrease in the number of employees (0.10 quantile). The sign becomes negative but weakly significant for establishments in the middle of the distribution for the two last quarters and becomes positive for 0.90 quantile. All the remaining coefficients are non-significant.

Looking at the number of measures the establishments make use of, one may see differentiated effects according to the establishment growth rate. On the left side of the distribution the relationship between *Intens* and the change in the number of employees is significantly negative. It becomes non-significant on 0.25 and becomes positive from 0.50 quantile. The highest effect of the cumulating of different schemes concerns fast growing establishments. The increasing contribution of *Intens* to the explained variable may be interpreted as an effect of the social optimization some establishments are able to practice. Indeed, thanks to their in-depth knowledge of the policy, some managers are able to efficiently combine the different employment subsidies available. Some research considers that this type of optimization is similar to a deadweight effect, defined as the rate of subsidy payments which are paid to workers who would have been employed in absence of the subsidy (Brown et al. [2011], Oskamp and Snower [2006]).

Table 4, Appendix 3, reporting the complete results also shows that the difference between *Size2*, *Size3* and *Size4* respects the usual findings in firm growth analysis (Coad [2009] and Bottazzi et al. [2011]). Smaller entities tend to exhibit a higher growth rate than large ones, this hierarchy holding on any quantile. The explanatory variable, *lnAge*, is non-significant on 0.10 quantile and negative on the rest of the distribution. This result is consistent with the literature [Serrasquiero et al., 2010]. Indeed, it is broadly admitted that there is a reverse relationship between age and job creation. From 0.25 quartile, this result is confirmed, the negative influence exerted by age being all the more important as the growth rate increases.

Our results go in the same direction as the results obtained by Oskamp and Snower [2006] according to low-wage subsidies. Reductions in labor cost can have a positive effect as they stimulate low-skilled and medium-skilled employment. However, empirical evidence suggests that reductions in taxes on labor do not solve employment problems [Fitoussi, 2000]. This is indeed the case in France as demonstrated by Gafsi et al. [2005], according to whom the mechanisms that have been implemented in France have had a very weak global impact on employment. When one takes into account macroeconomic effects, through activity, prices, wages and fiscal balance, the impact on employment can still be considered as very low in relation to the budgetary cost of these policies. The same mitigated appreciation concerning earlier measures is expressed by Bunel et al. [2009], who studied the effects of the reform enacted in January 2003 for the RSSCs system used in mainland France. They consider that the global consequences of the changes on job creation have been very weak. They reach the same conclusion considering the decrease in labor taxes experimented in restaurants in 2011 [Bunel and L'Horty, 2011] and demonstrate that the measures implemented in overseas regions from 2003 to 2009 did not increase the total number of jobs in these economies [Bauduin et al., 2010]. However, these papers are quite confident in these policies, as they should, in the long run, promise an increase in the rate of employment. Nevertheless, they rely on radically different methods. Bunel et al. [2009] and Gafsi et al. [2005] are macroeconomic papers whereas Fitoussi [2000] proposes a survey of the literature.

4.2. Sectoral analysis

The analysis performed in the previous Section considered aggregated data. In this section, we exactly run the same investigations, but at a disaggregated level. Proceeding this way allows us to check the robustness of the previous findings and to test to what extent their reliability resists to more disaggregated analysis. We split the initial panels in two different ways: by industry and by size. As in the previous Section, we use the transformed variable of the difference in logarithm of the number of employees from one quarter to another as an explained variable.

4.2.1. By industry

Some analyses have been carried out for the four main sectors (Accommodation and Food Service Activities, Manufacturing Industry, Trade and Repair of Motor Vehicles Industry, and Business Services) in order to check for specific behavior. Figure 2 presents the estimated coefficients associated with the variable *RSSC* in four different industries.[13] Our main result does not change: the effect of the reduction in social security contributions is closer to zero in the central part of the distribution than on its left and right parts. However, the value of the coefficients changes according to the industry (the coefficients are presented in Table 5).

The global effect of *RSSC* on establishment growth is the strongest in Accommodation and Food Service Activities with one exception on 0.75 quantile. The effect of the rebates are especially strong on the left part of the distribution where the marginal rates reach 0.31 on 0.10 quantile and 0.114 on 0.25 quantile. This brings evidence on the high sensitivity to the reduction in labor cost for the establishments with a decreasing number of employees. From 0.10 quantile, the gap between the coefficients for this industry and the general population decreases and even cancels on 0.50 quantile as the two coefficients equal 0.03. The influence of interaction variables also differs from the general case. No coefficient, except *RSSCXQ3* on 0.25 quantile, is significantly different from zero. This leads us to consider that the influence of *RSSC* on establishment growth in this industry does not differ according to the season; the establishments react in the same way during the high- and the low-season. We cannot notice a great difference between this industry and the general population as far as the number of measures enacted by an establishment is considered. Indeed, in the Accommodation and Food Services Industry, *Intens* is associated with a negative sign and a very low coefficient (0.00566) on 0.25 quantile whereas the marginal effect of this variable becomes significantly positive and increases from 0.50 to 0.90 quantiles.

[13] The detailed results are available from the authors on request.

Figure 2. Estimated coefficients for the variable RSSC by industry (2004-2011)

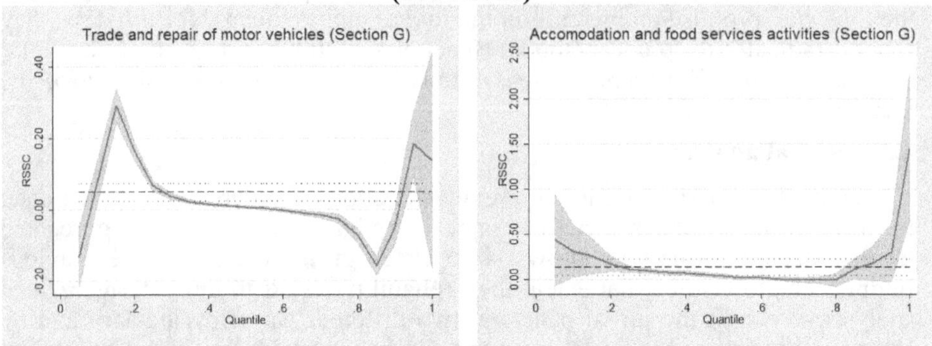

239,643 observations 54,073 observations

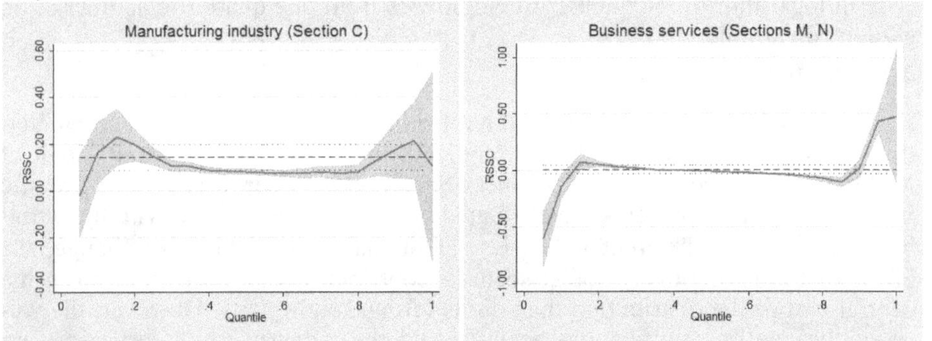

77,728 observations 111,913 observations

Note: Sections correspond to the first level of the French classification of activities (NAF Rev. 2, 2008). See Figure 1 for the technical details.

The coefficients associated with *RSSC* for the Manufacturing Industry, strongly mimic the general results but in a smoother way. The coefficients associated with *RSSC* along the distribution of the growth rate are always positive, marking a difference with the total population, but they are higher in the center of the distribution than they were in the aggregate analysis. The cumulating of measures also generates a positive effect on the right part of the distribution. This confirms the results obtained for the total population. However, the first decile is not negatively affected by the variable *Intens*, an effect which differs from the one depicted in the previous Section. Interaction variables also reveal a specificity of the Manufacturing Industry compared to the total population. Indeed, the effect of *RSSC* on employment growth is significantly different for the establishments on the left side of the distribution and over the fourth quarter only (see Table 5).

The estimation for the establishments belonging to the Trade and Repair of Motor Vehicles Industry produces results quite far from the general population. The value of the coefficients associated with *RSSC* are positive on the left side of the distribution whereas they were negative for the total sample and negative on the right part instead of being positive as in the estimated general model. The effects of the exemptions are the strongest for 0.10 quantile. Then they decrease to reach almost zero for 0.50 quantile and become negative from the 0.75 quantile. In this industry, rebates on social security contributions exert a positive effect on establishments which do not create jobs but a negative one on growing establishments. There is not much difference for the interaction variables. The signs associated with these variables allow us to consider that the reaction of establishments to cuts in social security contributions differ according to the quarter. The coefficients are systematically weaker than in the first quarter except for the extreme parts of the distribution during the last quarter.

Table 5. Estimates of the effects of RSSCs in the four main industries

	OLS	FE	2-STEP	2-STEP	2-STEP	2-STEP	2-STEP
	(1)	(2)	(3) 10%	(4) 25%	(5) 50%	(6) 75%	(7) 90%
VARIABLES	Growth	Growth	Growth*	Growth*	Growth*	Growth*	Growth*
Trade and repair of motor vehicles industry							
Intens	0.00492***	0.00776***	-0.00917***	-0.000948***	0.00577***	0.0110***	0.0226***
	(0.000464)	(0.000710)	(0.00108)	(0.000256)	(8.45e-05)	(0.000284)	(0.000881)
RSSC	0.0281**	0.0485***	0.0738**	0.0666***	0.00636***	-0.0271***	-0.0512**
	(0.0126)	(0.0175)	(0.0309)	(0.00717)	(0.00186)	(0.00637)	(0.0244)
Observations	239,643	239,643	239,643	239,643	239,643	239,643	239,643
Manufacturing industry							
Intens	0.00449***	0.00751***	0.000565	2.02e-05	0.00648***	0.0113***	0.0114***
	(0.000788)	(0.00118)	(0.00148)	(0.000496)	(0.000194)	(0.000551)	(0.00105)
RSSC	0.0453	0.143***	0.163**	0.147***	0.0818***	0.0753***	0.174***
	(0.0294)	(0.0360)	(0.0674)	(0.0193)	(0.00575)	(0.0150)	(0.0605)
Observations	77,728	77,728	77,728	77,728	77,728	77,728	77,728
Business services							
Intens	0.00611***	0.0108***	-0.00337**	0.000965**	0.00754***	0.0155***	0.0216***
	(0.000805)	(0.00125)	(0.00159)	(0.000415)	(0.000179)	(0.000463)	(0.00161)
RSSC	-0.00826	0.00880	-0.138**	0.0319***	-0.00493*	-0.0512***	0.0180
	(0.0190)	(0.0262)	(0.0539)	(0.00738)	(0.00297)	(0.00827)	(0.0402)
Observations	111,913	111,913	111,913	111,913	111,913	111,913	111,913
Accomodation and food services activities							
Intens	0.00497***	0.00897***	-0.00176	-0.00566***	0.00663***	0.0196***	0.0222***
	(0.00114)	(0.00180)	(0.00230)	(0.00101)	(0.000297)	(0.00126)	(0.00199)
RSSC	0.0738	0.135**	0.311**	0.114***	0.0375***	-0.00620	0.179*
	(0.0467)	(0.0537)	(0.144)	(0.0177)	(0.0142)	(0.0160)	(0.101)
Observations	54,073	54,073	54,073	54,073	54,073	54,073	54,073

Standard errors in parentheses.
**** $p<0.01$, ** $p<0.05$, * $p<0.10$.*
Standard errors estimated by Bootstrap (number of Bootstrap samples = 100).
Growth represents the transformed variable (Growth* = ($lnEmpl_{i,t}$ - $lnEmpl_{i,t-1}$) - $\hat{\alpha}_i$).*

A quite different pattern results from the estimation for the establishments of Business Services whose growth of employment is negatively affected by *RSSC*, except for the 0.25 quantile where the sign is significantly positive and the 0.90 quantile where the coefficient becomes insignificant. The same departure from the results obtained with the estimations run for the general population can be pointed out for the interaction variables. Compared to the effects of the social security exemptions in the first quarter, the only establishments for which employment changes negatively react to RSSCs in the second quarter belong to the 0.50 and 0.90 quantiles. The effect is however stronger over the third and fourth quarters on the left and right tails only. Instead, the coefficients associated with the variable *Intens* do not exhibit this sort of difference. They are as weak and ordered as in the general model, except for the 0.25 quantile.

4.2.2. By size

Breaking down by size the total population also enables observation of different behavior of establishments according to their number of employees. At a first level of analysis, four classes respecting the thresholds for the general model have been identified in accordance with the number of employees at the beginning of the period. At a second level, all size classes have been broken down to take into account the effect of the lagged size on the growth rate, to keep information on the effect of the number of employees on the growth rate.

Figure 3. Estimated coefficients for the variable RSSC by size (2004-2011)

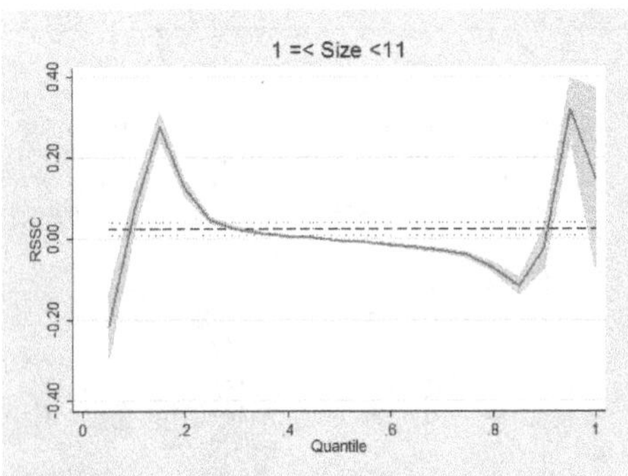

734,318 observations

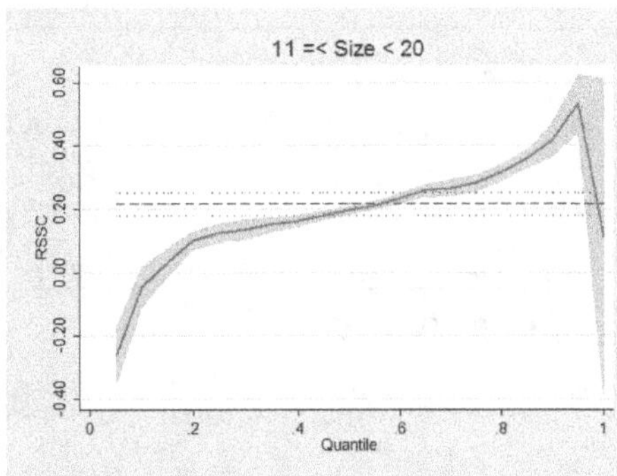

60,355 observations

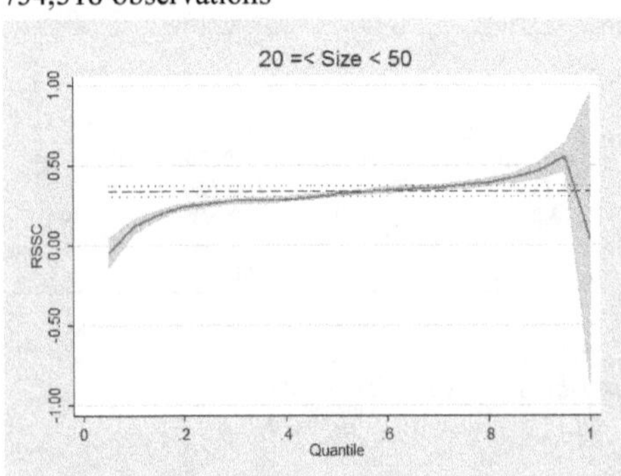

50,283 observations

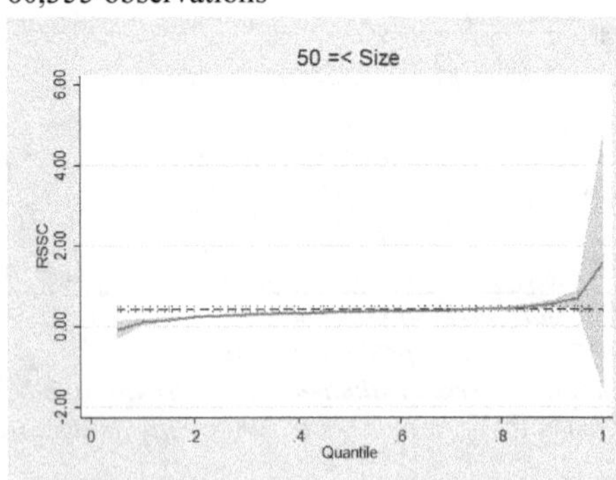

19,842 observations

See Figure 1 for the technical details.

The results concerning the two key variables *RSSC* and *Intens* are presented in Table 6. The effects of reduced rates of social security contributions clearly differ according to establishment size as shown by Figure 3. The coefficients estimated for the smaller ones (establishments employing more than one but fewer than 11 employees) are the weakest of the broken-down analysis and are far from the general model. Indeed, if the values of the estimated coefficients decrease as long as we move to the right of the distribution, and go up for the last quantile, the signs clearly differ. The growth in the number of employees in the smallest establishments benefit from a positive influence of *RSSC* on the left side of the distribution. The sign of this variable is negative on 0.50 and 0.75 quantiles. The effect of the rebates are also significantly lower over the second and fourth quarters compared to the first one as shown by the values of the coefficients of the interaction variables from 0.25 percentile, whereas only the extreme left of the distribution has a better reaction during the third quarter than in the first one.

Table 6. Estimate of the effects of RSSCs in the four size classes

	OLS	FE	2 STEP	2 STEP	2 STEP	2 STEP	2 STEP
	(1)	(2)	(3) 10%	(4) 25%	(5) 50%	(6) 75%	(7) 90%
VARIABLES	Growth	Growth	Growth*	Growth*	Growth*	Growth*	Growth*
1 ≤ Size < 11							
Intens	0.00626***	0.0109***	-0.0109***	-0.000937***	0.00799***	0.0167***	0.0340***
	(0.000331)	(0.000514)	(0.000969)	(0.000189)	(4.82e-05)	(0.000233)	(0.000770)
RSSC	0.0149*	0.0235**	0.0737***	0.0461***	-0.00359***	-0.0403***	-0.0235
	(0.00822)	(0.0110)	(0.0268)	(0.00388)	(0.00117)	(0.00340)	(0.0263)
Observations	754,318	754,318	754,318	754,318	754,318	754,318	754,318
11 ≤ Size ≤ 20							
Intens	0.00664***	0.00627***	0.0129***	0.00548***	0.00379***	0.00205***	-0.00284***
	(0.000735)	(0.00109)	(0.000912)	(0.000515)	(0.000270)	(0.000500)	(0.000934)
RSSC	-0.0280	0.215***	-0.0452	0.124***	0.195***	0.280***	0.418***
	(0.0190)	(0.0303)	(0.0310)	(0.0148)	(0.00607)	(0.0136)	(0.0277)
Observations	60,355	60,355	60,355	60,355	60,355	60,355	60,355
20 ≤ Size < 50							
Intens	0.00435***	0.00525***	0.00497***	0.00309***	0.00341***	0.00258***	0.000205
	(0.000635)	(0.000938)	(0.000713)	(0.000329)	(0.000281)	(0.000397)	(0.000694)
RSSC	-0.0116	0.341***	0.122***	0.261***	0.322***	0.379***	0.471***
	(0.0171)	(0.0309)	(0.0252)	(0.00906)	(0.00718)	(0.0110)	(0.0273)
Observations	50,283	50,283	50,283	50,283	50,283	50,283	50,283
50 ≤ Size							
Intens	0.00338***	0.00487***	0.00318***	0.00298***	0.00373***	0.00318***	0.00314***
	(0.000954)	(0.00149)	(0.000783)	(0.000391)	(0.000303)	(0.000463)	(0.000987)
RSSC	0.0863***	0.442***	0.121***	0.272***	0.362***	0.429***	0.560***
	(0.0310)	(0.0550)	(0.0357)	(0.0134)	(0.00869)	(0.0152)	(0.0414)
Observations	19,842	19,842	19,842	19,842	19,842	19,842	19,842

Standard errors in parentheses.
**** p<0.01, ** p<0.05, * p<0.10.*
Standard errors estimated by Bootstrap (number of Bootstrap samples = 100).
Growth represents the transformed variable* ($Growth^* = (lnEmpl_{i,t} - lnEmpl_{i,t-1}) - \hat{\alpha}_i$).

The clear-cut discrepancy between the left and the right side of the distribution also holds for the effect of the explained variable *Intens*. The influence of this variable follows an upward trend along the distribution. It is negative on the left side. This confirms the problems that small and declining establishments face when they try to combine different measures. They suffer from decreasing returns of the measure due to administrative and management costs of RSSCs. It is worth noticing that the lagged size still plays a role in determining employment growth since as establishments pass the threshold of 11 employees, the value of $\hat{\beta}$ associated with the variable *Size* becomes negative compared to the reference class, i.e. the entities whose lagged size is strictly below 11 employees.

The results are radically different for larger establishments. All in all, *RSSC*s effectively contribute to their growth; the estimated coefficients are non-significant for the extreme left tail of the distribution for the establishments having more than 11 but fewer than 20 employees only. The effect of social contributions cuts on employment growth is weaker for establishments employing at least 11 and fewer than 20 employees than for the larger ones. Exemptions of social security contributions tend thus to strengthen job creation in the biggest establishments. The comparison with the value of the estimated coefficients for the whole sample (Table 1) tends to highlight the unequal sensitivity of establishment growth to RSSCs according to their size. The larger ones (50 employees and more) exhibit coefficients whose value is eight to ten times higher than the ones associated with the quantiles for the general sample. These establishments are thus the most supported by the measures.

The variable *Intens* is always significant but quite close to zero in any size class. However, the cumulation of measures plays its strongest effect in the smaller establishments. There is one exception to this systematically positive effect. It concerns establishments employing fewer than 11 employees of the left side of the distribution for which the coefficient of *Intens* is negative whereas it is positive in other size classes. One may consider that the complexity of the exemption system is a drawback for these entities.

4.2.3. By area

We conclude our investigations of the influence of rebates on social contributions by breaking down the sample by area. As in the previous Sections, we constructed an unbalanced panel for each department[14]. The similarity of the results we obtain brings evidence on their robustness. Figure 4 shows the value of the estimated coefficients associated with the variable *RSSC*.[15] Looking at the results, it is obvious that three areas (Martinique, French Guiana and La Réunion) out four exhibit the same pattern as the total population. From 0.25 quantile, exemptions on social security contributions have a positive effect on employment growth.

The sensitivity along this part of the distribution is, however, different, as the strongest influence appears on the 0.75 and 0.90 quantiles in French Guiana, on the 0.25 quantile in Martinique and La Réunion. The lowest intensity of this

[14] Saint-Martin and Saint-Barthelemy have been dropped out because they became independent from Guadeloupe from 2007.
[15] Complements are provided in Table 7, Appendix 4.

effect observed thanks to the interactions variable RSSCXQ2 is confirmed for Martinique from the 0.25 quantile and, to a lesser extent for French Guiana and La Réunion (0.25 and 0.50 quantiles). This similarity does not hold anymore looking at results obtained estimating the model using the population of establishments located in Guadeloupe. Indeed, these entities reveal a negative sensitivity to social contributions cuts for 0.10, 0.50 and 0.75 quantiles. A positive effect is only observed on the 0.90 quantile. One can also point out that the effect of the measure on employment growth is significantly lower in all quarters compared to the first one for the right side of the distribution.

Figure 4. Estimated coefficients for the variable RSSC by area (2004-2011)

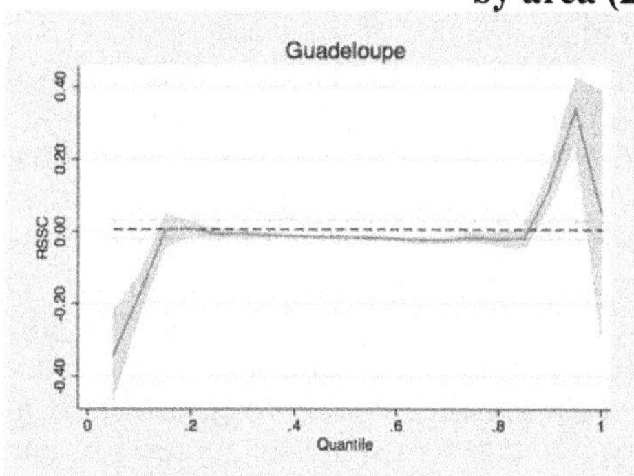

199,016 observations

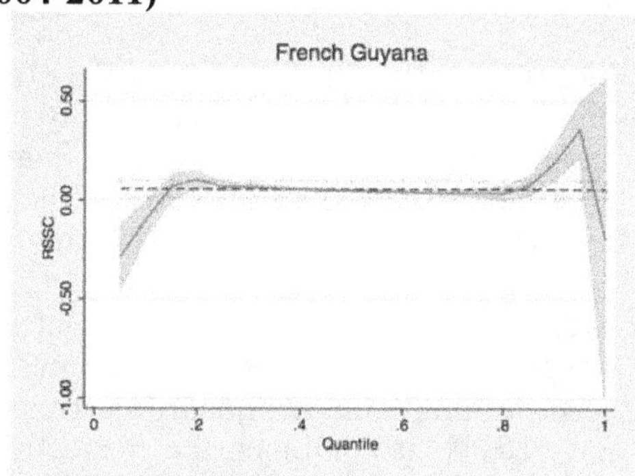

70,163 observations

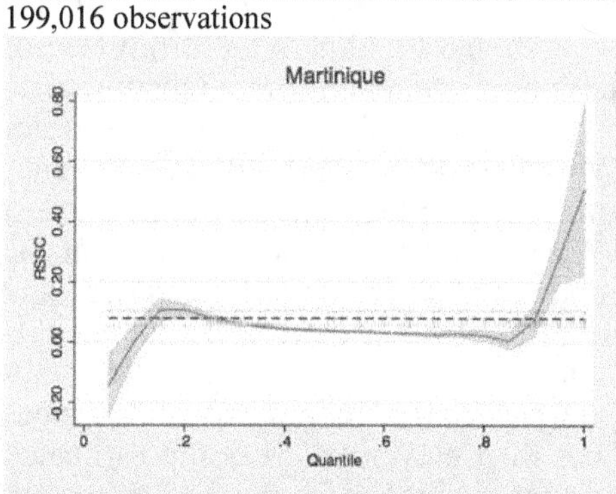

201,566 observations

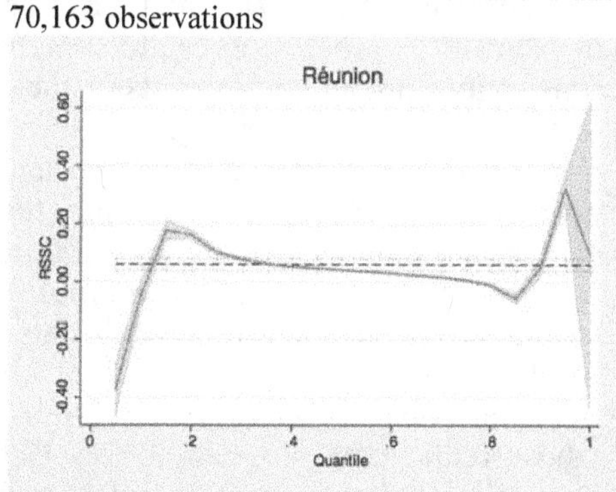

380,030 observations

See Figure 1 for the technical details.

5. CONCLUSION

This paper empirically investigates the role that reduced rates on social security contributions on payroll may play in decreasing labor cost and engendering establishments' growth. Our study finds the following empirical results. First, the relationship between establishment's growth and RSSCs is positive, robust to alternative estimation techniques, depending on the season, and also depending on growth rate in the number of employees. Indeed, the effect of the decrease in the labor cost caused by RSSCs differs according to the establishment's growth path. Our results demonstrate that the sensitivity of growth to this policy is unevenly distributed along the growth rate distribution. Second, reduction in social security contributions, which are a key element in the indirect labor cost reduction policies, has had very different effects depending on the size and sector. If breaking down the total sample by industry, size class and location confirms the overall trend outlined in the global analysis, it also reveals some specificities. Indeed, establishments operating in Business Services and, to a lesser extent, Trade and Repair of Motor Vehicles Industries in the breaking down by activity do not react in the same way as the whole population: for a majority of them, employment growth is negatively correlated to RSSCs.

The nature of the data mobilized, as well as the econometric strategy adopted, enable us to provide differentiated results going beyond the general tendencies usually emphasized by the literature aiming at generating evidence about the efficiency of labor cost reduction policies. The use of infra-annual data enables us to refine the analysis of the effects of such measures. Firstly, it makes it possible to cope with the seasonality of economic cycle and its influence on job creation or destruction. We have indeed been able to pinpoint the differential effect of RSSCs according to the quarter. Corresponding to a peak in tourism and, thus, to a high level of economic activity, the first quarter is naturally more favorable to establishment growth, a factor which softens the impact of partial exemptions from social security contributions paid by employers. Secondly, the novelty of the results achieved comes from the use of a quite innovative econometric technique, i.e. quantile regression for panel data with fixed effects [Canay, 2011]. It combines the respective advantages of quantile regression and fixed effects models. This method is appropriate for the estimation of the effects of payroll tax rebates on establishment growth and highlights the difference of sensitivity. Indeed, the impacts of the exemption rate and of the intensity of use of the different measures on changes in the number of employees depend not only on the size class and on the age of the establishments but also on their growth rate. For the whole sample, the effects of RSSCs tend to be the highest on the last quantiles of the distribution. This result confirms the idea that the policy implemented tends to promote job creation in successful businesses and to temper job destruction in declining ones. Moreover, these effects may significantly differ according to the size class and the industry in which the establishments operate. Large ones tend to be advantaged compared to the ones whose total number of employees is fewer than eleven whereas the estimated correlation between growth and exemption rate is higher for most of the establishments in the Manufacturing Industry but only for a small part of those in business services.

These calculations are based on a micro-econometric framework and do not take into account macroeconomic interactions via, for example, labor market equilibrium and adjustment of prices and wages. In the end, a limit to the method comes from its inability to take volume effects or effects of inter-industry substitution into account. In addition, it does not specify the impact of the measure by level of qualification and wage. The availability of additional data related to skills and wages could be explored in future studies.

REFERENCES

Abrevaya, J. and Dahl, C. M. (2008). The effects of birth inputs on birthweight: Evidence from quantile estimation on panel data. *Journal of Business and Economic Statistics*, 26: 379-397.

Alleyne, D. (2002). Forecasting tourist arrivals: the use of seasonal unit root pretesting to improve forecasting accuracy. In *23rd Annual Review Seminar*, Central Bank of Barbados. Barbados.

Anderson, P. and Meyer, B. (2000). The effects of the unemployment insurance payroll tax on wages, employment, claims and denials. *Journal of Public Economics*, 78: 81-106.

Bargain, O. and Kwenda, P. (2009). *The informal sector wage gap: new evidence using quantile estimations on panel data*. Discussion paper 4286, IZA.

Bauduin, N., Legendre, F., and L'Horty, Y. (2011). Réformer les baisses de cotisations sociales ultramarines? *Travail et Emploi*, 125: 41-52.

Bauduin, N., L'Horty, Y., and Legendre, F. (2010). Les baisses de cotisations sociales ultramarines. *Revue Française d'Economie*, XXIV(3): 167-191.

Beach, C. and Balfour, F. (1983). Estimated payroll tax incidence and aggregate demand for labor in the United-Kingdom. *Economica*, 50(197): 35-48.

Bottazzi, G., Coad, A., Jacoby, N., and Secchi, A. (2011). Corporate growth and industrial dynamics: evidence from French manufacturing. *Applied Economics*, 43(1): 103-116.

Brittain, J. (1971). The incidence of social security payroll taxes. *American Economic Review*, 61(1): 110-125.

Brown, A. J. G., Merkl, C., and Snower, D. (2011). Comparing the effectiveness of employment subsidies. Labor Economics, 18(2): 168-179.

Bunel, M., Gilles, F., and L'Horty, Y. (2009). Les effets des allègements de cotisations sociales sur l'emploi et les salaires : Une évaluation de la réforme de 2003. *Economie et Statistique*, 429-430: 77-105.

Bunel, M. and L'Horty, Y. (2011). *Les effets des aides publiques aux hôtels-cafés-restaurants et leurs interactions: une évaluation sur micro-donnés d'entreprises*. Technical report, Centre d'Etudes de l'Emploi.

Bunel, M. and L'Horty, Y. (2012). The effects of reduced Social Security contributions on employment: an evaluation of the 2003 French reform. *Fiscal Studies*, 33(3): 3171-3198.

Calmfors, L. (1994). Politiques actives du marché du travail et chômage. cadre d'analyse des aspects cruciaux de la conception des mesures. *Revue Economique de l'OCDE*, 22: 8-51.

Campos, M. M. and Centeno, M. (2012). *Public-private wage gaps in the period prior to the adoption of the euro: an application based on longitudinal data*. Working paper, w 201201, Banco de Portugal, Economics and Research Department.

Canay, I. A. (2011). A simple approach to quantile regression for panel data. *Econometrics journal*, 14(3): 368-386.

Coad, A. (2009). *The Growth of Firms: a Survey of Theories and Empirical Evidence*. Edward Elgar, Cheltenham, UK and Northampton, MA, USA.

Crépon, B. and Desplatz, R. (2001). Une nouvelle évaluation des effets des allègements de charges sociales sur les bas salaires. *Economie et Statistique*, 348(1): 3-24.

D'Haultfoeuille, X. and Givor, P. (2012). La régression de quantiles en pratique. In *Journées de Méthodologie Statistique*, Paris.

European Commission, E. (2011). *The role and impact of labor taxation policies*. Technical report, Employment, Social Affairs and Equal Opportunities DG.

Euzeby, A. (1995). Reduce or rationalize Social Security contributions to reduce unemployment? *International Labor Review*, 134: 227-242.

Fitoussi, J.-P. (2000). Allègements des charges sur les bas salaires. *Revue de l'OFCE*. 74: 33-51.

Gafsi, I., L'Horty, Y., and Mihoubi, F. (2005). Réformer les exonérations de cotisations sociales sur les bas salaires. *Revue Française d'Economie, 19(3): 91-116.*

Galvao, A. (2011). Quantile regression for dynamic panel data with fixed effects. *Journal of Econometrics*, 164(1): 142-157.

Hamermesh, D. (1979). New estimates of the incidence of the payroll tax. *Southern Economic Journal*, 45(4): 1208-1219.

Hamermesh, D. (1993). *Labor Demand*. Princeton University Press, Princeton, New Jersey.

Holmlund, B. (1983). Payroll taxes and wage inflation: The Swedish experience. *Scandinavian Journal of Economics*, 85(1): 1-15.

Institut d'Emission de l'Outre Mer, I. (2012). T*endances conjoncture outre-mer-4eme trimestre 2011*. Note n 44.

Koenker, R. (2004). Quantile regression for longitudinal data. *Journal of Multivariate Analysis*, 91(1): 74-89.

Koenker, R. and Bassett, G. (1978). Regression quantiles. *Econometrica*, 46(1): 33-50.

Kugler, A. and Kugler, M. (2009). Labor market effects of payroll taxes in developing countries: Evidence from Colombia. *Economic Development and Cultural Change*, 57(2): 335-358.

Lafargue, J.-P. (2000). Effets et financement d'une réduction des charges sur les bas salaires. *Revue Economique*, 51(3): 489-498.

Lamarche, C. (2010). Measuring the incentives to learn in Colombia using new quantile regression approaches. *Journal of Development Economics*, 96(2): 278-288.

Lang, K. (2003). *The effect of the payroll tax on earnings: A test of competing models of wage determination*. Working Paper 9537, NBER, Cambridge, MA 02138.

Layard, R. and Nickell, S. (1986). Unemployment in Britain. *Economica*, 53(210): 121-169.

Malinvaud, E. (1998). *Les cotisations sociales à la charge des employeurs : analyse économique*. La documentation francaise, Paris.

Marx, I. (2001). Job subsidies and cuts in employers' social security contributions: The verdict of empirical evaluation studies. *International Labor Review*, 140(1): 69-83.

Matano, A. and Naticchioni, P. (2012). *What drives the urban wage premium? Evidence along the wage distribution*. Working Papers - Dipartimento di Economia 13-DEISFOL, Dipartimento di Economia, Sapienza University of Rome.

Matano, A. and Naticcioni, P. (2012). Wage distribution and the spatial sorting of workers. *Journal of Economic Geography*, 12: 379-408.

Mihoubi, F. (1997). Coût des facteurs et substitution capital-travail: une analyse sur le secteur manufacturier. *Economie et statistique*, 301-302(January): 129-148.

Nickell, S. and Bell, B. (1997). *Unemployment Policy-Government Options for the Labor Market*, chapter Would Cutting Payroll Taxes on the Unskilled Have a Significant Impact on Unemployment?, pages 296-328. Cambridge University Press.

Nickell, S., Nunziata, L., and Ochel, W. (2005). Unemployment in the OECD since the 1960s. What do we know? *The Economic Journal*, 115(500): 1-27.

Oskamp, F. and Snower, D. (2006). *The effect of low-wage subsidies on skills and employment*. Technical Report 1292, Kiel Institute for the World Economy.

Ourliac, B. and Nouveau, C. (2012). *Les allègements de cotisations sociales patronales sur les bas salaires en France de 1993 à 2009*. Technical Report 169, DARES.

Ponomareva, M. (2010). *Quantile regression for panel data models with fixed effects and small T: identifiation and estimations*. University of Western Ontario.

Remy, V. (2005). *Eléments de bilan sur les travaux évaluant l'efficacité des allègements de cotisations sociales employeurs*. Technical Report 101, DARES.

Rosenbaum, P. R. and Rubin, D. B. (1983). The central role of the propensity score in observational studies for causal effects. *Biometrika*, 70(1): 41-55.

Schubert, S., Brida, J., and Risso, W. (2011). The impacts of international tourism demand on economic growth of small economies dependent on tourism. *Tourism Management*, 32(2): 377-385.

Serrasquiero, Z., Nunes, P., Leit~ao, J., and Armada, M. (2010). Are there nonlinearities between SME growth and its deteminants? A quantile approach. *Industrial and Corporate Change*, 19(4): 1071-1108.

Sneessens, H. (1993). *L'économie française en perspective, chapter Pénurie de main d'oeuvre qualifiée et persistance du chômage*. La Découverte et la Documentation Française, Paris.

Turquet, P. (2002). Les allègements de cotisations sociales dans le cadre des politiques publiques d'emploi françaises: objectifs et conséquences. *Travail et Emploi*, 90(April): 69-86.

Witt, S. F. and Witt, C. A. (1995). Forecasting tourism demand: A review of empirical research. *International Journal of Forecasting*, 11(3): 447-475.

APPENDIX 1.
Main characteristics of the data

The dataset used in this paper comes from the merging of different administrative databases running from 2004 to 2011. The exemption rate, the intensity of use of the different measures and the growth rate of the number of employees have been calculated from ACOSS files. They provide quarterly information about 71,324 establishments operating at least one quarter over the period among which 69,949 have been exonerated at least once. The other information (age, location, etc.) comes from INSEE databases (Clap-REE). The cleansing of the dataset to compose an unbalanced panel consisting in establishments declaring at least one employee over three consecutive quarters from T12004 to T42010 led us to drop out from the data set observations corresponding to one missing information. We get thus a dataset containing more than 29,000 establishments.[16]

Table 3. Descriptive statistics of the sample before and after the filtering of the data

Variables	Total population							
	2004-Q4				2011-Q4			
	Mean	P10	Median	P90	Mean	P10	Median	P90
Growth	0.023	-0.154	0	0.288	0.006	-0.182	0	0.223
Size1	0.817	0	1	1	0.843	0	1	1
Size2	0.075	0	0	0	0.066	0	0	0
Size3	0.062	0	0	0	0.05	0	0	0
Size4	0.025	0	0	0	0.021	0	0	0
RSSC	0.299	0.056	0.282	0.314	0.022	0.026	0.268	0.305
Variables	Unbalanced panel							
	2004-Q4				2011-Q4			
	Mean	P10	Median	P90	Mean	P10	Median	P90
Growth	0.02	-0.154	0	0.251	0	-0.182	0	0.182
Size1	0.831	0	1	1	0.854	0	1	1
Size2	0.079	0	0	0	0.071	0	0	0
Size3	0.065	0	0	0	0.054	0	0	0
Size4	0.025	0	0	0	0.021	0	0	0
RSSC	0.239	0.066	0.282	0.311	0.022	0.046	0.265	0.303

[16] They are 29,711 in 2004, 33,717 in 2005, 39,262 in 2006, 46,063 in 2007, 46,018 in 2008, 45,180 in 2009, 45,847 in 2010 and 47,174 in 2011.

APPENDIX 2.
The quantile estimation on panel data method

In our application we use the Canay [2011] method briefly described hereafter.

$$Y_{it} = X'_{it}\theta_\mu + \alpha_i + u_{it}$$

with $E(u_{it} / X_i , \alpha_i) = 0$

$t = 1, \dots, T$ and $i = 1, \dots, n$ respectively represents the indexes of time periods and individuals. The vector X_{it} includes explanatory variables. The constant α_i stands for the unobserved individual-specific heterogeneity. u_{it} is an error term changing over time. Canay [2011] proposes then the following two-step procedure, noted 2-STEP:

- Step 1 estimates the individual heterogeneity parameters such as $\hat{\alpha}_i \equiv E_T[Y_{it} - X'_{it}\hat{\theta}_\mu]$ with $E_T(.) = T^{-1}\sum_{t=1}^{T}(.)$ and $\hat{\theta}_\mu$ the within or fixed-effects estimator of θ_μ.

- Step 2 determines the transformed variable $\hat{Y}_{it} \equiv Y_{it} - \hat{\alpha}_i$ from the method made available by Koenker and Bassett [1978]. It proceeds according to the following maximization program:

$$\hat{\theta}(\tau) \equiv \underset{\theta \in \Theta}{\operatorname{argmin}} E_{nT}\left[(\rho_\tau(\hat{Y}_{it} - X'_{it}\theta)\right]$$

According to Canay [2011], this method provides a consistent and asymptotically normal estimator of $\theta(\tau)$ if and only if[17] :

1. $(Y^*_{it}, X_{it}, \alpha_i) \sim i.i.d$ and $E(\alpha_i) = 0$ where : $Y^*_{it} \equiv \hat{Y}_{it} - \hat{r}_i$ with $\hat{r}_i \equiv (\alpha_i - \hat{\alpha}_i)$

2. For all $\tau \in \mathcal{T}, \theta \in \Theta$ where Θ a convex and compact space and $\mathcal{T}$ a closed subinterval of $[0,1]$.

3. Y^* has bounded conditional on X and $\Pi(\theta, \tau, r) \equiv E[g_\tau(W, \theta, r)]$ has a Jacobian matrix such as :

$J_1(\theta, \tau, r) = \frac{\partial}{\partial \theta}\Pi(\theta, \tau, r)$ is continuous and fully-ranked,

$J_2(\theta, \tau, r) = \frac{\partial}{\partial r}\Pi(\theta, \tau, r)$ is uniformly continuous where :

$W = (Y^*, X)$ and $g_\tau(W, \theta, r) = \rho_\tau(Y^* - X'\theta + r)X$ with $\rho_\tau(u) = \tau - I(u < 0)$

Canay [2011] proposes two possible methods to estimate the asymptotic variance of the coefficients: the covariance Kernel and the bootstraps. Bootstraps present serious advantages [D'Haultfoeuille and Givor, 2012] and Monte-Carlo simulations provided by Canay [2011] for T = 10 and N = 100 show better performance than previous estimators [Koenker [2004], Koenker and Bassett [1978] and Abrevaya and Dahl [2008]] and a bias which looks very decent [Campos and Centeno, 2012]. Like some authors such as Bargain and Kwenda [2009] who compare wages gap in the informal sector, Matano and Naticchioni [2012] who aim at disentangling the role played by different theoretical explanations in accounting for the urban wage premium along the wage distribution, or Campos and Centeno [2012] also interested in the evolution of public wages and the public-private wage gaps, we also adopt the method proposed by Canay [2011] to esti-

[17] This presentation is directly inspired by Campos and Centeno [2012].

mate how the effects of employers' social security payment rebates on job creation differ across the growth distribution. As pointed out by Galvao [2011] "the quantile regression model has a significant advantage over models based on the conditional mean, since it will be less sensitive to the tail behavior of the underlying random variables representing the forecasting variable of interest, and consequently will be less sensitive to observed outliers." (p. 3).

APPENDIX 3.

Detailed results

Table 4. Estimates for the total sample

VARIABLES	(1) Growth	(2) Growth	(3) 10% Growth*	(4) 25% Growth*	(5) 50% Growth*	(6) 75% Growth*	(7) 90% Growth*
Size2	-0.0415***	-0.167***	-0.114***	-0.190***	-0.155***	-0.114***	-0.202***
	(0.00109)	(0.00189)	(0.00196)	(0.000678)	(0.000514)	(0.000726)	(0.00146)
Size3	-0.0317***	-0.284***	-0.188***	-0.288***	-0.278***	-0.257***	-0.342***
	(0.00125)	(0.00317)	(0.00167)	(0.000581)	(0.000395)	(0.000689)	(0.00155)
Size4	-0.0293***	-0.383***	-0.259***	-0.370***	-0.376***	-0.375***	-0.467***
	(0.00192)	(0.00580)	(0.00164)	(0.000664)	(0.000466)	(0.000810)	(0.00204)
LnAge	-0.00800***	-0.0382***	-0.000488	-0.0214***	-0.0345***	-0.0472***	-0.0894***
	(0.000310)	(0.000833)	(0.000859)	(0.000125)	(5.43e-05)	(0.000252)	(0.000918)
Intens	0.00577***	0.00994***	-0.00138***	0.000168	0.00742***	0.0135***	0.0194***
	(0.000277)	(0.000426)	(0.000511)	(0.000138)	(5.23e-05)	(0.000176)	(0.000509)
RSSC	-0.00265	0.0553***	-0.0608***	0.0689***	0.0309***	0.0121***	0.0924***
	(0.00661)	(0.00940)	(0.0135)	(0.00328)	(0.00103)	(0.00285)	(0.0124)
RSSCxQ2	-0.0501***	-0.0465***	0.0570***	-0.0234***	-0.0106***	-0.0165***	-0.0444***
	(0.00878)	(0.00888)	(0.0170)	(0.00387)	(0.00133)	(0.00408)	(0.0156)
RSSCxQ3	0.00276	0.00379	0.0789***	-0.000115	-0.00322**	-0.000514	0.0528***
	(0.00880)	(0.00892)	(0.0169)	(0.00384)	(0.00155)	(0.00377)	(0.0163)
RSSCxQ4	-0.0188**	-0.0186**	0.0757***	-0.0156***	-0.00919***	-0.00294	0.0942***
	(0.00863)	(0.00876)	(0.0173)	(0.00364)	(0.00143)	(0.00384)	(0.0171)
Q2	0.0230***	0.0204***	0.0249***	0.00923***	0.00302***	0.00625***	0.0140***
	(0.00224)	(0.00227)	(0.00326)	(0.00103)	(0.000363)	(0.00105)	(0.00314)
Q3	0.00821***	0.00720***	0.00344	0.00213**	0.00178***	0.00465***	0.00537*
	(0.00225)	(0.00228)	(0.00362)	(0.00103)	(0.000438)	(0.000987)	(0.00321)
Q4	0.0214***	0.0218***	0.0202***	0.00880***	0.00456***	0.00708***	0.00885**
	(0.00219)	(0.00222)	(0.00311)	(0.000975)	(0.000384)	(0.000907)	(0.00346)
Constante	0.0238***	0.169***	-0.181***	0.0791***	0.169***	0.250***	0.582***
	(0.00221)	(0.00448)	(0.00527)	(0.00112)	(0.000404)	(0.00148)	(0.00492)
Model	OLS	FE	2-STEP	2-STEP	2-STEP	2-STEP	2-STEP
Observations	884,798	884,798	884,798	884,798	884,798	884,798	884,798
R^2	0.00390						
R^2 Adj.	0.00388						
F							
R^2 between		0.0171					
R^2 within		0.000554					
R^2 overall		0.00238					
Pseudo R^2			0.0617	0.2161	0.1910	0.1179	0.0940

Standard errors in parentheses.

**** $p<0.01$, ** $p<0.05$, * $p<0.10$.*

Standard errors estimated by Bootstrap (number of Bootstrap samples = 100).

Growth represents the transformed variable (Growth* = $(lnEmpl_{i,t} - lnEmpl_{i,t-1}) - \hat{\alpha}_i$).*

APPENDIX 4.

Table 7. Estimate of the effects of RSSCs in the four *Départements*

	OLS	FE	2-STEP	2-STEP	2-STEP	2-STEP	2-STEP
	(1)	(2)	(3) 10%	(4) 25%	(5) 50%	(6) 75%	(7) 90%
VARIABLES	Growth	Growth	Growth*	Growth*	Growth*	Growth*	Growth*
Guadeloupe							
Intens	0.00624***	0.0103***	0.00127	0.000266	0.00734***	0.0127***	0.0180***
	(0.000641)	(0.000955)	(0.00113)	(0.000396)	(0.000124)	(0.000459)	(0.00127)
RSSC	-0.00954	0.00562	-0.176***	-0.00641	-0.0146***	-0.0160***	0.123***
	(0.0134)	(0.0187)	(0.0270)	(0.00523)	(0.00216)	(0.00524)	(0.0254)
Observations	199,016	199,016	199,016	199,016	199,016	199,016	199,016
French Guyana							
Intens	0.00699***	0.0127***	0.00697***	0.00196***	0.00854***	0.0180***	0.0184***
	(0.00104)	(0.00158)	(0.00158)	(0.000539)	(0.000232)	(0.000919)	(0.00158)
RSSC	-0.0108	0.0570*	-0.0962**	0.0694***	0.0508***	0.0379***	0.190***
	(0.0227)	(0.0325)	(0.0460)	(0.0115)	(0.00375)	(0.0112)	(0.0444)
Observations	70,163	70,163	70,163	70,163	70,163	70,163	70,163
Martinique							
Intens	0.00503***	0.00779***	-0.00228**	-0.00109***	0.00596***	0.0103***	0.0161***
	(0.000588)	(0.000886)	(0.000995)	(0.000298)	(0.000122)	(0.000393)	(0.00133)
RSSC	0.0220*	0.0803***	0.00148	0.0824***	0.0364***	0.0270***	0.0682***
	(0.0132)	(0.0183)	(0.0273)	(0.00668)	(0.00212)	(0.00653)	(0.0263)
Observations	201,566	201,566	201,566	201,566	201,566	201,566	201,566
Réunion							
Intens	0.00615***	0.0108***	-0.00361***	0.000278	0.00811***	0.0153***	0.0221***
	(0.000401)	(0.000623)	(0.000700)	(0.000202)	(7.08e-05)	(0.000213)	(0.000741)
RSSC	-0.0109	0.0602***	-0.0470*	0.103***	0.0420***	0.00732*	0.0501***
	(0.0105)	(0.0154)	(0.0241)	(0.00505)	(0.00189)	(0.00412)	(0.0173)
Observations	380,030	380,030	380,030	380,030	380,030	380,030	380,030

Standard errors in parentheses.
**** $p<0.01$, ** $p<0.05$, * $p<0.10$.*
Standard errors estimated by Bootstrap (number of Bootstrap samples = 100).
Growth represents the transformed variable (Growth* = $(lnEmpl_{i,t} - lnEmpl_{i,t-1}) - \hat{\alpha}_i$).*

LES EXONÉRATIONS DE COTISATIONS SOCIALES PATRONALES DYNAMISENT-ELLES L'EMPLOI ?
UNE ANALYSE EMPIRIQUE SUR LES DÉPARTEMENTS D'OUTREMER

Résumé - *Les exonérations de cotisations sociales patronales font partie des principaux dispositifs utilisés pour inciter à la création d'emplois lorsque le coût du travail est réputé si élevé qu'il décourage les entreprises de procéder à l'embauche de nouveaux salariés. Parmi les différentes mesures mises en œuvre en France, celles dont bénéficient les Départements d'outremer sont les plus généreuses puisque l'assiette y est la plus large et les taux d'exonérations les plus élevés. Cet article cherche à déterminer dans quelle mesure ces instruments d'action publique contribuent à la création d'emplois à l'aide d'un panel non-cylindré d'établissements comptant au moins un salarié. La base de données est constituée à partir de la fusion de différentes sources administratives couvrant la période 2004-2011. Nous étudions les différents effets des exonérations de cotisations sociales en utilisant la technique de la régression quantile adaptée aux données en panel. Nous montrons que l'impact des exonérations et le cumul de plusieurs dispositifs sur le taux de croissance des effectifs salariés varie selon le rythme de croissance des établissements. L'impact tend en effet à diminuer au fur et à mesure que le taux de croissance de l'emploi augmente. Ces effets sont cependant influencés par la taille et le secteur d'activité d'appartenance de chaque établissement. L'effet des exonérations sur l'emploi est davantage marqué dans les grands établissements, dans ceux de l'industrie manufacturière et dans une moindre mesure dans le secteur des services aux entreprises.*

Mots-clés - CROISSANCE DE LA FIRME, CRÉATION D'EMPLOIS, COÛT DU TRAVAIL, EXONÉRATIONS DE COTISATIONS SOCIALES PATRONALES, RÉGRESSION QUANTILE SUR DONNÉES EN PANEL

L'AGRICULTURE, FACTEUR DE VULNÉRABILITÉ DES PETITES ÉCONOMIES INSULAIRES ?

Valérie ANGEON* et Samuel BATES**

Résumé - *La vulnérabilité des petites économies insulaires (PEI) a fait l'objet d'analyses approfondies depuis les années 1970. Le poids du secteur agricole est notamment décrit comme un facteur intrinsèque de leur vulnérabilité. Afin de tester cette assertion, nous avons élaboré un indicateur composite de vulnérabilité agricole (AVI) basé sur le poids de l'agriculture dans la structure des exportations, la dépendance extérieure, la valeur ajoutée et l'emploi. Sur un échantillon de pays incluant des PEI, des pays développés, des pays à revenu intermédiaire et des pays en développement, nous mettons en relation l'AVI avec un indicateur macroéconomique et multimétrique de vulnérabilité et de résilience : le Net Vulnerability-Resilience Index (NVRI). Nous montrons qu'il n'y a pas de déterminisme entre poids du secteur agricole et vulnérabilité macroéconomique. Nos résultats inclinent à penser qu'en matière de politique économique, pour renforcer la macro-résilience d'un pays, la priorité doit porter sur les conditions de production plutôt que sur une réduction hâtive du poids du secteur agricole.*

Mots clés - AGRICULTURE, VULNÉRABILITÉ-RÉSILIENCE, INDICATEUR COMPOSITE, PETITES ÉCONOMIES INSULAIRES, DÉVELOPPEMENT DURABLE

Classification JEL - Q17, C43, C11, Q56

Les auteurs tiennent à remercier Mandiaye Diagne (Africa Rice Center, Saint Louis, Sénégal) ainsi que Pablo Andrés-Domenech (AgroParisTech-LEF) pour leur relecture attentive et leurs suggestions. Ce texte s'inscrit dans le cadre du projet de recherche ANR « Agrobiosphère » Gaia-Trop (ANR-12-AGRO-0009-05).

* AgroParisTech-UMR Métafort; INRA-URZ and French West Indies University-CRPLC; valerie.angeon@gmail.com

** Université Paris-Dauphine, PSL Research University ; samuel.bates@dauphine.fr

1. INTRODUCTION

L'analyse des petites économies insulaires (PEI) montre le rôle déterminant que joue la spécialisation productive dans leur vulnérabilité (Célimène et Watson, 1991 ; Célimène et Salmon, 1995 ; Easterly et Kraay, 2000 ; Brau *et al.*, 2003 ; Logossah et Salmon, 2007). Les premières études caractérisant les PEI remontent, à l'exception notable de Lewis (1938, 1950), aux années 1960 (Seers, 1964; Demas, 1965; Levitt et Best, 1975; Girvan et Jefferson, 1968, Beckford, 1972, Girvan, 1976). Cette littérature qui puise son origine dans les thèses structuralistes de la dépendance (Prebish, 1963 ; Furtado, 1966, 1976) discrimine la spécialisation agricole (Girvan, 1973) et a débouché sur des voies de théorisation concernant le rôle de l'agriculture dans le développement de PEI.

C'est dans ce contexte que fusent les réflexions sur les PEI initiées dans les années 1970 qui ont amené les indicateurs composites de vulnérabilité et de résilience dans lesquels l'agriculture est saisie comme un facteur de vulnérabilité. Nous proposons une grille d'analyse des déterminants de la vulnérabilité agricole et de ses canaux de transmission à la vulnérabilité macroéconomique. Pour cela, nous revisitons les indicateurs macroéconomiques de vulnérabilité et de résilience de référence (Briguglio, 1995 ; Atkins *et al.*, 2000 ; ONU, 2008; Briguglio *et al.*, 2009) en procédant à une mesure de la contribution de l'agriculture à la vulnérabilité des PEI.

Nous commençons à partir d'une revue de la littérature par identifier dans les indicateurs de référence les variables représentatives de l'agriculture et à les discuter. Sur cette base, nous avons élaboré un indicateur de vulnérabilité agricole (section 2) que nous appliquons sur un échantillon mondial de 142 pays incluant des PEI, des pays les moins développés (PMD), des pays à niveau de développement intermédiaire (PDI) et des pays développés (PD) (section 3). Nous mettons en relation l'indicateur de vulnérabilité agricole proposé avec un indicateur macroéconomique et multimétrique de vulnérabilité et de résilience (section 4). Cela permet d'inférer un certain nombre de propositions en matière de politique économique concernant le secteur agricole.

2. DES INDICATEURS DE VULNÉRABILITÉ ET DE RÉSILIENCE STRUCTURÉS PAR UNE FORTE COMPOSANTE AGRICOLE

Une recension dans la littérature économique des principaux indicateurs de vulnérabilité et de résilience et de la place accordée aux variables à caractère agricole nous amène à établir un indicateur de vulnérabilité agricole.

2.1. Une relecture des indicateurs de vulnérabilité et de résilience à travers le prisme agricole

Sur le plan empirique, plusieurs travaux révèlent la forte vulnérabilité macroéconomique des PEI, alimentant alors la réflexion sur l'existence d'un lien entre les particularismes de ces espaces et leur niveau de développement (Briguglio *et al.,* 2009 ; Guillaumont, 2010 ; ONU, 2008). Depuis les années 1990 où la production d'indicateurs de vulnérabilité et de résilience s'accroît, l'enjeu – au-delà de l'élaboration d'un indice pertinent (choix approprié de variables) et générique (applicable à tous types de pays) – est de contribuer au développement d'analyses explicatives des sources d'instabilité macroéconomique afin de diligenter des politiques adéquates. Notre relecture des indicateurs de vulnérabilité et de résilience à travers le prisme agricole nous invite à déterminer quelles variables jouent de manière discriminante dans la vulnérabilité. Nous cherchons alors à identifier lesquelles se présentent comme des canaux effectifs de transmission de la vulnérabilité.

En nous appuyant sur la méta-analyse produite par Angeon et Bates (2015), nous retenons un ensemble de 12 indicateurs composites de vulnérabilité et de résilience. Sur ces 12 indicateurs, 8 se réclament d'une visée économique[1] : Briguglio (1995), Wells (1997), Briguglio et Galea (2004), Briguglio (2014), Atkins *et al.* (2000), Adrianto et Matsuda (2004), UN (2008), Briguglio *et al.* (2009), Guillaumont (2009). En procédant à un examen fin de ces indicateurs mettant en évidence leur proximité selon leur modalité de construction, nous en dégageons trois catégories : (*i*) ceux suggérés par Briguglio à différentes étapes de maturité (Briguglio, 1995 ; Briguglio and Galea, 2004 ; Briguglio *et al.*, 2009; Briguglio, 2014) ou en filiation à ses travaux (Adrianto et Matsuda, 2004), (*ii*) ceux élaborés par le Commonwealth (Wells, 1997 ; Atkins *et al.*, 2000) et (*iii*) celui soutenu par l'ONU (2008) repris par Guillaumont (2009). Nous passons en revue chacune de ces catégories d'indicateurs en considérant les versions les plus récentes.

2.1.1. L'indicateur proposé par Briguglio

Dans sa contribution originelle, Briguglio (1995) retient trois variables clés (ou composantes) pour rendre compte de la vulnérabilité économique : le degré d'ouverture (agrégation des taux d'importation et d'exportation rapportés au PIB, variable caractérisant la dépendance vis-à-vis de l'extérieur), les coûts de transport et de fret (variable caractérisant l'éloignement-isolement rendant compte de l'insularité) ainsi que l'exposition aux risques naturels (mesurée par la part du PIB affectée aux dommages survenus). Un amendement de ses travaux (Briguglio et Galea, 2004 ; Briguglio *et al.*, 2009) amène l'auteur à considérer des facteurs énergétiques en plus des coûts de transport dans la contribution à la vulnérabilité et à raisonner en termes de résilience. Dans une autre étude, Briguglio (2014) enlève de son indice composite les coûts de transport et maintient une variable d'exposition aux risques naturels.

L'équation de la vulnérabilité (*vulnerability index* : VI)[2] extraite de Briguglio (2014) s'écrit :

$$VI = \frac{1}{4}(OPN + DSI + EXC + DST)$$

avec OPN : Ouverture économique ; DSI : Dépendance aux importations stratégiques ; EXC : Concentration des exportations ; DST : Exposition aux risques naturels.

---

[1] Deux indicateurs sont classés comme environnementaux (Kaly *et al.*, 2005 ; Esty *et al.*, 2006), aucun n'est répertorié comme social et deux ne privilégient aucune dimension particulière (Turvey, 2007 ; UWI, 2002).

[2] Est appliquée aux variables de cette équation une procédure de standardisation.

Telles que décrites et appliquées aux PEI, l'ensemble des variables de l'équation intègrent des considérants agricoles. Pour l'indice de concentration des exportations, l'auteur se rapporte en effet à l'indicateur calculé par la CNUCED qui révèle le poids de l'agriculture dans la structure des exportations des PEI (Briguglio *et al.*, 2009). Les denrées agricoles produites représentent l'essentiel du volume des exportations totales. Le ratio de dépendance à des importations stratégiques comprend les importations incompressibles parmi lesquelles peuvent figurer, selon les PEI, les importations de biens agricoles alimentaires ou non. De même, le degré d'ouverture incluant les importations et les exportations de marchandises comprend des variables agricoles et renseigne implicitement sur la contribution de l'agriculture à la vulnérabilité économique des PEI. Enfin, l'exposition aux risques naturels est mesurée par la part du PIB consacrée aux réparations liées aux catastrophes naturelles. Celles-ci se traduisent par des chocs économiques qui affectent notamment le secteur d'activité prépondérant dans les PEI, à savoir l'agriculture.

2.1.2. L'indicateur promu par le Commonwealth

Deux générations de travaux ont permis au secrétariat du Commonwealth d'ériger un indicateur de vulnérabilité. Si les travaux de Wells (1997) ont été pionniers, ils se sont limités à proposer un cadre d'analyse générale de la vulnérabilité. En revanche, les apports d'Atkins *et al.* (2000) constituent une référence de base pour le Commonwealth. L'indicateur élaboré (*CVI*) comprend un sous-indice de vulnérabilité et un sous-indice de résilience. La vulnérabilité économique est approximée par la volatilité économique (*VE*) expliquée par un ensemble de facteurs économiques, environnementaux et géographiques. La résilience est approximée par le PIB, considéré par les auteurs comme un agrégat de mesure de la capacité d'un pays à mettre en œuvre des politiques pour endiguer leurs handicaps.

Une régression linéaire multiple associe les composantes du sous-indice de vulnérabilité et s'écrit :

$$\begin{aligned} \mathrm{VE} = \alpha_0 &+ \alpha_1.(\text{degré d'exposition économique}) \\ &+ \alpha_2.(\text{éloignement et insularité}) \\ &+ \alpha_3.(\text{sensibilité aux événements et risques environnementaux}) \\ &+ \text{autres sources}^{3} \end{aligned}$$

Le calcul de ce sous-indice est obtenu par la méthode des moindres carrés pondérés. Il capte la volatilité du revenu.

A partir d'une analyse en composantes principales appliquée sur un échantillon de 111 pays en développement, comprenant des économies insulaires, Atkins *et al.* (2000) estiment l'indicateur composite global de la manière suivante :

$$CVI = \left(\frac{VII^{2.05}}{GDP^{0.91}}\right) \times 100$$

[3] Composante stochastique de la volatilité économique.

avec CVI : *Composite Vulnerability Index* (indicateur composite de vulnérabilité) ; VII: *Volatility Income Index* (la liste des variables sélectionnées pour VII est décrite après) ; GDP : *Gross Domestic Product* (Produit Intérieur Brut, PIB) [4].

Les résultats obtenus permettent d'identifier trois catégories de variables : la dépendance vis-à-vis de l'extérieur mesurée par le taux d'exportation (ici les exportations rapportées au PIB), la diversification des activités économiques et l'exposition aux risques naturels (mesurée par la proportion de la population affectée par les catastrophes naturelles). De même que pour l'indicateur suggéré par Briguglio (2014), les variables retenues (dépendance aux exportations et diversification) discriminent l'importance des variables agricoles pour les PEI.

2.1.3. L'indicateur de l'ONU

L'*EVI*, indicateur promu par l'ONU, présente deux composantes reflétant, d'une part, le degré d'exposition à des chocs exogènes et, d'autre part, l'ampleur de ces chocs imprévus. Les variables décrivant l'*EVI* sont ainsi regroupées en deux sous-indices composites. Deux générations de travaux ont permis d'amender l'*EVI* (ONU, 2008, 2013).

Nous rappelons que cet indicateur fait référence aujourd'hui sur le plan international et autorise des comparaisons entre pays. Le sous-indice structurel comprend comme pour les indicateurs précédents de vulnérabilité, une variable de concentration des exportations de marchandises. Il inclut également la part des productions primaires dans la richesse produite. De même, des variables à caractère agricole interviennent dans les deux sous-indices avec, de manière directe, l'instabilité de la production agricole et, de manière indirecte, l'instabilité des exportations de biens et services (puisque que les exportations de biens et services sont majoritairement agricoles pour bon nombre de PEI).

Pour finir, Briguglio *et al.* (2009) proposent une caractérisation de l'état de vulnérabilité en fonction des seuils de leur indicateur composite. Ces seuils sont définis de manière arbitraire (Angeon et Bates, 2015). Le Secrétariat du Commonwealth ainsi que l'ONU se limitent au seul classement des pays pour rendre compte de l'état de vulnérabilité relative et ne déterminent pas de seuils.

L'examen des indicateurs de vulnérabilité les plus usités révèle les principales sources d'instabilité auxquelles doivent faire face les PEI sachant qu'elles sont décrites comme étant plus vulnérables que d'autres pays au regard de leurs caractéristiques structurelles (Briguglio, 1995 ; Wells, 1997 ; Atkins *et al.*, 2000; Adrianto et Matsuda, 2004 ; Briguglio *et al.*, 2009; Guillaumont, 2009, 2010 ; Turvey, 2007). Au-delà de l'intérêt renouvelé pour ces indicateurs et leurs affinements conceptuels et méthodologiques, ils identifient la structure du commerce et l'importance de la spécialisation agricole comme des obstacles à la croissance. Ces déterminants peuvent être synthétisés dans un indicateur composite de vulnérabilité agricole.

[4] Les coûts de transport n'apparaissent pas comme un élément discriminant dans les estimations et ne sont pas retenus au final.

2.2. L'élaboration d'un indicateur de vulnérabilité agricole

Considérant le diagnostic général établi à partir des indicateurs composites de vulnérabilité-résilience, nous cherchons à établir un indicateur de vulnérabilité agricole. Pour cela, nous relevons les variables en lien avec l'agriculture mobilisées dans les indicateurs de vulnérabilité et de résilience de référence que nous agrégeons dans un indicateur de vulnérabilité agricole (*AVI*). Ces variables reflètent le poids économique de l'agriculture. Elles constituent quatre sous-indices.

Le sous-indice de concentration sectorielle des exportations renseigne sur la structure productive des économies. Il indique si les exportations portent ou non sur un petit nombre de secteurs d'activité. Le sous-indice de dépendance agricole rend compte de la dynamique d'insertion internationale des pays considérés au regard de l'agriculture. Le sous-indice de valeur ajoutée agricole désigne la valeur relative de l'agriculture dans le total de la production nationale. Enfin, le sous-indice d'emploi agricole renseigne sur la dimension sociale de la vulnérabilité issue de l'agriculture.

Les deux premiers sous-indices intègrent la volatilité des cours des produits primaires, facteur bien identifié dans la littérature comme augmentant la vulnérabilité des pays en développement (PED) et ici en l'occurrence des PEI. Les deux derniers sous-indices sont liés entre eux à travers la fonction de production agricole mais révèlent une information de nature différente sur la vulnérabilité agricole. En effet, le poids de l'agriculture dans la richesse nationale produite ne dit rien sur la vulnérabilité de la structure productive elle-même. L'importance de l'agriculture dans une économie donnée peut relever d'une variété de structures productives allant du *labor intensive* au *capital intensive*. Aussi, même si la corrélation entre les sous-indices de valeur ajoutée agricole et d'emploi agricole est forte, il reste pertinent d'agréger ces deux sous-indices avec les sous-indices de concentration des exportations et de dépendance agricole pour synthétiser les sources explicatives de la vulnérabilité agricole dans un même indicateur composite (cf. Annexe 1).

Sur la base de ces éléments de littérature qui révèlent l'incidence discriminante des variables agricoles dans la vulnérabilité macroéconomique des PED, l'indicateur de vulnérabilité agricole suggéré prend sens. Il est défini ci-après.

Notons :

T : le nombre total d'années (k) sur lesquelles sont référencées les données
j : l'identifiant d'un pays donné
B : le nombre total de biens différents (b) conformément à la nomenclature du commerce international de la CNUCED
n : l'identifiant d'un sous-indice
XA : le total des exportations agricoles
X : le total des exportations de biens et services
AVA : la valeur ajoutée agricole
VA : la valeur ajoutée totale
LA : l'emploi agricole
L : la population totale de travailleurs.

Les quatre sous-indices proposés se déclinent de la manière suivante.

(1) *L'indice de concentration de la CNUCED ou indice de Herfindahl-Hirschman normalisé à 1 :*

$$Y1_j = \frac{\sqrt{\sum_{b=1}^{B}\left(\frac{X_{bj}}{X_j}\right)^2} - \sqrt{\frac{1}{b_j}}}{\left(1 - \sqrt{\frac{1}{b_j}}\right)}$$

(2) *L'indice de dépendance agricole :*

$$Y2_j = \frac{1}{T}\sum_{k=1}^{T}\left(\frac{XA_j}{X_j}\right)$$

(3) *L'indice de valeur ajoutée agricole :*

$$Y3_j = \frac{1}{T}\sum_{k=1}^{T}\left(\frac{AVA_j}{VA_j}\right)$$

(4) *L'indice d'emploi agricole :*

$$Y4_j = \frac{1}{T}\sum_{k=1}^{T}\left(\frac{LA_j}{L_j}\right)$$

Ces quatre indices sont exprimés en pourcentage. Ils peuvent être alors agrégés (en prenant la moyenne arithmétique) dans un indicateur composite sans procédure préalable de standardisation. L'*AVI* se présente comme suit :

$$AVI_j = \frac{1}{4}\sum_{n=1}^{4}(Yn_j) \in [0;1]$$

Toute valeur de l'*AVI* proche de 1 décrit un fort degré de vulnérabilité agricole et inversement.

3. LA VULNÉRABILITÉ AGRICOLE DES PETITES ÉCONOMIES INSULAIRES EST-ELLE AVÉRÉE ?

Afin de tester empiriquement si la contribution de l'agriculture à la vulnérabilité des PEI est discriminante, nous appliquons l'indicateur synthétique de vulnérabilité agricole présenté précédemment à un échantillon de pays développés et non développés. Pour cela, nous nous référons à la classification de Nielsen (2011) qui propose une harmonisation des typologies réalisées par les grandes institutions internationales (ONU, Banque mondiale et Fonds Monétaire International). L'auteur fait remarquer que la dichotomie pays développés/ pays en développement est apparue dans les années 1960 sans qu'un consensus méthodologique ait émergé[5]. Pour pallier cette déficience, Nielsen propose une typologie alternative en trois classes : *higher*, *middle* et *lower development countries* en fonction des critères suivants : *lifetime income*, *income* et *longevity*. Nous reprenons cette classification en trois catégories à laquelle nous rajoutons celle des PEI. Les PEI sont celles identifiées par l'ONU (cf. Annexe 2). Au total, notre échantillon contient 142 pays répartis en quatre catégories : 24 PEI, 48 pays moins développés (PMD), 40 pays à développement intermédiaire (PDI) et 28 pays développés (PD).

3.1. La vulnérabilité agricole : une fracture confirmée entre pays développés et pays en développement

Nous nous basons sur les sources d'informations fournies par la CNUCED[6]. Ne sont retenus que les pays pour lesquels la disponibilité des données est complète sur la période d'étude considérée pour les quatre sous-indices composant l'*AVI*. Les calculs obtenus en moyenne sur la décennie 2000-2009 (cf. Annexe 3) confirment une ligne de fracture entre PD et PED (Prebish, 1950 ; Singer, 1950 ; Kaplinsky, 2006), bien que les modalités d'insertion économique internationale des seconds se soient complexifiées (Kellman et Shachmurove, 2011). Cette fracture est-elle invariablement observée au sein des PED ? Les PEI expriment-elles la même sensibilité à la vulnérabilité agricole que les autres pays ?

Pour répondre à ces questions, nous pratiquons un test d'homogénéité sur les moyennes calculées de l'*AVI* pour les quatre groupes de pays (PEI, PMD, PDI, PD) selon la classification de Nielsen (2011).

Les résultats répertoriés dans le tableau 1 expriment une différenciation significative dans les profils de vulnérabilité agricole entre les PDI et les PMD[7]. Ces deux catégories de pays ne manifestent pas en effet la même sensibilité aux chocs exogènes. Il en est de même pour ce qui concerne les PDI et les PEI. Ces résultats restent valables sur l'ensemble de ces catégories de pays même pour des niveaux marginaux de significativité extrêmement faibles (ils sont inférieurs au seuil de 1 %) mais ne sont pas acceptables à 1 % quand on compare les PMD et les PEI (0,015 > 0,010). La vulnérabilité agricole entre les PEI et les PMD semble être différente même si on ne peut pas l'assurer pour des niveaux de significativité au-dessus de 1%. Cette conclusion corrobore la littérature sur la vulnérabilité selon laquelle l'agriculture est un facteur de vulnérabilité de pays en développement qu'ils soient insulaires ou non (Guillaumont, 2010). Néanmoins, cette conclusion n'est pas robuste pour un raisonnement au-delà de 1% de marge d'erreur.

[5] "Where exactly to draw the line between developing and developed countries is not obvious, and this may explain the absence of a generally agreed criterion. This could suggest that a developing/developed country dichotomy is too restrictive and that a classification system with more than two categories could better capture the diversity in development outcomes across countries" (Nielsen, 2011, p. 3).

[6] http://unctadstat.unctad.org/wds/ReportFolders/reportFolders.aspx?sCS_ChosenLang=fr

[7] Les statistiques du test paramétrique de Student du tableau 1 sont calculées à partir de XLSTAT. Les résultats obtenus sont confirmés en réalisant un test non paramétrique d'homogénéité de Mann-Whitney.

Tableau 1. Test d'homogénéité des moyennes toutes catégories de pays confondues

Groupes de pays	Statistique de test	Niveau marginal de significativité	Degré de liberté
PD / PDI	4,643	< 1e - 4	66
PD / PMD	-12,587	< 1e - 4	74
PD / PEI	-8,284	< 1e - 4	50
PDI / PMD	-10,112	< 1e - 4	86
PDI /PEI	-5,597	< 1e - 4	62
PEI / PMD	2,504	0,015	70

PD : pays développés. PDI : pays à développement intermédiaire. PEI : petites économies insulaires. PMD : pays moins développés.

Ainsi, il existe bien une différence significative entre les moyennes des *AVI* des quatre groupes de pays considérés. Autrement dit, la sensibilité des pays à l'exposition aux chocs agricoles diverge. Les pays ne se comportent donc pas de la même manière face à la vulnérabilité d'origine agricole. La moyenne la plus élevée est obtenue pour les PMD (0,336) suivis des PEI (0,283), des PDI (0,166) et enfin des PD (0,092). Au-delà de ces différences, la question se pose de savoir si ces résultats sont significativement stables dans le temps.

3.2. La vulnérabilité agricole : une composante stable

Les résultats précédents relèvent d'observations agrégées sur la décennie 2000-2009. L'agrégation temporelle peut masquer une succession de sous-périodes présentant des évolutions contraires. D'où l'intérêt d'une décomposition annuelle afin de vérifier la stabilité du phénomène observé et de valider les interprétations précédemment énoncées. Aussi des intervalles de confiance de l'*AVI* sont calculés par groupe de pays, année après année afin de vérifier la rupture entre les PMD / PEI, les PDI et les PD concernant l'ampleur de la vulnérabilité agricole.

La figure 1 montre une stabilité des valeurs enregistrées par l'*AVI* à travers le temps. Il apparaît alors pertinent de raisonner indifféremment de manière agrégée (à l'échelle d'une décennie d'évolution) ou de manière désagrégée.

L'intervalle de confiance de l'*AVI* des PEI (*[0,234 - 0,332]*) n'est pas significativement différent de celui des PMD (*[0,308 - 0,364]*). Cela nous autorise à confirmer que ces deux catégories de pays expriment le même comportement en termes de vulnérabilité agricole. Ils se distinguent en revanche des PD (*[0,070 - 0,115]*) et des PDI *([0,138 - 0,194]*). Sans surprise, les PD sont cantonnés dans un faible niveau d'*AVI.*

La stabilité de l'*AVI* au cours du temps invite à considérer les similarités et les dissimilarités entre les catégories de pays comme des facteurs structurels dans la classification des Etats. Dès lors, la question se pose de savoir comment et dans quelles conditions la vulnérabilité agricole se transmet au niveau macroéconomique.

Figure 1. Evolution spatio-temporelle de l'AVI

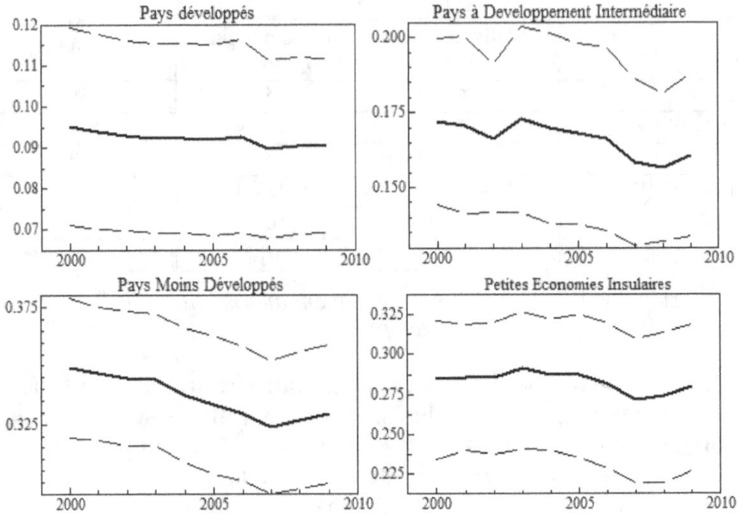

– *Evolution temporelle de l'AVI.*
- - *Intervalle de confiance de la moyenne de l'AVI.*

4. VULNÉRABILITÉ AGRICOLE ET VULNÉRABILITÉ MACROÉCONOMIQUE : UNE ABSENCE DE DÉTERMINISME

Nous cherchons à discuter l'incidence de l'agriculture dans la vulnérabilité des PEI. Pour cela, nous analysons les canaux de transmission de la vulnérabilité par l'agriculture. Observant que ces canaux relèvent de choix de politique économique (*i.e.* dimensions de contrôle), nous utilisons le *NVRI*, indicateur multimétrique (Bates *et al.*, 2014 ; Angeon et Bates, 2015), qui révèle explicitement l'importance des dimensions de contrôle (économique et gouvernance) dans la vulnérabilité *versus* résilience macroéconomique des pays (voir Bates et Angeon dans ce numéro). Nous croisons ces deux indicateurs (l'*AVI* et le *NVRI*) et en inférons un certain nombre d'enseignements en termes de politique économique.

4.1. Les canaux de transmission de la vulnérabilité agricole

La littérature économique montre que la vulnérabilité agricole est transmise par des canaux indirects, en l'occurrence l'instabilité des exportations de biens et services et la concentration des exportations (Guillaumont 1987, 1994 ; Fosu, 1992 ; Dawe, 1996 ; Guillaumont *et al.*, 1999, 2003 ; Collier *et al.*, 2000 ; Easterly et Kraay, 2000 ; Easterly et Levine, 2002). Bon nombre de PMD et de PEI présentent une structure de dépendance vis-à-vis des biens agricoles, soit que ces produits agricoles constituent l'essentiel de leurs exportations (effet d'une forte spécialisation productive), soit que leur taille de marché étant restreinte (effet de la petite dimension), ils importent l'essentiel de leurs biens agricoles et alimentaires. La littérature économique est particulièrement féconde sur ce plan et analyse la structure des exportations agricoles comme un canal majeur de transmission des chocs de prix, ces derniers exposant les pays à une forte vulnérabilité.

D'une manière générale, les PED font face à différents types de fluctuations de prix appréhendés selon leur horizon temporel (Guillaumont *et al.*, 2003 ; Guillaumont et Guillaumont Jeanneney, 2003). A court terme, la variabilité des prix (variations infra-annuelles), reflet du fonctionnement « normal » d'un marché concurrentiel (*i.e.* sans distorsion économique), entraine l'augmentation ou la diminution de la consommation d'un bien et conséquemment du coût des investissements dans la production de ce bien. L'efficacité du signal-prix est toutefois remise en cause lorsque les fluctuations de prix sont imprévisibles et soumises à une forte instabilité sur le long terme.

Sur le long terme, on sait depuis la thèse de Prebisch (1950) et de Singer (1950) que la tendance des prix relatifs est orientée à la baisse pour les matières premières dont dépendent les PED. Même si cette thèse a fait l'objet de nombreuses controverses (Kaplinsky, 2006) sur notamment les difficultés de quantification du phénomène et d'interprétation économique[8], il existe un consensus sur le fait que les termes de l'échange des pays dépendant des exportations agricoles se sont dégradés (FAO, 2004) quand bien même cette dégradation ne serait pas continue. A moyen terme, les PED sont vulnérables aux fluctuations inter-annuelles, qui font suite à des chocs brutaux et extrêmement coûteux : aléas climatiques (Barrios *et al.*, 2006 ; Heinen *et al.*, 2015), instabilité politique (Miguel *et al.*, 2004), chocs marchands (Guillaumont *et al.*, 2003 ; Guillaumont, 2007), etc.

Plus largement, dans les pays où la structure de production est concentrée sur un petit nombre de matières premières, les chocs de prix dans leur diversité et l'instabilité induite des recettes d'exportation peuvent compromettre le développement. Il existe un ensemble de travaux empiriques qui mettent en évidence l'influence négative exercée par l'instabilité des exportations agricoles sur la croissance (Guillaumont 1987, 1994 ; Fosu, 1992 ; Dawe, 1996 ; Guillaumont *et al.*, 1999, 2003 ; Collier *et al.*, 2000 ; Easterly et Kraay, 2000 ; Easterly et Levine, 2002).

Les canaux de transmission des chocs de prix agricoles sont aussi bien microéconomiques que macroéconomiques. A l'échelle microéconomique, l'instabilité des prix internationaux exerce des effets à la baisse sur l'offre, les producteurs dégageant de faibles niveaux de revenus et étant souvent dans l'incapacité de souscrire à des systèmes d'assurance (Guillaumont *et al.*, 2003). A l'échelle macroéconomique, l'instabilité des prix internationaux peut se répercuter à trois niveaux :

(1) Pour les pays souverains, la volatilité des cours des produits agricoles peut influer sur le taux de change réel. Par exemple, l'accroissement des recettes d'exportation agricole peut entraîner une appréciation du taux de change réel et

[8] La division internationale du travail est bien plus complexe que ce que laisse présager la dichotomie spécialisation agricole des PED *versus* spécialisation industrielle des PD.

ainsi impliquer une perte de compétitivité pour les biens d'exportation non agricoles.

(2) En outre, l'instabilité des recettes d'exportation induit une instabilité des finances publiques. En période d'expansion, l'accroissement des recettes fiscales qui facilite le recours à l'endettement extérieur entraîne une augmentation des dépenses publiques. Cette dernière ne peut être financée lorsque les recettes d'exportation s'amenuisent. Il en résulte un problème chronique d'inflation et d'endettement public qu'il devient difficile de résorber en raison de la rigidité à la baisse des dépenses, en particulier lorsqu'il s'agit de dépenses de personnel.

(3) En perturbant les signaux marchands de long terme, l'instabilité des prix peut générer une mauvaise allocation des ressources et par conséquent influer à la baisse sur la productivité des facteurs. Par ailleurs, en provoquant des changements brutaux dans les revenus distribués, l'instabilité ou simplement le niveau élevé des prix des biens agricoles peut déboucher sur la détermination de conflits sociaux (exacerbation des sentiments de frustration et d'injustice liés à la perte de bien-être). Les résultats sont probants lorsque l'instabilité des exportations[9] est introduite dans un modèle de détermination des conflits (Collier et Hoeffler, 2002). Il apparaît qu'elle augmente significativement le risque de conflit (Chauvet et Guillaumont 2003). Ainsi, on démontre l'impact de l'instabilité des recettes d'exportations sur l'instabilité politique et sur la croissance (Arcand *et al.*, 2001).

Les canaux de transmission de la vulnérabilité agricole au niveau macroéconomique étant explicités, nous cherchons à déterminer si, et dans quelle mesure, le secteur agricole participe ou non spécifiquement de la vulnérabilité macroéconomique des PEI.

4.2. Une typologie des pays selon leur degré de vulnérabilité agricole et macroéconomique

Nous mettons en rapport l'*AVI* et l'indicateur macroéconomique de vulnérabilité et de résilience nette proposé dans Bates *et al.* (2014) : le *NVRI*. Le choix de cet indicateur relève de la revue de littérature effectuée pour concevoir l'*AVI*. Le *NVRI* est un indicateur multimétrique qui s'inscrit dans la philosophie du développement durable (cf. figure 3 de l'annexe 4). Son signe permet de statuer sur l'état de vulnérabilité-résilience macroéconomique. S'il est positif, il s'agit d'une résilience nette. S'il est négatif, il s'agit d'une vulnérabilité nette.

Le *NVRI* et l'*AVI* présentent en commun 89 pays. Cette base de données comprend les quatre classes de pays indiqués précédemment. La représentativité de l'échantillon est établie selon la répartition mondiale des pays. Ainsi, les poids relatifs de chaque catégorie de pays sont les suivants : PD (15 %), PDI (29 %), PMD (37 %) et PEI (19 %). Par ailleurs, la base de données a été constituée en excluant les pays pour lesquels il existe plus de 10% de données manquantes sur l'un des indicateurs. Les données collectées portent sur la période 2000-2009.

---

[9] La variable prise en compte est l'instabilité des exportations pondérée par le taux d'oùverture.

Les deux indicateurs sont agrégés et standardisés. Leur comparaison est donc envisageable puisqu'elle n'est pas sensible à leur amplitude de variations ou à une unité de mesure. Le *NVRI* et l'*AVI* comprennent des variables exclusivement macroéconomiques ou sectorielles.

Sur notre échantillon, les pays qui affichent une macro-résilience (*NVRI* > 0) enregistrent une étendue de variation de la vulnérabilité agricole allant de [0,030; 0,280]. Pour les pays qui montrent une macro-vulnérabilité (*NVRI* < 0), la vulnérabilité agricole varie entre [0,080 ; 0,680]. Dès lors, l'état de macro-vulnérabilité ne coïncide pas nécessairement avec un degré élevé de vulnérabilité agricole. En affinant l'analyse, une distinction en trois classes, représentée dans la Figure 2, apparaît :

Classe 1 (*AVI* < 0,080 et *NVRI* > 0)
Classe 2 (0,080 < *AVI* < 0,280 et *NVRI* > 0 ou *NVRI* < 0)
Classe 3 (*AVI* > 0,280 et *NVRI* < 0)

Dans sa constitution, le *NVRI* comprend deux catégories de dimensions de la vulnérabilité-résilience macroéconomique : les dimensions de contrôle (économie et gouvernance) et les dimensions de contingence (environnement, social, périphéricité). Les premières influencent les secondes. Le signe du *NVRI* est expliqué par le rapport entre les deux catégories de dimensions. Le *NVRI* caractérise quatre états de vulnérabilité-résilience :

(i) la *résilience stable* pour laquelle les dimensions de contrôle et de contingence sont toutes deux favorables (résilience nette sur les deux catégories de dimension : les signes des deux dimensions sont positifs) ;

(ii) la *résilience instable* qui se caractérise par une résilience limitée en raison de la forte vulnérabilité émanant des dimensions de contrôle (signe positif des dimensions de contrôle et signe négatif des dimensions de contingence mais signe globalement positif du *NVRI*) ;

(iii) la *vulnérabilité contenue* qui décrit toute situation où la vulnérabilité issue des dimensions de contingence est trop forte pour être contrecarrée par les dimensions de contrôle (signe positif des dimensions de contrôle et signe négatif des dimensions de contingence mais signe globalement négatif du *NVRI*);

(iv) la *vulnérabilité incontrôlée* qui se manifeste lorsque les dimensions de contrôle sont défavorables au point de rendre impossible toute dynamique de résilience (signe négatif des deux catégories de dimension).

Le tableau 2 synthétise l'ensemble du propos concernant les états de vulnérabilité-résilience caractérisés par le *NVRI*.

Ces éléments d'analyse fournissent une appréhension plus fine des trois classes résultant du couplage *AVI-NVRI*.

Classe 1 : Une situation pour laquelle la faible valeur de l'*AVI* est toujours associée à une macro-résilience nette. Cette situation décrit le cas où le faible état de vulnérabilité agricole coïncide avec un faible état de macro-vulnérabilité.

Dans cette catégorie, on n'identifie que des pays développés avec une *résilience stable* à l'échelle macroéconomique, dont Singapour qui est un PEI.

Classe 2 : Une situation intermédiaire où on retrouve des pays avec une intensité variable de vulnérabilité agricole et un signe variable du *NVRI*. Le *NVRI* peut atteindre une valeur positive ou négative, ce qui conforte l'idée qu'il n'y a pas de déterminisme absolu entre l'état de vulnérabilité agricole d'un pays et sa macro-vulnérabilité. En d'autres termes, l'origine de la macro-vulnérabilité de ces pays peut ne pas être de nature agricole. D'autres facteurs sont alors à prendre en compte pour caractériser pertinemment l'état de vulnérabilité-résilience de ces pays qui tiennent notamment à leur dimension de contrôle (facteurs économiques et de gouvernance). C'est dans cette classe que l'on retrouve l'essentiel des PEI de l'échantillon considéré (Jamaïque, Bahamas, République Dominicaine et Maurice).

Tous les PEI ne présentent pourtant pas le même profil dans la dynamique de lien vulnérabilité agricole / vulnérabilité macroéconomique, ce qui remet en cause l'homogénéité de cette catégorie de pays. En effet, Singapour s'apparente à un PD en ce qu'il présente un faible niveau d'*AVI* (0,062)[10] et un niveau élevé de *NVRI* (*résilience stable*). La Jamaïque et les îles Maldives restent assimilées à des PMD avec un fort niveau d'*AVI* (respectivement 0,275 et 0,403) et un niveau faible de *NVRI* (*vulnérabilité incontrôlée*). Les Bahamas affichent un faible *AVI* pour une macro-résilience instable. Maurice se caractérise par un *AVI* relativement faible (0,185) et par une *vulnérabilité contenue*. Et la République Dominicaine malgré un relativement faible niveau d'*AVI* (et même plus faible que celui des Bahamas[11]) accuse une forte macro-vulnérabilité. Dès lors, la proximité des PEI et des PMD doit être nuancée au regard du couple vulnérabilité agricole – vulnérabilité macroéconomique.

Tableau 2. NVRI moyen par groupes de pays sur 2000-2009

Indices	Pays développés	Pays à développement intermédiaire	Pays moins développés	Petites économies insulaires
NVRI	0,24 *[0,14 ; 0,32]*	-0,01 *[-0,06 ; 0,04]*	-0,12 *[-0,15 ; -0,10]*	-0,03 *[-0,09 ; 0,06]*
NVRI - dimensions de contrôle	0,25 *[0,19 ; 0,32]*	0,02 *[-0,02 ; 0,06]*	-0,05 *[-0,07 ; -0,03]*	0,03 *[-0,07 ; 0,14]*
NVRI - dimensions de contingence	0,22 *[0,10 ; 0,33]*	-0,03 *[-0,09 ; 0,04]*	-0,17 *[-0,22 ; -0,12]*	-0,07 *[-0,13 ; 0,01]*
R : Résilience	0,45 *[0,37 ; 0,52]*	0,26 *[0,22 ; 0,30]*	0,18 *[0,16 ; 0,19]*	0,25 *[0,21 ; 0,30]*
V : Vulnérabilité	0,21 *[0,18 ; 0,24]*	0,27 *[0,25 ; 0,29]*	0,30 *[0,28 ; 0,32]*	0,28 *[0,24 ; 0,32]*

Les chiffres entre crochets correspondent aux bornes des intervalles de confiance.

Classe 3 : Ce cas de figure correspond exclusivement à un score élevé de l'*AVI* conjointement à une macro-vulnérabilité nette. Cette configuration qui décrit un *NVRI* toujours négatif (*vulnérabilité incontrôlée*) avec une vulnérabili-

[10] Singapour n'a pas de spécialisation agricole.
[11] Respectivement 0,21 contre 0,15.

té agricole forte est diamétralement opposée à la première. Dans cette catégorie de pays, on ne retrouve que des PED ainsi qu'un seul PEI (les Maldives). Ce résultat pourrait laisser croire à l'incidence de la forte vulnérabilité agricole sur la macro-vulnérabilité de ces pays.

La Figure 2 symbolise l'ensemble des observations faites sur les trois classes.

Figure 2. Diversité de configurations selon l'état de vulnérabilité agricole et macroéconomique

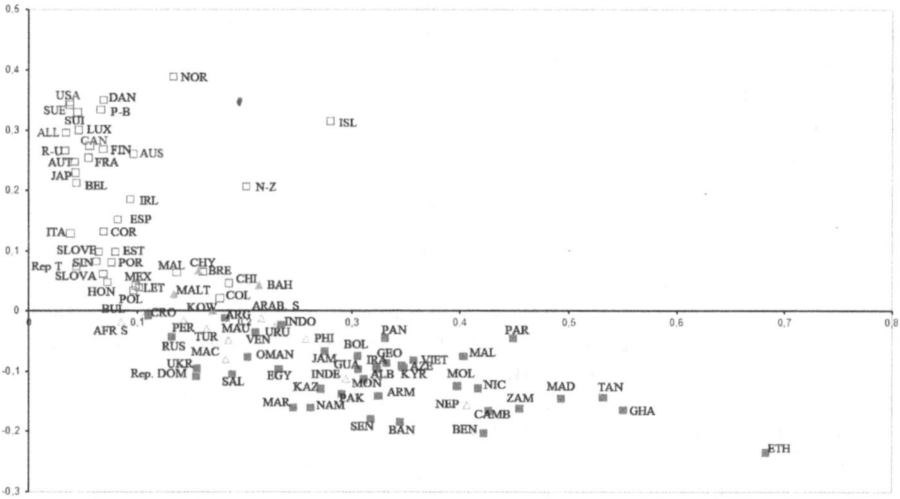

☐ Pays à résilience macroéconomique stable

▲ Pays à résilience macroéconomique instable

△ Pays à vulnérabilité macroéconomique contenue

■ Pays à vulnérabilité macroéconomique incontrôlée

L'articulation de l'AVI et du NVRI permet d'induire des préconisations en termes de politique économique. L'histoire tend à montrer que les préconisations concernant le secteur agricole sont basées sur un présupposé négatif et se traduisent par des actions visant à entériner son déclin (Claquin et Chabane, 2013). Pour ce qui concerne la dernière classe de pays, la priorité à observer en matière de politique économique serait sans doute d'abord de juguler les défaillances macroéconomiques. Ceci pourrait passer par un renforcement de la résilience de ces pays en améliorant les *dimensions de contrôle*. Cela faciliterait le rétablissement des conditions macroéconomiques à la production (y compris agricole) pour rendre possible des canaux de transmission efficaces entre agriculture et macro-résilience. Plutôt que d'invoquer la réduction du poids de l'agriculture comme prescription politique, cela suppose de repenser les choix de spécialisation productive, d'entreprendre la diversification des activités y compris agricoles. Une amélioration des conditions macroéconomiques au travers notamment de variables de contrôle appropriées aura ainsi un impact positif sur la capacité à maîtriser la vulnérabilité agricole.

A cet égard, pour ce qui concerne les PEI sur lesquelles nous nous centrons, deux mesures essentielles méritent d'être soulignées pour atténuer les impacts de leur macro-vulnérabilité (Angeon *et al.*, 2007 ; Angeon, 2015). À court terme, une orientation des choix de politiques économiques visant à juguler les chocs externes (*i.e.* chocs de prix) est centrale. À long terme, la structure productive de ces économies, en particulier celle du secteur agricole, doit être reconsidérée. Les politiques de diversification de la production apparaissent cruciales pour réduire l'instabilité macroéconomique de ces pays. Ainsi, pour devenir moins vulnérables, moins dépendantes de l'extérieur et accroître leur résilience, les PEI doivent également explorer de nouveaux domaines de développement économique et renforcer leurs stratégies de diversification y compris dans le secteur agricole. Or, rien n'est moins sûr, les effets d'inertie au changement, des routines, de dépendance au sentier et des logiques de verrouillage (*lock-in*) prévalant souvent.

CONCLUSION

Au regard des développements précédents, on retient que l'agriculture dans les PEI est couramment appréhendée comme un déterminant de leur vulnérabilité macroéconomique. Sont pointées notamment la forte concentration de l'agriculture dans les exportations, l'absence de diversification agricole, la volatilité des cours des matières premières, l'exposition de ces pays à des aléas naturels qui affectent leur stabilité macroéconomique. Sur cette base, nous avons conçu un indicateur de vulnérabilité agricole dont nous testons la plausibilité du lien avec la vulnérabilité macroéconomique. On observe une diversité de configurations dans lesquelles se situent les PEI, ce qui tend à montrer que le poids de l'agriculture n'est pas par définition un facteur de vulnérabilité des PEI.

En matière de politique économique, pour renforcer la macro-résilience d'un pays, nos résultats inclinent à penser que la priorité doit porter sur les dimensions de contrôle du *NVRI* plutôt que de prescrire une réduction hâtive du poids du secteur agricole. Ce sont en effet les conditions de production qui doivent être revues c'est-à-dire les dispositifs permettant de promouvoir les capacités économiques et institutionnelles des pays concernés. Nos résultats montrent qu'il n'y a pas de déterminisme entre niveaux de vulnérabilité agricole et de vulnérabilité macroéconomique, auquel cas, sous réserve d'une amélioration des dimensions de contrôle, le secteur agricole peut être pensé comme un facteur de résilience macroéconomique.

Si le croisement du *NVRI* et de l'*AVI* a permis de discuter la plausibilité du lien entre vulnérabilité agricole et vulnérabilité macroéconomique, l'identification de fenêtres d'opportunité pour faire de l'agriculture un secteur de résilience, suppose de préciser la causalité entre les échelles sectorielle et macroéconomique de vulnérabilité-résilience en déterminant notamment la forme fonctionnelle du lien entre les indicateurs composites de vulnérabilité à ces deux échelles.

REFERENCES

Adrianto, L., Matsuda, Y., 2004, "Study on Assessing Economic Vulnerability of Small Island Regions", *Environment, Development and Sustainability*, 6(3), 317-336.

Angeon, V., 2015, Le développement des espaces en marge. L'exemple des petites économies insulaires de la Caraïbe, Mémoire d'Habilitation à Diriger des Recherches, Université des Antilles, Octobre.

Angeon V., Bates S., 2015, "Reviewing Composite Vulnerability and Resilience Indexes: A Sustainable Approach and Application", *World Development*, 72, 140–162.
http://dx.doi.org/10.1016/j.worlddev.2015.02.011

Angeon V., Chia E., Fusillier JL., 2007, "Une agriculture exemplaire de la fragilité des régions. L'exemple des trois départements d'outremer insulaires" in Levratto N., 2007, *Comprendre les économies d'outremer,* L'Harmattan, Paris, 141-174.

Arcand, J-L., Guillaumont, P., Guillaumont Jeanneney, S., 2001, "Are Policy Reform and Growth in Africa sustainable?" CERDI *Etudes et documents*.

Atkins, J.P., Mazzi, S.A., Easter, C.D., 2000, *Commonwealth Vulnerability Index for Developing Countries: The Position of Small States*, Economic Paper Series 40. London: Commonwealth Secretariat.

Barrios, S., Bertinelli, L., Strobl, E., 2006, "Climate Change and Africa's Growth Tragedy", *Cahier de la Chaire de développement durable,* n° DDX-06-15.

Bates, S., Angeon, V., Ainouche, A., 2014, "The pentagon of vulnerability and resilience: A methodological proposal in development economics by using graph theory", *Economic Modelling*, 42, 445–453.

Beckford, G. L., 1972, *Persistent Poverty: Underdevelopment in Plantation Economies of the Third World,* London: Oxford University Press.

Brau, R., Lanza, A., Pigliaru, F., 2003, "How fast are toutsims countries growing: the cross country evidence", *Social Science Research Network*, Electronic collection.

Briguglio, L., 2014, "Building the Resilience of Small States: A Revised Framework", in Lewis-Bynoe, D. (Ed.), 2014, *A Vulnerability and Resilience Framework for Small States*, Commonwealth Secretariat, London.

Briguglio, L., 1995, "Small Island Developing States and their Economic Vulnerabilities", *World Development*, 23(9), 1615-1632.

Briguglio, L., Cordina, G., Farrugia, N., Vella, S, 2009, "Economic Vulnerability and Resilience: Concepts and Measurements", *Oxford Development Studies*, 37(3), 229-247.

Briguglio, L., Galea, W., 2004, *Updating and Augmenting the Vulnerability Index*. Malta: Islands and Small States Institute, University of Malta.

Célimène, F., Salmon, J-M., 1995, "Croissance à long terme et chômage structurel dans les petites économies insulaires en développement", *Région et Développement*, 2, 1-52.

Célimène, F., Watson, P., 1991, *Economie politique caribéenne,* Economica, Paris.

Chauvet, L., Guillaumont, P., 2003, "Vulnerability to Price Shocks, with Regard to the Risk of Conflicts", CERDI, mimeo.

Claquin, P., Chabane, M., 2013, "L'agriculture au cœur des stratégies de développement", Centre d'Etudes et de Prospective, 8.

Collier, P., Hoeffler, A., 2001, "Greed and Grievance in Civil War", Mimeo, World Bank.

Collier, P., Gunning, J.W. and Associates, 2000, *Trade Shocks in Developing Countries,* Oxford, Clarendon Press.

CNUCED – Conférence des Nations Unies sur le Commerce et le Développement – Statistiques.
http://unctadstat.unctad.org/wds/TableViewer/tableView.aspx?ReportId=120

Dawe, D., 1996, "A New Look at the Effects of Export Instability on Investment and Growth", *World Development,* 24(12), 1905-1914.

Demas, W.G, 1965, *The economics of development in small countries with special reference to the Caribbean*, Mc Gill University Press, Montreal.

Easterly, W., Kraay, A., 2000, "Small states, small problems? Income, growth, and volatility in small states", *World Development*, 28, 2013–2027.

Easterly, W., Levine R., 2003, "Tropics, Germs and Crops: How Endowments Influence Economic Development" *Journal of Monetary Economics*, 50 (1), 3-40.

Esty, D.C., Srebotnjak, T., Kim, C.H., Levy, M.A., Sherbinin, A., Bridget, A., 2006, *Pilot Environmental Performance Index*. New Haven: Yale Center for Environmental Law & Policy.

FAO, 2004, *La situation des marchés des produits agricoles*, Rome.

Fosu, A.K., 1992, "Effect of Export Instability on Economic Growth in Africa", *The Journal of Developing Areas* 26(3), 323-32.

Furtado, C., 1976, *Economic Development of Latin America: Historical Background and Contemporary Problems*, Cambridge University Press.

Furtado, C., 1966, *Développement et sous-développement*, PUF, Paris.

Girvan N., 1976, Corporate Imperialism, Conflict and Expropriation: Essays in Transnational Corporations and Economic Nationalism in the Third World, New York; Myron E. Sharpe ; and Monthly Review Press, 1978, 241.

Girvan, N., 1973, "The Development Of Dependency Economics In The Caribbean And Latin America: Review And Comparison", *Social and Economic Studies*, 22 (1), 1-33.

Girvan, N., Jefferson, O., 1968,"Corporate vs. Caribbean Integration", NWQ, 4 (2), 1968, 45-56 reprinted in Girvan, N. and Jefferson, O. (Eds.), 1971, *Readings in the Political Economy of the Caribbean*, 87-98; and in H. Bernstein (Ed*.) Development and Underdevelopment: The Third World Today*, Middlesex: Penguin Books, 1973, 341-356.

Guillaumont, P., 2010, "Assessing the Economic Vulnerability of Small Island Developing States and the Least Developed Countries", *Journal of Development Studies*, 46(5), 828-854.

Guillaumont, P., 2009, “An economic vulnerability index: Its design and use for international development policy”, *Oxford Development Studies*, 37, 193-228.

Guillaumont, P., 2007, "La vulnérabilité économique, défi persistant à la croissance africaine", *Revue africaine de développement*, 19 (1), 123-62.

Guillaumont, P., 1994, "Politique d’ouverture et croissance économique : les effets de la croissance et de l’instabilité des exportations", *Revue d’Economie du Développement*, 1, 91-114.

Guillaumont, P., 1987, “From Export Instability Effect to International Stabilization Policies” *World Development*, 15 (5), 633-43.

Guillaumont P., Guillaumont Jeanneney S., 2003, “Dampening Price Shocks” in Collier P. and Ian Bannon (eds.), *Natural Resources and Violent Conflict*, World Bank Publication.

Guillaumont, P., Guillaumont Jeanneney, S., Brun, J.F., 1999, “How Instability Lowers Economic Growth” *Journal of African Economies* 8(1), 87-102.

Guillaumont, P., Guillaumont Jeanneney, S., Jacquet, P., Chauvet, L., Savoye, B., 2003, "Atténuer la vulnérabilité aux chocs de prix: un rôle pour l’aide internationale", CERDI/AFD.

Heinen, A., Khadan, J., Strobl, E., 2015, “The inflationary costs of extreme weather: evidence from the Caribbean”, *Forum on the future of the Caribbean*, Port of Spain (Trinidad and Tobago).

Kaly, U.L., Pratt, C., Mitchell, J., 2005, *Building Resilience in SIDS: The Environmental Vulnerability Index*, Final Report, SOPAC, UNEP.

Kaplinsky, R., 2006, “Revisiting the revisited terms of trade: will China make a difference?” *World Development*, 34(6), 981-995.

Levitt, K., Best, L., 1975, “Character of Caribbean Economy” in Beckford, G. L., 1975, *Caribbean Economy: Dependence and Backwardness*, Mona: Institute of Social and Economic Research, University of the West Indies, 34-60.

Lewis, A. W., 1938, *Labour in the West Indies*, New Beacon Books, réédité en 1977.

Lewis, A. W., 1950, “Industrial Development in the Caribbean”, Port of Spain: Caribbean Commission. (A reprint of “Industrial Development in Puerto Rico” *Caribbean Economic Review*, 1 (1, 2), 1949; and “The Industrialisation the British West Indies”, *Caribbean Economic Review*, 2 (1), May.

Logossah, K., Salmon, J-M., 2007, "L'enjeu de la notion de petite économie insulaire", in Levratto N., 2007, *Comprendre les économies d'Outremer*, L'Harmattan, Paris, 33-65.

Miguel, E., Satyanath S., Sergenti E., 2004, “Economic Shocks and Civil Conflict: An Instrumental Variables Approach”, *Journal of Political Economy*, 112 (4), 725-53.

Nielsen, L., 2011, Classifications of countries based on their level of development: How it is done and how it could be done, *International Monetary Fund working paper*, 11/31.

Kellman, M., Shachmurove, Y., 2011, "Diversification and Specialization Paradox in Developing Country Trade", *Review of Development Economics*, 15(2), 212-222.

Seers, D., 1964, "The mechanism of an open petroleum economy", *Social and Economic Studies*, 13 (2), 233-242.

Prebish, R., 1963, "Hacia una dinámica del desarrollo latinoamericano", Fondo de Cultura Económica, Mexico D. F.

Prebisch, R., 1950, "The Economic Development of Latin America and its Principal Problems", United Nations, Department of Economic Affairs, Lake Success, NY. Reprinted in Economic *Bulletin for Latin America,* 1962, 7, 1-22.

Prebisch, R., 1959, "International Trade and Payments in an Era of Coexistence: Commercial Policy in the Underdeveloped Countries", *American Economic Review*, Papers and proceedings, 49, 251-73.

Singer, H. W., 1950, "The distribution of gains between investing and borrowing countries", *American Economic Review*, 40, 473-485.

Turvey, R. 2007, "Vulnerability Assessment of Developing Countries: The Case of Small-Island Developing States", *Development Policy Review*, 25(2), 243-264.

University of the West Indies Center for Environment and Development, 2002, *Vulnerability and Small Island States*. UNDP Policy Journal, 1, 49-81.

United Nations, 2013, LDC criteria.
http://www.un.org/en/development/desa/policy/cdp/ldc/ldc_criteria.shtml

United Nations, 2008, *Handbook on the Least Developed Country Category: Inclusion, Graduation and Special Support Measures*, New York: Committee for Development Policy and Department of Economic and Social Affairs.

Wells, J., 1997, *Composite Vulnerability Index: A Revised Report*, London, The Commonwealth Secretariat.

ANNEXES

Annexe 1. Matrice de corrélation des composantes de l'AVI

	Y1	Y2	Y3	Y4
Y1	1	0,0409	0,2103	0,1885
Y2	0,0409	1	0,3470	0,2154
Y3	0,2103	0,3470	1	0,8674
Y4	0,1885	0,2154	0,8674	1

La matrice a été construite à partir des valeurs moyennes des quatre sous-indices sur la période 2000-2009 pour un échantillon de 142 pays. Les corrélations significativement faibles obtenues sur les relations bivariées entre *Y1*, *Y2*, *Y3* ou *Y4* autorisent à penser que les couples (*Y1-Y2*), (*Y1-Y3*), (*Y1- Y4*), (*Y2-Y3*), (*Y2-Y4*) sont non redondants. La corrélation (*Y3-Y4*) s'élève à 86,74%. Elle s'explique par l'existence d'une fonction de production liant explicitement les deux sous-indices. Cependant, conformément à Briguglio (2014), il ne faut pas en déduire que deux variables ainsi corrélées ne peuvent pas être saisies dans un même indicateur composite. En effet, "highly correlated variables may actually be representing different factors. Testing for statistical correlation and retaining only those indices which are not highly correlated with each other may result in rejecting something which should be accepted" (Briguglio, 2014, p. 30). Comme *Y3* et *Y4* expriment différemment la vulnérabilité agricole, ils peuvent être agrégés dans un même indicateur composite.

Annexe 2. Liste des PEID

LISTE UNESCO DES PEID		PEID MEMBRES ASSOCIÉS DE l'UNESCO
1. Antigua-et-Barbuda	21. États Fédérés de Micronésie	1. Anguilla
2. Bahamas	22. Nauru	2. Aruba
3. Bahreïn	23. Niue	3. Curaçao
4. Barbade	24. Palaos	4. Îles Caïmans
5. Belize	25. Papouasie-Nouvelle-Guinée	5. Îles Vierges Britanniques
6. Cap-Vert	26. République dominicaine	6. Sint Maarten
7. Comores*	27. Samoa*	7. Tokelau
8. Cuba	28. Sao Tomé-et-Principe*	
9. Dominique	29. Saint-Christophe-et-Niévès	
10. Fidji	30. Sainte-Lucie	
11. Grenade	31. Saint-Vincent-et-les-Grenadines	
12. Guinée-Bissau*	32. Singapour	
13. Guyana	33. Seychelles	
14. Îles Cook	34. Îles Salomon*	
15. Haïti*	35. Suriname	
16. Jamaïque	36. Timor-Lesté*	
17. Kiribati*	37. Tonga	
18. Maldives	38. Trinité et Tobago	
19. Îles Marshall	39. Tuvalu*	
20. Maurice	40. Vanuatu*	

** Egalement pays les moins les avancés (PMA).*
Les îles de Chypre et de Malte étant membres de l'Union européenne depuis 2004 ne sont plus considérées comme des PEID.
Source : UNESCO, 2015.
http://www.unesco.org/new/fr/natural-sciences/priority-areas/sids/about-unesco-and-sids/sids-list/

Annexe 3. Classement d'un échantillon de 142 pays selon leur degré de vulnérabilité agricole

Pays	Y1	Y2	Y3	Y4	AVI	Rangs
Hong Kong	0,100	0,030	0,001	0,003	0,034	1
Royaume-Uni	0,051	0,056	0,013	0,015	0,034	2
Allemagne	0,050	0,046	0,015	0,026	0,034	3
Etats-Unis	0,028	0,085	0,017	0,021	0,038	4
Suède	0,066	0,035	0,027	0,025	0,038	5
Italie	0,000	0,068	0,035	0,052	0,039	6
Autriche	0,019	0,060	0,027	0,065	0,043	7
Japon	0,093	0,005	0,024	0,052	0,043	8
Belgique	0,052	0,088	0,015	0,021	0,044	9
République Tchèque	0,044	0,039	0,046	0,048	0,044	10
Suisse	0,086	0,029	0,020	0,045	0,045	11
Luxembourg	0,087	0,069	0,008	0,022	0,046	12
France	0,028	0,114	0,036	0,043	0,055	13
Canada	0,081	0,081	0,030	0,032	0,056	14
Singapour	0,217	0,020	0,001	0,012	0,062	15
Slovénie	0,073	0,035	0,041	0,110	0,065	16
Pays-Bas	0,063	0,135	0,033	0,034	0,066	17
Finlande	0,151	0,020	0,044	0,059	0,068	18
Slovaquie	0,112	0,039	0,063	0,060	0,068	19
Corée du Sud	0,111	0,012	0,053	0,099	0,069	20
Danemark	0,027	0,189	0,026	0,034	0,069	21
Hongrie	0,090	0,071	0,067	0,062	0,073	22
Macao	0,274	0,023	0,000	0,002	0,075	23
Portugal	0,035	0,083	0,044	0,142	0,076	24
Estonie	0,101	0,096	0,057	0,065	0,080	25
Espagne	0,066	0,147	0,052	0,063	0,082	26
Jordanie	0,102	0,155	0,040	0,041	0,085	27
Afrique du Sud	0,092	0,088	0,049	0,111	0,085	28
Irlande	0,191	0,088	0,029	0,067	0,094	29
Australie	0,114	0,177	0,048	0,045	0,096	30
Pologne	0,030	0,090	0,067	0,199	0,096	31
Mexique	0,097	0,055	0,058	0,184	0,099	32
Lettonie	0,090	0,115	0,060	0,143	0,102	33
Bulgarie	0,065	0,111	0,141	0,111	0,107	34
Croatie	0,073	0,108	0,084	0,177	0,110	35
Trinité et Tobago	0,336	0,039	0,013	0,064	0,113	36
Lituanie	0,131	0,137	0,071	0,166	0,126	37
Russie	0,303	0,019	0,081	0,125	0,132	38
Norvège	0,412	0,058	0,023	0,040	0,133	39
Malte	0,425	0,054	0,038	0,020	0,134	40
Malaisie	0,152	0,083	0,137	0,175	0,137	41
Emirats Arabes Unies	0,456	0,008	0,022	0,067	0,138	42
Saint-Kitts et Nevis	0,347	0,188	0,030	0,002	0,142	43
Pérou	0,209	0,242	0,113	0,010	0,143	44
République Dominicaine	0,146	0,193	0,103	0,176	0,155	45
Ukraine	0,086	0,135	0,172	0,228	0,155	46
Chypre	0,130	0,398	0,045	0,055	0,157	47
Brésil	0,042	0,281	0,092	0,228	0,161	48
Turquie	0,043	0,104	0,153	0,357	0,164	49
Brunei	0,639	0,000	0,014	0,016	0,167	50
Roumanie	0,070	0,040	0,167	0,399	0,169	51
Koweit	0,656	0,002	0,007	0,016	0,170	52
Surinam	0,461	0,022	0,103	0,094	0,170	53
Barbade	0,216	0,387	0,055	0,046	0,176	54
Colombie	0,189	0,175	0,125	0,218	0,177	55
Serbie	0,047	0,197	0,204	0,270	0,179	56
Argentine	0,097	0,489	0,130	0,012	0,182	57
Macedoine	0,148	0,166	0,180	0,236	0,182	58
Maurice	0,265	0,269	0,086	0,118	0,185	59
Chilie	0,294	0,224	0,071	0,153	0,185	60
Le Salvador	0,184	0,176	0,160	0,232	0,188	61
Nouvelle-Zélande	0,087	0,521	0,105	0,091	0,201	62
Oman	0,672	0,033	0,030	0,075	0,203	63
Chine	0,049	0,038	0,187	0,541	0,204	64
Venezuela	0,654	0,008	0,063	0,114	0,210	65
Costa Rica	0,236	0,310	0,127	0,175	0,212	66
Thailande	0,042	0,138	0,155	0,516	0,212	67
Les Bahamas	0,354	0,424	0,037	0,038	0,213	68
Arabie Saoudite	0,743	0,006	0,057	0,056	0,216	69
Uruguay	0,148	0,550	0,146	0,072	0,229	70
Polynésie française	0,615	0,126	0,071	0,111	0,230	71

Pays	Y1	Y2	Y3	Y4	AVI	Rangs
Egypte	0,246	0,098	0,227	0,357	0,232	72
Algérie	0,554	0,002	0,132	0,247	0,234	73
Indonésie	0,084	0,129	0,218	0,506	0,234	74
Maroc	0,123	0,209	0,237	0,413	0,246	75
Grenade	0,255	0,658	0,080	0,000	0,248	76
Sri Lanka	0,185	0,232	0,211	0,385	0,253	77
Botswana	0,696	0,031	0,033	0,266	0,256	78
Les Philippines	0,347	0,061	0,195	0,425	0,257	79
Antigua et Barbuda	0,632	0,337	0,028	0,033	0,257	80
Namibie	0,264	0,323	0,156	0,303	0,261	81
Cuba	0,335	0,389	0,097	0,250	0,268	82
Kazakhstan	0,543	0,046	0,110	0,385	0,271	83
Jamaïque	0,570	0,211	0,091	0,227	0,275	84
Islande	0,362	0,569	0,112	0,076	0,280	85
Gabon	0,752	0,012	0,082	0,285	0,283	86
Pakistan	0,179	0,127	0,335	0,521	0,290	87
Inde	0,093	0,107	0,297	0,680	0,294	88
Syrie	0,427	0,148	0,333	0,283	0,298	89
Dominique	0,364	0,400	0,199	0,247	0,303	90
Bolivie	0,317	0,242	0,217	0,445	0,305	91
Guatemala	0,112	0,472	0,202	0,438	0,306	92
Mongolie	0,368	0,032	0,338	0,506	0,311	93
Equateur	0,461	0,345	0,112	0,333	0,313	94
Sénégal	0,202	0,354	0,246	0,467	0,317	95
Iran	0,809	0,037	0,174	0,270	0,323	96
Albanie	0,205	0,060	0,355	0,673	0,323	97
Arménie	0,262	0,156	0,341	0,539	0,324	98
Panama	0,144	0,844	0,106	0,228	0,331	99
Georgie	0,150	0,301	0,244	0,634	0,332	100
Sainte-Lucie	0,366	0,733	0,073	0,179	0,338	101
Irak	1,000	0,003	0,116	0,251	0,343	102
Bangladesh	0,360	0,065	0,318	0,635	0,344	103
Azerbaidjan	0,709	0,044	0,166	0,465	0,346	104
Bélize	0,222	0,691	0,224	0,248	0,346	105
kyrgyzstan	0,220	0,184	0,489	0,498	0,348	106
Viet Nam	0,163	0,226	0,330	0,707	0,357	107
Honduras	0,241	0,644	0,202	0,434	0,380	108
Zimbabwe	0,208	0,296	0,274	0,763	0,385	109
Iles Samoa	0,696	0,218	0,200	0,470	0,396	110
Moldavie	0,174	0,640	0,286	0,488	0,397	111
Les Maldives	0,505	0,824	0,116	0,167	0,403	112
Boutan	0,337	0,180	0,356	0,741	0,404	113
Cameroun	0,412	0,172	0,314	0,722	0,405	114
Népal	0,116	0,190	0,545	0,773	0,406	115
Togo	0,201	0,201	0,589	0,637	0,407	116
Guyana	0,284	0,623	0,437	0,289	0,408	117
Tadjikistan	0,572	0,044	0,368	0,653	0,410	118
Tonga	0,357	0,605	0,322	0,374	0,415	119
Nicaragua	0,158	0,823	0,290	0,395	0,417	120
Bénin	0,419	0,259	0,506	0,503	0,421	121
Cambodge	0,339	0,008	0,507	0,848	0,426	122
Saint-Vincent et les Grenadines	0,588	0,872	0,102	0,181	0,436	123
Kenya	0,177	0,469	0,423	0,719	0,447	124
Paraguay	0,338	0,786	0,299	0,371	0,448	125
Zambie	0,544	0,096	0,330	0,846	0,454	126
Kiribati	0,578	0,844	0,387	0,033	0,460	127
Papouasie-Nouvelle-Guinée	0,311	0,199	0,555	0,851	0,479	128
Niger	0,345	0,324	0,589	0,670	0,482	129
Mali	0,575	0,191	0,562	0,633	0,490	130
Madagascar	0,220	0,395	0,423	0,932	0,493	131
Nigeria	0,906	0,010	0,558	0,525	0,500	132
Mozambique	0,460	0,207	0,412	0,948	0,507	133
Sao Tomé et Principe	0,474	0,973	0,300	0,328	0,519	134
Ouganda	0,231	0,700	0,385	0,799	0,529	135
Tanzanie	0,171	0,549	0,473	0,933	0,532	136
Ghana	0,386	0,595	0,545	0,673	0,550	137
Vanuatu	0,565	0,631	0,329	0,712	0,559	138
Burkina Faso	0,610	0,226	0,507	1,000	0,586	139
Rwanda	0,477	0,453	0,547	0,928	0,601	140
Sierra Leone	0,357	0,566	0,750	0,799	0,618	141
Ethiopie	0,361	0,725	0,694	0,950	0,683	142

Calcul de l'AVI par groupes de pays

Pays Développés

Pays	Y1	Y2	Y3	Y4	AVI	Rang
Allemagne	0,0499	0,0461	0,0154	0,0265	0,0345	3
Australie	0,1145	0,1768	0,0483	0,0454	0,0962	30
Autriche	0,0193	0,0604	0,0269	0,0647	0,0428	7
Belgique	0,0525	0,0877	0,0151	0,0208	0,0440	9
Brunei	0,6392	0,0000	0,0143	0,0163	0,1674	50
Canada	0,0810	0,0814	0,0303	0,0320	0,0562	14
Chypre	0,1297	0,3981	0,0450	0,0548	0,1569	47
Danemark	0,0269	0,1893	0,0261	0,0339	0,0690	21
Émirats Arabes Unis	0,4563	0,0083	0,0222	0,0666	0,1383	42
Espagne	0,0660	0,1473	0,0516	0,0626	0,0819	26
États-Unis	0,0282	0,0846	0,0173	0,0214	0,0379	4
Finlande	0,1508	0,0195	0,0444	0,0586	0,0683	18
France	0,0282	0,1138	0,0357	0,0433	0,0552	13
Hong Kong	0,1000	0,0302	0,0012	0,0027	0,0335	1
Irlande	0,1914	0,0880	0,0287	0,0668	0,0937	29
Islande	0,3619	0,5691	0,1116	0,0760	0,2797	85
Italie	0,0000	0,0677	0,0349	0,0518	0,0386	6
Japon	0,0926	0,0052	0,0237	0,0518	0,0433	8
Koweït	0,6563	0,0016	0,0067	0,0157	0,1701	52
Luxembourg	0,0866	0,0691	0,0076	0,0222	0,0464	12
Norvège	0,4118	0,0578	0,0234	0,0405	0,1334	39
Nouvelle-Zélande	0,0875	0,5214	0,1046	0,0906	0,2010	62
Pays-Bas	0,0634	0,1350	0,0329	0,0336	0,0662	17
Royaume-Uni	0,0509	0,0562	0,0125	0,0153	0,0337	2
Singapour	0,2172	0,0196	0,0009	0,0119	0,0624	15
Slovénie	0,0731	0,0348	0,0411	0,1097	0,0647	16
Suède	0,0664	0,0352	0,0270	0,0252	0,0385	5
Suisse	0,0864	0,0288	0,0199	0,0453	0,0451	11

Petites Économies Insulaires en Développement

Pays	Y1	Y2	Y3	Y4	AVI	Rang
Antigua et Barbuda	0,6316	0,3370	0,0283	0,0325	0,2573	80
Barbade	0,2161	0,3866	0,0548	0,0465	0,1760	54
Belize	0,2222	0,6911	0,2237	0,2477	0,3462	105
Cuba	0,3354	0,3888	0,0973	0,2496	0,2678	82
Dominique	0,3641	0,3999	0,1990	0,2471	0,3025	90
Grenade	0,2551	0,6583	0,0804	0,0000	0,2485	76
Guyana	0,2838	0,6225	0,4372	0,2895	0,4083	117
Jamaïque	0,5703	0,2107	0,0909	0,2274	0,2748	84
Kiribati	0,5781	0,8437	0,3873	0,0328	0,4605	127
Les Bahamas	0,3537	0,4241	0,0374	0,0383	0,2134	68
Maldives	0,5046	0,8241	0,1163	0,1666	0,4029	112
Maurice	0,2654	0,2694	0,0861	0,1179	0,1847	59
Papouasie Nouvelle-Guinée	0,3107	0,1992	0,5550	0,8511	0,4790	128
Polynésie Française	0,6146	0,1262	0,0706	0,1105	0,2305	71
République Dominicaine	0,1463	0,1925	0,1035	0,1764	0,1547	45
Samoa	0,6964	0,2184	0,2001	0,4696	0,3961	110
Sao Tome et Principe	0,4740	0,9730	0,3003	0,3283	0,5189	134
St. Kitts et Nevis	0,3474	0,1883	0,0304	0,0022	0,1421	43
St. Lucie	0,3657	0,7331	0,0733	0,1788	0,3378	101
St. Vincent et les Grenadines	0,5882	0,8721	0,1019	0,1812	0,4358	123
Suriname	0,4612	0,0223	0,1030	0,0940	0,1701	53
Tonga	0,3570	0,6053	0,3220	0,3742	0,4146	119
Trinité et Tobago	0,3355	0,0388	0,0128	0,0636	0,1127	36
Vanuatu	0,5651	0,6315	0,3290	0,7121	0,5594	138

Pays à Développement Intermédiaire

Pays	Y1	Y2	Y3	Y4	AVI	Rang
Afrique du Sud	0,0923	0,0883	0,0490	0,1105	0,0850	28
Albanie	0,2047	0,0604	0,3550	0,6727	0,3232	97
Arabie Saoudite	0,7431	0,0063	0,0570	0,0562	0,2157	69
Argentine	0,0969	0,4888	0,1297	0,0122	0,1819	57
Botswana	0,6956	0,0309	0,0333	0,2662	0,2565	78
Brésil	0,0421	0,2809	0,0919	0,2281	0,1607	48
Bulgarie	0,0645	0,1112	0,1414	0,1109	0,1070	34
Chili	0,2938	0,2239	0,0708	0,1525	0,1853	60
Colombie	0,1893	0,1753	0,1248	0,2178	0,1768	55
Corée du Sud	0,1113	0,0122	0,0529	0,0990	0,0688	20
Costa Rica	0,2363	0,3097	0,1273	0,1750	0,2121	66
Croatie	0,0726	0,1080	0,0838	0,1768	0,1103	35
Équateur	0,4606	0,3451	0,1121	0,3328	0,3126	94
Estonie	0,1007	0,0960	0,0575	0,0651	0,0798	25
Hongrie	0,0901	0,0708	0,0668	0,0625	0,0725	22
Iran	0,8094	0,0369	0,1736	0,2703	0,3225	96
Jordanie	0,1024	0,1549	0,0404	0,0409	0,0846	27
Kazakhstan	0,5428	0,0457	0,1105	0,3851	0,2710	83
Lettonie	0,0895	0,1149	0,0595	0,1431	0,1018	33
Lituanie	0,1307	0,1374	0,0707	0,1663	0,1263	37
Macédoine	0,1477	0,1658	0,1795	0,2357	0,1822	58
Malaisie	0,1517	0,0834	0,1368	0,1750	0,1367	41
Malte	0,4254	0,0535	0,0378	0,0205	0,1343	40
Mexique	0,0967	0,0554	0,0581	0,1839	0,0985	32
Namibie	0,2642	0,3225	0,1558	0,3032	0,2614	81
Oman	0,6724	0,0326	0,0299	0,0752	0,2025	63
Panama	0,1439	0,8443	0,1062	0,2280	0,3306	99
Pérou	0,2085	0,2417	0,1134	0,0097	0,1433	44
Pologne	0,0299	0,0901	0,0669	0,1986	0,0964	31
Portugal	0,0354	0,0827	0,0442	0,1417	0,0760	24
République Tchèque	0,0442	0,0385	0,0457	0,0484	0,0442	10
Roumanie	0,0704	0,0402	0,1671	0,3986	0,1691	51
Russie	0,3027	0,0187	0,0813	0,1251	0,1320	38
Salvador	0,1845	0,1755	0,1596	0,2317	0,1878	61
Serbie	0,0472	0,1966	0,2042	0,2700	0,1795	56
Slovaquie	0,1120	0,0386	0,0634	0,0597	0,0684	19
Thaïlande	0,0415	0,1376	0,1546	0,5161	0,2125	67
Turquie	0,0427	0,1045	0,1534	0,3569	0,1644	49
Uruguay	0,1479	0,5498	0,1457	0,0715	0,2287	70
Venezuela	0,6541	0,0085	0,0631	0,1139	0,2099	65

Pays moins développés

Pays	Y1	Y2	Y3	Y4	AVI	Rang
Algérie	0,5542	0,0015	0,1321	0,2467	0,2336	73
Arménie	0,2615	0,1558	0,3409	0,5394	0,3244	98
Azerbaïdjan	0,7091	0,0438	0,1662	0,4647	0,3459	104
Bangladesh	0,3596	0,0651	0,3180	0,6352	0,3445	103
Bénin	0,4186	0,2585	0,5057	0,5026	0,4214	121
Bhoutan	0,3366	0,1803	0,3560	0,7413	0,4035	113
Bolivie	0,3166	0,2416	0,2166	0,4447	0,3049	91
Burkina Faso	0,6098	0,2262	0,5067	1,0000	0,5857	139
Cambodge	0,3391	0,0080	0,5074	0,8479	0,4256	122
Cameroun	0,4123	0,1716	0,3143	0,7216	0,4050	114
Chine	0,0488	0,0384	0,1868	0,5412	0,2038	64
Égypte	0,2464	0,0981	0,2269	0,3566	0,2320	72
Éthiopie	0,3611	0,7251	0,6944	0,9500	0,6826	142
Gabon	0,7519	0,0117	0,0817	0,2848	0,2825	86
Géorgie	0,1498	0,3009	0,2437	0,6336	0,3320	100
Ghana	0,3860	0,5947	0,5446	0,6733	0,5497	137
Guatemala	0,1122	0,4718	0,2018	0,4381	0,3060	92
Honduras	0,2408	0,6444	0,2021	0,4340	0,3803	108
Inde	0,0928	0,1071	0,2974	0,6804	0,2944	88
Indonésie	0,0839	0,1289	0,2183	0,5065	0,2344	74
Kenya	0,1772	0,4689	0,4230	0,7192	0,4471	124
Kirghizstan	0,2196	0,1844	0,4892	0,4976	0,3477	106
Madagascar	0,2197	0,3953	0,4235	0,9323	0,4927	131
Mali	0,5750	0,1905	0,5620	0,6327	0,4901	130
Maroc	0,1228	0,2092	0,2371	0,4130	0,2455	75
Moldavie	0,1738	0,6402	0,2863	0,4879	0,3971	111
Mongolie	0,3681	0,0315	0,3381	0,5056	0,3108	93
Mozambique	0,4602	0,2071	0,4116	0,9476	0,5066	133
Népal	0,1161	0,1896	0,5449	0,7734	0,4060	115
Nicaragua	0,1578	0,8232	0,2899	0,3954	0,4166	120
Niger	0,3452	0,3243	0,5893	0,6698	0,4821	129
Nigeria	0,9059	0,0103	0,5577	0,5249	0,4997	132
Ouganda	0,2311	0,7000	0,3848	0,7987	0,5286	135
Pakistan	0,1787	0,1270	0,3348	0,5214	0,2905	87
Paraguay	0,3376	0,7858	0,2986	0,3707	0,4482	125
Philippines	0,3472	0,0612	0,1954	0,4252	0,2572	79
Rwanda	0,4765	0,4526	0,5467	0,9276	0,6009	140
Sénégal	0,2018	0,3542	0,2465	0,4667	0,3173	95
Sierra Leone	0,3570	0,5658	0,7503	0,7993	0,6181	141
Sri Lanka	0,1851	0,2325	0,2115	0,3845	0,2534	77
Syrie	0,4271	0,1479	0,3327	0,2830	0,2977	89
Tadjikistan	0,5722	0,0444	0,3681	0,6533	0,4095	118
Tanzanie	0,1706	0,5494	0,4732	0,9335	0,5317	136
Togo	0,2009	0,2011	0,5893	0,6368	0,4070	116
Ukraine	0,0857	0,1348	0,1723	0,2281	0,1552	46
Vietnam	0,1630	0,2261	0,3302	0,7074	0,3567	107
Zambie	0,5444	0,0961	0,3304	0,8464	0,4543	126
Zimbabwe	0,2081	0,2955	0,2744	0,7628	0,3852	109

Annexe 4. Principes de calculs du NVRI

Comme les variables qui composent le *NVRI* ont des propriétés statistiques différentes (étendues, unités) et afin de raisonner sur une échelle commune pour l'interprétation [0 ; 1], le *NVRI* agrège les variables de ses 5 dimensions (économie, gouvernance, environnement, social et périphéricité) à partir de l'opérateur « min-max » habituellement utilisé pour construire des indicateurs composites.

Le *NVRI* intègre ($j=5$) dimensions en passant par une moyenne arithmétique non pondérée des variables se référant soit à la vulnérabilité soit à la résilience. Pour tout pays (k) :

V_k ou $R_k = \Sigma_j \Sigma_i x'_{jik}$ et $NVRI_k = R_k - V_k$

Au final $NVRI_k \in [-1, 1]$.

Le détail des variables constituant le *NVRI* est présenté dans la Figure 3 ci-après.

Figure 3. Structuration du NVRI

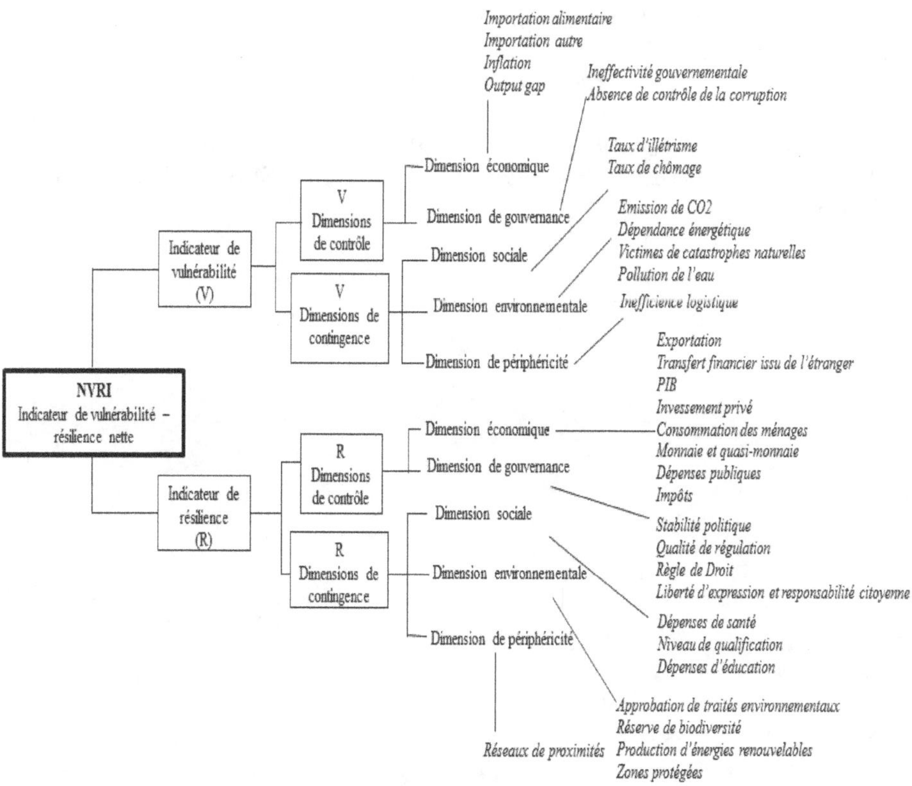

AGRICULTURE: VULNERABILITY FACTOR FOR SMALL ISLAND DEVELOPING STATES?

Abstract - *Since the 70s, scholars have assumed that the structural features of the agricultural sector are intrinsic factors of vulnerability for Small Island Territories. This article aims at testing the relationships between the weight of agriculture and the macroeconomic vulnerability. We build a composite index to measure agricultural vulnerability: AVI. This index is composed of four sub-indices that quantify the weight of agriculture in: exports concentration, openness degree, added value and employment. We apply this index on a worldwide sample that includes four categories of economies: Small Island Territories, developed countries, countries with an average development outcome, developing countries. We study the relationships between the AVI and a multimetric macroeconomic index of vulnerability-resilience (NVRI). We then provide a better understanding of the diverse contributions of agriculture to development. Our results shed light on the absence of an absolute determinism between the weight of agriculture and the macroeconomic vulnerability. To reinforce the macro-resilience of a country, the key priority in terms of policy strategy should be to adjust the macro conditions of production. This policy action conceives agriculture as a key sector for sustainability, which makes stand against the common prescription of abandoning agricultural activity. Precisely, the higher is the AVI, the riskier it is to implement radical changes to exist from agriculture before solving the macroeconomic failures.*

Keywords - AGRICULTURE, VULNERABILITY-RESILIENCE, COMPOSITE INDEX, SUSTAINABLE DEVELOPMENT, SMALL ISLAND DEVELOPING STATES

LE COÛT DU PROTECTIONNISME DANS UNE PETITE ÉCONOMIE INSULAIRE : LE CAS EXTRÊME DE LA POLYNÉSIE FRANÇAISE

Bernard POIRINE et Jean-François GAY*

Résumé - *Cet article montre que le protectionnisme en Polynésie française provoque des pertes de bien-être importantes. Dans l'hypothèse d'élasticité unitaire de la demande d'importation, la perte nette due aux taxes à l'importation est de 47% de la valeur ajoutée de l'industrie (hors construction et énergie), soit 23333 euros par an et par employé de l'industrie. Nous montrons aussi que la substitution d'importation n'a pas eu d'effet positif significatif sur la croissance à long terme et pénalise la compétitivité et les exportations.*

Mots-clés - POLYNÉSIE FRANÇAISE, DÉVELOPPEMENT ENDOGÈNE, SUBSTITUTION D'IMPORTATION, PROTECTIONNISME, DOM-COM

Classification JEL - O 47 ; O56 ; O24 ; O20 ; O25

* Équipe d'accueil EA 4240 GDI (Gouvernance et Développement Insulaire), Université de la Polynésie française.

INTRODUCTION

Les départements et collectivités d'outre-mer se caractérisent par une très ancienne tradition protectionniste qui perdure encore aujourd'hui, comme une exception dans la République française qui a depuis longtemps intégré la pratique du libre échange au sein de l'Union européenne. La Polynésie française est, avec la Nouvelle Calédonie, le DOM-COM qui est resté le plus protectionniste, en raison d'un choix constant, quelles que soient les majorités politiques, en faveur d'une fiscalité douanière élevée, remplissant le double objectif de protéger les productions locales et de créer des recettes fiscales qui permettent d'éviter de taxer les revenus, la fortune ou les successions. Ces mesures sont complétées par des politiques de quota d'importation (notamment sur les fruits et légumes produits localement) et d'interdictions d'importation sur un certain nombre de produits précis (voir annexe 2).

Cette politique protectionniste a été confortée par une doctrine dite de « substitution d'importation », qui de nos jours prend plutôt le nom de « développement endogène ». Le patronat des DOM-COM interprète le « développement endogène » comme une invitation à un développement plutôt « introverti », voire tourné vers la « substitution d'importation », donc justifiant une politique protectionniste pour donner la priorité aux productions locales sur les importations, permettant de créer une valeur ajoutée presque exclusivement tournée vers un marché intérieur protégé, qui dépend crucialement pour sa rentabilité d'un niveau des prix artificiellement élevé, de la défiscalisation des investissements, et des traitements « majorés » de la fonction publique. Un tel mode de développement protectionniste et inflationniste a été baptisé d'« économie sous serre » par des économistes de l'AFD (Aubourg, Naudet, Reboud, 2007)[1].

Ce mode de développement est-il compatible avec une croissance durable « auto-entretenue », en l'absence de croissance des transferts métropolitains ? Nous répondrons à la question à partir de l'exemple « extrême » de la Polynésie française, où cette politique de substitution d'importation a été largement menée depuis 1974 jusqu'à nos jours. En raison de son statut d'autonomie, sur le plan fiscal notamment, et de l'absence de contrainte extérieure (le déficit des paiements courants est intégré à la balance des paiements française), la Polynésie française a pu aller jusqu'au bout de la logique de la substitution d'importation, ce qui en fait un cas intéressant, car exagéré jusqu'à la caricature, du « développement par la substitution d'importation ». L'annexe 1 détaille l'historique de cette politique poursuivie depuis 1974 et les arguments avancés pour la justifier, ainsi que le niveau élevé, discrétionnaire et « sur mesure » de la « taxe de développement local » instaurée précisément dans le but de protéger les produits fabriqués localement.

Les tableaux 1 et 2 permettent de se faire une idée du degré de protectionnisme de la Polynésie française comparé au reste du monde. Suite à une réforme fiscale instaurant la TVA à partir de 1999, le taux moyen des droits et taxes à l'importation a baissé – il est en 2011 de 15,6%, hors TVA à l'importation –

---

[1] Une formule reprise par Poirine (2011) dans le livre « Tahiti : une économie sous serre ».

ceci sans compter les droits de consommation indirects frappant les produits importés tels que la taxe de mise en circulation des automobiles ou les taxes intérieures de consommation sur les hydrocarbures ou les vins et alcools.

Tableau 1. Quelques exemples d'effets de la taxe de développement local (TDL) et des droits et taxes à l'importation (DTI) en Polynésie française (2014)

Type de biens	TDL	Total DTI
Vitrages/rideaux/stores d'intérieur	27%	65%
Cadres pour tableaux	37%	70%
Glaces de consommation	51%	88%
Bières de malt	82%	196%

Tableau 2. Droits et taxes à l'importation (hors TVA) en pourcentage des importations de biens, en Polynésie française et dans le monde

	Pays	**Moyenne 2008-2013**
1	Bermuda	21,88
2	Maldives	20,28
3	Bahamas, The	17,79
4	Iran, Islamic Rep.	17,44
5	Djibouti	16,82
6	Congo, Rep.	16,48
7	Tunisia	15,93
8	**French Polynesia**	**15,70**
9	Benin	15,50
10	Chad	14,93
11	Gabon	14,57
12	Antigua and Barbuda	14,23

Sources : World development indicators, World Bank 2014, Institut de la statistique de Polynésie française.

Dans une première section, nous donnerons une estimation pour la période récente des pertes nettes de bien-être en pourcentage du PIB de la Polynésie française (PF) résultant du protectionnisme, pertes pour le consommateur qui ne sont pas entièrement compensées par les gains pour les producteurs et pour le gouvernement sous forme de recettes fiscales.

Dans une deuxième section, nous tentons de vérifier si le protectionnisme permet de générer une croissance durable par une baisse de la propension à importer, ce qui pourrait théoriquement justifier de consentir les pertes nettes annuelles de bien être estimées dans la première section. Pour cela, nous estimons quelle part de la croissance réelle du PIB de la Polynésie française a été

« tirée » par la « substitution d'importation » (substitution de la production locale aux importations), en décomposant la croissance de l'économie insulaire selon ce qui est dû aux transferts publics de l'Etat, à la demande intérieure, aux exportations de biens et services et à la substitution d'importation.

La troisième section met en évidence le coût du protectionnisme en dynamique : elle montre le rôle essentiel des ressources extérieures (transferts publics et exportations) dans la croissance de la Polynésie française, et le lien entre protectionnisme et détérioration à long terme de la compétitivité des exportations de biens et services qui devraient « tirer » la croissance d'une petite économie insulaire.

1. LE COÛT DU PROTECTIONNISME : ÉVALUATION EN STATIQUE DE LA PERTE NETTE DE BIEN-ÊTRE

1.1. Estimer le coût du protectionnisme en Polynésie française

Deux méthodes sont utilisées pour estimer le coût du protectionnisme : équilibre général et équilibre partiel[2]. En plus d'être quasi impossible à réaliser, une analyse d'équilibre général en PF semble inappropriée car :

- les tarifs/quotas en PF n'ont pas d'impact sur les prix mondiaux, ni sur les taux de change nominaux.

- Dans de nombreux secteurs où la production locale n'existe pas, les prix d'équilibre résultent des prix mondiaux augmentés des frais de transports, des droits et taxes et des marges commerciales, et non d'un équilibre offre et demande locale. Dans d'autres secteurs, les prix des importations servent de référence pour la fixation des prix locaux : l'économie, petite et ouverte, est « price taker », sauf dans les services protégés de la concurrence internationale et dans le bâtiment.

- Le calcul du coût en équilibre général exige de raisonner en termes agrégés, et peut donc être biaisé vers le bas, lorsque la dispersion des tarifs est très grande, notamment lors du calcul d'un tarif douanier moyen, pondéré par le poids des importations de chaque secteur, car il s'agit d'importations après imposition du tarif. Lorsque le tarif est très élevé (comme 196% pour la bière), il dissuade presque totalement l'importation, donc le poids des produits très taxés dans le tarif moyen est très faible, a posteriori. Or précisément en PF la dispersion des tarifs est très grande, car le protectionnisme est très « ciblé », grâce à la taxe de développement local. En PF, il y a plus de 65 taxes différentes et des tarifs douaniers très différents d'un secteur à l'autre, donc utiliser un tarif moyen présente un fort risque de biais.

Nous utilisons donc un calcul du coût du protectionnisme en équilibre partiel, à un niveau le plus désagrégé possible. D'ailleurs Krugman et al. (2012) écrivent : « Pour étudier l'impact des politiques commerciales, une mesure en équilibre partiel semble plus commode et suffisante, a fortiori pour un petit pays qui n'a pas d'impact sur le prix mondial ».

---

[2] Sur ces deux méthodes, voir notamment Tarr (1984), Tarr et De Melo (1992), Hufbauer et Elliot (1994), Messerlin (2001)...

Les deux études les plus abouties et complètes en équilibre partiel sont celles de Hufbauer et Elliott (1994) pour calculer le coût de la protection aux Etats-Unis et celle de Messerlin (2002) pour calculer le coût dans l'Union européenne.

On mesurera indirectement, en l'absence de fonctions d'offre domestique et de demande domestique, les pertes via l'élasticité prix de la demande d'importation. En effet, en PF, une très grande majorité des secteurs sont importateurs nets et l'industrie ne représente que 8% du PIB environ. Ce sont donc les prix des imports qui « font » les prix domestiques, et, dans une très grande majorité des secteurs, vu l'absence de production domestique, la demande d'importation est confondue avec la demande domestique : hydrocarbures, automobile, véhicules utilitaires, engins de chantier, machines, électronique grand public, électro-ménager… L'idée est donc de mesurer les pertes nettes en utilisant la demande d'importation comme proxy de l'offre et de la demande domestiques. Nous nous inspirons ici des travaux de Das (2004) et Kohler (2004) qui aboutissent au même résultat.

Reprenons le schéma classique pour représenter les effets d'un tarif douanier (Figure 1).

Figure 1. Effets d'un tarif douanier

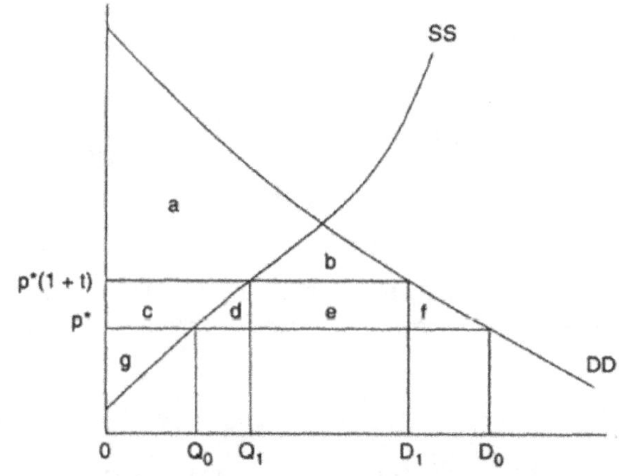

La perte nette en bien-être est d+f = (c+d+e+f) – c – e, où c+d+e+f est la perte de surplus des consommateurs, c est le gain de surplus des producteurs et e est la recette fiscale du gouvernement.

Supposons maintenant que nous construisions la fonction de demande d'importation à partir de ce schéma (en soustrayant l'offre domestique SS à la demande domestique DD) (voir Figure 2).

Nous avons alors une nouvelle aire χ qui est en fait égale à (d+f) dans la Figure 1.

Soit *e* l'élasticité-prix de la demande d'importation supposée constante, la demande d'importation D_M qui est de la forme :

$M = A\, P_d^{-e}$

avec M la quantité importée ; A>0 et *e* l'élasticité prix $0<-e<1$; $P_d = P^*(1+t)$ le prix domestique après taxe (et P* le prix mondial) ; t = tarif douanier en %.

$E_M = P^*M$ représente les importations en valeur au prix CAF et tE_M la recette gouvernementale du tarif douanier (aire β dans la Figure 2).

Figure 2. Courbe de demande d'importation en présence du tarif douanier

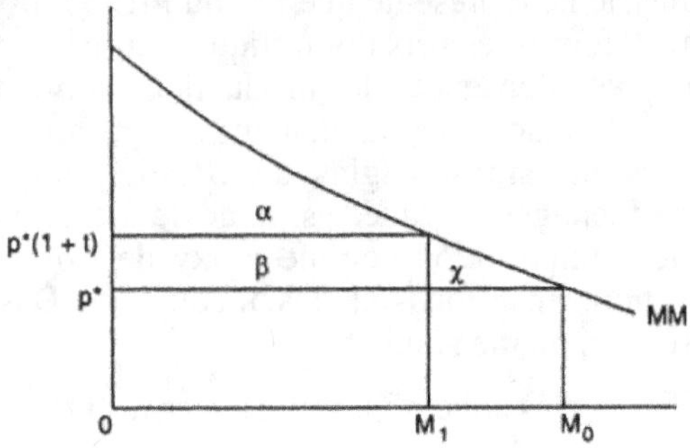

Il apparaît que l'aire χ est égale à :

$$\chi = \int_{P*}^{P*(1+t)} AP^{-e}dP - tE_M$$

En intégrant, on a alors :

$$\chi = A\left[\frac{P^{(1-e)}}{1-e}\right]_{P*}^{P*(1+t)} \quad - t\,E_M$$

D'où :

$$\chi = A\left[\frac{((1+t)\,P^*)^{(1-e)} - P^{*(1-e)}}{1-e}\right] \quad - t\,E_M$$

En factorisant :

$$\chi = A\left[\frac{P^{*(1-e)}}{1-e}\right][(1+t)^{1-e} - 1)] - t\,E_M$$

En remplaçant P* par Pd/(1+t) on a :

$$\chi = A\left[\frac{\frac{P_d^{(1-e)}}{(1+t)^{(1-e)}}[(1+t)^{1-e}-1)]}{1-e}\right] - t\,E_M$$

$$\chi = A\left[\frac{\frac{P_d P_d^{-e}}{(1+t)(1+t)^{-e}}[(1+t)^{1-e}-1)]}{1-e}\right] - t\,E_M$$

Or $E_M = P^*\, M = A\, P_d^{-e}\, P_d/(1+t)$, d'où :

$$\chi = E_M\left[\frac{(1+t)^e[(1+t)^{1-e}-1)]}{1-e}\right] - t\,E_M = E_M\left[\frac{(1+t)-(1+t)^e}{1-e}\right] - t\,E_M$$

La perte nette du tarif douanier dépend donc uniquement du tarif lui-même (t), de l'élasticité de la demande d'importation (*e*) et des importations en valeur au prix CAF (E_M).

Grâce aux données fournies par l'Institut de la statistique de Polynésie française (ISPF), issues des données douanières, nous disposons des importations en valeur au prix CAF, des DTI (droits et taxes sur les importations hors TVA) et des importations en volume, et ce, pour chaque secteur de 1993 à 2013. Les DTI sont ceux qui sont effectivement perçus (et non les taux théoriques), compte tenu des exonérations accordées, notamment au titre des exonérations sur les matières premières ou les intrants (telles que les exonérations accordées sur les alcools aux restaurants et hôtels conventionnés).

On notera que les DTI utilisés sont hors TVA puisque de manière générale la TVA sur les importations ne peut être considérée comme une mesure protectionniste.

En utilisant cette formule, nous pouvons donc calculer les pertes nettes secteur par secteur pour chaque année entre 1993 et 2013. Nous faisons des hypothèses sur les valeurs des élasticités de la demande d'importation pour chaque secteur, en prenant $e = 0.5$, $e = 1$, $e = 1.5$, $e = 2$ en valeur absolue.

Tableau 3. Perte nette sectorielle en 2013 (millions de F CFP)

			Perte nette en million F CFP pour e =			
Millions de F CFP	**Import. CAF**	**Taux de DTI**	**0,5**	**1**	**1,5**	**2**
Eaux minérales et gazéifiées, sodas	710	56,1%	44	95	154	223
Bières de malt	155	166,9%	62	148	266	432
2402 Cigares cigarillos et cigarettes	158	1661,0%	1 617	5 366	15 188	43 664
8703 Voitures de tourisme	6 162	57,0%	394	852	1 383	2 002

Source : calcul des auteurs, disponible sur fichier excel.

Sous ces différentes hypothèses, nous obtenons une fourchette d'estimation des pertes nettes par catégories d'importation (1230 références d'après la nomenclature SH en quatre chiffres utilisée par l'ISPF et l'Organisation mondiale des douanes)[3]. La perte nette est estimée pour chacune de ces références grâce à la formule de χ ci-dessus.

Le tableau 3 donne quelques exemples de pertes nettes sectorielles pour l'année 2013, pour différentes valeurs de l'élasticité des importations.

Puis, nous agrégeons les pertes nettes, ce qui nous donne une idée de la perte (statique) globale due aux tarifs douaniers en PF (voir tableau 4).

[3] Données disponibles sur demande dans un fichier excel.

Tableau 4. Pertes nettes en 2013

	Elasticités *e* (en valeur absolue)			
	0,5	1,0	1,5	2,0
Perte nette agrégée (millions de F CFP)	4 230	11 560	26 702	63 836
Perte nette agrégée/VA marchande	1,12%	3,06%	7,06%	16,89%
Perte nette agrégée en % de la VA de l'industrie hors construction et énergie	17%	47%	109%	259%
Perte nette par employé de l'industrie hors construction énergie (F CFP)	1 035 739	2 830 652	6 538 110	15 630 650

Note : En 2011, La VA marchande est estimé à 378 Milliards de F CFP, la valeur ajoutée de l'industrie hors construction et énergie est de 24,605 Milliards de F CFP, les effectifs de ce secteur sont de 4084 personnes (ISPF comptes économiques, tableaux emplois-ressources). Les effectifs du secteur marchand sont en baisse de 2011 et 2013, ce qui laisse augurer d'une baisse de la VA marchande par rapport à 2011.
Source : Calcul des auteurs à partir des données douanières ISPF, disponible sur fichier excel.

Rapportée à la valeur ajoutée de l'industrie hors construction et énergie (donc de l'industrie de substitution d'importation, car l'industrie n'exporte quasiment pas), la perte nette représente entre 17% et 259% de celle-ci. Si l'on prend une hypothèse d'élasticité unitaire, la perte nette est de 47% de la valeur ajoutée de l'industrie (hors construction et énergie), ou bien, par employé de l'industrie, de 2,8 millions de F CFP (23 333 euros) par an, soit 84% du salaire moyen de l'industrie (3,3 Mons de F CFP en 2011). Le gain en emploi est donc très cher payé en terme de perte de bien-être, même en supposant que la totalité des emplois de l'industrie serait due au protectionnisme et disparaîtrait en son absence, ce qui est naturellement exagéré.

On constate l'importance cruciale de l'élasticité de la demande d'importation dans l'estimation de la perte nette et notamment du caractère exponentiel du coût de la protection en fonction de *e*.

De plus, il est très probable que certaines élasticités de certains secteurs soient supérieures à 2 en valeur absolue. Tarr (1987) estime que la juste valeur pour les élasticités d'importation est de 3 en valeur absolue pour les Etats-Unis. Richardson (1981) trouve même que ces élasticités sont de -4, voire même -10,5 pour certains secteurs aux Etats-Unis.

On notera cependant que nous pouvons nous attendre à des élasticités-prix des importations plus faibles en PF qui est une petite économie où beaucoup d'importations sont indispensables car non substituables par des produits locaux. Là où il n'y a pas de produit local, l'élasticité-prix des importations est simplement l'élasticité-prix de la demande locale.

En résumé, la perte nette de bien-être semble très importante, comparée à la valeur ajoutée et aux salaires de l'industrie, même dans le cas où les élasticités des demandes d'importation seraient relativement modérées.

De plus une telle mesure de la perte nette ne prend pas en compte la totalité du coût statique du protectionnisme puisqu'il faudrait rajouter le coût administratif de la protection (une partie des recettes fiscales ne retourne pas sous forme de dépenses publiques aux agents économiques privés) ou encore le coût du manque de concurrence puisque l'on sait que le protectionnisme va, mécaniquement, favoriser l'implantation de monopoles/positions dominantes, ce qui accentue encore l'effet néfaste des tarifs douaniers (sur le surplus du consommateur notamment).

2. L'IMPACT DU PROTECTIONNISME EN DYNAMIQUE : LA CONTRIBUTION DE LA SUBSTITUTION D'IMPORTATION À LA CROISSANCE

La substitution d'importation, objectif officiel du protectionnisme, a-t-elle contribué à la croissance de la Polynésie française ? Pour répondre à cette question, on utilise une méthodologie de décomposition de la croissance du côté des emplois du PIB.

2.1. Méthode de décomposition de la croissance à partir des emplois du PIB

La méthode de décomposition de la croissance à partir des emplois du PIB a d'abord été utilisée par Chenery (1979, 1986), exposée en France par Guillaumont (1985, 1988) et utilisée par Poirine (1996) pour l'analyse de la croissance des DOM-TOM. Nous l'avons améliorée ici en distinguant le rôle des transferts nets de l'Etat, ressource externe cruciale pour la croissance de ces économies. Elle permet de distinguer ce qui est dû, dans la croissance du produit intérieur brut, à la croissance de la demande intérieure, à celle des exportations et des transferts nets de l'Etat, et au remplacement des importations par la production locale (substitution d'importation), à demande égale.

Pour cela, on part de l'identité ressources-emplois de la comptabilité nationale :

(1) $Y + M = C + I + G + St + X$

avec Y = PIB (PIB marchand + PIB non marchand), C = consommation finale des ménages, I = Investissement des ménages et des entreprises, G = Dépenses publiques (consommation et investissement des administrations, salaires des fonctionnaires), St = variation de stocks, X = exportations.

Le PIB non marchand est estimé comme la valeur ajoutée des administrations, par hypothèse identique aux salaires des fonctionnaires de l'Etat Sa.

En Polynésie, les transferts de l'Etat sont une ressource extérieure, au même titre que les exportations. Ils ont donc un effet distinct des autres dépenses publiques financées sur ressources locales.

Pour introduire les transferts de l'Etat dans l'identité, on remarque que les dépenses des administrations doivent respecter une identité comptable, compte tenu du fait qu'une partie des dépenses publiques locales est financée par les transferts de l'Etat vers la Polynésie française, tandis que les recettes fiscales collectées localement et les emprunts nets de la collectivité servent exclusivement aux dépenses publiques locales de celle-ci : G = Transferts nets de l'Etat (TR) + Recettes fiscales propres du pays (TX) + Emprunts nets du pays (EN) = Consommation des administrations (Ca) + Investissements des administrations (Ia) + Salaires des fonctionnaires (Sa). Ou encore :

$G = TR + TX + EN = Ca + Ia + Sa$

Pour distinguer la part de l'Etat et celle de la Polynésie française dans la demande publique, on écrit donc l'identité ressources-emplois ainsi :

(2) Y + M = C+I+ (G-TR) + St + (TR + X)

On appellera demande intérieure la somme DI = C+I+ (G-TR) + St et ressources extérieures la somme (TR+X). D'où l'identité finale :

(3) Y + M = DI + TR + X

Appelons offre totale O la somme des ressources Y + M. Convertissons (3) en variations absolues :

(4) $\Delta O = \Delta Y + \Delta M = \Delta DI + \Delta TR + \Delta X$

ou encore :

(5) $\Delta Y = \Delta DI + \Delta TR + \Delta X - \Delta M$

A la période *t*, les importations M_t sont supposées être une fraction constante *m* de l'offre totale O_t :

(6) $M_t = m_t . O_t$

On peut donc décomposer ΔM ainsi :

(7) $\Delta M = m_0 . \Delta O + O_1 . \Delta m$

où 0 et 1 correspondent à la période *0* et la période suivante *1* et Δ représente la variation de la variable de 0 à 1.

En remplaçant dans (5) ΔM par sa valeur dans (7) on obtient, après réarrangement des termes :

(8) $\Delta Y = (1 - m_0) . \Delta DI + (1 - m_0) . \Delta TR + (1 - m_0) \Delta X - \Delta m . O_1$

où $(1 - m_0).\Delta DI$ est la contribution de la demande intérieure, $(1 - m_0).\Delta TR$ est la contribution des transferts nets de l'Etat vers la Polynésie française, $(1 - m_0).\Delta X$ est la contribution des exportations, $-\Delta m.O_1$ est la contribution de la substitution d'importation (substitution de la production locale aux importations, à offre totale égale). Ce terme est positif (négatif) lorsque la propension moyenne à importer *m* diminue (augmente) d'une année sur l'autre.

Afin d'éliminer l'effet de l'inflation, nous avons déflaté toutes les variables par l'indice des prix à la consommation base 100 en 1987[4].

2.2. Contribution de la substitution d'importation à la croissance

Nous appliquons la méthodologie exposée au paragraphe précédent aux données emplois-ressources de la Polynésie française, tirées des comptes économiques publiés entre 1959 et 2006[5].

[4] Il n'y avait pas d'indice des prix du PIB en PF sur la période étudiée.

[5] Dernière année disponible avant un changement de méthodologie de calcul des comptes économiques qui a profondément modifié la série des importations et des exportations après cette date (en rajoutant des exportations et des importations de services qui n'étaient pas comptabilisées auparavant).

Le tableau 5 montre que la croissance annuelle moyenne du PIB réel sur la période a été de 5,9%, dont 4,0% est dû à la demande intérieure, 1,0% aux transferts de l'Etat, 0,5% aux exportations, 0,5% à la substitution d'importation.

Tableau 5. Contributions à la croissance du PIB réel en Polynésie française, 1960-2006 (en F CFP constants et en point de croissance du PIB)

a. Demande intérieure	4,0%
b. transferts de l'Etat	1,0%
c. Exportations	0,5%
d. Substitution d'importation	0,5%
Croissance annuelle du PIB réel (total a+b+c+d)	5,9%

Toutefois, cette croissance moyenne du PIB cache une évolution très contrastée (tableau 6). La période 1963-1974 est marquée par une très forte croissance réelle et une forte diminution de la pression douanière, alors que la politique protectionniste n'intervient qu'à partir de 1974, pour culminer vers 1996 (voir annexe 1 Figure A.2), la période récente depuis 1987 étant marquée par une très faible croissance (les premières estimations officieuses pour 2006-2011 semblent indiquer une décroissance du PIB réel).

Tableau 6. Décomposition de la croissance de la Polynésie française par période, 1960-2006

Contributions à la croissance annuelle du PIB réel	***1960-1974***	***1974-1987***	***1987-1996***	***1996-2002***	***2002-2006***
a. Demande intérieure	9,1%	4,0%	0,5%	4,2%	2,0%
b. Transferts de l'Etat	3,3%	0,9%	0,2%	-0,1%	0,2%
c. Exportations	0,5%	0,8%	0,5%	0,3%	-0,3%
d. Substitution d'importation	-1,4%	1,5%	0,8%	-1,3%	0,3%
Croissance annuelle du PIB réel (total a+b+c+d)	11,5%	7,1%	2,0%	3,1%	2,2%
Droits et taxes sur importations	45% à 17%	17% à 42%	42 à 42%	42 à 22%	22% à 32%
Variation des droits et taxes	-22,0	15,0	0,0	-20,0	10,0

La croissance réelle apparaît très rapide (11,5% par an) pendant la période 1960-1974, marquée par une forte contribution des transferts de l'Etat, une diminution de la pression fiscale sur les importations (de 45% à 17%), et une contribution négative (-1,4%) de la substitution d'importation, due au fait que la progression des importations est plus rapide que celle du PIB. Il faut noter que cette période particulière est marquée par un formidable boom des dépenses militaires induites par l'installation du Centre d'expérimentation (nucléaire) du Pacifique, qui provoque une croissance réelle du PIB de 19% en 1963, 44% en 1964, 31% en 1965... et une très forte inflation.

La période 1974-1987 est marquée par une croissance réelle moins rapide (7,1%), une forte hausse de la pression douanière (de 17 à 42%), une baisse de la contribution positive des transferts de l'Etat (0,9%) et une contribution positive de la substitution d'importation (+1,5%), les importations progressant moins vite que le PIB (baisse du taux d'importation).

La période 1987-1996 se caractérise par un fort ralentissement de la croissance réelle (2%), une pression douanière constante (42%), une faible contribution des transferts de l'Etat (0,2%) et une contribution positive de la substitution d'importation (0,8%).

La période 1996-2002 est marquée par une forte baisse de la pression douanière (de 42% à 22%), une croissance réelle de 3,1%, qui s'explique essentiellement par la contribution de la demande intérieure, stimulée par la baisse des taxes à l'importation, alors que la contribution des transferts de l'Etat devient négative (-0,1%), ainsi que celle de la substitution d'importation (-1,3%), les importations augmentant plus vite que le PIB.

La période 2002-2006 correspond à un regain de protectionnisme (voir annexe 1) – la pression douanière passant de 22% à 32% – et à un nouveau ralentissement de la croissance, à 2,2%. La contribution de la substitution d'importation redevient légèrement positive (0,3%), celle des exportations est négative (-0,3%) en raison de la crise de la perle et du tourisme après 2000. Les transferts de l'Etat ont une contribution très légèrement positive (0,2%).

La contribution des ressources extérieures (transferts + exportations de biens et services) s'est progressivement réduite depuis 1960, pour finalement devenir négative entre 2002 et 2006.

Au total on peut constater que la contribution de la substitution d'importation n'a eu d'influence significative sur la croissance que pendant la période de forte hausse du protectionnisme, de 1974 à 1996, mais l'essentiel de cette croissance est due à la hausse des transferts de l'Etat et de la demande intérieure, la substitution d'importation n'y contribuant que pour 1,5%.

La période où la croissance a été la plus rapide (1960-1974) a été marquée par une forte baisse de la pression douanière (la forte progression des importations militaires et civiles en volume permettait pourtant une croissance rapide des recettes douanières), avec une contribution négative de la substitution d'importation.

La période de désarmement douanier (1998-2002 : instauration de la TVA et suppression des droits d'entrée) a été marquée par un regain de croissance (de 2% à 3%) dû à la progression de la demande intérieure, alors que les transferts de l'Etat n'apportaient plus de contribution à la croissance réelle. Ceci tendrait à indiquer que pendant les périodes d'accroissement de la pression douanière, le renchérissement des importations diminue le pouvoir d'achat de la demande intérieure ainsi que la compétitivité des exportations, tandis que dans les périodes de baisse de la pression douanière, l'effet inverse prédomine, le pouvoir d'achat rendu au consommateur par la baisse des taxes sur les importations renforçant la demande intérieure réelle en produits locaux et importés.

On constate donc que la contribution de la substitution d'importation est positive quand le protectionnisme augmente, négative quand le protectionnisme diminue (1998-2002), une évolution conforme à celle qu'on attendrait a priori. Une exception : la période 1988-1996, pendant laquelle la substitution d'importation a un effet très légèrement positif (0,8%) alors que la pression douanière était élevée mais constante.

Ces résultats montrent que la politique de substitution d'importation ne peut avoir d'effet positif sur la croissance réelle du PIB qu'au prix d'une protection douanière croissante. Autrement dit une protection douanière élevée mais constante ne stimule pas durablement la croissance réelle. Et il est évident qu'il est impossible d'accroître indéfiniment la pression fiscale douanière pour abaisser de façon durable, année après année, la propension à importer. Celle-ci en effet, atteint vite un plancher minimum dans une petite île dénuée d'hydrocarbures et de la plupart des matières premières nécessaires à l'industrie (tous les métaux et le ciment doivent être importés, ainsi que la plupart des matériaux de construction, dont le fer, l'aluminium, le verre et une grande partie du bois).

Par ailleurs, la distance et l'absence d'économies d'échelle excluent toute production industrielle d'équipements lourds (machines, camions, automobiles, etc.). Il est donc illusoire d'imaginer pouvoir abaisser chaque année la propension à importer pendant une longue période, ce qui est nécessaire pour que la substitution d'importation engendre une croissance durable sur le long terme.

Dans l'analyse purement comptable à partir des postes de demande finale ci-dessus, on ne prend pas en compte les effets induits des transferts de l'Etat, notamment les effets multiplicateurs sur la demande intérieure, ce qui amène à sous-estimer certainement leur rôle dans la croissance. De même, cette analyse ne tient pas compte des effets négatifs à long terme du protectionnisme sur la demande extérieure (exportations de biens et de services de tourisme et de transports). Il est probable que si un haut degré de protectionnisme n'avait pas renchéri considérablement le niveau des prix et des salaires (+75% pour les prix alimentaires, +51% pour les prix à la consommation en moyenne par rapport à la métropole en 2010 (CEROM, 2011)), la compétitivité à long terme des exportations de biens (perles, thon, huile de coprah) et de services (tourisme) aurait été bien meilleure, ce qui aurait permis une plus forte contribution des exportations à la croissance. Les touristes se plaignent régulièrement, dans les enquêtes et sur les sites internet, du haut niveau des prix qu'ils constatent en Polynésie française, par rapport à des destinations concurrentes. Or on constate que la contribution des exportations est constamment décroissante à partir de 1974, début de la politique protectionniste, passant de 0,8% à 0,5%, puis 0,3%, puis -0,3%, malgré une politique de défiscalisation très favorable à l'investissement hôtelier à partir de 1986[6].

Il est donc fort probable que la faible contribution positive de la substitution d'importation sur l'ensemble de la période soit en définitive plus que compensée par l'influence négative de cette politique protectionniste sur la contribution des exportations à la croissance.

---

[6] Les montants correspondants à la défiscalisation ne sont pas inclus ici dans les transferts nets de l'Etat, ce sont pourtant des transferts déguisés, allant aux contribuables métropolitains défiscalisants mais restitués en partie aux investisseurs locaux.

3. LES EFFETS À LONG TERME SUR LA COMPÉTITIVITÉ DES EXPORTATIONS DANS UNE ÉCONOMIE PROTECTIONNISTE

Cette troisième section évoque la détérioration de la compétitivité des exportations que la politique protectionniste en Polynésie française a provoquée à long terme.

La stratégie protectionniste de substitution d'importation a progressivement engendré une « économie de serre » à haut niveau de prix qui a provoqué une forte hausse du taux de change réel, provoquant une profonde détérioration de la compétitivité du secteur exportateur (tourisme et perles de Tahiti principalement). En effet ce secteur, confronté directement à la concurrence internationale, n'est pas en mesure de répercuter dans ses prix de vente la hausse du coût de ses intrants provoquée à long terme par le protectionnisme. Sa rentabilité diminuant progressivement, le secteur exposé (biens échangeables) se trouve peu à peu « évincé » par le secteur des biens et services non échangeables ou protégé, conformément au schéma du « Dutch Disease ».

3.1. Une croissance largement tirée par les ressources extérieures

De 1959 à 2006, les ressources extérieures (transferts de l'Etat et exportations de biens et services) représentent en moyenne 40% du PIB de l'économie polynésienne (Figure 3), à l'exception de la période d'installation du Centre d'expérimentation (atomique) du Pacifique en 1965-1968, marquée par un bond énorme des dépenses de l'Etat, et des importations militaires associées.

De manière générale, il existe depuis 1959 une forte corrélation entre le PIB et les ressources extérieures. Un calcul de régression sommaire suggère qu'un million de F CFP de ressources extérieures supplémentaires engendre une hausse du PIB local de 2,41 millions de F CFP[7].

Dans ces conditions, quand les transferts métropolitains stagnent, il est essentiel de trouver d'autres moteurs de croissance : exportations, tourisme, investissements métropolitains ou étrangers. D'où la forte demande des responsables politiques pour une continuation de la défiscalisation des investissements outremer, en dépit des nombreux effets pervers mis en évidence par la Cour des comptes.

Ainsi, la stratégie de développement « endogène » devrait en fait essayer de remplacer les ressources extérieures octroyées par l'Etat, condamnées à stagner ou diminuer, par des ressources extérieures « endogènes » au sens de « générées par une activité locale » : exportations et tourisme, principalement.

Or une telle stratégie n'est pas compatible avec le protectionnisme que suppose la stratégie de substitution d'importation, qui augmente l'écart de prix avec la métropole, donc avec le reste du monde, en favorisant les marges élevées dans le commerce et le manque de concurrence sur le petit marché intérieur.

---

[7] Cf. Poirine (2011), chapitre 4, p. 59-80, montrant des résultats similaires concernant tous les DOM-COM.

Figure 3. Ratio des ressources extérieures sur le PIB en Polynésie française

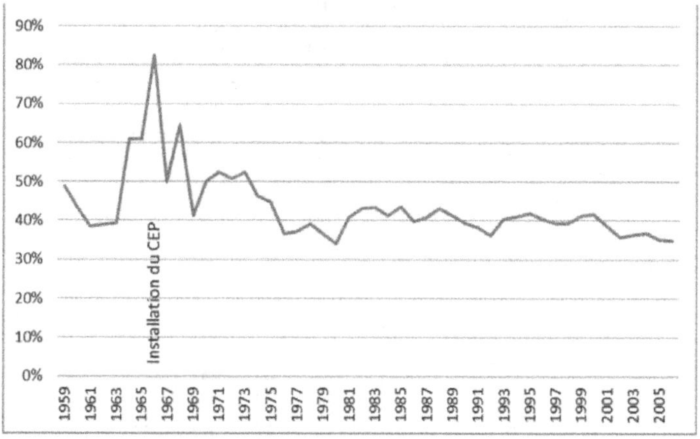

3.2. Un déficit de compétitivité croissant qui met en panne le « moteur » des exportations

Les comparaisons absolues de niveaux de prix sont des exercices difficiles et périlleux du point de vue de la méthodologie. Une première tentative pour comparer les niveaux de prix avec la métropole a été récemment tentée par le CEROM (2011). Cette étude constate que l'écart de prix est de 51% en moyenne pour la Polynésie française, et de 75% pour les produits alimentaires (en prenant pour base de comparaison la structure du panier de consommation métropolitain). Le tableau 7 résume les résultats du CEROM (2011) pour les DOM et la Polynésie française. La colonne PF/ME représente l'écart de prix en prenant pour base de comparaison le panier de consommation métropolitain. Cet écart apparaît nettement plus élevé pour la Polynésie française (51%) que pour les DOM (entre 12,4% et 19,6%). Une enquête ultérieure a montré que la Nouvelle-Calédonie a un écart de prix très similaire à la Polynésie française.

De tels écarts de prix nuisent gravement à la compétitivité des exportations et du tourisme dans les DOM-COM. D'ailleurs, Dropsy, Montet, et Poirine (2010) estiment que les variations de taux de change réel entre le Franc CFP et le Dollar U.S. jouent un rôle très significatif pour les recettes du tourisme américain en Polynésie française.

La Figure 4 montre l'évolution du taux de change réel du F CFP par rapport au franc français puis à l'euro. Le taux de change nominal n'ayant pas changé depuis 1949 (le passage à l'euro a simplement traduit en euro la parité antérieure entre le F CFP et le franc), le taux de change réel varie simplement comme le rapport des prix intérieurs aux prix français. En postulant que l'écart de prix, mesuré en 2010 par l'enquête du CEROM, est de 51%, le graphique mesure le taux de surévaluation du F CFP par rapport au Franc puis à l'euro depuis 1949. On constate les deux fortes poussées inflationnistes liées à l'installation du CEP au milieu des années 1960 (inflation par la demande dans les secteurs protégés des importations tels que l'immobilier), et à la politique protectionniste de 1974 à 1986 (inflation par des chocs d'offre).

Tableau 7 : Ecarts de niveau de prix en mars 2010 pour la Polynésie et les DOM

	Polynésie		Martinque		Guadeloupe		Guyane		La Réunion	
	PF / ME[1]	ME / PF[2]	DOM / ME[3]	ME / DOM[4]	DOM / ME	ME / DOM	DOM / ME	ME / DOM	DOM / ME	ME / DOM
Produits alimentaires et boissons non alcoolisées	75,3	-10,6	44,6	-13,8	33,8	-9,1	49,0	-22,4	36,6	-10,6
Boissons alcoolisées et tabac	103,6	-48,8	36,1	25,3	16,0	18,2	13,8	-3,9	26,3	-19,0
Habillement et chaussures	62,9	-17,2	7,1	-3,7	2,9	0,8	-0,3	9,7	-0,1	6,1
Logement, eau, gaz, électricité et autres comblustibes	45,6	3,3	7,0	-3,6	-2,8	5,3	14,4	-2,4	-2,4	14,4
Ameublement, équipement ménager et entretie courant de la maison	61,1	-30,8	8,0	-2,8	8,2	4,5	18,8	-9,0	13,6	-4,1
Santé	36,2	-29,1	15,8	-8,7	16,2	-12,6	19,5	-16,7	15,2	-7,9
Transports	24,9	-8,8	-3,6	9,9	4,9	2,7	9,8	5,5	7,5	-0,4
Communicatios	25,3	17,0	16,2	-6,7	17,1	-7,4	10,6	-4,3	19,3	-9,4
Loisirs et culture	60,3	97,2	10,1	-2,9	14,8	-7,3	17,7	-9,1	4,7	9,8
Hôtellerie, cafés, restauratio	36,7	-10,2	6,7	8,2	0,2	-4,5	4,9	-2,7	-6,1	5,3
Autres biens et services	54,1	-43,0	34,8	-18,0	36,3	-6,8	23,7	-13,2	16,6	-8,9
Indice de Laspeyre	**51,2**	**-4,7**	**16,9**	**-2,9**	**14,8**	**-2,2**	**19,6**	**-6,4**	**12,4**	**-0,4**
Indice de Fisher avec panier de consommaiton métropolitain	25,9		9,7		8,3		13,0		6,2	
Indice de Laspeyre hors loyers	**48,7**	**-0,4**	**17,6**		**15,9**		**19,1**		**12,9**	

1 : Polynésie/Métropole (avec le même panier de consommation métropolitain) - 2 : Métropole/Polynésie (avec le même panier de consommation polynésien) - 3 : DOM/Métropole (avec le même panier de consommation métropolitain) - 4 : Métropole/DOM (avec le même panier de consommation métropolitain).
Source INSEE-ISPF (CEROM 2011).

Figure 4 : Taux de surévaluation du F CFP relativement au Franc puis à l'Euro, en prenant pour base l'écart de prix constaté en 2010 par le CEROM (51%)

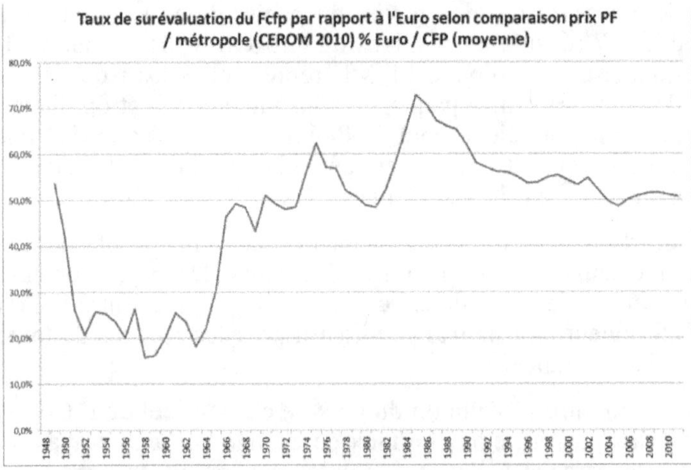

Source : base de données statistiques de Vincent Dropsy, Université de la Polynésie française, à partir des données ISPF et INSEE ; Dropsy, Poirine et Montet (2007) modifié avec données CEROM (2011).

CONCLUSION

L'expérience de « protectionnisme extrême » de la Polynésie française est riche d'enseignements. Il apparaît notamment que son coût pour le consommateur et la collectivité s'avère très élevé. Si l'on prend une hypothèse d'élasticité unitaire de la demande d'importation, la perte nette est de 47% de la valeur ajoutée de l'industrie (hors construction et énergie), ou bien, par employé de l'industrie, de 2,8 millions de F CFP (23 333 euros) par an, soit 84% du salaire moyen de l'industrie. Le gain en emploi industriel est donc très cher payé.

L'analyse des composantes de la croissance à partir des postes de demande, malgré ses limites, montre que la substitution d'importation, prétexte au protectionnisme, n'a pas apporté une contribution positive significative à la croissance sur la période considérée, même si sa contribution a pu être positive, mais relativement faible, pendant les périodes de fort accroissement de la pression douanière moyenne, principalement entre 1974 et 1996.

Cette stratégie a donc été un échec : elle n'a pas permis de favoriser la croissance au-delà de celle soutenue par les transferts de l'Etat.

Il faudrait, pour que cette stratégie provoque une croissance durable, que, paradoxalement, le protectionnisme se renforce constamment et donc produise une baisse indéfinie de la propension moyenne à importer.

Or l'expérience polynésienne de protectionnisme (et donc d'inflation) extrême démontre :

- qu'on ne peut pas accroître les taxes à l'importation indéfiniment, sous peine d'asphyxier progressivement le pouvoir d'achat du consommateur, en produits importés, mais aussi en produits locaux, ainsi que la compétitivité du secteur exposé à la concurrence internationale (exportations, tourisme), qui subit l'effet d'éviction résultant de l'inflation produite par le protectionnisme.

- qu'on ne peut pas abaisser la propension moyenne à importer indéfiniment (cf. Figure A1 en annexe 1), dans une petite économie insulaire dépourvue de la plupart des matières premières et produits énergétiques de base, et de plus incapable de produire à grande échelle la plupart des biens durables de consommation (automobiles, électro-ménager, électronique…) et des biens d'équipement (machines et engins de travaux publics ou de transport).

En Polynésie française, l'éloignement qui enferme le consommateur dans une bulle de prix élevés sans qu'il en ait forcément conscience, la force des lobbies agricoles et industriels locaux, et la résistance des élites économiques et politiques (notamment des entrepreneurs et fonctionnaires) à l'instauration d'un impôt sur le revenu, a toujours favorisé l'essor du protectionnisme, générateur de marges généreuses, permettant de conserver « l'économie de serre » et de créer des emplois « protégés » de la concurrence.

Malheureusement, en voulant protéger l'industrie d'import-substitution – qui représente 4084 emplois en 2011, hors construction et énergie, sur un total de 65079 emplois – on serre le frein de la locomotive qui tire le train du développement (exportations de biens et services, dont le tourisme). Or ces wagons ne peuvent aller plus vite que la locomotive : entre 2005 et 2011, 416 emplois ont disparu dans l'industrie hors construction et énergie, soit une baisse de 9% en six ans, malgré le protectionnisme au bénéfice de ce seul secteur.

Il apparaît donc nécessaire de questionner le concept de « développement endogène » dans les DOM-COM, car le développement de la production industrielle locale ne peut être, dans ces petites économies ouvertes, que la simple conséquence d'une croissance tirée par les ressources extérieures : transferts publics, exportations de biens, exportations de services touristiques, financiers ou éducatifs. Dans des petites économies insulaires ouvertes, le développement est donc fondamentalement « extraverti », et non pas endogène. Les bases du développement doivent s'appuyer sur les efforts de productivité et l'installation de dynamiques d'offre dans le respect des avantages comparatifs.

L'effet multiplicateur des ressources extérieures sur la valeur ajoutée locale peut certes être momentanément augmenté par un surcroît de protectionnisme (qui réduit la propension à importer), mais au prix d'une dégradation durable de la compétitivité du secteur exportateur, donc de la croissance ultérieure des ressources extérieures, qui conditionne la croissance générale de l'économie.

L'économie florissante de l'Etat de Hawaii devrait interroger les responsables politiques sur la politique pratiquée de longue date dans les DOM-COM. Cet ancien territoire devenu le 50° état américain, importe pratiquement tout (sans aucune taxe) du continent américain. Il reçoit 7 millions de visiteurs par an (exportation de service qui lui permet d'équilibrer ses échanges de biens et services), et ne reçoit aucune forme d'aide du gouvernement fédéral (sauf indirectement, par les dépenses militaires de la base de Pearl Harbor). C'est un des Etats les plus riches de l'union. Imaginons que cet Etat décide de taxer à 30% les importations en provenance du reste de l'union (hypothèse d'école, car cela lui est juridiquement impossible), d'interdire une grande quantité de produits d'importation (comme le papier toilette, les charcuteries, etc.) et enfin de payer sa fonction publique 84% de plus que dans le reste de l'union (financé par ces taxes douanières), on imagine les conséquences que cela aurait sur l'économie touristique de cet Etat, en concurrence avec les destinations touristiques de tout le Pacifique…

A l'heure où la croissance des transferts publics de la Métropole est pour le moins remise en question dans les DOM-COM, la leçon de l'expérience polynésienne de « protectionnisme extrême » est que seule une politique de promotion des exportations de biens ou de services peut générer durablement de la croissance dans l'économie mondialisée d'aujourd'hui.

Annexe 1. La politique de substitution d'importation en Polynésie française : historique et statistiques

Pendant longtemps, la stratégie officielle de développement prônée par le gouvernement polynésien issu de l'autonomie (statuts de 1974 et 1984) a été la « stratégie de substitution d'importation » Polynésie française. Elle peut s'observer à travers l'évolution de la pression fiscale douanière (en pourcentage des importations) au cours du temps (Figure A2).

Le rapport de synthèse du IX° plan de développement économique et social de la Polynésie française (1985) mentionnait également cette stratégie : « La création et le développement d'entreprises nouvelles devront être fortement encouragés. Cette création, organisée autour *de la substitution d'importation* et de la diffusion de produits nouveaux, est indispensable (...) le territoire dispose de certains atouts pour l'implantation *d'industries de substitution aux importations* adaptées à la taille du marché local et économiquement justifiées »[8]. En 1988 le ministre de l'économie tenait également le même discours : « Face à la montée du chômage et à la nécessité induite de créer des emplois, le ministère des affaires économiques a la volonté de promouvoir une croissance tournée vers l'intérieur qui repose sur *la substitution de la production locale aux importations* et implique une plus forte diversification des activités »[9].

Cette politique a justifié la mise en œuvre de mesures protectionnistes extrêmes. Ainsi, entre 1974 (date du premier statut d'autonomie) et 1995 (date de l'arrêt définitif des essais nucléaires à Mururoa), le taux moyen des taxes à l'importation est passé de 17% à 42,5%. Si on considère uniquement les importations civiles (hors importations militaires), on constate que la pression douanière est montée jusqu'à 54% de celles-ci en 1992 !

Parallèlement, de nombreux contingents d'importation étaient instaurés, notamment pour les fruits et légumes produits localement (pommes de terre, choux, carottes, salades, oranges), et des interdictions totales d'importation étaient mises en place : café, pâtes alimentaires jusqu'en 1988, les produits de la charcuterie (jambon, saucisses, conserves de bœuf) jusqu'à maintenant (voir annexe 2).

A partir de 1998 jusqu'en 2001 a lieu une réforme fiscale qui se traduit par un « désarmement douanier », c'est à dire par une baisse significative de la pression douanière sur les importations. Cette réforme avait été demandée par l'Etat dans le cadre des négociations du Pacte de Progrès (1995), qui avaient pour enjeu les compensations accordées par l'Etat dans la perspective du départ définitif du Centre d'Expérimentation du Pacifique.

Elle consiste à remplacer le droit fiscal d'entrée (DFE) et la taxe nouvelle pour la protection sociale (TNPS), qui frappaient tous les produits importés, par une TVA introduite progressivement de 1998 à 2001. Subsistaient cependant les droits de douane sur les produits importés non originaires de l'union européenne. Cette réforme fît bais-

[8] Rapport de synthèse du IX° plan de développement économique et social. Service du plan, gouvernement de la Polynésie française, 1985.

[9] P. Revault, ministre des affaires économiques de la Polynésie française, la lettre de la CCI. n° 7/mai 1988, la Dépêche du 17 mai 1988.

ser le taux moyen de taxes sur les importations (TVA à l'importation incluse) de 42% à 22% en quatre ans.

Elle avait abouti à réduire le taux de protection des produits locaux puisque la TVA à l'importation était au même taux que la TVA locale sur les produits locaux équivalents (alors que ceux-ci n'étaient pas taxés du tout auparavant).

Les industriels locaux demandèrent alors en compensation l'instauration d'une nouvelle taxe sur les importations, la taxe de développement local (TDL), spécifiquement ciblée pour frapper les produits importés concurrents de produits locaux.

Le tableau A1 donne quelques exemples de taux de la TDL en 2008 (montant de la TDL rapporté aux importations correspondantes).

Tableau A1. Taxe de développement local (taux en 2008)

Articles	Valeur CAF	TDL	Taux de TDL
Eaux minérales	208,0	131,0	**63%**
Accumulateurs au plomb	208,0	109,0	**52%**
Shampoings	152,0	57,0	**38%**
Savons de toilette	89,0	35,0	**39%**
Bière	36,0	31,0	**86%**
Tubes et tuyaux plastique	70,0	26,0	**37%**
Papier hygiènique	58,0	16,0	**28%**
Paréos en matières textiles	12,0	12,0	**100%**
Mouchoirs et essuie mains en papier	67,0	25,0	**37%**
Fromages frais	36,0	13,0	**36%**
Linges de lit de coton	10,4	9,6	**92%**
Nappes et serviettes en papier	19,0	7,0	**37%**
Fenêtres portes fenêtres et cadres	16,7	6,7	**40%**
Calendriers	15,8	6,0	**38%**
Linges de tables en coton	0,9	0,9	**92%**
Pointes et clous	9,5	1,9	**20%**
Articles d'ameublement de coton	0,4	0,4	**89%**
Engins flottants, réservoirs, caissons...	24,0	4,8	**20%**
Paréos en coton	7,0	6,6	**94%**

Source : Base SOFIX, février 2008.

La mise en place de cette TDL et la hausse progressive de ses taux, ainsi qu'une nouvelle taxe « de mise en circulation » sur les automobiles importées, contribuèrent à la remontée du taux moyen de taxation des importations à partir de 2002.

Cette taxe est de 82% sur la bière, de 60% sur les sodas, de 51% sur les glaces alimentaires, de 37% sur les savons, shampoings, détergents, le bois de charpente et les ouvrages en bois, les meubles de cuisine et les constructions préfabriquées en bois, les matelas en caoutchouc ou en matière plastique alvéolaire, les mouchoirs, serviettes et essuie mains en papier, les brochures publicitaires, les calendriers en tous genre. (Délibération n° 97-194 APF du 24 octobre 1997 portant modification du tarif des douanes et instauration d'une taxe de développement local (TDL) à l'importation (J.O.P.F. du 13 novembre 1997, n° 46, p. 2334).

D'après la Figure A.2 on peut distinguer plusieurs périodes : 1959-1974 (baisse du protectionnisme), 1974-1987 (hausse du protectionnisme), 1987-1996 (stabilité du protectionnisme), 1996-2002 (baisse du protectionnisme), 2002-2006 (hausse du protectionnisme).

Le protectionnisme élevé de 1974 à 1996 a effectivement abouti à une baisse du taux d'importation (Importations/PIB), comme on peut le constater sur la Figure A.1.

C'est d'ailleurs la stagnation des importations en valeur, accompagnée de celle des recettes fiscales afférentes, qui pousse alors le gouvernement local à adopter la TVA, dont la base fiscale plus large permet une progression des recettes fiscales indirectes, que la seule taxation des importations rendait impossible.

Figure A.1. Propension moyenne à importer (Importations/PIB)

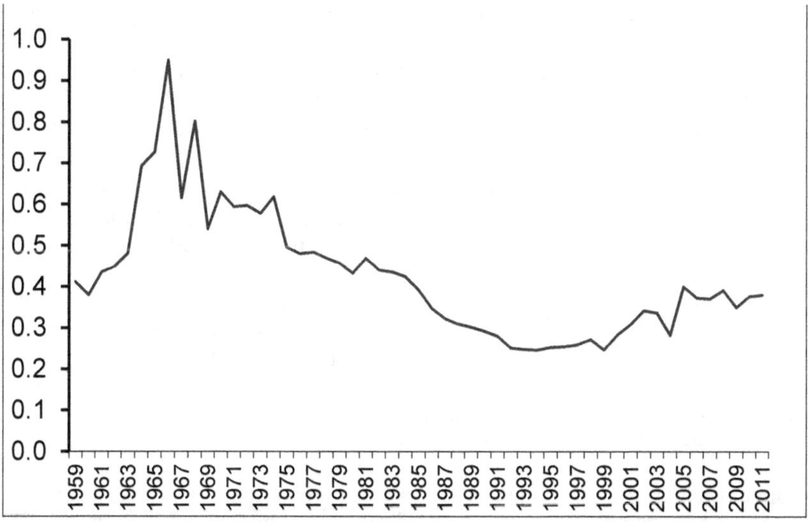

Source : Institut de la statistique de Polynésie française, comptes économiques.

Figure A.2. Pression fiscale douanière en pourcentage des importations totales (1959-2006)

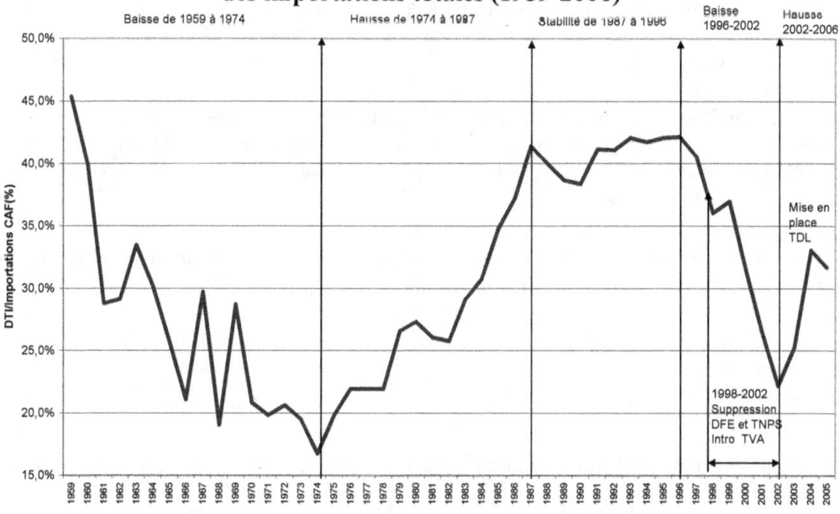

Annexe 2. Protection quantitative en Polynésie française : les prohibitions d'importation

ARRETE n° 861 CM du 22 juin 1999 fixant le régime d'importation des produits soumis au contrôle du commerce extérieur. NOR : SCE9900690AC. JOPF du 1er juillet 1999, n° 26, p. 1422.

MARCHANDISES SUSPENDUES A L'IMPORTATION

A - De toutes origines et provenances

1 - Viandes de l'espèce porcine salées ou en saumure, séchées ou fumées, relevant des codifications douanières 02.10.11.00, 02.10.12.00 et 02.10.19.00 (arrêté n° 593 CM du 15 juin 1994 – article 1er).

2 - Poissons, filets et autres chairs de poissons, frais, réfrigérés ou congelés relevant des tarifs douaniers 03.02, 03.03 et 03.04 (arrêté n° 547 CM du 25 mai 1990, article 1er).

3 - Légumes et tubercules frais ou réfrigérés énumérés à l'annexe I de l'arrêté n° 1283 CM du 20 octobre 1986, non repris à l'annexe III Ab 5 ci-après.

4 - Fruits tropicaux et agrumes frais ou réfrigérés non repris à l'annexe III A b 6 ci-après.

5 - Saucisses des types "Strasbourg, Francfort, Vienne, Toulouse, Montbéliard, Morteau, chipolata et crépinette", relevant de la codification douanière 16.01.00.90 (arrêté n° 593 CM du 15 juin 1994, article 1er).

6 - Saucissons cuits des types "saucisson à l'ail, mortadelle et cervelas", relevant de la codification douanière 16.01.00.90 (arrêté n° 593 CM du 15 juin 1994, article 1er).

7 - Jambons et épaules du genre "jambons de Paris" ou "jambons blancs" présentés en boîtes métalliques hermétiquement fermées d'un poids unitaire supérieur à 500 grammes ou présentés autrement qu'en boîtes métalliques, relevant des codifications douanières 16.02.41.10, 16.02.41.90, 16.02.42.20 et 16.02.42.90 (arrêté n° 593 CM du 15 juin 1994, article 1er).

8 - Préparations et conserves de viandes de l'espèce porcine saumurées, présentées en boîtes métalliques hermétiquement fermées d'un poids unitaire supérieur à 500 grammes ou autrement présentées, relevant des codifications douanières 16.02.49.20 et 16.02.49.90 (arrêté n° 593 CM du 15 juin 1994, article 1er).

9 - Ananas préparés ou conservés sans alcool, relevant de la codification douanière 20.08.20.90 (arrêté n° 544 CM du 25 mai 1990).

10 - (modifié, Ar n° 496 CM du 18/04/2013, art.1er-I) « Jus d'ananas et boissons contenant du jus d'ananas relevant des codifications douanières 20.09.40.00 et 22.02.90.10 ; mélanges de jus relevant de la codification douanière 20.09.90.00 contenant plus de 10 % en volume de jus d'ananas (arrêté n° 324 CM du 9 mars 1998 modifié) ».

11 - Eau de javel, savons ordinaires, lessives liquides pour le lavage de la vaisselle et assouplissants pour les textiles relevant des codifications douanières 28.28.90.10, 38.09.91.00, 34.01.19.10 et 34.02.20.10 (arrêté n° 592 CM du 15 juin 1994, article 1er, modifié par l'arrêté n° 323 CM du 9 mars 1998).

12 - (abrogé, Ar n° 1738 CM du 14/10/2009, art. 6)

13 - Perles fines et perles de culture des types "perle noire ou perle teintée" et ouvrages en ces perles relevant des codifications douanières 71.01.10.00, 71.01.21.10 à 71.01.22.90 inclus et 71.16.10.00 (arrêté n° 545 CM du 25 mai 1990).

14 - Machines à sous relevant de la codification douanière 95.04.30.00 (arrêté n° 152 CM du 17 février 1994).

B - Originaires des PTOM et des pays tiers

1 - Yoghourts préparés relevant de la codification douanière 04.03.10.00 (arrêté n° 907 CM du 19 août 1987).

2 - Viandes bovines du genre "corned beef", relevant de la codification douanière 16. 02.50.11 (arrêté n° 712 CM du 16 juin 1987).

3 - (modifié, Ar n° 496 CM du 18/04/2013, art. 1er-II) « Jus de pamplemousse ou de pomelo relevant de la codification douanière 20.09.20.00 (arrêté n° 324 CM du 9 mars 1998 modifié) ».

C - Originaires des pays tiers

1 - Viandes de veau en carcasses excédant 40 kg ou en demi-carcasses fraîches, réfrigérées ou congelées, relevant des codifications douanières 02.01.10.10 et 02.02.10.10.

2 - Viandes de gros bovins en carcasses ou demi-carcasses fraîches, réfrigérées ou congelées, relevant des codifications douanières 02.01.10.90 et 02.02.10.90.

REFERENCES

Aubourg M., Naudet J.D. et Reboud V., 2007, *« Economies d'outre-mer : une croissance sous serre »,* Document AFD, Conférence AFD/CEROM, juin 2007.

Balassa B., Kreinin M., 1967, « Trade liberalization under the Kennedy Round The Static Effects » *Review of Economics and statistics*, 49.

Banque mondiale, 2013, *Programme de Comparaison Internationale (ICP).* http://www.worldbank.org/data/icp

CEROM, 2011, « Comparaison des prix entre la Polynésie française et la France métropolitaine en mars 2010 ». http://www.cerom-outremer.fr/IMG/pdf/cerom_-_comparaison_des_prix_entre_pf_et_france_metropolitaine.pdf

Chenery H.B., 1979, *Changement des structures et politiques de développement*, publié pour la Banque mondiale, Economica, Paris.

Chenery H.B., 1986, « Industrialization and Growth », Harvard Institute for International Development paper n° 217.

CNUCED, 2011, « Déséquilibres mondiaux : le choix de l'indicateur de taux de change est essential », Synthèses de la CNUCED, n°19.

Das P Satya, 2004, « Welfare costs of import protection, some selected cases » , *Economic and Political Weekly*.

Durant C., Lopez C., 2012, « Taux de change d'équilibre et mesure de la compétitivité au sein de la zone euro », *Bulletin de la Banque de France*, n° 190.

Dropsy V., Montet C., Poirine B., 2007, *Les effets d'une introduction de l'euro en Polynésie française et en Nouvelle Calédonie*, Rapport au ministère de l'outre-mer.

Dropsy V., Montet C., Poirine B., 2010, *Étude économique du potentiel touristique de la Polynésie française*, Rapport au ministère de l'outre-mer.

Dropsy V., Montet C. et Poirine B., 2011, *Analyse des facteurs de la croissance en Polynésie française,* Rapport pour le ministère de l'Outre-mer, GDI, Université de la Polynésie française.

Guillaumont P., 1985, « Protectionnisme, substitution d'importation et développement tourné vers l'intérieur » in Lassudrie-Duchène B. et Reiffers J.L., *Le protectionnisme*, Economica, Paris.

Guillaumont P. et Guillaumont S., 1988, *Stratégies de développement comparées, zone franc et hors zone franc*, Economica, Paris.

Harberger A.C., 1959, "Using the ressources at hand more effectively", *American Economic Review*, 49.

Hufbauer G.C., Elliot K.A., 1994, "Measuring the Costs of Protection in the United States", Institute for International Economics.

Johnson H., 1960, « The cost of protection and the scientific tariff », *Journal of political economy*, 68.

Kohler P., 2004, « The welfare cost of tarif protection in the Balkan countries », Working Paper, The Wiiv Balkan Observatory.

Krugman P., Obstfeld M., Melitz M., 2012, Economie internationale, 9è édition, Pearson Series in Economics.

Magee S., 1972, « The welfare effects of restrictions on US Trade », *Brooking papers in economic activity*.

Messerlin P., 2001, *Measuring the Costs of Protection in Europe – European Commercial Policy in the 2000s*, Washington DC, Institute for International Economics.

Poirine B., 1996, « La contribution de la substitution d'importation à la croissance dans les Dom-Tom (1971-1989) », *Revue française d'économie,* 11, 4.

Poirine B., 2011, *Tahiti, une économie sous serre*, L'Harmattan, Paris.

Rogoff K., 1996, « The Purchasing Power Parity Puzzle », *Journal of Economic Literature*, 34, 2.

Stern R., 1964, "The US Tariff and the efficiency of the US Economy", *American Economic Review*, 54.

Tarr D., Morkre M., 1984, *« aggregate cost to the usa of tariff and quotas imports »*, bureau of economic staff report to the federal trade commission

Tarr D., De Melo J., 1992, *A General Equilibrium Analysis of US Foreign Trade Policy,* The MIT Press, Cambridge.

The Economist, 2013, « *The BigMac Index* ». http://www.economist.com/content/big-mac-index

THE COST OF PROTECTIONISM IN A SMALL ISLAND ECONOMY: THE EXTREME CASE OF FRENCH POLYNESIA

Abstract - *This paper shows the high welfare cost of protectionism in French Polynesia, a French overseas territory with one of the highest level of import duties in the world. We find that the net welfare loss is 47% of the value added of industry for a unitary price elasticity of imports, or 23333 euros per employee in the local industry. We show that import substitution has had no long run positive effect on growth. It only had a positive but small effect during periods when import duties were rising rapidly. The findings suggest that import substitution can stimulate growth only at the price of an ever-rising rate of import duty, and only at the expense of export competitiveness and therefore of long run growth.*

Keywords - FRENCH POLYNESIA, ENDOGENOUS DEVELOPMENT, IMPORT SUBSTITUTION, PROTECTIONISM AND GROWTH

VULNÉRABILITÉ ÉCONOMIQUE STRUCTURELLE ET DÉPENDANCE TOURISTIQUE : QUELS ENSEIGNEMENTS POUR LES PETITES ÉCONOMIES INSULAIRES EN DÉVELOPPEMENT

Claire GOAVEC[*], **Jean-François HOARAU**[**]

Résumé - *Cet article se propose de vérifier si les petites économies insulaires en développement souffrent d'une plus forte vulnérabilité, comme le suggèrent leurs spécificités, en comparaison des autres économies en développement. Pour cela, nous nous appuyons sur l'Indice de Vulnérabilité Economique (IVE) développé par le Comité des Politiques de Développement des Nations Unies, en y apportant deux modifications importantes. D'une part, la vulnérabilité liée à la dépendance touristique est introduite à travers l'intégration de deux variables, une variable de choc touristique et une autre d'exposition à ce choc. D'autre part, nous substituons à la méthode traditionnelle des poids ad hoc permettant d'agréger les composantes de l'IVE un système de pondération déterminé de manière endogène. Pour cela, nous appliquons l'approche multicritères à poids spécifiques dérivée de la méthode d'enveloppement de données DEA. Les nouvelles valeurs de l'IVE obtenues ainsi pour 2011 sur un ensemble de pays en développement nous incitent à nuancer la conclusion largement établie dans la littérature. Si l'ajout des variables touristiques impacte de manière négative les résultats obtenus par les petites économies insulaires, l'ampleur de leur vulnérabilité structurelle apparaît moindre avec l'introduction du système de poids endogènes.*

Mots-clés - DATA ENVELOPMENT ANALYSIS, INDICATEURS COMPOSITES, INSULARITÉ, VULNÉRABILITÉ ÉCONOMIQUE, TOURISME

Code JEL - C1, L83, O11, O57

[*] CEMOI, Université de La Réunion ; claire.goavec@gmail.com
[**] CEMOI, Université de La Réunion ; jfhoarau@univ-reunion.fr

1. INTRODUCTION

Il ne fait aucun doute aujourd'hui que l'activité touristique est d'un poids important dans l'économie mondiale. Les flux touristiques ne représentent en effet pas seulement des déplacements temporaires de consommateurs, mais sont également le signe de transferts financiers d'une grande importance. Le secteur du tourisme peut être considéré comme l'un des premiers secteurs économiques mondiaux, responsable de 9% du PIB mondial[1], de 8% de l'emploi mondial [2], et représente ainsi sans nul doute un moteur de développement et de bien-être pour nombre de nations (UNWTO, 2014).

Les pays en développement sont particulièrement concernés même si leur performance reste encore en deçà de celle des pays développés. Bien qu'occupant une place marginale dans les flux touristiques internationaux, l'importance économique du tourisme y est devenue très importante. Les recettes touristiques représentent globalement près de 17% des recettes de toutes les exportations hors pétrole et constituent leur première source de devises (Nowak et al., 2010)[3]. Parmi cet ensemble, la contribution économique du tourisme apparaît particulièrement forte pour le groupe des Petites Economies Insulaires en Développement (PEID). Nombre de PEID ont fait du secteur touristique un pilier de leur stratégie de développement (Poirine et Bertram, 2007) – un choix raisonné pour certains observateurs et subi pour d'autres, reposant sur un avantage comparatif avéré dans le domaine (Logossah et Maupertuis, 2007). Des PEID sont ainsi devenues peu à peu dépendantes des recettes liées à l'activité touristique. Cette dépendance par rapport à un secteur – considéré comme instable et particulièrement fragile dans un contexte de crise économique internationale –est susceptible de générer une forte vulnérabilité des PEID capable de mettre à mal à terme leur processus de développement.

De manière générale, un large consensus se dégage de la littérature sur le fait que les PEID sont confrontées plus que toute autre économie à une forte vulnérabilité structurelle (Briguglio, 1995, 2004 ; Adrianto et Matsuda, 2004 ; Bayon, 2007 ; Guillaumont, 2007, 2010). Celle-ci serait liée à la présence de nombreux handicaps structurels (petitesse, éloignement, fragilité des écosystèmes, dépendance externe, faible diversification de la production et des exportations, coûts de transports élevés, etc.). Parmi l'ensemble des approches proposées dans la littérature, celle du Comité des Politiques de Développement des Nations Unies (CDPNU) apparaît comme la plus adaptée pour traiter le cas spécifique des PEID, en particulier les moins développées d'entre elles (Nations Unies 1999, Guillaumont, 2004, 2009). Le CDPNU définit la vulnérabilité économique comme le risque qu'un pays subisse une baisse significative de son taux de croissance moyen à long terme suite à des chocs exogènes imprévus. Par rapport aux autres approches, elle insiste sur la distinction entre la vulnérabilité découlant de mauvais choix de politiques économiques et la vulnérabilité structurelle qui résulte de facteurs environnementaux et économiques échappant au

[1] A titre indicatif, ce secteur représente 4% du PIB européen et 6,5% du PIB français.
[2] Soit 200 millions d'emplois directs dans le monde.
[3] Les recettes liées à ce secteur représentent actuellement la source principale de devises pour 46 des 49 pays les moins avancés (PMA).

contrôle des décideurs politiques du pays considéré. Cette dernière a conduit à l'élaboration d'un Indicateur synthétique de Vulnérabilité Economique (IVE)[4] reposant sur la combinaison de deux éléments, mesurés par deux indices composites : (i) l'indice de chocs, retraçant l'ampleur et la fréquence des chocs exogènes (naturels et commerciaux) et (ii) l'indice d'exposition à ces chocs, laquelle dépend des spécificités du pays telles que la petitesse, l'éloignement, l'enclavement et la spécialisation de la base productive et des exportations.

Toutefois, en dépit des nombreux avantages qu'offre cette approche, notamment en termes de simplicité, de transparence et d'adaptabilité, certaines limites importantes viennent réduire la portée de ses enseignements. En particulier, trois défauts majeurs sont notables (Guillaumont, 2009).

Premièrement, l'utilisation de la moyenne arithmétique pour construire l'indicateur global ne semble pas en tout point optimale, dans la mesure où chacun des indices est considéré indépendamment des autres. Plus précisément, cette méthode introduit un biais de substituabilité entre dimensions et ne permet pas de faire rejaillir l'éventuelle interaction entre les composantes de chocs et d'exposition[5].

Deuxièmement, lorsque l'on étudie les PEID, et conformément à la réflexion menée précédemment, il est important, sur un plan conceptuel, de prendre en compte la dépendance touristique comme facteur potentiel de vulnérabilité. Il est donc surprenant de ne voir apparaître dans l'IVE du CDPNU aucune variable relative au secteur du tourisme[6].

Enfin, troisième défaut, le système de pondération adopté est largement *ad hoc* et tributaire des jugements de valeurs des experts du CDPNU. Globalement, un poids égal est donné à chacune des deux composantes. Pour l'indice de chocs, un poids similaire est affecté aux chocs naturels et externes, alors que pour l'indice d'exposition une pondération égale est retenue pour la taille de la population et le total des autres variables. Pour éviter une telle détermination arbitraire du système de pondération, plusieurs auteurs ont montré qu'il était possible de dériver le système de poids à travers l'impact estimé des différentes dimensions sur une variable d'intérêt, telle que le taux de croissance ou encore la volatilité de ce taux (Atkins et al., 2001, Guillaumont et Chauvet, 2001). Néanmoins, la mesure de la vulnérabilité économique dans ce cadre dépend fortement de la qualité d'ajustement des régressions et semble plus appropriée à des fins académiques que pour guider la conduite de la politique internationale (Guillaumont, 2009).

---

[4] Cet indicateur étant régulièrement révisé, sa dernière révision date de 2013.

[5] Guillaumont (2009) propose deux autres méthodes d'agrégation pour dépasser cette limite, à savoir (i) une moyenne semi-géométrique qui consiste à combiner la moyenne géométrique des indices de chocs et d'exposition avec la moyenne arithmétique des composantes de ces deux indices et (ii) une moyenne arithmétique des indices des valeurs logarithmiques à la fois des indices de chocs et d'exposition.

[6] Notons que cette intégration a été envisagée mais sans succès principalement faute de données fiables. A ce sujet, Guillaumont (2009) précise que "l'indicateur n'inclut pas certains services, comme le tourisme, représentant pourtant des sources probables d'instabilité".

Aussi, l'objectif du présent article est d'apporter une réponse aux deux dernières critiques. À cet égard, notre contribution est d'autant plus importante que l'indice composite de vulnérabilité fait partie des trois critères utilisés par le CDPNU pour déterminer les pays appartenant au groupe des PMA[7]. En clair, cet indice conditionne les choix en matière de politiques d'aide internationale. Dans un premier temps, nous introduisons dans l'IVE standard deux variables représentatives de la dépendance touristique, une variable de chocs avec « l'instabilité des recettes touristiques », et une variable d'exposition aux chocs avec « les recettes touristiques comme pourcentage des exportations ». Nous obtenons alors un Indicateur de Vulnérabilité Economique augmenté du Tourisme (IVET), lequel paraît mieux adapté à la réalité des économies insulaires. Dans un second temps, nous proposons une solution transparente et robuste au problème de détermination du système de pondération à la base même de la construction de l'IVE. Plus précisément, nous construisons un IVET en retenant un système de pondération endogène obtenu à partir d'un modèle multicritères dérivé de la méthode d'enveloppement de données ou « Data Envelopment Analysis » connu sous l'acronyme DEA (Charnes et al., 1978). Plusieurs études empiriques ont déjà appliqué cette approche aux indicateurs composites (voir OCDE, 2008, pour une revue de la littérature). Dans cette étude, nous appliquons la récente approche à poids spécifiques de Zhou et al. (2007) à un échantillon de 88 pays en développement, comprenant 22 petites économies insulaires, pour l'année 2011. À notre connaissance, c'est la première fois que le cadre méthodologique DEA est appliqué au concept de vulnérabilité économique. Pour échapper à d'éventuelles critiques liées à une définition subjective du groupe des PEID, nous retenons la liste institutionnelle du Secrétariat des Nations Unies, limitée aux seuls pays pour lesquels toutes les données requises sont disponibles[8]. Il sera particulièrement intéressant de voir si l'introduction du système de pondération endogène change de manière significative le classement mondial par rapport au système standard.

La suite de l'article est organisée de la manière suivante. La section 2 met en évidence les différents enjeux de la spécialisation touristique pour les petites économies insulaires. La section 3 présente l'apport conceptuel de ce travail à savoir l'introduction de la dimension touristique dans l'indicateur synthétique de

---

[7] Les deux autres critères sont le revenu national brut par tête et l'indice de capital humain. Aussi, pour être considéré comme un PMA, un pays doit avoir un faible revenu, un niveau bas de capital humain et une vulnérabilité élevée (Guillaumont, 2010).

[8] À l'instar d'Encontre (2004), Blancard et Hoarau (2013) présentent quatre listes de PEID : (i) une liste politique de 39 PEID (32 pays et 7 territoires reconnus comme PEID par l'Alliance of Small Island States – AOSIS), (ii) une liste économique de 48 PEID (34 pays et 14 territoires implicitement reconnus comme PEID par les Nations Unies selon l'AOSIS), (iii) une liste institutionnelle de 46 PEID (34 États insulaires, 4 États continentaux et 8 territoires non indépendants qui constituent ensemble la liste officielle selon le Secrétariat des Nations Unies) et (iv) une liste pragmatique de 29 PEID (tous de véritables États insulaires indépendants dotés d'une population ne dépassant pas cinq millions, à l'exception de la Papouasie-Nouvelle-Guinée, et des caractéristiques socio-économiques ne laissant aucun doute sur leur statut de pays en développement selon la classification de la CNUCED).

vulnérabilité ainsi que les résultats qui en découlent. La section 4 se focalise sur l'apport méthodologique en exposant la méthode de poids endogène de Zhou et al. (2007) et discute les résultats obtenus des différentes simulations. Enfin, la dernière section conclut.

2. LES ENJEUX DE LA SPÉCIALISATION TOURISTIQUE POUR UNE PETITE ÉCONOMIE INSULAIRE

2.1. Un choix raisonnable compte tenu des effets potentiellement positifs

La contribution du tourisme à la croissance économique et à la réduction de la pauvreté a été de nombreuses fois soulignée dans la littérature économique. Ainsi, si « le tourisme, à lui seul, ne peut permettre d'éliminer la pauvreté, il peut y contribuer largement » (CNUCED, 2013) [9]. Ce constat a conduit à l'émergence du courant théorique de la croissance tirée par le tourisme connu sous l'appellation du « Tourism led growth hypothesis » (Brida et al., 2014).

Le système touristique possède des caractéristiques de développement uniques. Il permet en effet aux communautés pauvres en ressources matérielles, mais riches en histoire et héritage culturel, de mettre à profit ces atouts pour leur développement économique. Ce secteur représente somme toute une opportunité d'exportation pour nombre de territoires jusque-là marginaux dans les échanges internationaux, incapables de répondre à la concurrence que ceux-ci impliquent.

Sur le plan économique, l'effet positif le plus largement documenté dans la littérature du développement touristique repose sur l'augmentation du gain social à travers l'amélioration des termes de l'échange qu'il induit (Copeland, 1991). Une augmentation du tourisme entraine une hausse du prix des biens et services demandés par les touristes relativement à celui des autres biens. Les biens touristiques étant non échangeables, la hausse de leur prix correspond à une hausse des termes de l'échange pour l'économie insulaire, générant ainsi un effet « revenu » positif pour la population locale[10]. Notons que cette amélioration des termes de l'échange sera d'autant plus forte que le PEID différencie sa production touristique dans un contexte international où la liberté de circulation du consommateur est forte (Nowak et Sahli, 1999).

Par ailleurs, les bénéfices indirects de l'activité touristique sont nombreux et difficiles à quantifier. Néanmoins, la diversification des opportunités qu'elle permet laisse entrevoir la multitude d'externalités positives qu'elle représente d'un point de vue économique, social ou environnemental. Le développement de l'activité touristique est généralement accompagné du développement

---

[9] Cet impact positif du tourisme sur la pauvreté est néanmoins conditionné par un certain nombre de facteurs relatifs à la qualité de l'activité touristique (tourisme de masse ou tourisme culturel par exemple), la qualité des dépenses touristiques également, ainsi que de l'intégration des "pauvres" dans la chaîne de valeur du tourisme.

[10] Toutefois, Copeland précise que l'expansion du tourisme se traduit par une baisse du bien-être des populations dès lors que la part des bénéfices distribués aux non-résidents est supérieure aux dépenses effectuées par les touristes étrangers, et lorsque les facteurs de production sont mobiles, du fait qu'une partie de la rente touristique est captée par l'extérieur sous forme de salaires ou de paiements d'intérêts.

d'activités conjointes, on parle alors d'effets d'entrainement ou d'effet boule de neige (Richardson, 2010). L'industrie touristique aurait donc cette capacité de stimuler les autres activités de l'économie par des effets directs, indirects ou induits. Nowak et Sahli (2008) montrent en particulier que les exportations de services touristiques, en permettant la constitution de devises, vont financer l'acquisition de biens d'équipement et d'investissement, accroissant ainsi le volume des investissements et la formation brute de capital nécessaires à la croissance économique. Par ailleurs, la concurrence forte sur le plan international entre destinations pousse les entreprises touristiques à adopter les meilleures pratiques en matière de gestion, d'organisation et de formation de ressources humaines. Cela crée un environnement favorable à un accès à des technologies plus performantes, contribuant à augmenter la productivité globale des facteurs (Balaguer et Cantavella-Jordá, 2002). Le rôle positif sur l'accumulation du capital humain est confirmé par Schubert (2011).

Les impacts positifs en termes de gains à l'échange, de création d'emplois et de revenus, ainsi que de stimulation de la consommation domestique, ont été de nombreuses fois étudiés dans la littérature, mettant généralement en avant la relation positive unissant tourisme et croissance économique (Croes et Vanegas, 2003). Les économies spécialisées dans le tourisme croitraient ainsi plus vite que les autres (Brau et al., 2003; Brida et al., 2008, 2009 ; Parry et McElroy, 2009). En particulier, en introduisant le terme SITE (« Small Island Tourist Economies ») pour caractériser les pays ayant adopté un modèle de développement dont le tourisme est l'activité principale, McElroy (2006) et Oberst et McElroy (2007) montrent que les économies de type SITE présentent des performances économiques bien meilleures que leurs homologues MIRAB [11] (« Migration, Remittances, Aid and Bureaucracy »). Bertram et Poirine (2007) confirment ce résultat en mettant en évidence la stratégie SITE comme celle associée aux meilleurs résultats en termes de développement parmi l'ensemble des stratégies existantes dans le monde insulaire[12].

Par ailleurs, « en plus de ces valeurs économiques (...) le tourisme offre des bénéfices sociaux, culturels et environnementaux » (Higgins-Desbiolles, 2006). L'activité touristique tend en effet à favoriser la préservation des cultures, dans un monde où l'homogénéisation prédomine. Les effets sociaux positifs du tourisme peuvent inclure l'amélioration de la compréhension entre cultures, la pro-

[11] Le modèle MIRAB (Bertram et Watters, 1985) est une stratégie particulière de développement insulaire dans lequel le financement des importations, et donc les principales ressources financières de l'économie, reposent sur la migration, les transferts de revenu de la part de la diaspora, le contrôle étatique et l'aide extérieure principalement en provenance de l'ancienne tutelle coloniale.

[12] Bertram et Poirine (2007) ont mis en évidence que l'ensemble des petites économies insulaires pouvait être séparé en neuf groupes distincts selon la stratégie de développement adoptée : (i) les exportations à forte valeur ajoutée, (ii) les exportations primaires plus une rente ou une aide géostratégique, (iii) une forte dépendance touristique, (iv) une dépendance touristique modérée, (v) une finance "offshore" plus du tourisme, (vi) une rente géostratégique exclusive, (vii) du tourisme plus exportations, (viii) exportations primaires avec des aides et ou des transferts de revenus, (ix) les économies MIRAB pures.

tection culturelle, la promotion d'une conscience globale, etc. Les motivations des touristes sont parfois principalement relatives à la curiosité de la culture du pays hôte. Le tourisme peut ainsi être perçu comme facteur de stabilité sociale, de compréhension et de connaissance mutuelle. La préservation des ressources naturelles, devenant « obligatoire » à la durabilité de ce secteur, représente évidemment une autre externalité positive au développement de cette activité. Le tourisme n'aurait donc pas qu'une valeur « économique »[13].

2.2. Un choix imposé compte tenu des handicaps structurels et d'un avantage comparatif certain... conduisant à une situation de dépendance

Comme il a été précisé dans l'introduction, il n'est plus à démontrer aujourd'hui le caractère fortement vulnérable, à la fois sur les plans économique et environnemental, des PEID. Plusieurs handicaps structurels sont en cause (Logossah, 2007 ; Logossah et Salmon, 2007 ; Angeon et Saffache ; 2008, Garabédian et Hoarau, 2011) : (i) les caractéristiques géographiques (petite dimension, éloignement, enclavement, exposition à des risques majeurs, fragilités des écosystèmes, etc.), (ii) le contexte historique (dépendance vis-à-vis de l'extérieur, relations privilégiées avec les anciennes tutelles politiques, etc.), (iii) la situation sociale (moindre intensité et volatilité du capital humain, précarité du marché travail, insécurité, etc.) et (iv) la structure économique (déséconomies d'échelle, étroitesse des marchés locaux, faible diversification des activités, coûts d'accès aux ressources extérieurs, etc.). « Face à ces handicaps, la spécialisation touristique est vite apparue [pour les petites économies insulaires en développement] comme la voie appropriée » (Logossah et Maupertuis, 2007).

Tout d'abord, parce que le tourisme n'est pas une activité de haute technologie ; ensuite parce qu'avec cette activité, une part des handicaps naturels peut se transformer en caractéristiques de biens touristiques demandés par les consommateurs (...) au point de conférer un avantage comparatif aux territoires insulaires » (Logossah et Maupertuis, 2007). Ainsi, «le secteur (touristique) présente des opportunités particulières pour les PEID, en tant que l'une des rares activités pour lesquelles leur localisation, leur environnement et leur héritage traditionnel peuvent présenter un avantage comparatif fort » (UNWTO, 2012). Un résultat particulièrement intéressant concernant le lien positif entre avantage comparatif, croissance et spécialisation touristique en milieu insulaire a été établi par Lanza et Pigliaru (2000). Les auteurs mettent en évidence que le tourisme contribue à accélérer la croissance si les termes de l'échange (tourisme/industrie) augmentent suffisamment pour combler le différentiel de productivité entre les deux secteurs. Cette condition est notamment assurée lorsque l'élasticité de substitution entre les biens manufacturés et le tourisme est faible. Selon cette approche, les petits pays (c'est-à-dire ceux disposant d'une dotation abondante en ressources naturelles touristiques relativement à la taille de leur population) sont plus susceptibles d'obtenir un avantage comparatif en tourisme et connaissent une croissance économique plus prononcée que ceux spécialisés dans l'industrie manufacturière. Le tourisme jouerait ainsi « un rôle relative-

[13] Le tourisme social ou l'écotourisme reflètent bien les atouts autres qu'économiques de l'activité touristique.

ment plus important au sein des économies insulaires, confirmant le fait que le développement touristique au sein de celles-ci pourrait avoir comparativement [aux pays développés et en développement non-insulaires] de plus grands effets sur la croissance » (Seetanah, 2011).

Ensuite, le manque de ressources, et a fortiori de diversification, la volatilité du revenu du fait de l'ouverture extrême et de la forte concentration, la petite taille du marché[14] ainsi que les coûts de transport tendent à limiter leurs opportunités économiques (Schubert, 2011). Pour les PEID, l'expansion touristique viendrait donc de leur incapacité à bâtir leur économie sur des secteurs traditionnels suffisamment générateurs de revenus. Le tourisme représenterait ainsi une alternative, « le segment conducteur des industries des services (...) avec le plus fort potentiel de création de valeur significative, pas seulement pour les établissements impliqués directement dans le tourisme, mais aussi de manière plus importante pour la société dans son ensemble » (Craigwell, 2007). Cette alternative représenterait par ailleurs un vecteur de développement durable, ce secteur nécessitant en effet pour sa survie la prise en compte de l'environnement.

Il est ainsi à remarquer l'importance particulière que peut avoir le management environnemental pour les PEID, ceux-ci étant supposément plus exposés au changement climatique mais également aux évènements extrêmes que sont les ouragans, typhons, etc. La question du management environnemental est pour ainsi dire d'autant plus importante pour ceux qui dépendent fortement du tourisme, la qualité de l'environnement pouvant déterminer le maintien de ce secteur, et ainsi la performance économique de ces îles. Des indicateurs de vulnérabilité environnementale[15] ont ainsi vu le jour au sein de la littérature, indicateurs censés souligner l'importance de la prise en compte de cette problématique environnementale (Kaly et al., 2004). La question du développement durable ne peut sans nul doute être envisagée sans approfondir cette problématique qu'est celle de l'environnement[16].

Le tableau A.1 en annexe montre que, pour presque la moitié des pays en développement pour lesquels nous avons pu obtenir des données, les recettes touristiques représentent plus de 10% de leurs exportations, plus de 25% pour 21 d'entre eux, et plus de 50% pour une dizaine. Il montre la forte présence des PEID en haut du classement des économies pour lesquelles les recettes touris-

[14] Croes (2006) met par ailleurs en avant les trois moyens à travers lesquels le tourisme peut représenter un atout de taille pour surmonter la petitesse d'un pays : il fournit tout d'abord le volume pour surmonter la demande de marché insuffisante permettant ainsi une plus grande efficience ainsi que des économies d'échelle, il incite à la compétitivité ce qui peut influer positivement sur le niveau des prix des biens et services, et ce faisant contribue à l'amélioration du niveau de vie.

[15] L'Indice de Vulnérabilité Environnementale mis en place par la « South Pacific Applied Geoscience Commission » (SOPAC), la « United Nations Environment Programme » (UNEP) et leurs partenaires est très certainement le plus reconnu sur la scène internationale.

[16] A ce titre, Bates et al. (2014) et Angeon et Bates (2015) proposent de refonder les indicateurs de vulnérabilité économique par une approche en termes de durabilité.

tiques représentent une part importante des exportations (les 17 premiers du classement excédant tous les 30%). Les Maldives (avec plus de 80% de leurs exportations représentés par les recettes touristiques) illustrent sans nul doute l'exemple ultime de l'importance du tourisme pour ces économies.

Il apparaît aussi que pour un quart des économies le tourisme peut représenter, au bas mot, plus de 10% de leur PIB. Le dernier ratio, représentant les touristes comme pourcentage de la population locale, se veut également représentatif. Le Bahreïn, pour qui les touristes représentent près de sept fois la population locale, est sans nul doute un bon exemple de dépendance à l'activité touristique. Certains territoires se voient ainsi, à l'année, plus peuplés de touristes que de leurs propres habitants. La plupart de ces territoires se trouvent être des petites économies insulaires. En plus du Bahreïn, on peut également mentionner les Bahamas (386,8%), les Maldives (286,5%), Antigua et la Barbade (213,9%), les Seychelles (213,2%), Singapour (195,6%), Sainte-Lucie (186,8%), Grenade (112,4%), la Dominique (107%), et dans une moindre mesure le Cap Vert (82,3%), Maurice (74,9%) et Belize (74,2%).

2.3. Une dépendance aux effets négatifs de long terme : le tourisme comme facteur de vulnérabilité potentielle

La spécialisation touristique serait donc facteur d'augmentation de la richesse dans les PEID, du moins à court terme. Les résultats à long terme se veulent quant à eux plus ambigus. Ainsi, du fait des externalités négatives sur le plan économique, écologique, et social, « rien ne garantit (...) la durabilité de la croissance fondée sur cette activité » (Logossah et Maupertuis, 2007). En particulier, Adamou et Clerides (2010) et Holzner (2011) mettent en évidence que le tourisme aurait un effet marginal positif mais décroissant sur la croissance économique. Jin (2011) va plus loin en montrant que ce dernier exerce un impact positif à court terme mais bien négatif à long terme. Enfin, Geronimi et al. (2014) concluent que la relation entre croissance et tourisme serait non-linéaire dans le sens où à partir de certains seuils de spécialisation touristique, la croissance économique ralentirait et la vulnérabilité économique s'accroîtrait. En fait, les effets pervers de la spécialisation touristique ne sont pour la plupart visibles qu'à long terme. Globalement, cinq types de nuisances font de la spécialisation touristique une activité vulnérable et potentiellement prédatrice pour le développement soutenable des PEID.

En premier lieu, l'accroissement du revenu intérieur découlant des dépenses touristiques se trouve affaibli par l'existence d'un ensemble de fuites (Nowak et al., 2010). Ces dernières peuvent être (i) de nature interne à travers les importations de biens, de services et de main-d'œuvre nécessaires à son bon fonctionnement, (ii) de nature externe résultant du manque de maîtrise des petits pays de la commercialisation de leurs produits touristiques dans les pays émetteurs de touristes et sur le transport international des visiteurs et (iii) de nature « invisible » relevant principalement des fuites illicites de capitaux vers l'étranger, à l'usure et à la congestion des infrastructures publiques.

En second lieu, le secteur touristique est réputé instable, particulièrement sensible aux variations conjoncturelles dans les pays émetteurs et aux évènements internationaux majeurs tels que les crises et autres chocs exogènes imprévus. En reprenant les conclusions des travaux récents de la CNUCED (2013), « le volume du tourisme est sensible aux conditions économiques mondiales et régionales existantes (liées à des périodes de croissance et de récession) et à des évènements préjudiciables tels que les catastrophes naturelles, les épidémies, les troubles politiques et le terrorisme »[17]. Il convient ici d'insister sur le risque d'instabilité potentiel lié au problème du réchauffement climatique. L'« Intergovernmental Panel on Climate Change » (IPCC) a évalué la montée des eaux, sur la période 1990-2100, à un niveau allant de 9 à 88 centimètres. Les PEID sont particulièrement concernées par cette élévation du niveau des eaux même si elles ne contribuent que très marginalement à l'effet global. Les impacts côtiers de cette montée peuvent bien entendu atteindre les hôtels et infrastructures touristiques diverses, et surtout endommager les attractions touristiques que sont les plages, l'écosystème marin...

En troisième lieu, l'activité touristique introduit généralement une concurrence « intersectorielle » intense dans l'économie concernée, générant une dynamique de type « dutch desease » pouvant conduire au final à un déséquilibre entre activités à travers le déclin de secteurs pourtant prospères jusque-là (Nowak et Sahli, 2007). En effet, le développement du tourisme et l'accroissement de la rentabilité de l'activité qui en découle exigent des besoins supplémentaires en facteurs de production (main-d'œuvre, terre, capitaux). Ce surcroît de demande fait apparaître des tensions sur les marchés des facteurs de production, conduisant à une forte hausse des prix de chacun de ces facteurs. Au final, un processus inflationniste se met en place, détériorant la compétitivité des activités économiques traditionnelles fortement exposées à la concurrence internationale.

En quatrième lieu, le tourisme n'est généralement pas une activité de haute technologie et ne nécessite pas de travail hautement qualifié. Ce qui peut paraître comme un avantage au départ devient une réelle contrainte lorsque l'on étudie l'impact dynamique du développement touristique sur l'accumulation du capital humain à long terme (Azariadis et Drazen, 1990 ; Augerond-Veron et al., 2005). Les auteurs montrent, en effet, dans le cadre d'une modélisation à équilibres multiples, qu'un faible niveau initial d'éducation, ce qui est souvent le cas dans un PEID, n'incite pas le secteur touristique à investir dans la connaissance : l'économie converge vers l'équilibre de bas niveau (qualification et salaire) et se retrouve piégée dans une trappe à sous-éducation et donc de faible croissance économique. Ainsi, lorsque le niveau d'éducation hérité est faible, les individus sont peu enclins à se former et vont léguer un niveau d'éducation insuffisant aux générations futures pour espérer la mise en place d'un processus de développement à long terme.

En dernier lieu, cette spécialisation peut être elle-même à l'origine de la remise en cause de son propre développement. Le succès d'une destination aboutit

[17] Notons, toutefois, que les prévisions de l'OMT ont tendance à révéler que les pays récepteurs disposent d'un marché touristique solvable en expansion continue. Aussi, l'instabilité des recettes touristiques n'apparaît pas plus grande que celle des produits hautement spéculatifs agricoles ou miniers.

à son déclin quand les touristes, par leurs comportements et leur nombre, nuisent à l'équilibre écologique et culturel, pourtant à la base de son avantage comparatif (Leroux, 2010). Une croissance du tourisme rapide, non planifiée et intrusive peut endommager les écosystèmes insulaires[18] (Briguglio et al, 1996). En particulier, dans les économies insulaires les plus développées, le tourisme a souvent été associé au déclin de l'utilisation des ressources naturelles « propres » comme les énergies renouvelables, à la paralysie du territoire due à l'effet de foule touristique, et autres intrusions socioculturelles qui tendent à menacer les styles de vie et l'identité insulaire. De là, plusieurs approches théoriques ont montré qu'il existerait un « optimum touristique », c'est-à-dire un seuil critique au-delà duquel le développement du tourisme n'est pas soutenable et qui fixerait donc une limite à son expansion (Butler, 1980, 2011 ; Lozato-Giotart, 2003 ; Lozato-Giotart et Balfet, 2004). Plus particulièrement, la théorie du cycle de vie de la destination touristique, développé par Butler (1980, 2011), montre que l'activité touristique porte en elle les germes de sa propre destruction. Son développement se fait selon un schéma de type « courbe en S » reposant sur la succession progressive de six étapes, en l'occurrence (i) l'exploration, (ii) l'engagement, (iii) le développement, (iv) la consolidation, (v) la stagnation et (vi) le déclin. La possibilité d'échapper au déclin est bien envisagée mais au prix d'une reconversion nécessitant des moyens humains et financiers importants (Cole, 2007 ; Butler, 2011).

3. L'INDICATEUR DE VULNÉRABILITÉ ÉCONOMIQUE STRUCTURELLE AUGMENTÉ DU TOURISME

Globalement, la vulnérabilité économique peut être entendue comme « le risque que rencontre un pays de voir son développement entravé par des chocs externes et naturels [imprévus] auxquels il fait face » (Guillaumont, 2009). Trois composantes sont identifiées, à savoir (i) la taille et la probabilité d'apparition des chocs, (ii) l'exposition aux chocs ainsi que (iii) la résilience face aux chocs[19]. A partir de cette définition générale, deux indicateurs intéressants ont été proposés au sein la littérature, le premier indicateur composite de vulnérabilité développé conjointement par l'Université de Malte et le secrétariat du Commonwealth (Briguglio, 1995 ; Atkins et al., 2001 ; Crowards, 1999 ; Briguglio et Galea, 2004)[20], le second élaboré par le CDPNU (Nations-Unies, 1999 ; Guillaumont, 2004 ; 2008 ; 2010). Parmi ces outils, le dernier apparaît comme le plus adapté pour étudier le cas spécifique des PEID, en particulier les moins développés d'entre eux. Contrairement au premier, il insiste sur la nécessaire distinction entre la vulnérabilité découlant de mauvais choix de politiques économiques et la vulnérabilité structurelle qui résulte de facteurs environne-

[18] Dans les Caraïbes, l'expansion touristique a entrainé la déforestation ainsi que l'érosion des forêts des hautes terres et ce pour la construction de bâtiments ou des infrastructures routières. La pollution des lagons, les récifs endommagés, l'extraction du sable sont légion (McElroy, 2003).

[19] C'est-à-dire la capacité du territoire considéré à réagir face à des chocs adverses (notamment grâce à la politique économique et aux institutions).

[20] Cette approche repose généralement sur un petit nombre de variables, dont les plus fréquemment retenues sont relatives à l'ouverture économique, la concentration des exportations, la dépendance au niveau des importations stratégiques et la périphéricité.

mentaux et économiques échappant au contrôle des décideurs politiques du pays considéré. Ainsi, « L'IVE [du CDPNU] est un indice mesurant la vulnérabilité structurelle des pays en développement, indépendante de la politique actuelle, et se présente donc comme un indice synthétique de l'importance des chocs et de l'exposition à ces chocs[21]» (Cariolle, 2012). Notons que, fort de sa crédibilité en tant que mesure complète, il est calculé pour l'ensemble des pays en développement, et ce tous les trois ans.

3.1. L'IVE standard, quelques rappels

A ses débuts, L'IVE du CDPNU était composé de cinq éléments (Guillaumont, 2009), à savoir la petitesse de la population, la part des biens manufacturés et des services modernes dans le PIB, le coefficient de concentration des exportations de marchandises, l'instabilité des exportations de biens et de services, ainsi que l'instabilité de la production agricole. En 2003, une nouvelle composante, le pourcentage de la population déplacée par des désastres naturels, fut ajoutée. L'IVE actuel comprend désormais 8 variables, réparties en deux groupes : les indices de chocs (au nombre de trois) et les indices d'exposition (au nombre de cinq). La Figure 1 permet de mettre en lumière la composition de l'indicateur global, ainsi que la pondération choisie pour chaque sous-indice.

Le groupe indices de chocs est ainsi divisé en deux sous-parties : les chocs naturels et les chocs commerciaux.

La partie « chocs naturels » se compose des variables de l'instabilité de la production agricole et de l'indice « victimes de désastres naturels ». D'une part, l'instabilité de la production agricole, mesurée comme l'écart entre le niveau constaté de la production agricole et une valeur de référence[22], permet de mesurer la fragilité de la production agricole, un secteur particulièrement exposé aux chocs imprévus (conjoncture économique, aléas naturels, etc.) et par conséquent révélateur de la vulnérabilité d'un pays. D'autre part, la variable « victimes de désastres naturels » est mesurée par le pourcentage de la population déplacée suite à des catastrophes naturelles.

La partie « chocs commerciaux » n'est quant à elle composée que d'une seule variable, à savoir l'instabilité des recettes d'exportations de biens et services. Cette variable, donnée par les écarts de la valeur réelle des exportations par rapport à une valeur tendancielle estimée, est liée aux fluctuations des prix mondiaux, de la demande externe et des chocs climatiques.

[21] Par ailleurs, cet indicateur a au moins trois avantages décisifs sur le plan opérationnel (Guillaumont, 2010) : (i) un critère d'identification dans la construction de la catégorie des PMA, (ii) un critère d'allocation de l'aide internationale pour les banques multilatérales en charge du développement (Banque mondiale, Banque africaine de développement…) et (iii) un outil directement mobilisable par la recherche académique.

[22] Conformément à la méthodologie du CDP, la valeur de référence est obtenue à partir de l'estimation d'une tendance « mixte », par les moindres carrés ordinaires, combinant une tendance déterministe et une tendance stochastique, soit : $X_t = a't + b'X_{t-1} + c'$ (Goavec et Hoarau, 2015).

Figure 1. L'Indicateur de Vulnérabilité Economique du CDP des Nations Unies

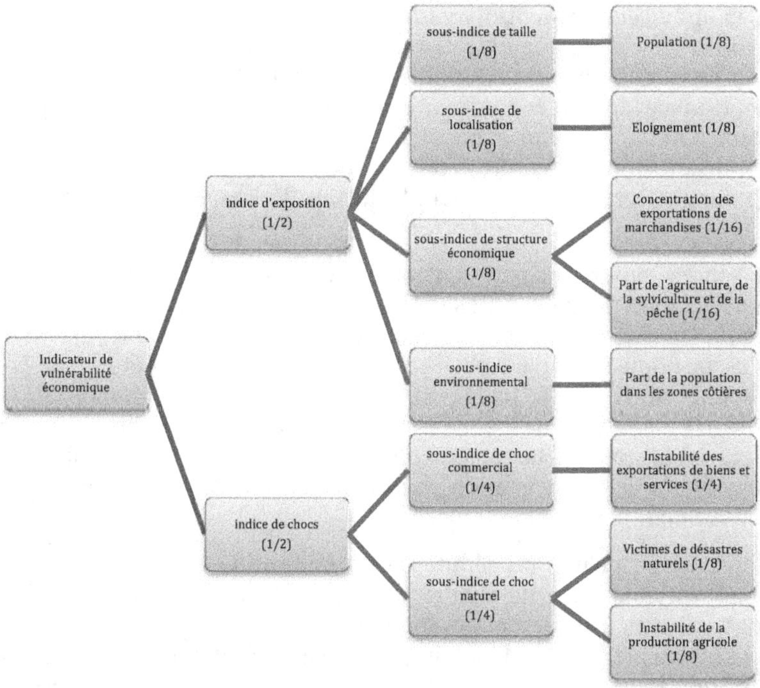

Source : site des Nations Unies.

Le groupe indices d'exposition est divisé en 4 sous-groupes : la petitesse, la localisation, la spécialisation et, depuis peu, un sous-indice environnemental.

La petitesse est obtenue à partir de la taille de la population. Plus la taille de la population se trouve être importante, moins la valeur de l'indicateur est élevée. Il est donc sous-entendu ici une relation positive entre petitesse du territoire et vulnérabilité économique.

La localisation est, elle, mesurée à travers l'éloignement par rapport aux principaux marchés mondiaux. « La construction de la variable d'éloignement consiste à calculer la distance bilatérale (en kilomètres) cumulée entre le pays et ses principaux partenaires commerciaux » (Cariolle, 2012). Cette variable consiste donc à mesurer la distance minimum moyenne pour que le pays considéré atteigne une part significative du marché mondial. Plus l'éloignement du pays se trouve être grand, plus sa vulnérabilité se trouvera ainsi être importante.

La spécialisation quant à elle unit de manière équiproportionnelle deux variables : le coefficient de concentration des exportations de marchandises ainsi que la part relative de la valeur ajoutée agricole dans le PIB. D'un côté, le coefficient de concentration sectorielle des exportations part du principe qu'une concentration trop forte sur quelques produits augmente l'impact et le risque d'être affecté par des chocs d'exportations. De manière simplifiée, plus un Etat exporte de produits divers, moins grande sera sa concentration, et moins élevée est sa vulnérabilité. Cette variable souligne donc l'intérêt pour un pays de posséder une gamme relativement diversifiée de produits exportés, afin de réduire sa vulnérabilité face à un contexte économique défavorable. De l'autre côté, la part de l'agriculture, sylviculture et pêche dans le PIB mesure la plus ou moins grande importance du secteur primaire au sein de l'économie d'un pays. Ce secteur étant particulièrement exposé aux différents chocs exogènes (désastres naturels, épuisement des ressources disponibles, etc), une économie qui « miserait » trop sur le secteur primaire serait, du fait de son exposition, plus vulnérable.

Le sous-indice environnemental n'implique qu'une seule variable, celle de la part de la population dans les zones côtières. Celles-ci étant considérées comme étant des zones à risque (montée des eaux, catastrophes naturelles), il est entendu que plus la population d'un pays se trouve habiter ces zones, plus celle-ci sera exposée, et ainsi plus le pays pourra se voir considéré comme vulnérable. Un seuil de 10 mètres est utilisé pour le calcul de cette variable. Remarquons que cette variable, très certainement plus écologique qu'économique, découle principalement de la préoccupation désormais internationale que représente le changement climatique.

Précisons, enfin, qu'une procédure de normalisation (min-max) est requise, pour chaque variable, afin de rendre l'indice de vulnérabilité insensible aux échelles des mesures utilisées, étant donné la diversité des unités de mesure des variables composant l'indice. Une simple moyenne arithmétique pondérée des variables normalisées (précédemment décrites) permet d'aboutir à l'IVE (Guillaumont, 2010).

3.2. La construction de l'IVET

Le choix de certaines des variables retenues au sein de l'indicateur fait aujourd'hui débat dans les cercles académiques. La variable « Petitesse », prenant en compte l'impact négatif que peut avoir une population réduite sur la vulnérabilité économique, est sans doute la variable la plus remise en question. Pour nombre d'auteurs, petitesse ne rime pas toujours avec vulnérabilité, mais plus souvent avec ouverture économique (Easterly et Kraay, 2000), cohésion sociale (Read, 2004), ou résilience (Armstrong et Read, 2002). La variable « Eloignement » peut également porter à critiques. La perception de l'éloignement, dans le cas insulaire par exemple, peut en effet être biaisée par les différents liens étroits qu'entretiennent les économies insulaires avec leur métropole ou leur ancienne puissance coloniale. La puissance de ces liens n'est pas prise en compte dans le calcul de cette variable, ce qui en soi biaise les comparaisons pouvant être faites entre les différents territoires considérés. La variable « Concentration des exportations de marchandises » repose quant à elle sur un paradoxe. La spécialisation, à la base du développement des économies considérées et de leur insertion dans l'économie internationale, serait un facteur de vulnérabilité. Affirmer que les facteurs de croissance économique d'un territoire puissent être également facteurs de sa vulnérabilité parait en soi un peu ambiguë.

Concernant la variable « Part de l'agriculture, de la sylviculture et de la pêche dans le PIB », aucune analyse empirique n'a réellement démontré son impact négatif sur la vulnérabilité économique. Certains économistes démontrent même empiriquement que « revendiquer l'agriculture (comme étant) une source de vulnérabilité macro-économique est une affirmation erronée » (Angeon et Bates, 2012). L'aspect purement structurel de certaines des variables suscite également des interrogations. En effet, l'impact possible d'une politique économique sur la valeur de celles-ci n'est pas à exclure, et paraît même dans certains cas évident.

La première étape de notre travail consiste ainsi en l'intégration de la dépendance touristique comme facteur potentiel de vulnérabilité économique. La mise en évidence d'une relation empirique tourisme-vulnérabilité n'est pas nouvelle. Wells (1997), dans sa proposition d'indicateur composite de vulnérabilité économique, avait déjà tenté d'introduire l'influence de l'activité touristique à travers les recettes touristiques comme pourcentage du PIB. Notons que le choix des variables destinées à mesurer la dépendance touristique pose clairement problème. Le tourisme n'est pas une industrie au sens traditionnel, mais plutôt une activité qui se fixe sur un certain nombre de secteurs économiques (incluant le logement, la restauration, le transport, l'hébergement, les divertissements et le commerce au détail), et c'est la raison pour laquelle la mesure de son impact représente une question complexe (Brida et al., 2008). Ce manque de visibilité de la participation du tourisme au sein des comptes nationaux pose problème (Guillaumont, 2009) et représente très certainement le principal frein à toute étude portant sur la place du tourisme au sein d'une économie.

Aussi, conscients des limites, nous avons fait le choix d'ajouter deux variables, l'une représentant les « recettes touristiques comme pourcentage des exportations »[23], l'autre représentant « l'instabilité des recettes touristiques[24] ».

La première variable s'apparente à une variable de concentration. La deuxième variable correspond à une variable d'instabilité, variable représentative de l'insécurité économique que pourrait représenter la dépendance vis-à-vis du secteur touristique. En tant que variable de concentration, nous considérons la première variable aux côtés des variables « concentration des exportations de marchandises » et « part de l'agriculture, de la sylviculture et de la pêche au sein PIB », comme partie prenante donc du sous-indice de « structure économique ». Cette variable ne représentera donc que le tiers du sous-indice représentant la structure économique (ne représentant elle-même que le huitième de l'indicateur total).

[23] Variable pour laquelle le nombre de données est plus important, couvrant 88 pays, quand la variable « part du tourisme au sein du PIB » n'en couvre que 79.

[24] Faute de séries plus longues, l'instabilité, estimée par une fonction mixte combinant un élément déterministe et un élément stochastique $X_t = a't + b'X_{t-1} + c'$, n'a pu être calculée que sur 18 années, de 1995 à 2012. Cette mesure de l'instabilité étant choisie par Guillaumont et le CDP des Nations Unies comme mesure des différentes instabilités au sein de l'Indicateur de Vulnérabilité Economique, il nous a paru logique d'envisager cette mesure de la même manière.

Tableau 1. Résultats des différents indicateurs et différence de classement entre IVE standard et IVET rendu robuste grâce à la méthode DEA

Pays	IVE (1)		IVET (2)		IVE-DEA (3)		IVET-DEA (4)		Varia (1-4)
	Score	*Rang*	*Score*	*Rang*	*Score*	*Rang*	*Score*	*Rang*	*Score*
Algeria	0.2646	23	0.2135	7	0.2273	7	0.2273	5	18
Angola	0.5129	80	0.4327	67	0.5165	83	0.5044	78	2
Antigua and Barbuda	**0.4132**	**60**	**0.4310**	**66**	**0.5000**	**55**	**0.5000**	**57**	**3**
Argentina	0.2540	19	0.2694	16	0.4526	44	0.4490	38	-19
Bahamas	**0.4883**	**76**	**0.5097**	**80**	**0.5000**	**53**	**0.5000**	**58**	**18**
Bahrain	**0.3743**	**54**	**0.3578**	**42**	**0.5000**	**56**	**0.5000**	**48**	**6**
Bangladesh	0.3241	42	0.3141	29	0.5000	67	0.5000	47	-5
Belize	**0.4949**	**77**	**0.5497**	**82**	**0.5010**	**69**	**0.5000**	**59**	**18**
Bhutan	0.4419	62	0.5086	79	0.4158	40	0.5000	60	2
Bolivia	0.3363	46	0.3967	56	0.4905	51	0.5000	53	-7
Brazil	0.2184	10	0.2826	21	0.3522	24	0.3579	22	-12
Burundi	0.5716	86	0.5082	78	0.5077	77	0.5018	75	11
Cambodia	0.5047	78	0.5113	81	0.5173	84	0.5220	85	-7
Cape Verde	**0.3518**	**48**	**0.4197**	**62**	**0.3521**	**23**	**0.3737**	**28**	**20**
Chile	0.3122	38	0.3746	48	0.4291	42	0.4548	39	-1
China	0.2399	15	0.2688	15	0.5000	57	0.5000	61	-46
Colombia	0.2307	14	0.3126	28	0.3070	15	0.3639	24	-10
Costa Rica	0.3245	43	0.3189	31	0.3717	33	0.3757	29	14
Djibouti	0.4630	70	0.4369	69	0.5021	73	0.5000	62	8
Dominica	0.3922	59	0.4342	68	0.5000	58	0.5000	63	-4
Dominican Republic	**0.2448**	**17**	**0.3232**	**33**	**0.2550**	**10**	**0.2892**	**10**	**7**
Ecuador	0.3169	39	0.3361	37	0.3324	21	0.3214	13	26
Egypt	0.1879	5	0.1983	4	0.2978	14	0.3409	17	-12
El Salvador	0.3095	37	0.3357	35	0.3643	29	0.3670	25	12
Ethiopia	0.3348	44	0.3499	39	0.6005	86	0.6531	86	-42
Ghana	0.2865	30	0.2989	24	0.3532	25	0.3545	21	9
Grenada	**0.4567**	**67**	**0.4601**	**74**	**0.5000**	**59**	**0.5000**	**64**	**3**
Guatemala	0.2435	16	0.3192	32	0.3207	17	0.3682	26	-10
Guinea	0.2860	29	0.3257	34	0.2671	12	0.2889	9	20
Haiti	**0.4731**	**73**	**0.4105**	**58**	**0.5038**	**75**	**0.5078**	**81**	**-8**
Honduras	0.3052	34	0.4058	57	0.4065	38	0.4788	42	-8
India	0.2139	9	0.2748	17	0.4221	41	0.4357	35	-26
Indonesia	0.2262	13	0.2512	10	0.3209	18	0.3210	12	1
Iraq	0.4656	71	0.3947	55	0.5149	81	0.5093	82	-11
Israel	0.1354	2	0.1497	1	0.0000	1	0.0000	1	1
Jamaica	**0.3351**	**45**	**0.3768**	**49**	**0.3799**	**34**	**0.4176**	**34**	**11**
Jordan	0.2067	7	0.2333	9	0.1947	5	0.2350	6	1
Kenya	0.2657	24	0.2851	22	0.4819	50	0.4961	46	-22
Lao People's Dem. Republic	0.3706	51	0.3641	45	0.4799	49	0.4799	43	8
Lebanon	0.2693	25	0.2873	23	0.1594	3	0.1983	4	21
Lesotho	0.4586	68	0.4798	77	0.5000	65	0.5000	54	14
Liberia	0.6097	87	0.5661	85	0.5073	76	0.5072	80	7

Malawi	0.5193	81	0.4597	73	0.5125	80	0.5036	77	4
Malaysia	0.2221	12	0.2633	13	0.2511	9	0.2500	7	5
Maldives	**0.5517**	**85**	**0.6428**	**88**	**0.5010**	**70**	**0.5016**	**74**	**11**
Mauritius	**0.2978**	**33**	**0.3085**	**27**	**0.3590**	**26**	**0.3590**	**23**	**10**
Mexico	0.2104	8	0.2327	8	0.2639	11	0.2639	8	0
Mongolia	0.5252	82	0.4638	76	0.5024	74	0.5000	56	26
Morocco	0.1839	4	0.2641	14	0.2192	6	0.3447	20	-16
Mozambique	0.4437	63	0.4298	65	0.5214	85	0.5188	84	-21
Myanmar	0.4501	66	0.3483	38	0.4744	47	0.4617	40	26
Namibia	0.3909	58	0.3911	53	0.4706	46	0.4681	41	17
Nepal	0.2777	27	0.2583	12	0.3247	20	0.3266	14	13
Nicaragua	0.3195	41	0.3694	46	0.3908	35	0.4093	33	8
Nigeria	0.3856	56	0.2806	19	0.5000	52	0.5000	65	-9
Oman	0.3522	49	0.3859	50	0.2755	13	0.3416	19	30
Pakistan	0.2198	11	0.2116	6	0.3409	22	0.3410	18	-7
Panama	0.2709	26	0.3569	41	0.2452	8	0.3279	15	11
Paraguay	0.4347	61	0.4128	59	0.5017	71	0.5000	50	11
Peru	0.2856	28	0.3885	51	0.3911	36	0.4920	45	-17
Philippines	0.2897	32	0.2821	20	0.9497	88	0.9524	88	-56
Qatar	0.3725	52	0.4193	60	0.4129	39	0.5000	49	3
Republic of Korea	0.1527	3	0.1968	3	0.0699	2	0.0674	2	1
Saint Kitts and Nevis	**0.4854**	**75**	**0.5539**	**83**	**0.5000**	**60**	**0.5000**	**66**	**9**
Saint Lucia	**0.3731**	**53**	**0.3930**	**54**	**0.4795**	**48**	**0.5000**	**67**	**-14**
Saint Vincent and the Grenadines	**0.3857**	**57**	**0.4448**	**72**	**0.5000**	**61**	**0.5000**	**68**	**-11**
Samoa	**0.5106**	**79**	**0.6250**	**87**	**0.5001**	**68**	**0.5002**	**73**	**6**
Sao Tome and Principe	**0.4608**	**69**	**0.4194**	**61**	**0.5000**	**54**	**0.5000**	**69**	**0**
Saudi Arabia	0.2552	20	0.2550	11	0.3205	16	0.3372	16	4
Seychelles	**0.4453**	**65**	**0.4434**	**71**	**0.5000**	**62**	**0.5000**	**51**	**14**
Sierra Leone	0.4850	74	0.4231	63	0.5089	78	0.5022	76	-2
Singapore	**0.3061**	**35**	**0.3557**	**40**	**0.5000**	**63**	**0.5000**	**70**	**-35**
South Africa	0.2595	21	0.3059	25	0.4044	37	0.4047	32	-11
Sri Lanka	0.2619	22	0.3595	43	0.3666	30	0.4407	36	-14
Sudan	0.4444	64	0.3896	52	0.5157	82	0.5108	83	-19
Suriname	**0.7032**	**88**	**0.6048**	**86**	**0.5019**	**72**	**0.5000**	**52**	**36**
Thailand	0.2475	18	0.3357	36	0.4543	45	0.4811	44	-26
Timor-Leste	**0.5335**	**84**	**0.4601**	**75**	**0.5000**	**64**	**0.5000**	**71**	**13**
Tunisia	0.2020	6	0.2017	5	0.3714	32	0.3714	27	-21
Turkey	0.1238	1	0.1672	2	0.1729	4	0.1945	3	-2
Uganda	0.3623	50	0.4232	64	0.3616	27	0.5066	79	-29
United Republic of Tanzania	0.2869	31	0.3146	30	0.3712	31	0.3958	31	0
Uruguay	0.3492	47	0.3705	47	0.4439	43	0.4418	37	10
Vanuatu	**0.4678**	**72**	**0.5622**	**84**	**0.5000**	**66**	**0.5000**	**72**	**0**
Venezuela	0.3185	40	0.2770	18	0.3218	19	0.3073	11	29
Viet Nam	0.3090	36	0.3617	44	0.6360	87	0.6664	87	-51
Yemen	0.3847	55	0.3070	26	0.3631	28	0.3841	30	25
Zambia	0.5303	83	0.4377	70	0.5095	79	0.5000	55	28

Source : Calculs des auteurs.

Figure 2. L'Indicateur de Vulnérabilité Economique augmenté du Tourisme

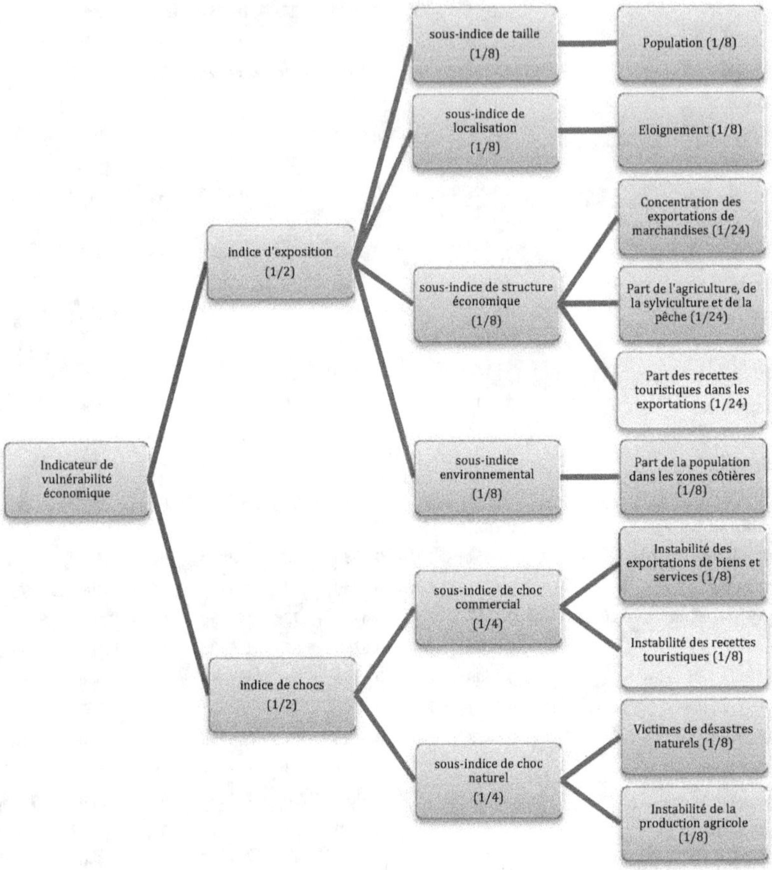

Source : Proposition des auteurs.

La variable « instabilité touristique » sera quant à elle intégrée aux côtés de la variable « instabilité des exportations de biens et services », représentant dès lors la deuxième composante du « sous-indice de choc commercial » (qui représente quant à lui le quart de l'indicateur total)[25]. De manière à rester cohérents avec l'IVE proposé par les Nations Unies, nous nous fixons sur la liste des pays généralement étudiés par celles-ci pour leur vulnérabilité économique. Néanmoins, les données concernant le tourisme n'étant disponibles que pour 88 pays,

[25] La variable « recettes touristiques comme pourcentage des exportations » ne comptera alors que pour 1/24ème de l'Indicateur de Vulnérabilité Economique final, la variable « instabilité des recettes touristiques » pour 1/8ème de ce dernier. Cette pondération, somme toute plus intuitive que réellement construite, est bien évidemment critiquable. C'est précisément pour contrer cette critique que nous tenterons de rendre l'indicateur plus robuste à travers la méthode DEA.

nous nous sommes vus obligés de réduire l'échantillon à ces quelques pays, pour lesquels les calculs ne se trouveraient pas affectés par l'absence de données[26]. Nous montrons alors comment l'apport de ces variables peut perturber l'indicateur du CDP, et ce même en respectant sa construction. La Figure 2 permet de visualiser les changements par rapport à l'IVE standard.

3.3. Les résultats obtenus

Le Tableau 1 donne les valeurs de IVE et IVET pour les différents pays considérés. En considérant l'IVET (l'IVE augmenté du tourisme), il en résulte que 38 économies perdent de 2 à 23 places de classement, et gagnent ainsi en vulnérabilité par rapport aux autres économies considérées. Il est intéressant de remarquer que parmi ces 38 économies, 15 sont des petites économies insulaires (la République dominicaine, Saint-Vincent-et-les-Grenadines, le Cap-Vert, le Vanuatu, la Dominique, Saint-Kitts-et-Nevis, Samoa, Grenade, Antigua et Barbuda, les Seychelles, le Belize, Singapour, les Bahamas, la Jamaïque et les Maldives). A l'inverse, 37 économies montent en classement, gagnant entre 2 à 37 places. Parmi celles-ci, seules 6 se trouvent être des petites économies insulaires (Maurice, le Suriname, Sao Tome et Principe, Timor-Leste, le Bahreïn et Haïti). De manière assez flagrante donc, le classement des PEID se voit sensiblement affecté par l'ajout des deux variables touristiques. Cette première étude nous permet ainsi de mettre en lumière en quoi l'ajout de variables au sein d'un tel indicateur, dont la pondération ne semble pourtant pas excessive au sein de l'indicateur considéré, peut affecter de manière non négligeable les résultats.

Le Tableau 2 présente la moyenne des IVE et des IVET par groupe de pays[27]. Si l'ajout des variables touristiques semble positif, en moyenne, aux classements des Pays les Moins Avancés (PMA), ainsi qu'aux Pays à Revenu Faible (PRF), il en est autrement pour les PEID. Suite à l'ajout des variables touristiques, les PEID présentent en moyenne un score de vulnérabilité nettement supérieur aux autres groupes de pays, celui des PMA y compris, même si l'écart n'apparaît pas statistiquement significatif.

---

[26] Le Tableau A.2 en annexe donne le détail des sources des données ayant été nécessaires à la construction de l'IVET.

[27] Le groupe TOUS représente les 88 pays en développement pour lesquels les données ont pu être disponibles. Le groupe des PEID regroupe 22 petites économies insulaires en développement que sont Antigua et Barbuda, Les Bahamas, le Bahreïn, le Belize, le Cap-Vert, la Dominique, la République dominicaine, Grenade, Haïti, la Jamaïque, les Maldives, Maurice, Saint-Kitts-et-Nevis, Sainte-Lucie, Saint-Vincent-et-les-Grenadines, Samoa, Sao Tomé-et-Principe, les Seychelles, Singapour, le Suriname, Timor-Leste et le Vanuatu. Les Pays les Moins Avancés (PMA) sont ici au nombre de 23, à savoir Angola, Bangladesh, Bhoutan, Burundi, Cambodge, Djibouti, Guinée équatoriale, Éthiopie, Guinée, Haïti, Lesotho, Malawi, Maldives, Mozambique, Myanmar, Niger, Samoa, Sao Tomé-et-Principe, Sierra Leone, Soudan, Timor-Leste, Vanuatu, Yémen, et Zambie. Les Pays à Faible Revenu (PFR), selon la classification de la Banque mondiale, sont ici au nombre de 36 : Angola, Bangladesh, Bhoutan, Burundi, Cambodge, Chine, Corée du Nord, Djibouti, Égypte, Éthiopie, Ghana, Guinée, Haïti, Honduras, Inde, Indonésie, Kenya, Lesotho, Libéria, Malawi, Maldives, Mongolie, Mozambique, Myanmar, Niger, Népal, Nicaragua, Pakistan, Sao Tomé-et-Principe, Sierra Leone, Soudan, Sri Lanka, Vietnam, Yémen et Zambie.

Tableau 2. IVE et IVET pour différents groupes de pays en développement

Groupes de pays	IVE	IVET
PEID	0.43	0.46
Non-PEID	0.33	0.34
	(0.00)*	(0.00)*
PMA	0.46	0.44
	(0.88)	(0.18)
PRF	0.37	0.37
	(0.65)	(0.34)
TOUS	0.35	0.37
	(0.00)*	(0.00)*

Note : Les chiffres entre parenthèses donnent la probabilité de rejet de l'égalité des moyennes entre le groupe des PEID et le groupe considéré en utilisant le test de Wilcoxon. (*) indique une significativité de 10%.
Source : Calculs des auteurs.

4. LA DÉTERMINATION D'UN IVET PAR LA MÉTHODE DEA

Les questions méthodologiques concernant les indicateurs composites et leur construction sont d'une importance capitale. Plus particulièrement, la pondération des sous-indicateurs demeure à ce jour l'élément méthodologique le plus critiqué dans la construction des indicateurs composites. Une pondération égale entre les différents sous-indicateurs est ainsi de nombreuses fois préférée pour sa simplicité mais également du fait du manque d'accord entre les experts.

4.1. La mobilisation de la méthode DEA

La méthode DEA (Data Envelopment Analysis) est une méthode non-paramétrique basée sur la programmation linéaire et a pour principal but de mesurer l'efficience relative des unités décisionnelles. Cette méthode a été introduite pour la première fois par Charnes *et al.* en 1978 en tant que mesure de l'efficience entre DMUs (Decision-Making Unit). Cette méthode[28] représentait, à la base, un modèle mathématique où les variables décisionnelles représentent les poids respectifs des inputs et outputs, qui peuvent différer d'une DMU à une autre.

Cherchye *et al.* (2007) firent remarquer la similarité existant entre ce problème et celui de la construction des indicateurs composites. Un indicateur composite est formé grâce à la compilation de différentes composantes. Or cet indicateur est le plus souvent basé sur la somme pondérée de ses composantes, où le poids de chaque composante est le même pour chaque pays. Cette pondération, jugée bien souvent subjective, représente une réelle limite à la robustesse de ces outils. Un manque de standardisation certain quant à la méthode de construction devant être utilisée représente également un autre problème. Pour ce faire, des auteurs ont mis au point une méthode afin d'aboutir au « bon en-

[28] On parle également de méthode CCR.

semble de poids en générant des poids "pouvant bénéficier du doute" flexibles pour chaque pays évalué »[29] (Cherchye *et al.*, 2007). Les auteurs aboutissent ainsi à un système de poids déterminé de manière endogène pour chaque pays. Cette méthode permet donc de lever le problème de subjectivité.

Le but de l'application de la méthode DEA dans ce contexte d'indicateur composite sera donc de déduire le schéma approprié de pondération de l'indicateur composite lié à la performance d'un pays à partir des données du pays elles-mêmes et ainsi d'éviter l'aspect arbitraire de la détermination des poids. On parle alors de méthode de pondération orientée par les données. Les poids sont ainsi flexibles selon l'étude, permettant une adaptation aux objectifs, aux pays et au temps. A la différence des autres méthodes statistiques (le processus d'allocation de budget, la méthode de l'opinion publique, le processus d'analyse hiérarchique, ou simplement la pondération égalitaire ; Nardo *et al.*, 2005) conduisant à un indicateur composite, la méthode DEA ne requière pas d'hypothèses préalables sur les données, et permet d'aboutir à la fois à une pondération mais également à une agrégation robustes. La pondération n'est plus déterminée au hasard mais est le fruit d'un processus d'optimisation concret. Pour faire simple, la méthode DEA permet d'aboutir à une classification catégorisée des unités, différenciées donc entre unités efficientes et unités inefficientes en assumant des rendements d'échelle constants ou variables pour les inputs et les outputs. Les pays et leur score sont donc mis en relation directe avec les autres territoires. C'est précisément la prise en compte de cette relativité des performances dès le départ de la formation de l'indicateur composite qui fait sa force.

Deux catégories de modélisation DEA existent dans la littérature : (i) l'approche à poids spécifiques (Cherchye *et al.*, 2007 ; Zhou *et al.*, 2007) et (ii) l'approche à poids communs (Despotis, 2005 ; Hatefi et Torabi, 2010). Dans ce qui suit, nous avons fait le choix de nous inscrire dans la première. Les modèles utilisés permettent d'aboutir à des poids déterminés par les données, aucune restriction exogène n'est prise en compte[30]. Des contraintes de proportion peuvent néanmoins être ajoutées, ces contraintes permettant de fixer certaines limites par exemple à la contribution de certains sous-indices.

4.2. La présentation générale de la méthode de Zhou *et al.* (2007)

Principalement du fait de sa simplicité, l'agrégation linéaire est retenue. Deux modèles sont utilisés : un modèle « optimiste » et un modèle « pessimiste ».

Le premier modèle consiste en un modèle orienté input, assumant des rendements d'échelle constants[31]. Les pays atteignant le score de 1 au premier mo-

[29] Notons néanmoins que dans le contexte de la construction des indicateurs synthétiques, la méthode DEA est plus connue sous le nom de l'approche « Benefit-Of-the-Doubt » (ou BOD).

[30] Si ce n'est dans l'attribution égale de 0,5 au paramètre lambda utilisé dans l'agrégation finale de l'indicateur.

[31] Il est à noter que plusieurs méthodes DEA permettent d'atteindre l'efficience. La méthode choisie, allant de la Constant Returns to Scale (CRS), en passant par la Va-

dèle sont les DMU (Decision Making Units) considérés comme « efficients ». Suivant cette logique, les pays obtenant des scores inférieurs à 1 peuvent être considérés comme des entités « inefficientes » (Despotis, 2005).

Considérons m entités (pays ou régions) dont les performances sont évaluées à partir de n sous-indices. Ces sous-indices n'ont pas d'unité de mesure commune. Iij représente la valeur de l'entité i en ce qui concerne le sous-indice j. Le problème est d'agréger les Iij (j=1,2,...n) au sein d'un indicateur composite CIi pouvant être utilisé afin d'évaluer la performance agrégée de l'entité i en prenant en compte l'ensemble de ces sous-indicateurs.

$$gI_i = max \sum_{j=1}^{n} w_{ij}^{g} I_{ij}$$

$$\text{s.t} \sum_{j=1}^{n} w_{ij}^{g} I_{kj} \ \leq 1, \text{ k} = 1,2,3,...\text{m}$$

$$w_{ij}^{g} \geq 0, \ \text{J} = 1,2,3,...\text{n}$$

Ce modèle fournit un score de performance agrégé pour l'entité i en fonction des indices sous-jacents. Le but est de résoudre ce modèle, de manière répétée, pour chaque entité considéré. Les poids sont donc ici attribués de manière endogène, et sont donc variables. Ce premier modèle représente en soi un modèle DEA de maximisation multiplicateur d'output, avec plusieurs outputs, et des inputs constants. Il permet de mettre en avant où se situe l'entité évaluée par rapport à l'entité la plus performante sous les meilleurs poids possibles. Le modèle est en fait équivalent à un modèle DEA orienté par l'input, considérant donc n outputs et une seule dummy input de 1 pour toutes les entités.

Comme le remarquent Zhou *et al.* (2007), si une entité a une valeur dominant les autres entités pour un sous-indice, cette entité obtiendra toujours un score de 1 même s'il a de mauvais résultats pour ses autres sous-indices. Ce modèle peut de surcroit poser des problèmes en termes de rang des entités, si celles-ci sont nombreuses à obtenir le score le plus performant de 1. Pour contrer ces problèmes internes au modèle, un second modèle, cherchant cette fois le pire ensemble de poids pour chaque entité, est proposé :

$$bI_i = min \sum_{j=1}^{n} w_{ij}^{b} I_{ij}$$

$$\text{s.t.} \sum_{j=1}^{n} w_{ij}^{b} I_{kj} \ \geq 1, \text{ k} = 1,2,3,...\text{m}$$

$$w_{ij}^{b} \geq 0 \ , \text{J} = 1,2,3,...\text{n}$$

riable Returns to Scale (VRS) ou encore la Free Disposal Hull (FDH) dépendra du processus de production, et sera ainsi fonction de l'application désirée.

Ce deuxième modèle est similaire à un modèle DEA de minimisation d'inputs, avec des inputs multiples, et des outputs constants. Ce modèle mesure ainsi à quel point l'entité évaluée se trouve proche de l'entité faisant preuve de la plus mauvaise valeur dans l'agrégation de ses sous-indices. Ce second modèle représente donc l'équivalent d'un modèle DEA orienté output, avec n inputs et un output dummy de 1 pour toutes les entités.

Grâce à ces deux modèles, nous aboutissons à deux indices de performance pour chaque entité, l'un pouvant être interprété comme le plus favorable et l'autre comme le plus défavorable. Ces deux indices sont par la suite combinés au sein de l'indice composite[32]:

$$IC(\lambda) = \lambda \frac{gI_i - gI^-}{gI^* - gI^-} + (1-\lambda) \frac{bI_i - bI^-}{bI^* - bI^-}$$

avec $gI^* = \max(gI_i, i = 1,2,3 \ldots m)$ et $gI^- = \min(gI_i, i = 1,2,3 \ldots m)$

et $bI^* = \max(bI, i = 1,2,3 \ldots m)$ et $bI^- = \min(bI_i, i = 1,2,3 \ldots m)$

où $0 \leq \lambda \leq 1$ sachant que λ représente un paramètre ajusté, déterminé par le « décideur ». Ce paramètre sera déterminant pour le résultat de l'indicateur composite[33]. Lui attribuer le poids de 0,5 représente sans nul doute le meilleur compromis entre les deux sous-indicateurs (et l'hypothèse que les preneurs de décisions soient indifférents à un choix entre ces deux mesures).

Un certain nombre de propriétés sont donc à respecter : (i) P1: $0 \leq IC_i \leq 1$, (ii) P2: IC_i est invariant dans ses unités et (iii) P3 : IC_i est invariant pour les côtés droits des contraintes dans les modèles 1 et 2. Etant donné les étapes de normalisation, $IC(\lambda)$ est inclu dans un intervalle [0,1]. Plus le pays se trouve être proche de 1 dans ce dernier modèle plus le pays évalué peut être considéré comme « meilleur ».

4.3. Les résultats obtenus

Le tableau 1 permet la comparaison entre l'IVE standard (colonne 1) et l'IVE rendu robuste grâce à la méthode DEA précédemment explicitée (colonne 3). Israël, la République de Corée et le Liban (« perdant » 22 places) représentent le haut du classement, respectivement à la 1ère, 2ème et 3ème place, jusque-là occupées, dans l'ordre, par la Turquie (se retrouvant à la 4ème place du classement), Israël et la République de Corée. Le tableau met en lumière la différence de classement entre *IVE* et *IVET* découlant de la méthode DEA. Précisons que c'est bien le classement qui importe, et non les indicateurs découlant de la méthode, ces chiffres ne représentant rien de concret hors du contexte qui est le nôtre. Les chutes de classement se trouvent être, pour certains pays, des plus conséquentes. Ainsi, les Philippines perdent 56 places, le Vietnam 51, ou la Chine 42 places par exemple. A contrario, certains territoires se voient bien mieux classés grâce à cette méthode. Ainsi, le Sultanat d'Oman « gagne » 36

[32] Il a été ici préféré une mise à l'échelle linéaire, cette pratique étant commune à ce genre de construction.

[33] Il n'est pas difficile d'y voir là un choix largement subjectif pouvant conduire à des résultats différents selon la valeur du paramètre choisi.

places, le Yémen 27 places, ou le Cap Vert 25. Notons par ailleurs que sur les 22 petites économies insulaires étudiées, uniquement 4 d'entre elles perdent en termes de classement, suite à l'application de cette méthode de construction (Bahreïn, Haïti, Saint-Vincent et Grenadine et Singapour). La perte est particulièrement prononcée pour Singapour (-28).

Le tableau 1 permet aussi la comparaison entre l'IVET (colonne 2) et l'IVET rendu robuste grâce à la méthode DEA (colonne 4). Israël, la République de Corée et la Turquie (perdant 1 place) représentent le top du classement, respectivement à la 1ère, 2ème et 3ème place, jusque-là occupées, dans l'ordre, par Israël, la Turquie et la République de Corée. Les chutes de classement se trouvent ici également être, pour certains pays, des plus conséquentes. Ainsi, les Philippines perdent 68 places, l'Ethiopie 47, ou la Chine 46 places par exemple. A contrario, le Suriname et le Cap Vert gagnent tous deux 34 places en passant à cette méthode de construction. Il semble que les petites économies insulaires soient particulièrement affectées par cette autre méthode de construction de l'IVE mais de manière différenciée. Si cinq économies insulaires perdent en classement (Singapour, Haïti, Sainte-Lucie, Sao-Tomé-Et-Principe et le Bahreïn), les autres voient leur classement amélioré.

Tableau 3. IVE, IVE-DEA et IVET-DEA pour différents groupes de pays en développement

Groupes de pays	IVE	IVE-DEA	IVET-DEA
PEID	0.43	0.47	0.47
Non-PEID	0.33	0.40	0.42
	(0.00)*	(0.02)*	(0.01)*
PMA	0.46	0.49	0.49
	0.88	(0.10)*	(0.08)*
PRF	0.37	0.43	0.45
	0.65	(0.09)*	(0.08)*
TOUS	0.35	0.42	0.43
	0.00	(0.07)*	(0.03)*

Note : Les chiffres entre parenthèses donnent la probabilité de rejet de l'égalité des moyennes entre le groupe des PEID et le groupe considéré en utilisant le test de Wilcoxon. (*) indique une significativité de 10%. Source : Calculs des auteurs.

La méthode DEA que nous avons retenue avec le tourisme inclu dans l'indicateur (IVET-DEA) permet d'aboutir à un classement pouvant décrire sans hypothèse posée a priori le degré de vulnérabilité économique des territoires étudiés. La dernière colonne du tableau 1 donne l'écart de classement des pays en comparant IVE et IVET-DEA. Nous devons par conséquent insister sur le fait que la démarche a le mérite de montrer que l'hypothèse faite sur le système de poids n'est pas neutre et se révèle même fondamentale quant à l'appréciation de la vulnérabilité économique structurelle de certains territoires.

Le Tableau 3 présente la moyenne des IVE, des IVE-DEA et IVET-DEA par groupe de pays. L'approche de construction par la méthode DEA atténue quelque peu la vulnérabilité supposée exacerbée des PEID, relativement aux PMA, arrivant en tête de classement des économies les plus vulnérables. Comme attendu, la vulnérabilité économique des PMA, mais également des PIED, se trouve être supérieure, de manière significative aux autres groupes de pays ici mis en exergue.

5. CONCLUSION

La littérature portant sur la mesure de la vulnérabilité économique des petites économies insulaires et des facteurs qui en sont à la base est en constante progression. Cet article s'inscrit dans ce cadre en proposant une nouvelle formulation de l'IVE du CDPNU mieux adaptée à la réalité des PEID mais aussi plus robuste sur le plan méthodologique. Plus précisément, notre apport s'est voulu à la fois conceptuel, à travers l'ajout de deux variables retraçant la dépendance touristique (une variable de concentration et une autre d'instabilité) et méthodologique, à travers l'introduction d'un système de poids endogène résultant de programmes d'optimisation linéaire dans le cadre de la méthode de type DEA de Zhou *et al.* (2007).

Plusieurs éléments de cette étude méritent d'être soulignés. Tout d'abord, l'insertion des variables touristiques fait grandement varier le classement des pays découlant de l'IVE. Compte tenu de l'importance de l'activité touristique pour les petites économies insulaires, celles-ci se trouvent tout naturellement impactées négativement par l'ajout de ces variables, perdant de 3 à 16 places dans le classement global des économies en développement. Ensuite, la mobilisation de la méthode DEA aboutie à des résultats et à un classement relativement éloignés de ceux obtenus à partir de la méthode standard, certaines économies gagnant plus de trente places et d'autres perdant jusqu'à 68 places. Ces différences de classement confirment la nécessité de calculer un IVE « robuste » et indépendant de tout contenu subjectif dans la détermination des poids affectés aux composantes. On peut préciser que le recours au système de poids endogène n'est relativement pas défavorable aux PEID. Le nouveau système de pondération accordant moins de poids à la variable « taille de la population », la vulnérabilité des petites économies s'en trouve par conséquent réduite. Néanmoins, même avec ce nouvel indicateur, la vulnérabilité économique est toujours un trait caractéristique des petites économies insulaires.

La question de la résilience économique de ces territoires touristiques pourrait par ailleurs être posée. La forte capacité de résilience des PEID a été régulièrement mise en avant au sein de la littérature. La question du lien associant le secteur touristique et la résilience particulière de ces îles semble une piste à explorer tout particulièrement.

ANNEXES

Tableau A.1. Recettes touristiques comme part des exportations et du PIB, et proportion des visiteurs au sein des pays en développement en 2011

Pays	RTPE	Tourisme % PIB	T/P %	Pays	RTPE	Tourisme % PIB	T/P %
Maldives	**80.26**	**87.63**	**286.46**	South Africa	9.1	2.66	16.48
Vanuatu	**71.23**	**31.82**	**38.37**	Nicaragua	8.51	3.38	18
Samoa	**68.15**	**21.59**	**66.12**	Sierra Leone	8.17	1.33	0.87
Bahamas	**65.97**	**28.75**	**386.78**	**Bahrain**	**7.7**	**6.08**	**596.28**
Dominica	**58.91**	**20.57**	**107.04**	Malaysia	7.43	6.8	85.33
Antigua and Barbuda	**58.11**	**27.74**	**273.86**	Mozambique	7.04	2.07	/-
Grenada	**57.01**	**13.46**	**112.38**	Philippines	6.76	2.16	4.16
Saint Lucia	**56.66**	**26.18**	**186.83**	Israel	6.15	2.18	37.44
Cape Verde	**56.02**	**23.66**	**82.31**	Argentina	6.1	/	14.06
Sao Tome and Principe	**54.19**	**6.21**	**/-**	Peru	5.83	1.67	8.66
St Vincent and the Gre.	**48.32**	**13.02**	**67.27**	Bolivia	5.47	2.41	/-
Jamaica	**48.06**	**14.86**	**71.21**	Ghana	5.44	2.4	/-
Saint Kitts and Nevis	**40.78**	**12.43**	**/-**	Viet Nam	5.31	4.62	6.73
Seychelles	**34.61**	**15.78**	**213.19**	Colombia	4.91	0.93	/-
Ethiopia	34.36	5.79	0.62	Djibouti	4.76	/	/-
Dominican Republic	**31.37**	**7.86**	**42.82**	Mongolia	4.74	2.96	/-
Mauritius	**31**	**16.58**	**74.86**	Indonesia	4.22	1.11	3.17
Jordan	29.36	13.38	99.46	India	4.01	0.96	0.52
Morocco	28.58	10.17	29.02	Qatar	3.67	2.6	142.93
Lebanon	28.06	6.66	41.81	Pakistan	3.58	0.51	/-
Belize	**26.81**	**17.58**	**74.18**	Myanmar	3.5	/	0.63
Cambodia	24.08	13.03	19.08	Ecuador	3.42	1.1	7.6
Uganda	22.97	5.43	3.34	Mexico	3.36	1.06	20.58
Nepal	22.28	1.98	2.41	Oman	3.27	2.03	/-
Timor-Leste	**21.1**	**/**	**4.67**	**Singapore**	**3.27**	**6.77**	**195.59**
Costa Rica	20.47	7.67	47.51	Chile	2.86	1.09	17.8
United Rep. of Tanzania	19.93	6.19	1.72	China	2.68	0.84	4.27
Egypt	19.84	4.08	11.81	Malawi	2.67	0.79	4.74
Uruguay	18.7	/	84.8	Rep. of Korea	2.67	1.49	19.68
Kenya	18.61	5.31	/-	**Suriname**	**2.59**	**/**	**40.89**
Liberia	18.56	5.1	/-	Saudi Arabia	2.48	1.39	61.68
Lao People's Dem. Rep.	17.18	6.53	28.4	Brazil	2.32	0.28	2.76
Haiti	**15.93**	**2.18**	**3.49**	Paraguay	2.29	1.12	8.02
Turkey	15.21	3.65	46.03	Lesotho	2.13	1	20.94
El Salvador	12.4	3.47	19.09	Iraq	1.89	/	/-
Namibia	12.13	4.97	/-	Zambia	1.61	0.74	/-
Panama	12.1	/	41.03	Burundi	1.57	0.15	/-
Thailand	11.86	9.13	30.01	Angola	0.96	0.62	2.45
Honduras	11.38	5.83	10.84	Venezuela	0.89	0.27	2.05
Tunisia	11.24	5.49	44.83	Sudan	0.87	0.16	1.64

RTPE = recettes touristiques/exportations (%) ; T/P = nombre de touristes/population. Les PEID sont en gras. Source : Calculs des auteurs.

Tableau A.2. Variables participant à la construction de l'IVET et leurs sources

Variable	Définition	Source
Taille de la population	Taille de la population d'un pays au 1er juillet de l'année considérée.	Nations Unies, Département des affaires économiques et sociales, Division de la population, Perspectives de la population mondiale.
Éloignement	Distance moyenne minimale à parcourir par un pays pour atteindre une fraction significative (soit 50%) du marché mondial.	Centre d'Études Prospectives et d'Informations Internationales (CEPII) pour les données géographiques; Division de statistique des Nations Unies pour les principaux agrégats des comptes nationaux et pour les données sur les exportations et les importations.
Recettes touristiques comme pourcentage des exportations	Part des recettes générées directement par le tourisme dans les exportations hors tourisme.	Compodium des statistiques du tourisme de l'Organisation Mondiale du Tourisme des Nations Unies pour les données touristiques, et la Banque mondiale pour les données concernant les exportations.
Indice de concentration des exportations	Indice de concentration des exportations d'un pays, mesuré par l'indice de Herfindahl-Hirschman, calculé par la CNUCED.	Division de statistique des Nations Unies.
Part de la population dans les zones côtières	Part de la population vivant dans des zones côtières peu élevées, le seuil généralement utilisé étant celui de 10 mètres.	Centre International du Réseau d'Information Scientifique Terrestre (CIESIN) basé à l'Université de Colombia
Instabilité des recettes touristiques	Cette composante est estimée, à l'instar des autres variables d'instabilité, comme l'écart entre le niveau des recettes touristiques et une valeur de référence obtenue à partir de l'estimation d'une tendance « mixte », combinant une tendance déterministe et une tendance stochastique, sur 18 années (les données allant de 1995 à 2013).	Compodium des statistiques du tourisme de l'Organisation Mondiale du Tourisme des Nations Unies.
Instabilité des exportations de biens et services	Instabilité dans la capacité d'un pays de recevoir des recettes d'exportations lui permettant d'importer les biens et services désirés.	Division de statistique des Nations Unies pour les principaux agrégats des comptes nationaux.
Sans-abris	Part de la population déplacée en raison de désastres naturels.	Centre de recherche sur l'épidémiologie des désastres (CRED)

Instabilité de la production agricole	Calculée par le Secrétariat du CDPNU à partir de l'indice de volume de la production agricole agrégée nette des quantités utilisées pour l'alimentation du bétail et les semences.	Organisation des Nations Unies pour l'alimentation et l'agriculture (FAO)
Part de l'agriculture, sylviculture et pêche, dans le PIB	Part de la valeur ajoutée brute générée par l'agriculture, la sylviculture et la pêche dans le PIB d'un pays.	Division de statistique des Nations Unies pour les principaux agrégats des comptes nationaux.

REFERENCES

Adamou, A., Clerides, S. (2010), Prospects and limits of tourism-led growth: The international evidence, *Review of Economic Analysis*, 3, 287-303.

Adrianto, L., Matsuda, Y. (2004), Study on assessing economic vulnerability of small island regions, *Environment, Development and Sustainability*, 317-336.

Angeon, V., Saffache, P., 2008, « Les petites économies insulaires et le développement durable : des réalités locales résilientes ? ». *Etudes Caribéennes*, Petits territoires insulaires et développement durable, 11.

Angeon, V., Bates, S. (2012), The contribution of agriculture to the macroeconomic vulnerability measure, application and policy implications, Communication, 49ème colloque de l'ASRDL.

Angeon, V., Bates, S. (2015). Reviewing Composite Vulnerability and Resilience Indexes: A Sustainable Approach and Application. *World Development*, 72, 140-162.

Armstrong, H., Read, R. (2002), The Phantom of Liberty? Economic Growth and the Vulnerability of Small States, *Journal of International Development*, 14(4), 435-358.

Atkins, J., Mazzi, S., Easter, C. (2001), Small states: a composite vulnerability index. In Peretz D., Faruqi R. et Eliawony J. (eds), *Small states in the global economy*, 53-92, Commonwealth Secretariat Publication.

Augerond-Veron E, Augier L. (2005), Tourisme, Éducation et Croissance économique, in Logossah K., Salmon J-M., eds, *Tourisme et développement durable*, Publibook, Paris.

Azariadis, C., Drazen A. (1990), Threshold Externalities in Economic Development, *Quarterly Journal of Economics*, 105, 501-526.

Balaguer,J., Cantavella-Jorda M. (2002), Tourism as a Long-Run Economic Growth Factor: The Spanish Case, *Applied Economics*, 34(7), May, 877-884.

Bates, S., Angeon, V., Ainouche, A. (2014). The pentagon of vulnerability and resilience: A methodological proposal in development economics by using graph theory. *Economic Modelling*, 42, 445-453.

Bayon, D. (2007), Des économies vulnérables et dépendantes, in N. Levratto (eds), *Comprendre les économies d'outre-mer*, chapitre 2, Paris, L'Harmattan, 67-103.

Ben Salem M., Bensidoun I., (2011), « Emplois informels hétérogènes et segmentation du marché du travail turc », Document de travail CEE, n° 151.

Bertram, G., Watters, R. F. (1985). The MIRAB economy in South Pacific microstates. *Pacific viewpoint*, 26(3), 497-519.

Bertram, G., Poirine B. (2007), Island Political Economy, in G. Baldacchino (ed.), *A World of Islands: an island studies reader, Canada and Malta*, Institute of Island Studies and Agenda Academic, 332-378.

Blancard S., Hoarau J.-F. (2013), A New Sustainable Human Development Indicator for Small Island Developing States: a Reappraisal from Data Envelopment Analysis, *Economic Modelling*, 30(C), 623-635.

Brau, R., Lanza, A., Pigliaru, F. (2003). How Fast are the Tourism Countries Growing? The cross-country evidence (No. 2003.85). Fondazione Eni Enrico Mattei.

Brida, J. G., Pereyra, J. S., Devesa, M. J. S. (2008), Evaluating the contribution of tourism to economic growth, *Anatolia*, 19(2), 351-357.

Brida, J.G., Barquet A et R, Wiston, A. (2009), Causality between economic growth and tourism expansion: empirical evidence from Trentino – Alto Adige, Munich Personal RePEc Archive.

Brida, J.G., Cortes-Jimenez, I., Pulina, M. (2014), Has the tourism-led growth hypothesis been validated? A literature review, *Current Issues in Tourism*, On line.

Briguglio, L. (1995), Small island developing states and their economic vulnerabilities, *World Development* 23(9), 1615-1632.

Briguglio, L., Briguglio, M. (1996), *Sustainable tourism in small islands, Sustainable Tourism in Islands and Small States: Case Studies*, UK: Cassell/Pinter.

Briguglio, L., Galea, W. (2004), *Updating and augmenting the vulnerabilty index*, Mimeo.

Butler, R.W. (1980), The concept of the tourist area life-cycle of evolution: implications for management of resources, *Canadian Geographer*, 24(1), 5-12.

Butler, R.W. (2010), Carrying capacity, in Pearce, D.G. and Butler, R.W. *Tourism Research A 20-20 Vision*, Goodfellow Publishers Ltd, Oxford, 53-64.

Butler, R.W. (2011), *Tourism area life cycle, Contemporary Tourism Reviews*, Goodfellow Publishers Ltd, Oxford, 1-33.

Cariolle, J. (2012), Mesurer l'instabilité macroéconomique-Applications aux données de recettes d'exportation, 1970-2005, Doc. de travail de la FERDI, I14.

Charnes, A., Cooper, W.W., Rhodes, E. (1978), Measuring the Efficiency of Decision-Making Units, *European Journal of Operational Research*, 2(6), 429-444.

Cherchye, L., Moesen, W., Rogge, N., Van Puyenbroeck, T. (2007), An introduction to 'benefit of the doubt'composite indicators, *Social Indicators Research*, 82(1), 111-145.

Cherchye, L., Moesen, W., Rogge, N., Van Puyenbroeck, T., Saisana, M., Saltelli, A., Liska, R., Tarantola, S. (2008), Creating composite indicators with DEA and robustness analysis: the case of the technology achievement index, *Journal of the Operational Research Society*, 58, 239-251.

Coles, S. (2007), Beyond the resort life cycle: The micro-dynamics of destination Tourism, *Journal of Regional Analysis and Policy*, 37(3), 254-266.

Copeland B.R. (1991), Tourism, welfare and de-industrialization in a small open economy, *Economica*, 58, 515-29.

Cordina, G., Farrugia, N. (2005), Measuring vulnerability: a methodological review and a refinement based on partner country and price volatility issues, GDN Research Reports.

Craigwell, R. (2007), Tourism competitiveness in small island developing states, Research paper, 2007/19, UNU-WIDER, United Nations University.

Croes, R., Vanegas, M. (2003), Growth, Development and Tourism in a Small Economy: Evidence from Aruba, *International Journal of Tourism Research*, 5, 315-330.

Croes, R. R. (2006). A paradigm shift to a new strategy for small island economies: Embracing demand side economics for value enhancement and long term economic stability. *Tourism Management*, 27(3), 453-465.

Crowards, T. (1999), *An economic vulnerability index, with special reference to the Caribbean: Alternative methodologies and provisional results*, Caribbean Development Bank.

Despotis, D.K. (2005), Measuring human development via data envelopment analysis : the case of Asia and the Pacific, *Omega*, 33, 385-390.

Despotis, D.K. (2005), A reassessment of the human development index via data envelopment analysis, *Journal of the Operational Research Society*, 56, 969-980.

Easterly, W., Kraay, A. (2000). Small states, small problems? Income, growth, and volatility in small states. *World development*, 28(11), 2013-2027.

Encontre, P. (2004). Economic vulnerability of small island developing states: the United Nations approach. Economic vulnerability and resilience of small states.

Garabedian, S., Hoarau, J.F. (2011), Un indicateur de développement humain soutenable pour les petits espaces insulaires en développement, *Revue d'Économie Régionale et Urbaine*, 4, 651-680.

Geronimi, V., Zugravu, N., Le Gargasson, Ch., Tsang King Sang, J. (2014), Le tourisme comme facteur de vulnérabilités ? Le rôle des patrimoines insulaires, Communication au colloque « Spécialisation touristique et vulnérabilité : Réalités et enjeux pour le développement soutenable des petits territoires insulaires », CEMOI, décembre, Université de la Réunion.

Goavec, C., Hoarau, J.F. (2015), Une mesure de la vulnérabilité économique structurelle pour une économie ultrapériphérique européenne : le cas de La Réunion, Document de travail du CEMOI, Université de La Réunion.

Guillaumont, P., Chauvet, L. (2001), Aid and performance: a reassessment, *Journal of Development Studies*, 37(6), 66-92.

Guillaumont, P. (2004), On the economic vulnerability of low income countries, in: L. Briguglio and E.J. Kisanga (eds) *Economic Vulnerability and Resilience of Small States* (Malta: Formatek Malta), 54-71.

Guillaumont P. (2008), "Adapting Aid Allocation Criteria to Development Goals. An essay for the 2008 Development Cooperation Forum, UN ECOSOC", May, Ferdi Working Paper, P01.

Guillaumont P. (2009), Caught in a trap. Identifying the least developed countries, *Economica*, 386 p.

Guillaumont, P. (2010), Assessing the economic vulnerability of small island developing states and the least developed countries, *Journal of Development Studies*, 46(5), 828–854.

Hatefi, S., Torabi, S. (2010), A common weight MCDA-DEA approach to construct composite indicators, *Ecological Economics*, 70(1), 114-120.

Higgins-Desbiolles, F. (2006), More than an "industry": The forgotten power of tourism as a social force, *Tourism Management*, 27(6), 1192-1208.

Holzner, M. (2011), Tourism and economic development: The beach disease?, *Tourism Management*, 32, 922-933.

Jin, J. C. (2011), The effects of tourism on economic growth in Hong Kong, *Cornell Hospitality Quarterly*, 52(3), 333-340.

Kaly, U. L., Pratt, C., Mitchell, J. (2004). The Environmental Vulnerability Index (EVI): 2004. SOPAC.

Khadaroo, J., Seetanah, B. (2007), Transport infrastructure and tourism development, *Annals of Tourism Research*, 34(4).

Lanza, A., Pigliaru, F. (2000), Why Are Tourism Countries Small and Fast Growing? in A. Fossati and G. Panella (eds), *Tourism and Sustainable Economic Development*, Kluwer Academic, 57-69.

Leroux, E. (2010), Stratégie et développement durable : du concept de l'optimum éco-touristique à la pratique, *Revue Management & Avenir*, 34, 306-317.

Logossah, K., 2007, « Les petites économies insulaires : quelles spécificités ? », *Revue d'Economie Régionale et Urbaine*, 1, 3-11.

Logossah, K., Salmon, J. M. (2007). *L'enjeu de la notion de petite économie insulaire. Comprendre les économies d'outre-mer*. L'Harmattan, 33-65.

Logossah, K., Maupertuis, M.A. (2007), La spécialisation touristique des petites économies insulaires en développement est-elle une voie de croissance durable?, *Revue d'Economie Régionale et Urbaine*, 1, 35-55.

Lozato-Giotart, J-P. (2003), *Géographie du tourisme : de l'espace consommé à l'espace maîtrisé*, Paris: Pearson Education France.

Lozato-Giotart, J-P. & Balfet, M. (2004), *Management du tourisme*, Collection tourisme, Pearson Education France, Paris.

McElroy, J.L. (2006), Small island tourist economies across the life cycle, *Asia Pacific Viewpoint*, 47(1), 61-77.

McSorley, K., McElroy, J.L. (2007), Small island economic strategies: aid-remittance versus tourism dependence, e-review of Tourism Research, 5(6), 140-148.

Nardo, M., Saisana, M., Saltelli, A., Tarantola, S. (2005). *Tools for composite indicators building*. European Comission, Ispra.

Nations Unies (1999), *Vulnerability and poverty in a global economy*, Rapport du Committee for Development Policy sur la première session, New York: UN.

Nations Unies (2013), Tourisme durable : contribution à la croissance économique et au développement durable, Note thématique établie par le secrétariat de la CNUCED.

Nowak, J-J., Sahli M. (2007), Coastal Tourism and Dutch Disease in a Small Island Economy, *Tourism Economics*, 13(1), 49-65.

Nowak, J-J., Sahli M. (2008), Tourism, Capital Good Imports and Long-Run Growth, Working Paper, 382, Economic Research Forum, February, 19p.

Nowak, J-J., S. Petit, M. Sahli (2010), Tourism and Globalization: The International Division of Tourism Production, *Journal of Travel Research*, 49(2), 228-245.

Oberst, A., McElroy, J. L. (2007). Contrasting socio-economic and demographic profiles of two, small island, economic species: MIRAB versus PROFIT/SITE. *Island Studies Journal*, 2(2), 163-176.

Read, R. (2004), The implications of increasing globalization and regionalism for the economic growth of small island states, *World Development*, 32(2), 365-378.

Parry, C. E., McElroy, J. L. (2009), The supply determinants of small island tourist economies, ARA: *Journal of Tourism Research*, 2(1), 13-22.

Richardson, R. B. (2010), The contribution of tourism to economic growth and food security, USAID Mali, Office of Economic Growth, 1-8.

Schubert, S. F. (2011), The effects of total factor productivity and export shocks on a small open economy with unemployment, *Journal of Economic Dynamics and Control*, 35(9), 1514-1530.

Seetanah, B. (2011), Assessing the dynamic economic impact of tourism for island economies, *Annals of tourism Research*, 38(1), 291-308.

Sharpe, A., Andrews, B. (2012), An assessment of weighting methodologies for composite indicators: the case of the index of economic well-being, Research Report, Centre for the study of living standards, 10.

Vanegas Sr, M., Croes, R. (2003), Growth, Development and Tourism in a Small Economy: Evidence from Aruba, *International Journal of Tourism Research*, 5, 315-330.

Wells, M. P. (1997), Economic perspectives on nature tourism, conservation and development, Environment Department Working Paper, 55, The World Bank.

Zhou, P., Ang, B.W., Poh, K.L. (2007), A mathematical programming approach to constructing composite indicators, *Ecological economics*, 62, 291-297.

STRUCTURAL ECONOMIC VULNERABILITY AND TOURISM DEPENDENCE: NEW ASSESSMENT FOR SMALL ISLAND DEVELOPING ECONOMIES

Abstract - *This paper aims at checking if Small Island Developing States suffer from higher economic vulnerability resulting from their specificities compared to other developing economies. To this regard, we rely on the Economic Vulnerability Index (EVI) developed by the Committee for Development Policy of the United Nations. We propose two significant changes. First, the link between tourism dependence and vulnerability is introduced through the integration of two additional variables, a "tourism shock" variable, and another variable for "exposure to this shock". Furthermore, we substitute the aggregating traditional method of ad hoc weights by an endogenous weighting system derived from a multi-criteria approach based on the well-known DEA (Data Envelopment Analysis) method. The new values of the EVI for 2011 on a set of developing countries lead us to mix the conventional conclusion largely retained in the literature. Indeed, the tourism variables clearly impact the performance of small island economies negatively. But the magnitude of their structural vulnerability decreases with the introduction of the endogenous weighting system.*

Key-words - DATA ENVELOPMENT ANALYSIS, COMPOSITE INDICATORS, INSULARITY, ECONOMIC VULNERABILITY, TOURISM

LE TOURISME COMME FACTEUR DE VULNÉRABILITÉS ? LE RÔLE DES PATRIMOINES INSULAIRES

Vincent GERONIMI[*], Natalia ZUGRAVU-SOILITA[**], Christine LE GARGASSON[***], Jessy TSANG KING SANG[****]

Résumé *- Les relations entre spécialisation économique dans le tourisme et vulnérabilité économique sont en partie similaires à celles existant entre spécialisation touristique et croissance. De fait, ces deux relations seraient non-linéaires et plus précisément, à partir de certains seuils de spécialisation touristique, la croissance économique ralentit et la vulnérabilité économique s'accroît. Nous mettons au centre de notre analyse l'hypothèse selon laquelle ces seuils renvoient à des différences de stratégie de développement touristique en fonction de l'existence et du mode de mobilisation des ressources patrimoniales des économies insulaires. Ainsi, le degré de différenciation des prestations touristiques, évalué à partir d'un indicateur d'évolution du prix des prestations touristiques, apparaît comme un facteur de modération des impacts de la spécialisation touristique sur la vulnérabilité. L'analyse de la stratégie touristique de la Dominique et de la République dominicaine permet d'illustrer la pertinence d'une telle approche pour évaluer les impacts de différentes stratégies de spécialisation touristique sur la vulnérabilité des petites économies insulaires.*

Mots clés - INSULARITÉ, TOURISME, PATRIMOINE, VULNÉRABILITÉ

Classification JEL - Z32, L83, O57, Q01

Les auteurs tiennent à remercier les référés anonymes pour leurs précieux commentaires et suggestions.

[*] Université de Versailles Saint-Quentin-en-Yvelines, Laboratoire CEMOTEV ; vincent.geronimi@uvsq.fr
[**] Université de Versailles Saint-Quentin-en-Yvelines, Laboratoire CEMOTEV ; natalia.zugravu@uvsq.fr
[***] Université de Versailles Saint-Quentin-en-Yvelines, Laboratoire CEMOTEV ; mahoc.clg@wanadoo.fr
[****] Université de Versailles Saint-Quentin-en-Yvelines, Laboratoire CEMOTEV ; jessy.tsang@uvsq.fr

1. INTRODUCTION

Le potentiel touristique d'un territoire ou d'un site repose toujours sur l'exploitation d'un patrimoine, mélangeant, à divers degrés, des caractéristiques naturelles, sociales, économiques et culturelles[1]. La dimension patrimoniale est souvent à l'origine d'un avantage comparatif rendant plus attractif un site donné par rapport à un autre, du fait de caractéristiques uniques ou authentiques, inscrites dans l'histoire ou dans l'imaginaire et induisant des motivations et des comportements propres aux adeptes du tourisme « patrimonial ou culturel » tant en termes d'hébergement, que d'activités, de dépenses ou de préparation du voyage (Martin et al., 2004).

Dans la phase actuelle de développement concurrentiel du tourisme balnéaire traditionnel, ou tourisme indifférencié, certains gouvernements et institutions jouent délibérément la carte du tourisme culturel tant pour générer les ressources nécessaires à la conservation du patrimoine que pour accroître les revenus des populations locales (Richards, 2007), c'est tout particulièrement le cas des îles. Cette diversification du produit insulaire, notamment par la valorisation du patrimoine culturel[2], permet de limiter les pressions sur le littoral, par nature fragile car lieu de concentration des activités de masse, en encourageant les visiteurs à investir d'autres lieux géographiques (villes, espaces rétro-littoraux), faisant bénéficier les communautés locales des retombées économiques associées.

Le tourisme apparaît comme une spécialisation économique possible et souvent source de croissance (Lanza et Pigliaru, 2000 ; Pablo-Romero et Molina, 2013), et plus spécifiquement pour le développement des petites économies insulaires (Hampton et Jeyacheya, 2013 ; Seetanah, 2011). Pourtant, le tourisme n'apparaît pas nécessairement économiquement possible et souhaitable pour toutes les économies insulaires. Ainsi, la spécialisation touristique aurait un effet marginal positif mais décroissant sur la croissance économique (Holzner, 2011 ; Adamou et Clerides, 2010), ce qui pourrait questionner la soutenabilité économique des Petites Economies Insulaires (PEI) faisant du tourisme international une source de croissance essentielle. Le mouvement de réorientation de la stratégie touristique de plusieurs économies insulaires à forte spécialisation touristique[3], avec principalement des prestations indifférenciées, en direction d'un tourisme différencié (éco-tourisme, tourisme culturel,...) traduirait ainsi l'épuisement progressif d'un développement basé sur le seul tourisme de masse.

[1] Le tourisme culturel, basé sur des actifs culturels matériels ou immatériels, représenterait 40% des revenus mondiaux issus du tourisme, 215 millions d'emplois et générerait environ 10% de l'activité économique mondiale (Licciardi et Bigio, 2010, p. 35).

[2] A cet égard, la valorisation du patrimoine naturel « exceptionnel » (espèces endémiques par ex.) peut avoir le même effet que le patrimoine culturel.

[3] Dans le cadre de cet article, nous utilisons le terme « spécialisation touristique » pour désigner la part du tourisme dans le PIB. Une économie est supposée « spécialisée dans le tourisme » si le secteur touristique génère une part relativement élevée du PIB de ce pays. Il ne s'agit donc pas d'une mesure directe de la spécialisation internationale, qui reposerait par exemple sur une mesure du poids des revenus issus du tourisme international sur les exportations totales de biens et services.

Si l'impact du tourisme sur la croissance est plus ou moins connu, en fonction des caractéristiques des produits touristiques mais aussi selon les spécificités des destinations d'accueil, le lien entre tourisme, soutenabilité et vulnérabilité, reste un domaine encore sous-étudié aujourd'hui.

Un effet non-linéaire du tourisme sur la croissance du PIB a été trouvé par différents auteurs[4]. Les relations entre spécialisation touristique et vulnérabilité économique sont en partie similaires à celles existant entre spécialisation touristique et croissance, comme nous le montrons dans une première section à partir d'une analyse économétrique. De fait, ces deux relations seraient non-linéaires, et plus précisément, à partir de certains seuils de spécialisation touristique, la croissance économique ralentirait et la vulnérabilité économique s'accroîtrait. Nous mettons alors au centre de notre analyse l'hypothèse selon laquelle ces seuils renvoient à des différences de stratégie de développement touristique en fonction de l'existence et du mode de mobilisation des ressources patrimoniales des économies insulaires.

Par conséquent, les effets du développement du tourisme dépendraient des ressources mobilisées, et de la dynamique d'évolution de ces ressources. Si les dynamiques associées à une spécialisation touristique ne permettent pas de reconstituer les actifs mobilisés (qu'ils soient naturels, économiques, ou culturels et patrimoniaux), la soutenabilité n'est pas assurée. Nous évaluons ainsi la proposition selon laquelle, pour les PEI souffrant d'un désavantage de coûts (éloignement, petite taille), ce sont des prestations touristiques différenciées, à base patrimoniale, qui peuvent être plus à même d'assurer la soutenabilité du développement, et par là même réduire la vulnérabilité économique.

Dans un premier temps nous montrons, à partir d'une analyse économétrique que les relations entre tourisme et vulnérabilité sont affectées par des seuils, dans le prolongement des résultats de la littérature portant sur les relations entre tourisme et croissance. Dans un deuxième temps, nous prenons en compte la différenciation des prestations touristiques comme facteur explicatif des différences d'impacts de la spécialisation touristique sur la vulnérabilité et, inspirés par nos résultats empiriques exploratoires, nous proposons une typologie des PEI selon la spécialisation touristique et la différenciation des prestations proposées au visiteur. Une troisième et dernière partie est consacrée aux politiques de développement touristique par référence notamment aux exemples de la République dominicaine et de la Dominique.

2. PRÉSENCE DE SEUILS DANS LES RELATIONS ENTRE TOURISME, CROISSANCE ET VULNÉRABILITÉ

2.1. Relations non-linéaires entre tourisme et croissance

La relation entre le tourisme et la croissance a fait l'objet de nombreuses études académiques, Ghali (1976) et Lanza et Pigliaru (2000) étant les premiers à examiner cette relation d'un point de vue empirique. De nombreuses publica-

[4] Voir par exemple Sequeira et Nunes (2008), Narayan et al. (2010), Adamou et Clerides (2010), Holzner (2011) ; voir la section 2 pour une brève revue de la littérature.

tions ayant pour but de vérifier l'hypothèse de la croissance menée par le tourisme ont suivi depuis. Les liens entre tourisme et croissance économique semblent soumis à des effets de seuil, ce qui expliquerait en partie des résultats empiriques rarement univoques. Par exemple, si Brida et al. (2009) montrent un impact du tourisme sur la croissance négatif à court terme et positif à long terme, Jin (2011) indique au contraire, un impact positif à court terme et négatif à long terme. Les résultats de Lean et Tang (2010), retrouvés par Schubert et al. (2010), suggèrent la persistance dans le temps des effets positifs. Les impacts du tourisme sur la soutenabilité seraient ainsi différents selon les spécialisations touristiques. Apparaît ici un seuil que l'on peut mesurer en termes de degré de spécialisation touristique (Adamou et Clerides, 2010; Holzner, 2011; Narayan et al., 2010). A partir de ce seuil, l'effet marginal du tourisme sur la croissance serait décroissant. Des travaux récents (ex. Adamou et Clerides, 2010 ; Holzner, 2011) suggèrent l'intérêt de certaines économies, atteignant un degré spécifique (assez élevé) de spécialisation touristique, de développer d'autres activités économiques vu cet effet marginal du tourisme décroissant dans le temps. De même, les territoires insulaires dans lesquels le tourisme est encore embryonnaire, devraient veiller au maintien d'activités économiques diversifiées parallèlement au développement du secteur touristique.

2.2. Seuils critiques de la spécialisation touristique face aux enjeux de la vulnérabilité économique

Plusieurs facteurs participent à l'épuisement potentiel des effets d'entraînement du tourisme sur le reste de l'économie. Le fonctionnement de la filière de tourisme international fait qu'une part importante des revenus issus de ce type de tourisme est captée dès le départ et reste donc dans les pays émetteurs de ces prestations touristiques où se situent les sièges des compagnies aériennes internationales, des chaînes hôtelières ou encore des grands voyagistes. Par ailleurs, une fois sur place, le client du tourisme balnéaire traditionnel a davantage tendance à consommer des denrées alimentaires importées, ce qui accentue encore ce phénomène de fuite. Dans certaines îles de la zone Caraïbe, alors que ce secteur d'activité a généré des revenus qui ont cru rapidement depuis la fin des années 1980, les retombées du tourisme sur l'économie locale s'avèrent marginales au regard de la dépense réelle des clientèles[5]. C'est ainsi que « ces îles fonctionnent davantage comme de simples supports d'accueil qui s'inscrivent dans une logique internationale où les perspectives de participation locale sont réduites faute de capitaux et d'accès aux marchés émetteurs » (Dehoorne et al., 2007). Ce type de développement touristique, très souvent concentré sur des espaces géographiques restreints, a par ailleurs des conséquences environnementales et sociales négatives dues au développement souvent incontrôlé d'infrastructures hôtelières et routières. Les pressions importantes exercées sur l'environnement sont de plusieurs ordres : défrichage des forêts, érosion du littoral, sur-fréquentation des milieux naturels, augmentation de la pollution marine, diminution de la ressource halieutique, urbanisation croissante, artificia-

[5] Turismo sin desarrollo. Los intereses creados como amenaza al sector turístico de República, Dominicana María Dolores López Gómez, OXFAM 2007.

lisation des espaces, accroissement de la circulation, gestion non maitrisée des déchets, dégradation de la qualité de l'eau, etc. Pour les sociétés locales, les effets présentent également certains impacts négatifs et peuvent conduire à des formes de pénuries (eau, énergie), de marginalisation, de délinquance, d'acculturation et/ou de non-respect des coutumes.

Le choix d'une spécialisation touristique peut donc entraîner une vulnérabilité accrue, i.e. « le risque pour les pays pauvres de voir leur développement entravé par les chocs exogènes qu'ils subissent, chocs à la fois naturels et externes » (Guillaumont, 2006). A partir d'un certain seuil, les avantages attendus d'un accroissement des recettes touristiques céderaient la place aux effets négatifs associés notamment au renforcement de l'exposition aux chocs.

Afin de tester le rôle de la spécialisation touristique (mesurée ici par le poids du secteur du tourisme dans le PIB) sur la vulnérabilité, nous avons procédé à une régression en panel non-cylindré sur la période 1990-2008, en retenant l'indicateur de vulnérabilité économique (EVI)[6] comme variable dépendante. Selon cet indicateur, la vulnérabilité macroéconomique reflète essentiellement les principaux types de chocs provenant de l'extérieur qui affectent les pays à faible revenu et l'exposition de ces pays à ces chocs (Guillaumont, 2006). Etant donnée la méthodologie de construction de l'indice EVI, les impacts du tourisme sur la vulnérabilité sont indirects et a priori indéfinis. Ce qui nous intéresse, c'est de vérifier si (1) l'effet marginal de la spécialisation touristique est variable, tel que trouvé dans la littérature liant le tourisme et la croissance économique, et (2) la spécialisation touristique agit différemment sur la vulnérabilité économique des PEI (12 pays dans l'échantillon[7]), comparées aux autres pays (70 non-PEI pour lesquels l'indice EVI est disponible ; essentiellement des économies en développement).

Après avoir observé nos données empiriques et la qualité des distributions statistiques (voir graphique A.1 en annexe), nous optons pour une équation log-log et admettons l'existence d'une relation quadratique, voire cubique, entre la spécialisation touristique et la vulnérabilité économique. Tester une relation non-linéaire (quadratique ou cubique) suppose de vérifier si l'effet sur la vulnérabilité économique d'un changement dans la spécialisation touristique dépend du degré de spécialisation touristique. Cet effet marginal serait croissant (si les trois termes : simple, quadratique et cubique, ont le même signe) ou décroissant

[6] Indicateur défini par le PNUD et le CERDI, voir Cariolle et Goujon (2013). L'EVI recouvre un indicateur d'exposition aux chocs et un indicateur de chocs. L'indicateur d'exposition aux chocs intègre notamment un indicateur de concentration des exportations. Mais celui-ci ne prend pas en compte les éléments de la balance des invisibles, il n'intègre donc pas d'effet direct du développement du secteur du tourisme. Par contre, le développement de la contribution du tourisme dans le PIB peut se traduire par une baisse de la part de l'agriculture dans le PIB (indicateur d'exposition aux chocs intégré dans l'EVI). Enfin, l'indicateur de choc mesurant l'instabilité des exportations inclut aussi les services, donc les revenus du tourisme. Au bilan, les effets du tourisme sur l'indicateur de vulnérabilité ne sont pas définis a priori.

[7] Le Tableau A.1 en annexe liste les données disponibles par PEI.

(si les signes sont opposés) avec l'évolution de la spécialisation touristique. Lorsque les coefficients estimés des termes simple et quadratique, ou quadratique et cubique, ont des signes opposés, il est possible de déterminer le point de retournement (appelé par la suite « seuil ») à partir duquel la tendance se renverserait : c'est-à-dire l'effet marginal négatif (positif) s'épuiserait progressivement pour s'annuler et devenir ensuite positif (négatif).

Concernant les autres variables explicatives, nous nous sommes inspirés de la vaste littérature sur les facteurs déterminants de la vulnérabilité / volatilité macroéconomique[8]. Nous distinguons ainsi deux groupes de facteurs :

(i) les déterminants de la volatilité économique (ex. Aghion et al., 1999 ; Anbarci et al., 2011 ; Bejan, 2006 ; Easterly et al., 2001 ; Ferreira da Silva, 2002 ; etc.) : croissance du PIB/habitant, niveau de sophistication du marché financier (ex. part du crédit privé dans le PIB, dans une relation quadratique), taille du gouvernement (ex. dépenses publiques, en % PIB, comme proxy pour le degré de stabilisation automatique), ouverture économique ;

(ii) les variables de contrôle macroéconomiques (ex. Acemoglu et al., 2003 ; Anbarci et al., 2011 ; Fiaschi et Lavezzi, 2005 ; Holzner, 2011 ; Kent et al, 2005 ; etc.) : niveau initial de développement économique (ex. PIB/hab., part de la valeur ajoutée du secteur agricole dans le PIB), dotations en facteurs de production (capital, travail), qualité des institutions (ex. libertés civiles et droits politiques), capital humain (ex. niveau d'éducation), variable de tendance temporelle (pour capter l'amélioration des processus de gestion, l'innovation financière, l'évolution de l'indépendance des institutions…).

Ainsi, notre modèle empirique de base s'écrit :

$$\begin{aligned}\log(EVI)_{it} = \alpha &+ \beta_1 \log(TourPIB)_{it} + \beta_2(\log(TourPIB))^2_{it} \\ &+ \beta_3(\log(TourPIB))^3_{it} + \phi\log(X)_{it} + \chi\log(Z)_{it} \\ &+ u_i + \varepsilon_{it}\end{aligned}$$

avec *EVI* l'indice de vulnérabilité économique, *TourPIB* le degré de spécialisation touristique (part des recettes touristiques dans le PIB), *X* les déterminants de la volatilité économique susmentionnés, *Z* les variables de contrôle macroéconomiques, u_i le terme d'erreur fixe dans le temps représentant les effets propres à chaque pays et $\boldsymbol{\varepsilon}$ le terme d'erreur aléatoire. Les variables explicatives que nous avons mobilisées sont définies dans le Tableau 1.

Concernant la stratégie empirique, les tests Breusch-Pagan LM pour les effets aléatoires (EA) et F-test (ui = 0) pour les effets fixes (EF), nous permettent de rejeter les hypothèses nulles et suggèrent l'utilisation des techniques d'estimation en panel plutôt que les moindres carrés ordinaires (MCO). En même temps, les statistiques des tests de Hausman indiquent, pour notre modèle empirique et échantillon de pays, que les coefficients estimés avec des EF sont plus consistants que ceux estimés avec des EA. Par conséquent, nous nous focalisons dans notre analyse empirique sur les résultats du modèle 3 (Tableau 2).

---

[8] L'idée étant ici de retenir le maximum de variables explicatives autres que celles utilisées directement dans la construction de l'indice EVI pour limiter les problèmes d'endogénéité.

Tableau 1. Définitions et sources des variables

Variable	Définition	Source
lnEVI	EVI rétrospectif 2012	Cariolle, Goujon (2013)
lnVarPIBhab	Croissance du PIB par habitant (% annuel)	Banque mondiale
lnFH	Democratie par Freedom House: moyenne des indicateurs "political rights" & "civil liberties"	*Freedom in the World*, par Freedom House
lnEducation	Durée de l'enseignement secondaire (années)	Banque mondiale
lnPopul_{t-1}	Population totale	Banque mondiale
$\text{lnPIBhab2005}_{t-1}$	PIB par habitant (dollars constants de 2005)	Banque mondiale
lnAgrPIB	Agriculture, valeur ajoutée en % du PIB	Banque mondiale
lnCreditPIB	Crédit intérieur au secteur privé (% du PIB)	Banque mondiale
lnDépGouv	Dépenses de consommation finale du gouvernement (% du PIB)	Calcul des auteurs
lnOuv	Ouverture économique : (Export + Import) / PIB	Banque mondiale, calcul des auteurs
lnTravail	Main d'œuvre totale	Banque mondiale
lnCapital	Formation brute de capital fixe (dollars constants de 2000)	Banque mondiale
Trend	Tendance temporelle	Calcul des auteurs
lnTourPIB	Contribution du tourisme au PIB (%)	WTTC
lnTourPrix	Moyenne mobile cumulative du "Prix du tourisme" = TourDépenses / TourArriv	Calcul des auteurs
TourDépenses	*Dépenses des touristes (en provenance de l'étranger) en milliards de dollars US (constants 2011)*	*WTTC*
TourArriv	*Tourisme international, nombre d'arrivées*	*Banque mondiale*

Les effets de toutes les variables explicatives, lorsqu'ils sont statistiquement significatifs, ont les signes prédits par la théorie et sont plutôt cohérents avec les résultats des travaux existants sur les indicateurs de la vulnérabilité macroéconomique. Ainsi, des facteurs comme le niveau de développement initial, la variation du PIB/hab., l'éducation, la qualité des institutions (démocratie) sont associés négativement à la vulnérabilité économique, tandis que l'ouverture économique et le développement du marché financier jusqu'à un certain seuil (au-delà duquel le marché financier serait suffisamment développé pour absorber les chocs) semblent contribuer à une hausse de la vulnérabilité. Enfin, il apparaît que la vulnérabilité économique suit une tendance à la baisse.

Concernant l'impact du tourisme sur la vulnérabilité, on retrouve (modèle 3, Tableau 2) un effet non-linéaire comparable à celui présenté dans les travaux portant sur les relations entre tourisme et croissance. L'effet marginal du tourisme sur la vulnérabilité économique n'est donc pas constant, mais varie en fonction du degré de la spécialisation touristique.

Tableau 2. Relation non-linéaire entre tourisme et vulnérabilité économique

	(1) MCO	(2) EA	(3) EF
lnVarPIBhab	0,006	**-0,006**$^{+}$	**-0,006**$^{+}$
	(0,008)	*(0,003)*	*(0,003)*
lnFH	**-0,043***	**-0,038***	**-0,030**$^{+}$
	(0,017)	*(0,015)*	*(0,016)*
lnEducation	**-0,259***	**-0,345***	**-0,285***
	(0,054)	*(0,065)*	*(0,069)*
lnPopul$_{t-1}$	**-0,418***	**-0,178***	0,160
	(0,048)	*(0,076)*	*(0,104)*
lnPIBhab2005$_{t-1}$	**-0,205***	**-0,193***	**-0,226***
	(0,024)	*(0,026)*	*(0,037)*
lnAgrPIB	**0,044***	-0,004	0,008
	(0,015)	*(0,017)*	*(0,018)*
lnCreditPIB	-0,051	**0,064***	0,045
	(0,044)	*(0,031)*	*(0,031)*
(lnCreditPIB)^2	0,004	**-0,012***	-0,007
	(0,007)	*(0,005)*	*(0,005)*
lnDépGouv	**-0,054***	**-0,029**$^{+}$	-0,019
	(0,020)	*(0,018)*	*(0,018)*
lnOuv	-0,003	**0,059***	**0,067***
	(0,020)	*(0,018)*	*(0,018)*
lnTravail	**0,205***	0,068	0,082
	(0,040)	*(0,072)*	*(0,083)*
lnCapital	**0,114***	0,019	0,002
	(0,023)	*(0,015)*	*(0,016)*
Trend	**-0,005***	**-0,006***	**-0,011***
	(0,001)	*(0,001)*	*(0,002)*
lnTourPIB	-0,029	**0,027***	0,012
	(0,023)	*(0,011)*	*(0,011)*
(lnTourPIB)^2	**-0,075***	**-0,048***	**-0,044***
	(0,019)	*(0,009)*	*(0,009)*
(lnTourPIB)^3	**0,023***	**0,013***	**0,013***
	(0,006)	*(0,003)*	*(0,003)*
PEI x lnTourPIB	**1,526***	**0,461**$^{+}$	0,330
	(0,423)	*(0,250)*	*(0,251)*
PEI x (lnTourPIB)^2	**-0,844***	**-0,340***	**-0,320***
	(0,255)	*(0,142)*	*(0,143)*
PEI x (lnTourPIB)^3	**0,136***	**0,050**$^{+}$	**0,047**$^{+}$
	(0,046)	*(0,026)*	*(0,026)*
PEI	-0,613*	0,220	
	(0,208)	*(0,181)*	
Constant	7,018*	6,664*	1,423
	(0,339)	*(0,404)*	*(1,282)*
Observations	920	920	920
Breusch-Pagan test (H0 : homoscédasticité)	3,18^{+}		
F test (H0 : u_i=0)			74,45*
Hausman test (FE vs RE; chi^2 (dl))		54,20*	54,20*
R^2 *within*		0,446	0,467
R^2 *between*		0,462	0,058
R2 *overall*	0,5447	0,466	0,021

Légende : $^{+}$ $p < 0,10$, * $p < 0,05$ *(écarts-types entre les parenthèses).*

Tout d'abord, nous observons qu'une spécialisation touristique très faible (1-2% du PIB)[9] n'exerce aucun effet statistiquement significatif sur la vulnérabilité économique. Il apparait ensuite que le tourisme réduit la vulnérabilité, mais l'ampleur de cet effet diminue avec le degré de spécialisation touristique. Les seuils à partir desquels la spécialisation touristique (parts du tourisme international dans le PIB) commencerait à avoir un effet de hausse de la vulnérabilité économique sont estimés à 33,2% pour les PEI et 8,2% pour les non-PEI. Autrement dit, la présence d'un seuil signale que les effets positifs de baisse de la vulnérabilité, associés à l'intensification d'une spécialisation touristique, peuvent progressivement s'inverser pour finalement accroître la vulnérabilité des économies les plus dépendantes du tourisme. Ce retournement de tendance se produirait plus rapidement dans les non-PEI que dans les PEI. Le seuil quatre fois plus élevé pour les PEI que pour les non-PEI justifierait le choix d'une spécialisation touristique forte pour les PEI, relativement aux autres activités et comparées aux autres pays. Nous considérons que cet avantage relatif des PEI dans la spécialisation touristique découle du fait que les petites économies insulaires bénéficient d'une « attractivité sociale, culturelle ou naturelle unique » (Seetanah, 2011). Parce que l'insularité est souvent associée à la présence d'un patrimoine naturel et culturel spécifique, les surcoûts liés à l'isolement et/ou à l'éloignement seraient ainsi compensés par les rentes issues de l'exploitation de ce patrimoine spécifique. L'inversion des effets de la spécialisation touristique sur la vulnérabilité renverrait alors à la possibilité que le patrimoine naturel et culturel se dégrade progressivement, du fait d'une sur-fréquentation, d'un manque de préservation, d'entretien ou d'investissement, ou encore d'une perte de spécificité des patrimoines mobilisés (disneylandisation, folklorisation) pouvant aller jusqu'à des situations irréversibles qui empêcheraient la reconstitution du stock de ressources initial.

L'existence d'un seuil dans l'effet de la spécialisation touristique sur la vulnérabilité économique, ainsi que sa variabilité à travers différents pays (ex. PEI/non-PEI), pourrait s'expliquer par le type de patrimoine mobilisé, et les effets de complémentarité / substituabilité jouant entre ses différentes dimensions. On retrouve ici l'explication de la décroissance de l'effet marginal du tourisme sur la croissance proposée par Pablo-Romero et Molina (2013).

3. EFFETS NON-LINÉAIRES DU TOURISME SUR LA VULNÉRABILITÉ ET DIFFÉRENCIATION DES PRODUITS TOURISTIQUES

3.1. La spécialisation touristique et l'évolution des prix des prestations touristiques

L'épuisement progressif des trajectoires de développement basées sur la spécialisation touristique ne s'exprime pas partout avec la même acuité, même pour des îles ayant atteint un niveau équivalent de spécialisation touristique. Dans

[9] Pour le calcul des seuils, nous retenons la méthode d'approximation de premier ordre du développement en série de Taylor (méthode Delta). Nous tenons à signaler que l'estimation des seuils issus de nos résultats empiriques ne fournit que des chiffres purement indicatifs (à interpréter en termes relatifs), étant très sensibles à la nature et la taille de l'échantillon de pays (PEI ou non) pris en compte dans les régressions.

cette section, nous faisons l'hypothèse que l'un des facteurs de différenciation de l'impact du tourisme sur la vulnérabilité (et la croissance) repose sur le type de prestation touristique proposé. Plus précisément, les impacts de la spécialisation touristique sur la vulnérabilité dépendraient de la plus ou moins forte différenciation des prestations touristiques (produit différencié ou indifférencié), ainsi que des dynamiques d'évolution des patrimoines mobilisés. Apparaîtraient ainsi deux stratégies possibles de développement touristique, l'une exploitant les spécificités du patrimoine naturel et culturel pour différencier à long terme les prestations touristiques, l'autre proposant des prestations moins différenciées, et ouvrant ainsi la voie à une concurrence forte sur les prix. Dans le premier cas, nous faisons par exemple référence à la valorisation de filières touristiques axées sur le patrimoine archéologique et historique (tourisme culturel, tourisme de mémoire), le patrimoine naturel (tourisme naturaliste, ornithologie, tourisme scientifique), le patrimoine immatériel et humain (écotourisme, tourisme communautaire) – les produits touristiques associés fonctionnent souvent par petits groupes, sur un mode itinérant, permettant de limiter les pressions sur les milieux et de diffuser les retombées localement. Dans le second cas, il s'agit de séjours touristiques plus sédentaires, sous forme de package tout compris, dans des grandes installations de type « resort » tournées vers les attributs insulaires traditionnels axés sur la mer, la plage et le soleil. Il va de soi que le modèle indifférencié repose sur des logiques de volumes et d'optimisation des taux de remplissage (avions et hébergements) ce qui permet de tirer les prix vers le bas. Le tourisme différencié, en revanche, joue la carte du tourisme expérientiel, parfois d'exception privilégiant un rapport plus harmonieux entre tourisme et vie locale ; la qualité est privilégiée, voire l'élitisme ou le tourisme de niche.

Nous considérons le tourisme comme source potentielle de rentes, à partir du moment où les prestations offertes sont différenciées par rapport aux prestations touristiques concurrentes, et participent ainsi au maintien d'un bouclage macroéconomique spécifique. En offrant des prestations touristiques différenciées, les îles seraient ainsi en mesure de proposer des prix plus élevés pour leurs prestations, et d'accroître la part des revenus du tourisme conservée localement, profitant de leur pouvoir de marché (situations d'oligopoles différenciés ou de concurrence monopolistique). Il n'est pas évident pour autant que toutes les prestations touristiques offertes par les PEI soient différenciées de celles offertes par leurs concurrents. Entre les destinations la concurrence est parfois féroce, et les prix des prestations touristiques peuvent alors s'inscrire sur une tendance baissière, illustrant la perte de différenciation des produits. Il semble que cela soit notamment le cas pour les PEI ayant privilégié un triptyque mer/plage/soleil peu différenciant et conduisant, dans certains cas, à un tourisme de masse.

L'effet du tourisme sur la vulnérabilité et la croissance des PEI dépend ainsi du type de produit touristique proposé à chacun des maillons de la chaîne touristique, transport, hébergement/restauration, activités culturelles et de loisirs : volume des capacités d'accueil, durée de la visite, taille des groupes, type d'encadrement, formes d'acheminement des visiteurs sur les sites remarquables. Il dépend également de la qualité des prestations proposées, de la formation des personnels qui travaillent dans le secteur du tourisme, ou encore de l'origine des capitaux investis dans les structures d'accueil touristiques : dans la Caraïbe, par exemple, plus de 60 % des structures hôtelières appartiennent à des ressortissants extérieurs à la région ce qui limite l'implication des communautés locales dans la chaîne de valeur touristique.

Pour tester les hypothèses susmentionnées, notre modèle empirique élargi devient :

$$\begin{aligned}\log(EVI)_{it} = {} & \alpha + \beta_1\log(TourPIB)_{it} + \beta_2(\log(TourPIB))^2_{it} \\ & + \beta_3\log(TourPrix)_{it} + \beta_4\log(TourPrix)_{it} * \log(TourPIB)_{it} \\ & + \beta_5\log(TourPrix)_{it} * (\log(TourPIB))^2_{it} + \phi\log(X)_{it} \\ & + \chi\log(Z)_{it} + u_i + \varepsilon_{it}\end{aligned}$$

avec *EVI* l'indice de vulnérabilité économique, *TourPIB* le degré de spécialisation touristique, *TourPrix* la différenciation des prestations touristiques approchée par l'évolution des dépenses par touriste, *X* les déterminants de la volatilité économique, *Z* les variables de contrôle macroéconomiques, u_i le terme d'erreur fixe dans le temps représentant les effets propres à chaque pays et ε le terme d'erreur aléatoire.

Pour mieux tenir compte des spécificités économiques des différentes destinations touristiques (hétérogénéité des niveaux absolus des prix, taux de change, etc.), la variable *TourPrix* est calculée de façon à ne capter que la tendance générale de long terme d'évolution des prix en valeur constante[10]. Les termes d'interaction *TourPrix*TourPIB* permettent d'estimer l'effet du tourisme sur la vulnérabilité selon que les prix s'inscrivent sur une tendance à la baisse ou à la hausse, et en fonction du degré de spécialisation touristique (*TourPrix*(TourPIB)*^{2}).

Etant donné la faible représentativité des PEI dans le modèle 4, Tableau 3 (rendant l'interprétation de l'ampleur des coefficients peu pertinente)[11], et vu que les impacts directs et conditionnels sont similaires pour les PEI et non-PEI en termes de signes des effets marginaux et significativité statistique, nous n'interprétons par la suite que la nature des relations entre spécialisation et différenciation touristique dans l'explication de la vulnérabilité économique pour l'échantillon global des pays considérés (modèle 5, Tableau 3).

[10] Plus précisément, la variable TourPrix représente l'évolution des dépenses par touriste (en provenance de l'étranger) en dollars constants 2011, sur la période 1995-2008 (voir le Tableau 1 pour la définition et les sources des variables). Pour chaque année, la variable TourPrix est calculée en utilisant la formule de la moyenne mobile (ou glissante) cumulative, au pas de 5 ans (1990 est la première année retenue pour le calcul de la variable TourPrix, démarrant en 1995) : MMC(TourPrix)t=(TourPrixt + 4*MMC (TourPrix)t-1)/5, nous permettant de mieux tenir compte des évolutions sur l'ensemble de la période et ne retenir que la tendance générale (la moyenne mobile cumulative étant plus lisse que la moyenne mobile simple).

[11] Les modèles (4) et (5) ne contiennent plus que les PEI suivantes: Bahamas (10 obs.), Barbados (7 obs.), Belize (10 obs.), Cap Vert (2 obs.), Rép. Dominicaine (12 obs.), Maldives (3 obs.).

Tableau 3. Vulnérabilité économique en fonction des spécialisations et différenciations touristiques

	(4) EF	(5) EF
lnVarPIBhab	**-0,009***	**-0,009***
	(0,004)	*(0,004)*
lnFH	**-0,048***	**-0,041***
	(0,020)	*(0,020)*
lnEducation	**-0,197+**	**-0,375+**
	(0,116)	*(0,099)*
lnPopul $_{t-1}$	-0,085	-0,094
	(0,150)	*(0,153)*
lnPIBhab2005$_{t-1}$	**-0,428***	**-0,423***
	(0,059)	*(0,060)*
lnAgrPIB	-0,030	-0,037
	(0,024)	*(0,024)*
lnCreditPIB	**0,094***	**0,102***
	(0,035)	*(0,036)*
$(\text{lnCreditPIB})^2$	**-0,012+**	**-0,014***
	(0,006)	*(0,006)*
lnDépGouv	-0,000	-0,003
	(0,023)	*(0,023)*
lnOuv	**0,092***	**0,100***
	(0,025)	*(0,025)*
lnTravail	0,138	0,170
	(0,105)	*(0,106)*
lnCapital	0,031	0,031
	(0,022)	*(0,022)*
Trend	**-0,007***	**-0,008***
	(0,003)	*(0,003)*
lnTourPIB	**-0,545***	**-0,580***
	(0,270)	*(0,265)*
$(\text{lnTourPIB})^2$	**0,283***	**0,285***
	(0,121)	*(0,118)*
lnTourPrix	**-0,064***	**-0,065***
	(0,029)	*(0,028)*
lnTourPrix x lnTourPIB	**0,084***	**0,091***
	(0,040)	*(0,039)*
lnTourPrix x $(\text{lnTourPIB})^2$	**-0,043***	**-0,045***
	(0,017)	*(0,017)*
PEI x lnTourPIB	**-21,428***	
	(5,066)	
PEI x $(\text{lnTourPIB})^2$	**4,245***	
	(1,199)	
PEI x lnTourPrix	**-2,122***	
	(0,508)	
PEI x lnTourPrix x lnTourPIB	**2,689***	
	(0,656)	
PEI x lnTourPrix x $(\text{lnTourPIB})^2$	**-0,545***	
	(0,159)	
Constant	7,343*	5,235*
	(2,192)	*(2,107)*
Observations	660	660
Breusch-Pagan test (H0 : homoscédasticité)		
F test (H0 : u_i=0)	60,25*	61,33*
Hausman test (FE vs RE; chi^2 (dl))	63,80*	32,61*
R^2 *within*	0,448	0,413
R^2 *between*	0,061	0,002
R2 *overall*	0,024	0,019

Légende : $^+ p < 0{,}10$, $^* p < 0{,}05$ (écarts-types entre les parenthèses).

Tout d'abord, en se focalisant sur les économies connaissant une tendance à la baisse du prix du tourisme (situation classique des secteurs concurrentiels, ex. tourisme de masse), on constate qu'un effet de seuil similaire à celui identifié précédemment apparaît, seuil au-delà duquel le développement du tourisme se traduirait par une hausse de la vulnérabilité. Par contre, et c'est là un résultat intéressant, la relation s'inverse pour les économies connaissant une évolution à la hausse du prix du tourisme (ex. tourisme différencié de type « patrimonial ») : le développement modeste (faible spécialisation) du tourisme différencié serait associé à une augmentation de la vulnérabilité jusqu'à un certain seuil de la part du tourisme dans le PIB ; au-delà de ce seuil, la différenciation touristique contribuerait à la réduction de la vulnérabilité économique[12].

Graphique 1. Prédiction linéaire de la vulnérabilité pour les valeurs extrêmes (min et max) de la spécialisation touristique et la différenciation des prestations touristiques

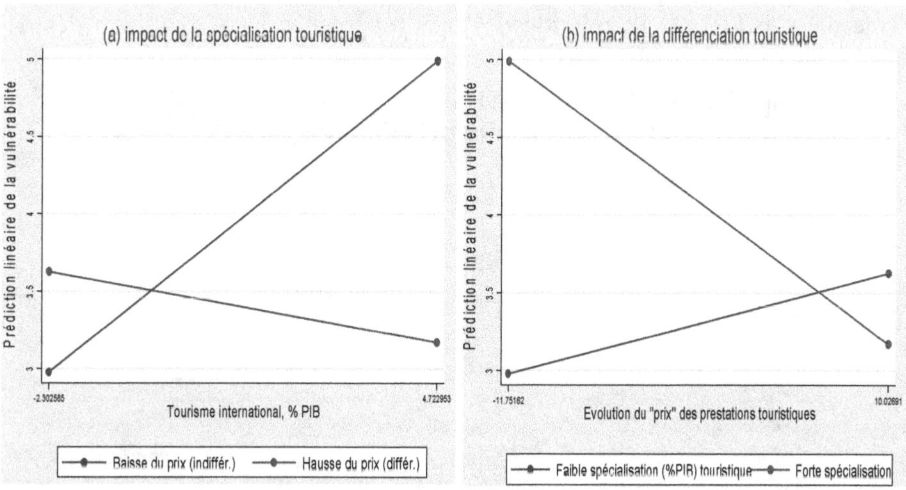

Dans un cas plus général, en analysant la vulnérabilité économique par une prédiction linéaire (graphique 1, correspondant aux données du modèle 5), ces effets peuvent se résumer ainsi : (a) l'augmentation du degré de spécialisation touristique serait associée à une réduction (hausse) de la vulnérabilité économique dans les pays promouvant la différentiation (indifférenciation) des prestations touristiques ou, alternativement, (b) la différentiation des prestations touristiques contribuerait à une baisse (hausse) de la vulnérabilité si le pays repose sur une spécialisation touristique forte (faible). Selon nos résultats empiriques, si les PEI voulaient faire du tourisme international une source majeure de leur croissance économique (forte spécialisation touristique), la mise en valeur des

[12] En dessous de ce seuil, les revenus du tourisme ne permettraient pas d'organiser une véritable politique de préservation des patrimoines (on a affaire à un tourisme « pionnier » sur des territoires peu préparés). Dès que le tourisme dépasse ce seuil, le territoire se « professionnalise » et s'organise, il devient plus capable de maîtriser les flux et d'offrir des services aux visiteurs.

avantages comparatifs uniques (tourisme différencié, de type « patrimonial ») s'impose pour éviter la hausse de leur vulnérabilité. En même temps, le développement du tourisme de masse apparaît comme un bon compromis pour les PEI où l'activité touristique ne pourrait constituer qu'une faible part dans le PIB.

Selon l'importance des politiques de préservation mises en œuvre localement, ou des stratégies de réinvestissements dans le patrimoine qui sont opérées à partir des revenus du tourisme, les prestations touristiques offertes pourront maintenir ou non leur caractère différencié.

3.2. La différenciation des produits touristiques : une typologie des PEI

Nos résultats empiriques sur l'impact de la spécialisation touristique sur la vulnérabilité, conditionnel à la différentiation des prestations touristiques, nous conduisent à proposer, en première approximation, une typologie des PEI (graphique 2) à partir de deux variables : la spécialisation touristique (poids du tourisme dans le PIB) et l'évolution des prix (approchée par l'évolution des dépenses touristiques par arrivée).

Graphique 2. Typologie des PEI selon l'intensité de la spécialisation touristique et l'évolution des prix du tourisme (1995-2012)

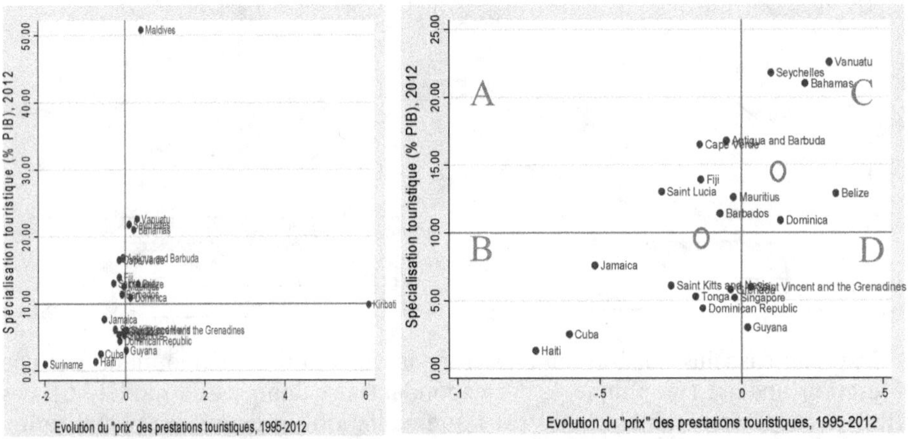

Note : Le graphique à droite n'intègre pas les îles Maldives, Kiribati et Suriname.

Nous proposons ainsi une typologie des îles en quatre catégories :

A. *Tourisme indifférencié - Forte spécialisation* : Antigua et Barbuda, Barbados, Cap-Vert, Fidji, Maurice, Sainte Lucie.

B. *Tourisme indifférencié - Spécialisation faible ou modérée* : Cuba, République dominicaine, Guinée, Haïti, Jamaïque, Saint Kitts et Nevis, Singapour, Suriname, Tonga.

C. *Tourisme différencié - Forte spécialisation* : Bahamas, Belize, Dominique, Maldives, Seychelles, Vanuatu.

D. *Tourisme différencié - Spécialisation faible ou modérée* : Guyana, Grenade, Kiribati, Saint Vincent.

Ce premier travail de caractérisation des trajectoires touristiques en présence dans les territoires insulaires vise à alimenter le débat sur la corrélation supposée entre spécialisation touristique et vulnérabilité économique, étant entendu que seules des analyses approfondies au cas par cas permettront d'affiner et de nuancer cette analyse exploratoire selon les spécificités de chaque PEI : accessibilité géographique, caractéristiques du tissu économique, maturité du produit touristique, volume des flux touristiques, degré de stabilité institutionnelle locale, etc.

Ces premiers résultats montrent d'une part une tendance affirmée à la différenciation des prestations touristiques dans un bon nombre de PEI (catégories C et D), avec quelques situations très marquées qui s'accompagnent d'une forte spécialisation touristique (Seychelles, Bahamas et Vanuatu). La réalité touristique de ces îles montre que cette différenciation peut revêtir des formes très distinctes en prenant appui soit sur des patrimoines exceptionnels (volcans et fonds marins au Vanuatu), soit sur le marché du luxe par le développement de prestations touristiques haut de gamme (Seychelles), soit sur une volonté de restreindre les marchés cibles (les Bahamas où 85% des touristes sont originaires des Etats-Unis).

On observe d'autre part que de nombreuses PEI maintiennent leur développement autour d'un tourisme indifférencié (A et B), avec notamment des grandes îles ayant opté depuis longtemps pour le développement d'une industrie de tourisme de masse (Cuba, République dominicaine ou Jamaïque), reposant sur un triptyque mer-plage-soleil et sous la forme de produits tout compris ou packages (McElroy, 2003). Ces produits, qui présentent des coûts relativement faibles sont conçus autour de vastes complexes balnéaires sur un format vol charter+hôtel par le biais d'ententes entre grands opérateurs internationaux, et n'intègrent que marginalement les hébergements de petite taille et les prestataires touristiques locaux. Il en résulte que le territoire de destination ne capte qu'une faible partie de la dépense touristique totale : on peut alors s'interroger sur la capacité des PEI à générer, grâce au tourisme, les revenus susceptibles d'être réinvestis dans la préservation de leur patrimoine.

Etant donné nos résultats empiriques sur les effets interdépendants de ces deux variables, on s'attendrait à une hausse de la vulnérabilité dans les îles A et une baisse de la vulnérabilité dans les îles C, si elles continuent à miser sur une spécialisation touristique forte. Dans leur ambition de maintenir une stratégie de développement du tourisme international sans impacter la vulnérabilité économique, les îles A devraient donc revoir leur offre touristique en y intégrant des prestations différenciées. Enfin, si les îles B avaient plutôt intérêt à maintenir, sans le développer davantage, leur tourisme indifférencié, les îles D devraient au contraire intensifier leurs projets touristiques à prestations différenciées pour limiter leur vulnérabilité économique. Bien évidemment, un mix de prestations touristiques apparaît comme la solution pertinente pour les îles proposant un tourisme différencié (indifférencié) et étant loin du (dépassant le) seuil critique de spécialisation touristique.

Pour illustrer et approfondir ces hypothèses, deux études de cas sont développées dans la dernière partie : la Dominique et la République dominicaine, la première étant engagée dans un développement touristique différencié sur une base patrimoniale et la seconde dans une trajectoire ancienne de tourisme balnéaire de masse indifférencié.

4. TOURISME INDIFFÉRENCIÉ *VS* TOURISME DIFFÉRENCIÉ DE TYPE « PATRIMONIAL »

Une observation ciblée sur le bassin caribéen montre que certaines îles tentent d'adopter des formes alternatives de tourisme basées soit sur le développement d'un tourisme à base patrimoniale soit sur le développement d'un tourisme balnéaire haut de gamme afin de sortir de la compétitivité prix pour privilégier la rareté des lieux et/ou des prestations touristiques offertes. C'est un tourisme apparenté au tourisme « de luxe », dont on sait qu'il repose sur la promesse d'une offre touristique rare, personnalisée et porteuse d'imaginaire : il s'agit de faire vivre au visiteur une expérience exclusive, parfois sur-mesure, dont les études montrent qu'elle se nourrit d'authenticité et de nouveauté.

Les appellations qui désignent ces différentes formes de tourisme sont variées (écotourisme, tourisme responsable, tourisme solidaire ou équitable, tourisme intégré et diffus...) et il est souvent difficile de les différencier car elles sont liées entre elles par des valeurs communes de même que par les pratiques touristiques qu'elles induisent (Froger, 2012). Un dénominateur commun reste que ces formes de tourisme sont le plus souvent fondées sur la richesse patrimoniale des territoires concernés, que ce soit le patrimoine bâti, culturel, environnemental, immatériel, traditionnel des communautés locales (modes de vie, de loisir, religieux, etc). Prenons l'exemple du tourisme de nature qui est une tendance récente, datant seulement d'une vingtaine d'années. Selon l'OMT le tourisme de nature se développe à un rythme annuel compris entre 25 à 30 % et représente 7% des dépenses du tourisme international (CCBP. UNESCO), ce qui est loin d'être négligeable.

L'écotourisme suit en principe une logique économique différente de celle sous-jacente au tourisme de masse. En effet, il repose sur de petites infrastructures susceptibles de contribuer à l'aménagement et au maillage territorial en impactant positivement les populations locales.

Ainsi, ce tourisme différencié à base patrimoniale peut avoir des impacts socio-culturels locaux importants. Les populations d'accueil peuvent ainsi se saisir de la singularité de leur propre patrimoine historique, culturel et naturel et participer à sa réhabilitation et conservation. La rente que représente ce tourisme à base patrimoniale peut être suffisamment incitative pour générer ces comportements et favoriser le développement de ce type de tourisme.

Comme le soulignent Hampton et Jeyacheya (2013), l'étude du type de tourisme se révèle alors particulièrement intéressante pour l'évaluation des impacts indirects. Le tourisme différencié (mobilisant un patrimoine particulier) aurait un effet multiplicateur élevé sur l'économie locale (en améliorant la qualité de vie des populations locales, et par voie de conséquence le capital social) et devrait être encouragé comme stratégie de réduction de la vulnérabilité économique. L'île de la Dominique a par exemple fait le choix de se distinguer d'autres territoires insulaires voisins en développant parallèlement à l'agriculture des formes de tourisme axées sur la nature et la culture : maillage de l'île en parcs naturels, construction modérée d'équipements hôteliers, maîtrise de la taille des aéroports...

On retrouve ici l'idée que le tourisme constituerait une bonne stratégie de spécialisation du fait que les petites économies insulaires bénéficieraient d'une « attractivité sociale, culturelle ou naturelle unique » (Seetanah, 2011), contre-balançant les handicaps liés à l'insularité et à la petite taille des PEI. Les effets de dégradation des dimensions culturelles et naturelles associées au développement du tourisme seraient ainsi limités.

La République dominicaine et l'île de la Dominique sont deux exemples d'îles de la zone Caraïbe qui ont adopté des logiques de développement touristique différentes[13]. Cependant, toutes deux sont actuellement à des « points d'inflexion » de leurs stratégies. La République dominicaine, confrontée à la fois à un vieillissement de ses installations de tourisme balnéaire et à des enjeux internes importants, au plan social, économique et environnemental, souhaite diversifier ses produits touristiques traditionnels et développe pour cela des produits d'appel basés sur l'écotourisme. L'île de la Dominique quant à elle, tente, à partir de l'écotourisme, de capter d'autres types d'acteurs internationaux qui lui permettraient d'accéder au marché du tourisme dit « de masse ».

4.1. La République dominicaine : les limites du tourisme indifférencié ou de masse

La République dominicaine (superficie : 48 734 km2 ; 10,4 millions d'habitants en 2013) est la première destination touristique des Caraïbes. Elle a fondé son développement économique sur la spécialisation du tourisme balnéaire traditionnel, tourisme de masse au package « all-inclusive ».

Les revenus du tourisme ont cru fortement : ils sont passés de 1224 millions de Dollars en 1980 à 5065 millions de dollars en 2013[14]. Cette dynamique touristique a contribué à l'essor de l'économie dominicaine observé ces vingt dernières années : une croissance annuelle moyenne du PIB par habitant de 4%, contre 1,8% pour l'ensemble régional Amérique latine-Amérique centrale-Caraïbe (OIT, 2013).

En 2012 la République dominicaine proposait 66019 chambres (contre 19000 en 1990), avec un taux d'occupation de 70,3% et le tourisme employait 201235 personnes en emplois directs et indirects (contre 88000 en 1990). Selon les sources de la Banque Centrale, le tourisme direct (secteur hôtel, bars, restaurants) représentait 6,1% du PIB de la République dominicaine. Ce chiffre atteindrait 12 % du PIB si on lui associait les parts d'activités significatives que le tourisme génère dans les secteurs du transport, de la construction et du com-

[13] Le choix de ces deux îles repose sur leur situation géographique (zone Caraïbe) et sur la politique en matière de développement touristique mise en place dans cette zone. La comparaison s'opère sur les trajectoires de développement de ces deux îles qui appartiennent à un même territoire récepteur et qui s'inscrivent dans des stratégies politiques de développement similaires. La différence de taille n'est, pour ces raisons, pas un facteur de comparaison déterminant.

[14] Ministère du Tourisme de la République Dominicaine.

merce. Elle a accueilli 4,5 millions de touristes, la moitié de ces entrées touristiques venant des Etats-Unis. Cela fait dépendre la croissance économique de ce pays de touristes originaires majoritairement des Etats-Unis, du Canada et de l'Europe.

Les hôtels de luxe sont principalement situés sur la frange littorale de l'est de l'île et accueillent des touristes venant profiter du « tout inclus ». Les seules retombées économiques locales sont en termes d'emploi car, la plupart des hôtels appartenant à des groupes extérieurs, les devises restent également à l'extérieur. Cette concentration spatiale des activités touristiques accentue les pressions sur les ressources et entraînent de fortes dégradations, tout en limitant les effets d'entraînement pour les territoires et les populations locales.

Le tourisme balnéaire tropical a toutefois changé de visage ; non seulement il est actuellement dans une phase de concurrence mondiale exacerbée, mais les clientèles recherchent, en plus de la plage, d'autres activités, ce qui incite les îles, aux atouts patrimoniaux certains, à s'orienter vers l'écotourisme pour diversifier leurs produits touristiques de base et être en capacité de capter, à terme, d'autres types de clientèle. Pour la République dominicaine, cette forme de tourisme alternatif présente également l'opportunité d'une diversification de produit à la journée, susceptible d'être proposé aux clients des stations balnéaires.

L'orientation vers l'écotourisme permettrait un redéploiement géographique des touristes hors des zones strictement littorales, déjà fortement saturées, vers l'intérieur des terres notamment, riche d'un patrimoine naturel varié. L'île possède le plus haut sommet des Antilles, le Pico Duarte (3090m), le plus grand lac salé de la Caraïbe, le lac Enriquillo, 14 parcs nationaux et 7 réserves scientifiques, à la biodiversité unique. Leur valorisation touristique contribuerait à une diminution de la pression touristique, à une autre répartition des sites fréquentés et à impacter positivement d'autres populations d'accueil.

« L'écotourisme par ses principes ne peut pas être une forme de tourisme qui attire beaucoup de monde et de ce fait, il est souvent présenté comme un complément au tourisme classique ; il attire à la fois une clientèle spécialisée et les touristes traditionnels souhaitant diversifier leur activité pendant leur séjour » (Augier, 2007). Cette intrusion du tourisme classique dans l'écotourisme peut être dangereuse si cela répond à des logiques purement commerciales où l'écotourisme constitue un simple produit d'appel.

La République dominicaine doit aujourd'hui composer avec ces différentes formes de tourisme qui devraient pouvoir coexister pour réduire son exposition aux chocs de différentes natures (perturbations macroéconomiques, risques environnementaux, tensions sociales...) et lui permettre d'en faire un levier de développement « soutenable ».

4.2. L'île de la Dominique : le choix de l'éco-tourisme

Etat relativement isolé des petites Antilles, l'île de la Dominique (751 km2, moins de 80 000 habitants en 2013), ne dispose pas de dotations suffisantes pour accueillir le tourisme balnéaire traditionnel, du fait de sa localisation, de sa superficie et de ses caractéristiques géographiques.

A l'instar de plusieurs îles de l'espace caribéen, l'île de la Dominique, indépendante depuis 1978, membre du Commonwealth, a fait le choix de l'écotourisme dans les années 1990, car ce type de tourisme correspond à ses besoins de diversification d'activités économiques. Les flux restent encore faibles, moins de 85000 touristes en 2006 (CTO, 2007 cité par Dehoorne in Breton, 2011), et qui tend même à diminuer pour s'établir à moins de 79000 touristes en 2013[15] – ce qui s'explique par les coûts élevés des transports aériens. Malgré un volume de visiteurs faible en valeur absolue, la Dominique se caractérise par un niveau de spécialisation touristique relativement élevé (supérieur à 10% du PIB) par comparaison à d'autres secteurs économiques et la volonté des autorités locales est d'accroître ce taux pour atteindre les 15%.

Destination touristique aujourd'hui émergente, la Dominique mobilise ses ressources et acteurs territoriaux mais également des investisseurs extérieurs pour fonder son développement sur le segment de l'écotourisme, privilégiant ainsi les produits basés sur son patrimoine naturel et social. Elle s'est forgée une image « d'île nature », « d'île aux 365 rivières » et utilise ses nombreux atouts environnementaux tels que le Morne Diablotin (1477 m), huit volcans dont le second plus grand lac de cratère bouillonnant du monde, plusieurs parcs nationaux (Morne Trois Pitons, Cabrits) et une biodiversité exceptionnelle (environ cent soixante-dix espèces permanentes ou migratoires). Les installations touristiques elles-mêmes sont dimensionnées en conséquence : aucun hébergement touristique n'excède une capacité de 100 lits.

Dans des espaces insulaires exigus comme l'île de la Dominique, le développement d'un tourisme tourné vers des produits touristiques spécialisés et positionnés sur des créneaux porteurs tels que le patrimoine naturel et culturel peut amener sur le territoire des touristes à plus forte contribution financière, mais également plus investis dans la découverte et valorisation de l'ensemble des atouts et des ressources de l'île.

Ainsi, la Dominique fait reposer son développement économique sur un tourisme différencié fondé sur ses richesses naturelles et son particularisme culturel, ce qui la positionne parmi les destinations où le revenu généré par visiteur est assez conséquent : « La culture dominiquaise, riche de ses héritages historiques, amérindien, français, britannique et africain, est un élément patrimonial fondamental témoignant de la particularité de l'île » (Bruce, 2010).

La Dominique tente actuellement de faire évoluer son positionnement touristique en utilisant le levier de l'écotourisme pour lui permettre d'accéder à la filière du tourisme international et s'ouvrir aux acteurs et aux financements internationaux du tourisme de masse. Cette stratégie pourrait conduire à des formes de tourisme indifférencié qui tirerait la destination vers la catégorie A évoquée précédemment et accroîtrait sa vulnérabilité.

---

[15] 2013 visitor statistics report, Discover Dominica Authority, mars 2014.

5. CONCLUSION

Les effets du tourisme sur la vulnérabilité des trajectoires de croissance des PEI dépendent du type de tourisme développé. Nous montrons que le tourisme différencié (plus cher, de niche, innovant ou reposant sur un patrimoine culturel unique), permet de réduire la vulnérabilité des économies insulaires à partir du moment où il permet de maintenir le patrimoine (quel que soit sa nature), répondant ainsi aux défis de la soutenabilité au sens fort. Si au contraire, le patrimoine est peu présent dans le produit touristique proposé au profit d'autres attributs insulaires moins différenciants (mer, plage, resorts, par exemple), on revient alors vers un produit touristique indifférencié, soumis notamment à la concurrence par les prix. En ce qui concerne les produits touristiques indifférenciés, la concurrence par les prix joue entièrement et les caractéristiques insulaires constituent alors un lourd handicap, notamment du fait de l'éloignement géographique et des coûts afférents, de la dépendance au niveau de leur approvisionnement (énergie, denrées alimentaires, équipements domestiques…). De surcroît, les instabilités du marché mondial peuvent affecter la demande touristique des pays émetteurs et se transmettre à l'économie domestique insulaire, via le secteur touristique. L'ensemble de ces facteurs externes, que l'économie locale réceptrice ne peut maîtriser, a des impacts importants au niveau de la vulnérabilité de la trajectoire de croissance des PEI concernées.

Pour autant, le fait d'adopter une stratégie de tourisme différencié ne garantit pas la soutenabilité des trajectoires de développement des économies insulaires. Encore faut-il que les dégradations du patrimoine liées à sa mise en exploitation puissent être compensées par des investissements de protection et de restauration de celui-ci. Au-delà d'un certain nombre de touristes, le patrimoine touristique, y compris à base culturelle, se détériore fortement, et la prestation touristique offerte perd de son attractivité dès lors que les investissements faits dans les dimensions économiques ne compensent pas cette dégradation.

La dimension patrimoniale et la dimension rentière des trajectoires économiques des petites économies insulaires restent au centre de leurs trajectoires économiques. Au-delà d'une question d'efficacité dans l'évaluation des politiques publiques, la prise en compte de ces dimensions dans l'évaluation des limites des spécialisations touristiques est aussi une question éthique qui traduit ce qu'une génération souhaite léguer aux générations suivantes.

REFERENCES

Acemoglu D., Johnson S., Robinson J., Thaicharoen Y., 2003, "Institutional causes, macroeconomic symptoms: volatility, crises and growth", *Journal of Monetary Economics* 50(1), 49–123.

Adamou A., Clerides S., 2010, "Prospects and limits of tourism-led growth: The international evidence", *Review of Economic Analysis*, 3, 287–303.

Aghion P, Banerjee A, Piketty T, 1999, "Dualism and macroeconomic volatility", *Quarterly Journal of Economics* 114(4):1359–1397.

Anbarci N., Hill J., Kirmanoglu, H., 2011, "Institutions and Growth Volatility", *Economic Papers: A journal of applied economics and policy*, 30: 233–252.

Arezki R., Cherif R., Piotrowski J., 2009, "Tourism Specialization and Economic Development: Evidence from the UNESCO World Heritage List", *IMF Working Paper*, WP/09/176, 1-24.

Augier D., 2007, "L'écotourisme forestier : pour un rapprochement entre tourisme et environnement à la Martinique ", *Études caribéennes*, 6. http://etudescaribeennes.revues.org/440

Bejan M., 2006, "Trade openness and output volatility", *MPRA Paper* 2759.

Briguglio L., 1995, "Small Island States and their Economic Vulnerabilities", *World Development* 23 (9), 1615-32.

Briguglio L., Galea W., 2003, "Updating and Augmenting the Economic Vulnerability Index", *Occasional Paper* 4, *Islands and Small States Institute*, Université de Malte.

Brida J. G., Barquet A., Risso W. A., 2009, "Causality between economic growth and tourism expansion: Empirical evidence from Trentino-Alto Adige". *Tourismos: An International Multidisciplinary Journal of Tourism*, 5(2), 87–98.

Bruce J.-B., 2010, "Identité et développement dans le petit Etat de la Dominique : le rôle de la diaspora ", *Études caribéennes,* 16. http://etudescaribeennes.revues.org/4654

Cariolle J., Goujon M., 2013, A retrospective economic vulnerability index 1990-2011 - Using the 2012 UN-CDP definitions. Ferdi, Document de travail I17.

CCBP, "Programme de renforcement des capacités dans les Caraïbes. Dans le patrimoine mondial. Gestion du tourisme dans les sites patrimoniaux". Module 2. UNESCO. Convention du patrimoine mondial.

Couharde C., Geronimi V., Maître d'Hôtel E., Taranco A., 2010, "Les enjeux liés à la mesure du capital naturel : l'exemple de la Nouvelle Calédonie", *European Journal of Development Research* 23, 151-173.

Couharde C., Geronimi V., Maître d'Hôtel E., Taranco A., 2011, "Vulnérabilité et Développement Soutenable en Nouvelle-Calédonie", *Mondes en développement,* Vol. 39, 2, n°154.

Daly, H.E., 1990, "Towards Some Operational Principles of Sustainable Development", *Ecological Economics* 2, 1-6.

Dehoorne O., Saffache P., 2008, "Le tourisme dans les îles et littoraux tropicaux : ressources et enjeux de développement ", *Études caribéennes* 9-10. http://etudescaribeennes.revues.org/852

Dehoorne O., Saffache P., Augier D., 2007, "Tourisme, écotourisme et stratégies de développement dans la Caraïbe ", *Études caribéennes*, 6. http://etudescaribeennes.revues.org/3383

Dehoorne O., 2011, "Tourisme durable et écotourisme. Le positionnement des destinations caribéennes " in J-M. Breton (dir), *Tourisme durable et patrimoines. Une dialectique développementale ? (Europe – Caraïbe – Amériques – Afrique – Asie)*, Karthala-Crejeta, 2011.

Easterly W., Islam R., Stiglitz J., 2001, "Shaken and stirred: Explaining growth volatility", in Annual World Bank Conference on Development Economics, 191–211.

Ferreira da Silva G., 2002, "The impact of financial system development on business cycles volatility: Cross-country evidence", *Journal of Macroeconomics* 24(2), 233–253.

Fiaschi D., Lavezzi A.M., 2005, "An Empirical Analysis of Growth Volatility: a Markov Chain Approach", *in* J. Leskow, M. Puchet, L. F. Punzo (eds.), *New Tools of Economic Dynamics*, Springer.

Froger G., 2012, "Le tourisme durable dans les suds : solution ou mirage ? ", *Mondes en développement*, 157, 1, 29-46.

Fusco Girard L., Nijkamp P., 1997, "Le valutazioni per lo sviluppo sostenible delle citta e del territorio", Milan, F. Angeli.

Geronimi V., 2013, "Développement soutenable et vulnérabilités. Les contraintes spécifiques au développement durable dans les petites îles", Colloque international Le développement durable en Océanie : vers une éthique nouvelle ?, 24-26 avril, Province Nord de Nouvelle-Calédonie.

Ghali M., 1976, "Tourism and economic growth an empirical study", *Economic Development and Cultural Change*, 24(3), 527–538.

Guillaumont P., 2006, " La vulnérabilité macroéconomique des pays à faible revenu et les réponses de l'aide", *Revue d'Economie du Développement,* 20(4), 21-77.

Hamilton K., Clemens M., 1999, "Genuine Savings Rates in Developing Countries", *World Bank Economic Review* 13 (2), 333-356.

Hampton M., Jeyacheya J., 2013, "Tourism and Inclusive Growth in Small Island Developing States", The World Bank, Commonwealth Secretariat, 104.

Holzner M., 2011, "Tourism and economic development: The beach disease?", *Tourism Management*, 32, 922–933.

Jin J. C., 2011, "The effects of tourism on economic growth in Hong Kong", *Cornell Hospitality Quarterly*, 52(3), 333–340.

Kent C., Smith K., Holloway J., 2005, "Declining output volatility: What role for structural change?" *in* Christopher Kent & David Norman (ed.), *The Changing Nature of the Business Cycle,* Reserve Bank of Australia.

Lanza A., Pigliaru, F., 2000, "Tourism and economic growth: Does country's size matter?" *Rivista Internazionale di Scienze Economiche e Commerciali*, 47, 77-85.

Lean H., Tang C. F., 2010, "Is the tourism-led growth hypothesis stable for Malaysia?" A note. *International Journal of Tourism Research*, 12(4), 375–378.

Licciardi A., Bigio G., 2010, "The Urban Rehabilitation of Medinas", The World Bank experience in the Middle East and North Africa. The World Bank, Washington, 29.

López Gómez M. D., 2007, *Turismo sin desarrollo. Los intereses creados como amenaza al sector turístico de República Dominicana*, OXFAM.

McElroy 2003, "Tourism Development in Small Islands Across the World", *Geografiska Annaler,* 85B, 4, 321-242.

Martin B.S., Bridges W.C., Valliere W., 2004, "Are Cultural Heritage Visitors Really Different from Other Visitors?", *Tourism Analysis,* 9, 1/2, 129-134.

Narayan P. K., Narayan S., Prasad A., Prasad B. C., 2010, "Tourism, and economic growth: A panel data analysis for Pacific Island countries", *Tourism Economics*, 16(1), 169-183.

OIT, 2013, "Crecimiento, empleo y cohesión social en Republica Dominicana", rapport de l'Organisation Internationale du Travail.

Pablo-Romero M. del P., Molina J.A., 2013, "Tourism and economic growth: A review of empirical literature", *Tourism Management Perspectives*, 8, 28-41.

Pearce D.W., Atkinson G., 1993, "Capital theory and the measurement of sustainable development: an indicator of weak sustainability", *Ecological Economics*, 8, 103-108.

Poirine B., 1994, "Développement économique et traditions socio-culturelles dans le Pacifique insulaire", *Journal de la Société des océanistes*, 98, pp. 9-20.

Poirine B., 1997, "A Theory of Remittances as an Implicit Family", *World Development*, Vol. 25, No. 4, pp. 583-611.

Raboteur J., 2011, "La Caraïbe insulaire. Une zone de développement touristique durable ", in J-M. Breton (dir), *Tourisme durable et patrimoines. Une dialectique développementale ? (Europe – Caraïbe – Amériques – Afrique – Asie)*, Karthala-Crejeta, 2011.

Richards G. (ed.), 2007, *Cultural Tourism: Global and Local Perspectives*, Haworth Press, New York.

Seetanah B., 2011, "Assessing the dynamic economic impact of tourism for island economies", *Annals of Tourism Research*, 38(1), 291-308.

Schubert F. S., Brida J. G., Risso, W. A., 2010, "The impacts of international Tourism demand on economic growth of small economies dependent of tourism", *Tourism Management*, 32(2), 377-385.

Sequeira T. N., Nunes, P. M., 2008, "Does tourism influence economic growth? A dynamic panel data approach". *Applied Economics*, 40, 2431-2441.

Spilanis I., 2006, "Tourism Economic, Social and Ecological Footprint in a Sustainable Perspective. The case of Aegean islands", Paper presented at the IGR-2 Partnerships Day, Beijing.

Throsby, D., 2002, "Cultural capital and Sustainability concepts in the economics of cultural heritage" in de la Torre M. (ed.), *Assessing the Values of Cultural Heritage*, Los Angeles, Getty Conservation Institute.

Vernières M., Mengin Ch., Patin V., Geronimi V., Dalmas L., Noël J.F., Tsang King Sang J., 2012, Méthodologies d'évaluation économique du patrimoine urbain : une approche par la soutenabilité, *A savoir* n° 13, AFD, Paris.

Zappino V., 2005, "Caribbean Tourism and Development: An overview", ECDPM Discussion Paper No. 65.

ANNEXES

Graphique A.1. Relations entre spécialisation touristique (%PIB) et vulnérabilité économique (EVI), les PEI comparées à d'autres pays

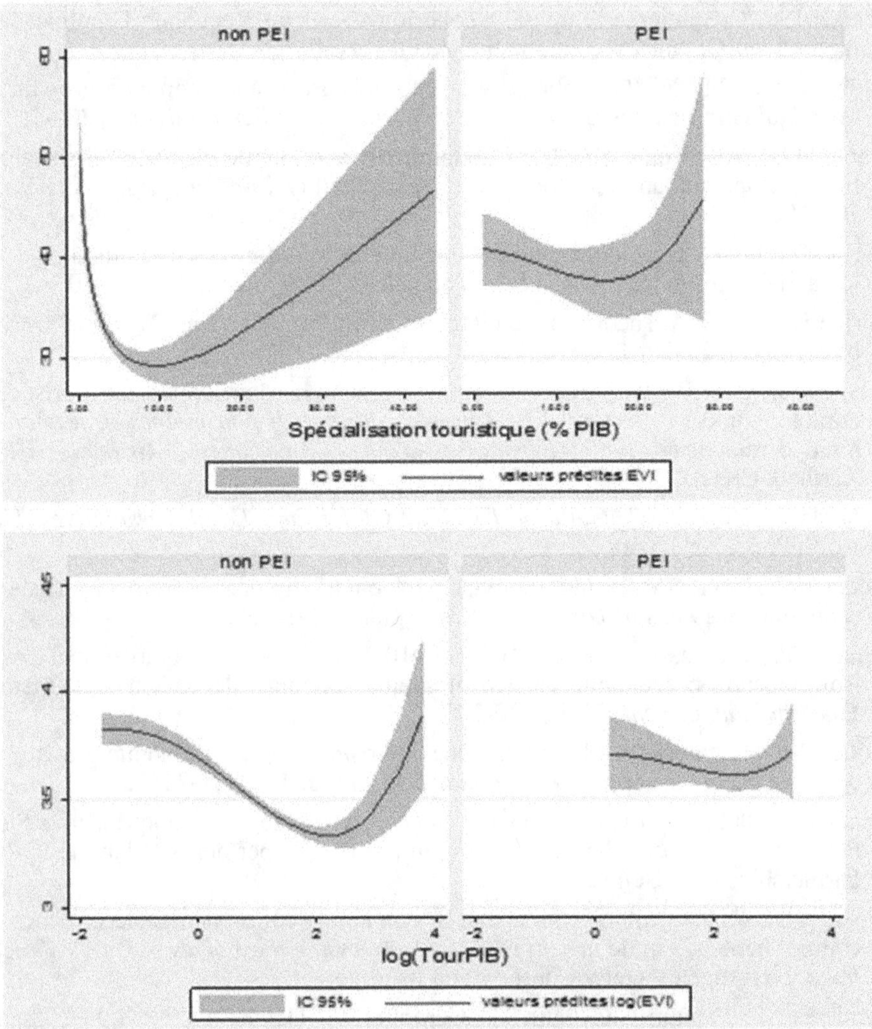

Note : nous observons une meilleure distribution des données pour les variables en log (IC 95%).

Tableau A.1. Nombre d'observations disponibles pour chaque variable et par PEI (max. 19 obs., 1990-2008)

PEI	lnEVI	lnVarPIBhab	lnFH	lnEducation	lnPopul	lnPIBhab2005	lnAgrPIB	lnCreditPIB	lnDépGouv	lnOuv	lnTravail	lnCapital	lnTourPIB	lnTourPrix
Antigua et Barbuda	*19*	*15*	*19*	*19*	*19*	*19*	*19*	*19*	*19*	*19*	*0*	*1*	*19*	*14*
Bahamas	**19**	**11**	**19**	**19**	**19**	**19**	**19**	**19**	**19**	**19**	**19**	**19**	**19**	**14**
Bahreïn	19	12	19	19	19	19	6	19	19	19	19	1	19	14
Barbade	**19**	**14**	**19**	**19**	**19**	**19**	**19**	**19**	**19**	**19**	**19**	**12**	**19**	**14**
Belize	**19**	**14**	**19**	**19**	**19**	**19**	**19**	**19**	**19**	**19**	**19**	**19**	**19**	**14**
Cape-Verde	**19**	**17**	**19**	**19**	**19**	**19**	**19**	**19**	**2**	**19**	**19**	**19**	**19**	**14**
Comores	19	8	19	19	19	19	19	19	19	19	19	1	19	14
Cuba	*19*	*14*	*19*	*19*	*19*	*19*	*19*	*0*	*19*	*19*	*19*	*19*	*19*	*14*
Dominique	*19*	*17*	*19*	*19*	*19*	*19*	*19*	*19*	*19*	*19*	*0*	*1*	*19*	*14*
République dominicaine	**19**	**15**	**19**	**19**	**19**	**19**	**19**	**19**	**19**	**19**	**19**	**19**	**19**	**14**
Fiji	19	15	19	19	19	19	19	19	19	19	19	1	19	14
Grenada	*19*	*14*	*19*	*19*	*19*	*19*	*19*	*19*	*19*	*19*	*0*	*1*	*19*	*14*
Guinée-Bissau	*19*	*12*	*19*	*19*	*19*	*19*	*19*	*19*	*10*	*19*	*19*	*1*	*0*	*0*
Guyana	19	13	19	19	19	19	19	19	19	16	19	1	19	14
Haïti	*19*	*4*	*19*	*19*	*19*	*10*	*0*	*18*	*16*	*18*	*19*	*0*	*19*	*14*
Jamaïque	*19*	*10*	*19*	*19*	*19*	*1*	*16*	*19*	*18*	*15*	*19*	*0*	*19*	*14*
Kiribati	*19*	*11*	*19*	*19*	*19*	*19*	*19*	*0*	*3*	*19*	*0*	*0*	*19*	*14*
Maldives	**19**	**6**	**19**	**19**	**19**	**7**	**14**	**19**	**11**	**19**	**19**	**9**	**19**	**14**
Iles Marshall	*0*	*12*	*18*	*19*	*19*	*19*	*0*	*0*	*0*	*0*	*0*	*0*	*0*	*0*
Maurice	**19**	**19**	**19**	**19**	**19**	**19**	**19**	**19**	**19**	**19**	**19**	**19**	**19**	**14**
Micronésie	*0*	*13*	*18*	*19*	*19*	*19*	*14*	*14*	*0*	*0*	*0*	*0*	*0*	*0*
Nauru	*0*	*0*	*19*	*0*	*0*	*0*	*0*	*0*	*0*	*0*	*0*	*0*	*0*	*0*
Nouvelle Calédonie	*0*	*4*	*0*	*10*	*19*	*0*	*8*	*0*	*1*	*10*	*19*	*0*	*0*	*0*
Palau	*0*	*9*	*15*	*19*	*19*	*17*	*17*	*0*	*0*	*18*	*0*	*0*	*0*	*0*
Papouasie-Nouvelle-Guinée	**19**	**10**	**19**	**19**	**19**	**19**	**15**	**19**	**15**	**15**	**19**	**15**	**19**	**14**
Saint-Kitts-et-Nevis	19	16	19	19	19	19	19	19	19	19	0	1	19	14
Saint Lucia	**19**	**14**	**19**	**19**	**19**	**19**	**19**	**19**	**19**	**19**	**19**	**1**	**19**	**14**
Saint-Vincent-et-Grenadines	19	17	19	19	19	19	19	19	19	19	19	1	19	14
Samoa	*19*	*15*	*19*	*19*	*19*	*19*	*0*	*19*	*0*	*15*	*19*	*0*	*0*	*0*
Sao Tome-et-Principe	*19*	*6*	*19*	*19*	*19*	*8*	*9*	*9*	*9*	*9*	*19*	*0*	*19*	*14*
Seychelles	*19*	*11*	*19*	*19*	*19*	*19*	*19*	*19*	*19*	*19*	*0*	*0*	*19*	*14*
Singapore	**19**	**16**	**19**	**19**	**19**	**19**	**19**	**19**	**19**	**19**	**19**	**19**	**19**	**14**
Iles Solomon	19	11	19	19	19	18	17	19	10	19	19	1	19	4
Suriname	19	12	19	19	19	19	19	19	16	16	19	1	18	14
Timor-Leste	*0*	*0*	*0*	*0*	*0*	*0*	*0*	*0*	*0*	*0*	*0*	*0*	*0*	*0*
Tonga	**19**	**14**	**19**	**19**	**19**	**19**	**19**	**19**	**19**	**19**	**19**	**1**	**19**	**14**
Trinidad et Tobago	*19*	*17*	*19*	*19*	*19*	*19*	*19*	*19*	*19*	*19*	*19*	*19*	*0*	*0*
Tuvalu	*19*	*11*	*19*	*19*	*19*	*18*	*9*	*0*	*0*	*0*	*0*	*0*	*0*	*0*
Vanuatu	**19**	**13**	**19**	**19**	**19**	**19**	**19**	**19**	**19**	**19**	**19**	**1**	**19**	**14**

Note : si un pays a au moins un « 0 » pour une des variables (en italique), il n'est pas inclus dans notre étude empirique ; d'autres PEI sont « exclus » au moment du croisement des données disponibles selon les années. Seules les 12 PEI mises en évidence (en gras) constituent notre échantillon dans les régressions empiriques, modèles 1-3 (Tableau 2).

TOURISM AS A FACTOR OF VULNERABILITIES? THE ROLE OF INSULAR HERITAGES

Abstract - *The relationships between economic specialisation in tourism and economic vulnerability are, to a certain extent, similar to those which exist between specialisation in tourism and growth. These relationships are therefore non-linear and more particularly, beyond certain tourism specialisation thresholds, economic growth slows while economic vulnerability increases. Our analysis is founded on the hypothesis that these thresholds relate to strategic differences in the development of tourism according to the existence and method of mobilising the heritage resources of insular economies. The level of differentiation of tourist services – evaluated using an indicator of the change in prices charged for tourist services – would appear to moderate the impacts of specialising in tourism on vulnerability. Analysing the tourism strategies adopted in Dominica and the Dominican Republic serves to illustrate the relevance of such an approach in evaluating the impacts of the different tourism specialisation strategies on the vulnerability of small, insular economies.*

Keywords - INSULARITY, TOURISM, HERITAGE, VULNERABILITY

DETERMINANTS OF TOURISM IN FRENCH OVERSEAS DEPARTMENTS AND COLLECTIVITIES

Florent DEISTING[*] , Serge REY[**]

Abstract - *This article focuses on the determinants of tourism in French overseas departments and collectivities. An initial estimate of a panel model of annual data for Guadeloupe, Martinique, Mayotte, Reunion Island, French Polynesia, and New Caledonia (NC), over the period 1990–2012, shows that a 1% appreciation of the euro against the dollar reduces the number of tourists by 0.47%. The results also confirm the negative impact of distance/transport costs and the chikungunya crisis. Conversely, stronger growth in France or the United States and a higher level of wealth in the collectives promote tourism. A more detailed panel analysis, with monthly data for NC over the period 1995–2014, reveals that a 1% appreciation of the euro reduces tourism flows by 0.12%, and higher inflation in NC also penalizes tourism. However, distance and the economic situation of the country of origin do not significantly influence tourism flows to NC.*

Key-words - TOURISM, FRENCH OVERSEASES DEPARTMENTS AND COLLECTIVITIES, NEW CALEDONIA, PANEL MODEL, EURO/US DOLLAR

JEL Classification - R1, L83, C23, F31

The authors would like *to thank two anonymous referees for their comments and suggestions. However the usual disclaimer applies.*

[*] CATT, ESC Pau, France; florent.deisting@esc-pau.fr
[**] CATT, Université de Pau et des Pays de l'Adour, France; serge.rey@univ-pau.fr

1. INTRODUCTION

With their legacy of a French colonial past, overseas departments (Dom) and overseas collectivities (Com) share some common features with Small Island, developing states (SIDS) but also exhibit some economic and political specificities that may explain the differences in their economic performance. With this study, we focus on six territories: four overseas departments (Martinique, Guadeloupe, Reunion, and Mayotte); a collectivity, French Polynesia; and a community with a unique legal status conferred by the Nouméa Accord, New Caledonia.

These French Dom-Com exhibit many of the defining characteristics of SIDS; French Polynesia and New Caledonia are officially part of the group of 52 SIDS identified by the United Nations. For example, they experience substantial vulnerability, for several reasons. These island economies are highly specialized in their primary sector (Kerr, 2005; Candau et al., 2012), which is usually agriculture, potentially nickel ores, or tourism. But unlike larger economies, their manufactured products sector remains poorly developed. The few sectors that function in these territories depend heavily on public aid, whether for agricultural production or tax incentives that promote tourism. This dependence increased further with important public aids sent by the metropolis in favor of households, which have impacted both on the consumption and on the investments in real estate (Candau et al., 2014; Candau and Rey, 2014). The sustainability of such support is far from assured. Vulnerability also is linked to their geographical situation; the islands are subject to serious climatic shocks. Finally, they are distant from major economic areas. Graph 1 shows the distances of each Dom-Com from metropolitan France, the United States, and Japan. Other than the relatively proximate Caribbean Islands, which are near the United States (3000 km), the distances are all substantial and involve air transport of anywhere from 8–20 hours. The cost of transport also can constitute a vulnerability factor, because it depends strongly on the price of oil, such that an oil shock can hinder transfers of goods and persons between these territories and large markets.

Another common characteristic of these islands is the difficulty of ensuring sustainable development. Sustainable development exists when economic growth meets the needs of the present, without compromising the ability of future generations to meet those same needs. Development is sustainable if the present generation leaves a legacy to future generations that is equivalent in capital (human, physical, and natural) to the one it had. Therefore, the global savings rate needs to be at least equal to the depreciation of capital. This condition of sustainability can be either weak or strong (Turner et al., 1993). For example, if actors assume that the different forms of capital are substitutable, they might seek to maximize economic growth by destroying natural capital but offset it with increased physical capital. In this case, sustainability is low. However, if we assume that forms of capital are complementary, we recognize the need to preserve all forms for future generations. This strong type of sustainability can meet goals of intergenerational equity and thus is essential to these territories, which often have an exceptional natural heritage that provides a good foundation for sustainable tourism activity. In these settings, the intensive use of pesticides for agricultural activities (e.g., Antilles) or methods to extract ores (e.g., New Caledonia) may conflict with the objective of preserving natural capital.

Graph 1. Geographical distance (km) between Dom-Com and France, USA and Japan

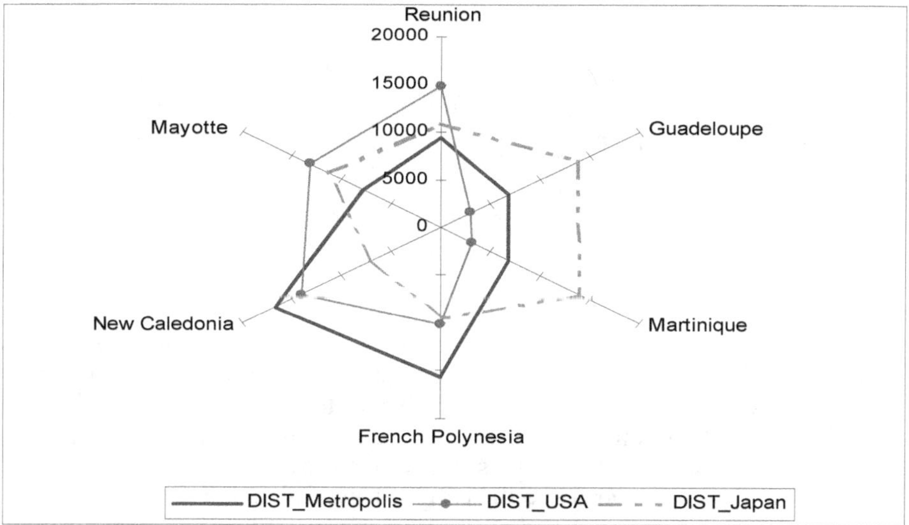

Source: CEPII Chelem.

Therefore, it should not come as a surprise to find that Dom-Com suffer developmental delays, according to a comparison of their gross domestic product (GDP) per capita with that of the metropolitan France (Graph 2). Although the years between 1990 and 2012 show improvements, the gap with metropolitan France remains significant. Given the high level of prices in these territories, the difference would likely be even more prominent for GDP corrected by purchasing power parity.

Estimates of indices of human development (Hoarau and Blancard, 2013; Goujon and Hermet, 2012) confirm the gaps for these territories. An economic model, adapted to the specificities of Dom-Com, could help define ways to increase the standard of living for the people, as well as reduce the very high levels of unemployment and social tensions that result from poor living conditions. The model should focus on economic activities. For example, agricultural production can develop in limited areas, but such pressures reduce available land. Because of the small size of these economies, the realization of economies of scale for manufacturing is impossible. In addition, the connection of these territories with metropolitan France is both an advantage and a disadvantage. The islands benefit from aid from metropolitan France (financial, human) and the European Union. Yet they also suffer higher wage costs than neighboring countries and a currency whose value is determined by the economic fundamentals of other countries, which may be overvalued relative to the economic and financial situation of a Dom-Com. Even with little room to maneuver due to their geographic and economic situation, tourism can be a development path, similar to that adopted by Greece and other outermost regions of the EU (Sauernheimer, 2013). The possession of this natural, high-quality capital is not enough though; the islands need to be able to preserve and enhance it.

Graph 2. GDP per capita (Euros, not PPP-Adjusted)

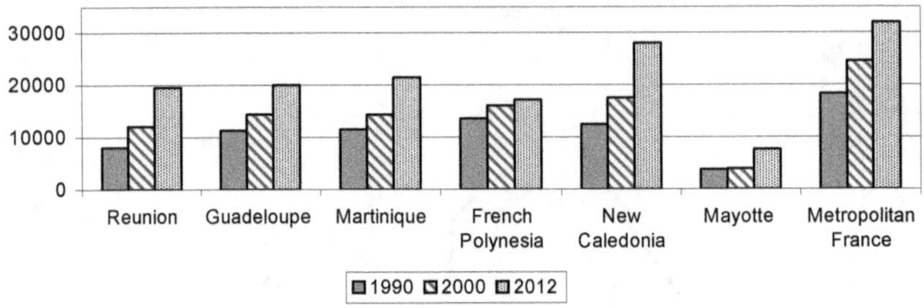

Source: INSEE, IEDOM, Cerom.

This article seeks to analyze the determinants of tourism in Dom-Com to establish recommendations for public and private decision makers. We therefore proceed by specifying the weight of this sector for the creation of wealth and value added (Section 2). In Section 3, by estimating our panel model, we explain the tourism variables of the six Dom-Com over the period 1990–2012. Then, in Section 4 we investigate the case of New Caledonia (NC) in more detail, distinguishing between bilateral tourist flows according to the countries of origin during 1995–2014. After, Section 5 offers some recommendations for developing tourism in these islands, and Section 6 concludes this work.

2. THE WEIGHT OF THE TOURISM SECTOR IN THE DOM-COM

Graph 3 shows the evolution in the number of tourists in the six Dom-Com for the period 1990–2012. We offer two main observations. First, we can identify two distinct groups in the early 2010s. Reunion, Guadeloupe, and Martinique each attract slightly more than 400,000 tourists annually, a level that is equivalent to the full-time population of Martinique or Guadeloupe but only a little less than half of the population of Reunion Island. The other three islands receive approximately 50,000 tourists for Mayotte, 100,000 for Polynesia, and 200,000 for NC. Relative to the number of inhabitants, Mayotte and Polynesia experience a deficit in tourists, as Reunion Island, while the "Rock" (*'Caillou'*)[1] is "as good as" the Caribbean islands. Second, we find a progression, such that during the 1990s, tourist arrivals stabilized, but then they began a trend movement in the 2000s.

In Graph 4 we compare the number of tourists per capita in 2012 for the six Dom-Com and SIDS that represent their main competitors in the sector. Some very small islands have high ratios (e.g., Seychelles, St. Martin), but the Dom-Com rank around the average achieved by these competitive territories.

[1] Nickname of New Caledonia.

Graph 3. Tourist arrivals in Dom-Com from 1990 to 2012 (except cruises)

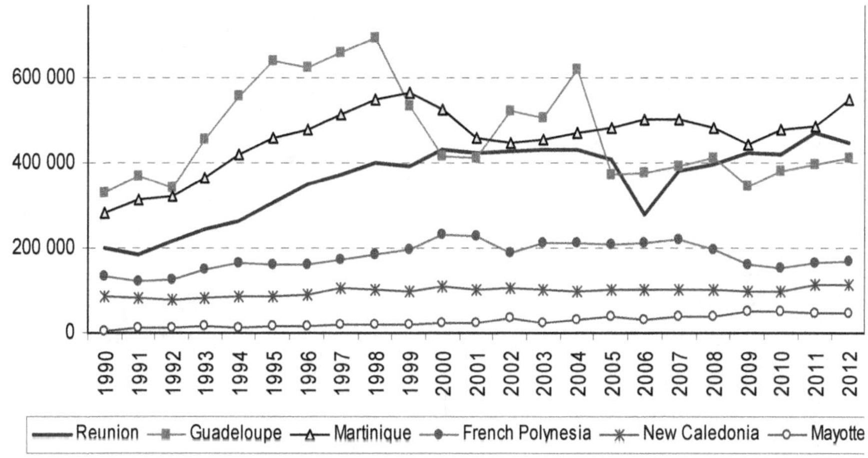

Source: INSEE, ISEE and ISPF, IEDOM.

Graph 4. Tourists per capita

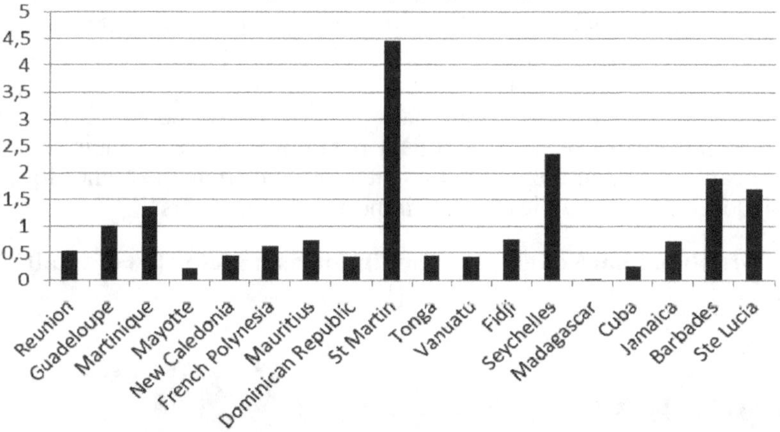

Source: INSEE, ISEE and ISPF, IEDOM, UNWTO.

Next, in Graph 5, we compare the share of the tourism sector in the GDP for the Dom-Com in three periods: 2000, 2005, and 2010. The tourism sector declined in terms of its share of GDP, likely as a result of diversification in revenues. However, this finding highlights the difficulties that these regions have attracting tourists during turbulent economic periods.

As a complement, we show that even though the share of jobs in the tourism sector is uneven in all Dom-Com (Graph 6), there is some stability. The most significant differences occur in Martinique and Guadeloupe, which corresponds to the decline in tourism demand following strikes after 2006.

Graph 5. Share of tourism in GDP

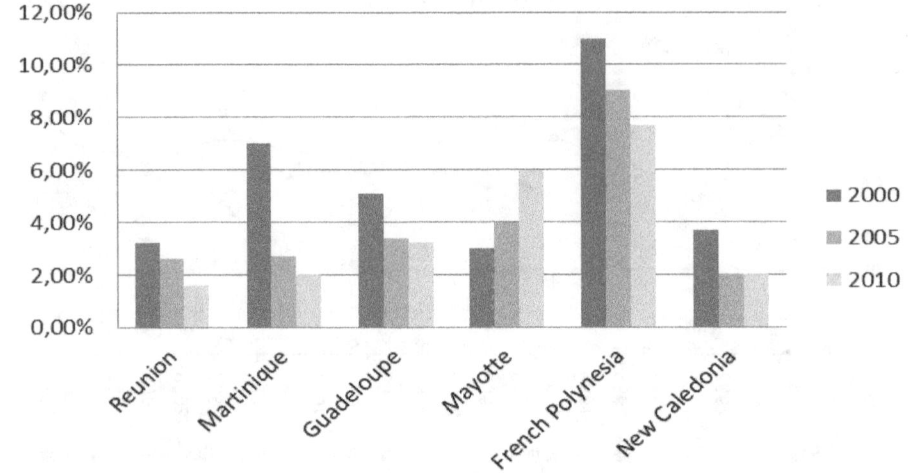

Source: INSEE, ISEE and ISPF, IEDOM.

Finally, air traffic to the Dom-Com (Graph 7) reveals two important characteristics. First, these territories are served by a small number of companies. Table 1 gives the number of local and international companies that serve these territories and the number of flights per day. The small number of airline flights poses a problem of concurrency and explains the high prices of tickets that penalize these destinations. Indeed, in many cases, we have companies in monopoly or oligopoly that use their dominant position to increase their profit margins. We can verify that the number of international flights is higher for Mauritius and Dominican Republic, the two important competitors.

Graph 6. Share of employment in tourism sector (% of total)

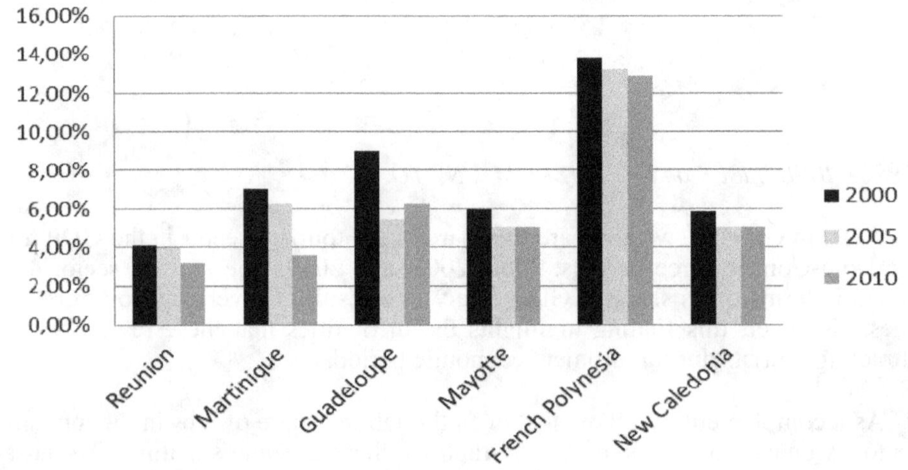

Source: INSEE, ISEE and ISPF, IEDOM.

Second, we detect small variations during the 2000s. Airports in Reunion, Martinique, and Guadeloupe are strongholds, with more than 1.5 million annual passengers. We also note the minimal importance of French Polynesia compared with its neighbor, New Caledonia.

Graph 7. Flight passagers

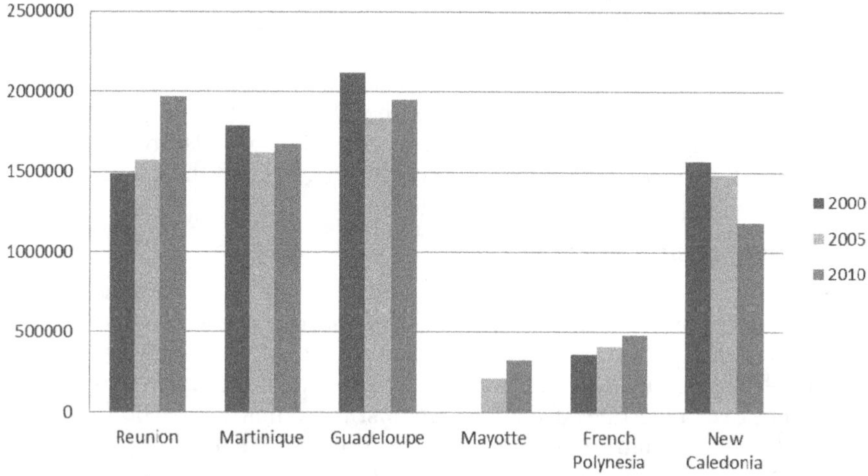

Source: Union des Aéroports Français.

Table 1. Number of airline flights with the overseas territories

	N. of intern. air flights companies	N. of flights per day (average)	N. of air flights Companies DOM-COM to France	Destinations (outside the Island)
Guadeloupe	8	30	5	42
Martinique	11	34	4	22
Mayotte	9	6	1	16
New Caledonia	5	20	1	10
French Polynesia	7	4	1	9
Reunion Island	6	18	4	15
Mauritius	12	24	3	27
Dominican Rep.	15	38	2	20

Source : Airport of Guadeloupe ; Airport of Martinique ; Airport of Mayotte ; Airport of La Tontouta (New Caledonia) ; Airport of Tahiti (French Polynesia) ; Airport of Saint Denis – Roland Garros (La Reunion island) ;Mauritius International Airport ; Airport of Saint Domingue.

3. PANEL MODEL FOR THE DOM-COMS

For this estimation, we used annual data during 1990–2012. With the limited sample size, we chose a panel model for the six overseas territories, namely, the four departments, Guadeloupe, Martinique, Mayotte, and Reunion, and the two collectivities, French Polynesia and New Caledonia.

3.1. Determinants of tourism

3.1.1. Transportation costs

The cost of a trip includes an important variable, that is, the price of the ticket. That price depends on two factors: geographical distance and the price of oil, to the extent that it determines the price of kerosene used by airplanes (COMMISSION Européenne, 2006). The share of oil in the cost of transport increases with distance. Ringbeck et al. (2009) show that for a distance of 8000 km and a barrel cost of \$100, this share is close to 50%, but it was only 40% for a distance of 1000 km. Most Dom-Com tourists come from metropolitan France and/or from developed countries such as the United States or Japan. So they take long-haul flights. To address cost in more detail, we also retain a interaction variable between the geographical distance (Dist) and the oil price (Brent) or ($Dist \times Oil$). Higher costs should lead to fewer tourists.

3.1.2. Price competitiveness

Competitiveness ideally should be measured by the ratio of prices between the host country and the country of origin of tourists or else competing Dom-Com (Dwyer et al. 2000, 2001). But we lack sufficient information about tourists' origins to construct this indicator. Instead, we chose to retain two variables: the nominal exchange rate of the euro against the dollar (*Euro_dollar*) and the price of the host country expressed in U.S. dollars, calculated by multiplying the consumer price index of the Dom-Com (*CPI*) by the nominal exchange rate ($CPI \times Euro\_dollar$). An appreciation of the euro benefits other tourist zones with lower currencies.

3.1.3. Economic conditions in countries of origin

To the extent that visits to overseas territories are relatively expensive, consumer trade-offs might favor less distant, less expensive destinations when economic conditions are difficult or as growth slows. For example, U.S. tourists go mainly to the Caribbean zone, French tourists go to the Caribbean and Indian Ocean zones, and Japanese tourists visit Pacific zone territories. We therefore retained three specifications of the model, with the growth rates of the real GDP of France, the United States, and Japan (*g_partner*), respectively.

3.1.4. Level of development of the host country

The richer a territory, the high quality its reception facilities are likely to be. Therefore, as a proxy, we use the nominal GDP per capita (*GDP/Pop.*)[2].

3.1.5. Chikungunya crisis

This epidemic hit Reunion in early 2006. To study its effects, we introduced a dummy variable (Chik), equal to 0 before 2006 and 1 from 2006. To the ex-

[2] Note that other local factors such as strikes in Guadeloupe and Martinique in 2009 might also have a negative impact on tourism. However, as these incidences coincide with the global recession, introducing a dummy variable here could not help distinguish the effect of strikes from the impact of the economic crisis. Moreover, since we already took into account the economic activity of the country of origin (the variable 'growth'), we chose not to introduce a specific variable for these local events.

tent that these epidemics periodically affect the overseas territories it is possible that this may have negative impacts on tourism beyond Reunion Island. For example, we know that, during the same period of time, many cases of chikungunya were discovered in Mayotte, while other suspected epidemics such as dengue and zika were reported in different overseas territories. To those tourists coming from thousands kilometers away, they might consider that the risk is ubiquitous in all overseas territories. The expected impact is negative.

Thus, the panel model can be written as:

$$\ln Tour_{i,t} = \alpha.\ln Tc_{ij,t} + \beta.\ln(Comp_{i,t}) + \gamma.growth_{j,t} + \delta.\ln(Gdp_{i,t} / pop_{i,t}) + \ldots$$
$$+ \lambda.Chik + \phi + f_i + \varepsilon_{i,t} \quad , with\, i = 1,\ldots,n, \quad \alpha < 0, \beta < 0, \gamma > 0, \delta > 0\, and\, \lambda < 0. \qquad (1)$$

where j represents the countries of origin of tourists, Metropolitan France, USA, or Japan; ε_i is a error term normally distributed; c is a constant; and f_i is an individual fixed effect (country).

Table 2: Tourist equation, Dependent variable: *ln (tourists)*

	(1)	(2)	(3)	(4)	(5)	(6)	(7)	(8)	(9)
Ln Euro	-0.1591 (0.17)	-0.4689** (0.000)		-0.2071* (0.07)	-0.4657** (0.000)		-0.2144** (0.05)	-0.4889** (0.000)	
Ln (Euro x CPI)			-0.3551** (0.002)			-0.3460** (0.003)			-0.3634** (0.002)
g_Fra	0.0128* (0.08)								
g_Fra x chik		-0.0265** (0.016)	-0.0252** (0.025)						
g_Jap				-0.0007 (0.91)					
g_Jap x chik					-0.0091 (0.180)	-0.0074 (0.282)			
g_USA							0.0163** (0.02)		
g_USA x chik								-0.0267** (0.014)	-0.0236** (0.033)
Ln Tc	-0.2790** (0.00)	-0.3291** (0.000)	-0.3734** (0.000)	-0.2669** (0.00)	-0.3482** (0.000)	-0.3940** (0.000)	-0.2583** (0.00)	-0.3181** (0.000)	-0.3682** (0.000)
Ln (GDP/pop)	1.7033** (0.00)	1.5384** (0.000)	1.7741** (0.000)	1.6790** (0.00)	1.5541** (0.000)	1.7888** (0.000)	1.6496** (0.00)	1.5260** (0.000)	1.7735** (0.000)
Chik. Dummy	-0.2525** (0.00)			-0.2628** (0.00)			-0.2257** (0.00)		
Constant	23.7895** (0.00)	23.7160** (0.000)	26.9340** (0.000)	23.6043** (0.00)	24.0704** (0.000)	27.2667** (0.000)	23.3956** (0.00)	23.6731** (0.000)	27.0762** (0.000)
Country FE	yes	yes	Yes	yes	yes	yes	yes	yes	yes
No. of obs.	138	138	138	138	138	138	138	138	138
R^2 adjusted	0.836	0.792	0.797	0.828	0.801	0.790	0.839	0.807	0.796

*Notes: p-Values are in parenthesis; **and * indicate that the coefficients are significant at the 5% and 10% level, respectively. Ln Tc = Ln (Dist × Brent), because the transfer cost depends on both geographical distance and oil prices. The distance between each Dom-Com and the j origin country is a constant though. FE = fixed effect (country-specific effect).*

3.2. Estimation results

Table 2 presents the estimates of the tourist (logarithm of arrival) equation. We provided three alternative specifications, according to the variable of economic activity in the country of origin of tourists (real GDP growth rate). Given that the number of observations is small (138 observations for 6 variables in 23 years), we calculate fixed-effect estimators. The estimation of the model with country-specific effects revealed four key findings. First, the number of tourists decreases when the exchange rate of the euro increases. An appreciation of the euro by 1% leads to a reduction of 0.47% in the number of tourists, and 0.36% if we account for the consumer price of the Dom-Com. Second, when economic growth is strong in France and the United States, the number of tourists increases. However, this effect is relatively small (coefficient = 0.01), and it becomes negative when we consider it in combination with the effect of the chikungunya crisis. Third, transport costs have negative impacts on tourism flows, which can be explained by the distance between the Dom-Com and the country of origin of the tourists (see Graph 1). An increase in these costs by 1% (i.e., higher oil prices) causes an average decline of 0.3% in the number of tourists. Fourth and finally, the level of development/wealth of the Dom-Com, approximated by its nominal GDP per capita, positively influences the arrival of tourists. This effect is strong, with elasticities between 1.5 and 1.7.

4. THE CASE OF NEW CALEDONIA

More information is available for NC, specifically, monthly data that indicate the origin country of the tourists for the period 1995M01–2014M06. We consider five tourist countries of origin, as detailed in Graph 8: metropolitan France, Australia, New Zealand, Japan, and the United States.

Graph 8. Shares of tourists to New Caledonia by country of origin, 1995-2014 (%)

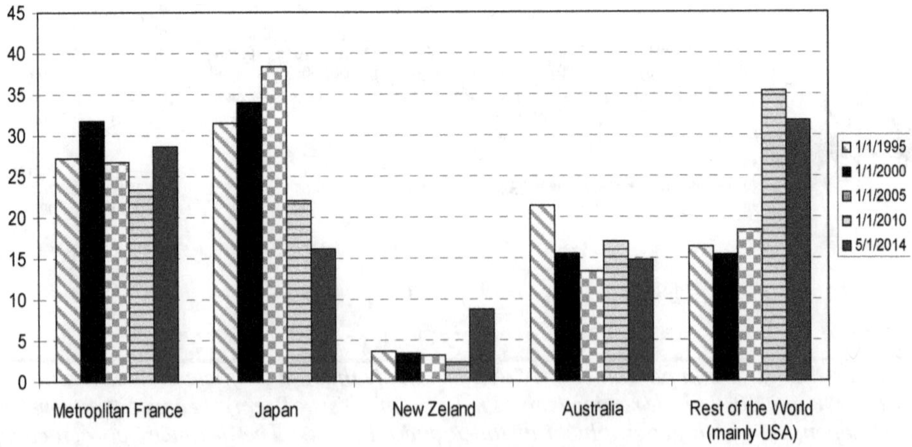

Source: Institut de la Statistique et des Etudes Economiques (ISEE) de Nouvelle-Calédonie.

4.1. Determinants of New Caledonian tourism

The transportation costs were measured as in the previous model (see Section 3). For price competitiveness, we retained bilateral nominal and real exchange rates between NC and the respective countries of origin of the tourists. The real exchange rate is defined as $R_{NC/j} = \frac{N_{CFP/j}.P_{NC}}{P_j}$, where $N_{CFP/j}$ reflects the nominal exchange rate of NC (*"Change Franc Pacifique"* or Pacific Franc Exchange) against *j* countries, and P_{NC} and P_j are the prices of NC and the five *j* countries, respectively. The parity of *CFP* is fixed against the euro (1 euro = 119.33 CFP). We present the evolution of real exchange rates over the period in Graph 9, which suggests three main phases: real depreciation from 1995 to 2002, appreciation between 2002 and 2009, and then depreciation again until 2014. If these swings reflect changes in the nominal exchange rate of the euro, we can observe some gaps that result in price differences, especially for Japan. The great stability of the rate relative to metropolitan France is a consequence of the stability of inflation in the two territories. Although price levels are higher in NC, the gap in prices remains stable. Regarding the economic situation of the country of origin (*A*), it is difficult to obtain monthly statistics about economic conditions, so we retained a proxy variable, according to either the inflation rate or the price of stocks. The destinations we study largely are accessible only to travelers with high purchasing power. These households likely hold some portion of their wealth as financial assets. Therefore, when the stock market goes up (down), we expect a positive (negative) wealth effect that will result in an increase (decrease) in tourism demand.

Graph 9. Real exchange rates of New Caledonia

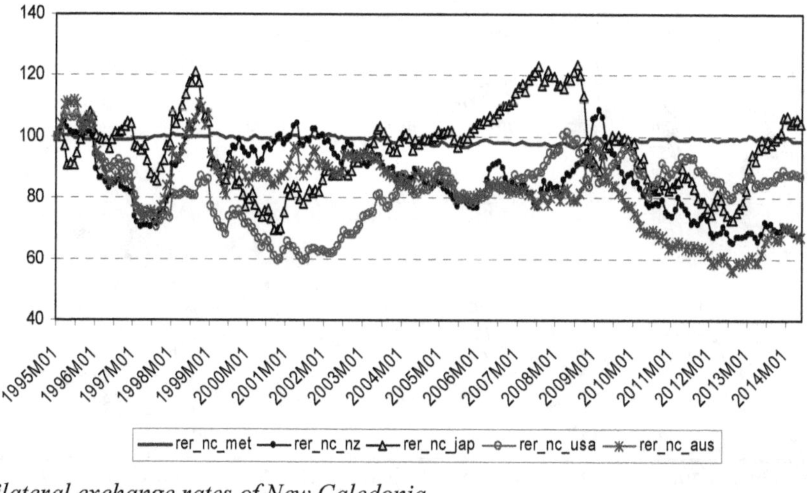

Bilateral exchange rates of New Caledonia.
Source: International Financial Statistics, International Monetary Fund.

Finally, two events in our data may have had an impact on tourism flows: the terrorist attacks in New York on September 11, 2001, and the bankruptcy of

Lehman Brothers in September 2008. We introduce two dummies variables, D_{2001} and D_{LB}.

4.2. Empirical evidence

We consider a dynamic panel data model that includes *p* lags of the dependent variable:

$$\ln Tour_{NC,j,t} = \sum_{k=1}^{p} \alpha_j . \ln Tour_{NC,j,t-k} + \beta_j . \ln Tc_{NC,j,t} + \delta_j . \ln R_{NC,j,t} + \gamma_j . A_{j,t} + \dots$$
$$+ \lambda_1 . D_{2001} + \lambda_2 . D_{LB} + \eta_j + \varepsilon_{NC,j,t} \qquad (2)$$

with a country-specific effect η_j and an error term $\varepsilon_{NC,j,t}$. When we consider the inflation rate of *j* countries of origin for the tourists, the panel is balanced. Conversely, when we retain the stock index as an economic condition variable, the only data available are from 2003M01 for New Zealand, and the panel is unbalanced.

Table 3. Arellano-Bond dynamic panel data estimates of tourist equations for New Caledonia, Dependent variable: *ln (tourists)*

	(1)	(2)	(3)	(4)	(5)	(6)	(7)	(8)
	Model with nominal exchange rate				Model with real exchange rate			
ln Tour(-1)	*0.268*** (0.012)*	*0.339*** (0.001)*	*0.318*** (0.002)*	*0.317*** (0.003)*	*0.292*** (0.003)*	*0.342*** (0.001)*	*0.322*** (0.002)*	*0.320*** (0.002)*
ln Tour(-2)	*0.161*** (0.001)*	*0.097 (0.143)*	*0.070*** (0.0292)*	*0.069 (0.325)*	*0.168*** (0.000)*	*0.098 (0.128)*	*0.071 (0.292)*	*0.070 (0.299)*
ln Tour(-3)	*0.151*** (0.000)*	*0.159*** (0.000)*	*0.198*** (0.000)*	*0.198*** (0.000)*	*0.140*** (0.000)*	*0.159*** (0.000)*	*0.178*** (0.000)*	*0.199*** (0.000)*
ln Ner	*-0.128*** (0.010)*	*-0.113*** (0.044)*	*-0.126*** (0.017)*	*-0.124*** (0.019)*				
ln Rer					*-0.123*** (0.025)*	*-0.108** (0.082)*	*-0.115*** (0.051)*	*-0.111*** (0.057)*
ln Tc	*0.022 (0.213)*	*-0.001 (0.992)*	*-0.001 (0.989)*	*-0.001 (0.997)*	*0.015 (0.348)*	*-0.003 (0.932)*	*-0.003 (0.936)*	*-0.002 (0.951)*
Ln Stock		*0.047 (0.440)*	*0.048 (0.451)*	*0.048 (0.448)*		*0.046 (0.444)*	*0.047 (0.455)*	*0.047 (0.452)*
Inflation_nc	*-3.032*** (0.000)*		*-2.639*** (0.001)*	*-2.647*** (0.002)*			*-2.532*** (0.001)*	*-2.541*** (0.003)*
Inflation	*-0.3417 (0.821)*			*-0.2511 (0.845)*				*-0.267 (0.837)*
D_2001	*-0.004 (0.856)*	*0.027*** (0.003)*	*0.026*** (0.002)*	*0.025*** (0.004)*	*-0.002 (0.879)*	*0.024*** (0.012)*	*0.023*** (0.011)*	*0.022*** (0.016)*
D_LB	*-0.026 (0.572)*				*-0.023 (0.579)*			
Constant	*2.344*** (0.000)*	*2.172*** (0.000)*	*2.197*** (0.000)*	*2.208*** (0.000)*	*3.287*** (0.000)*	*3.076*** (0.000)*	*3.166*** (0.000)*	*3.146*** (0.000)*
Wald test [(a)]	*70.89*** (0.000)*	*43.90*** (0.000)*	*51.18*** (0.000)*	*186.9*** (0.000)*	*222.5*** (0.000)*	*48.55*** (0.000)*	*60.75*** (0.000)*	*362.4*** (0.000)*
M2 test [(b)]	*-0.222 (0.824)*	*0.274 (0.783)*	*0.574 (0.565)*	*0.577 (0.563)*	*-0.196 (0.844)*	*0.287 (0.774)*	*0.593 (0.553)*	*0.592 (0.553)*
No. of obs.	*1165*	*1059*	*1059*	*1059*	*1165*	*1059*	*1059*	*1059*

*Notes: The p-values are in parentheses. ** and * indicate rejection of the null hypothesis at the 5% and 10% levels, respectively. [(a)] The Wald statistic of the null hypothesis that all coefficients except the constant are zero. The null hypothesis is rejected in all cases.[(b)] The M2 Arellano-Bond test of whether the average autocovariance in residuals of order 2 is 0. The null hypothesis is not rejected in all cases.*

To estimate Model 2, we used Arellano and Bond's (1991) method. We derived one-step generalized method of moments (GMM) estimators for the model parameters. The *p*-values in Table 3 appear in parenthesis under the coefficients, and in all regressions, we present the results in the case of robust standard errors. From this analysis, we can demonstrate that tourist arrivals in New Caledonia:

- Decrease when the euro appreciates against the U.S. dollar. Similar coefficients emerge from the bilateral nominal or real exchange rate. An appreciation of 1% reduces the number of tourists by 0.12%.

- Decrease when Caledonian inflation rises.

- Occur in conjunction with expected effects of the variables, though those coefficients are not significant. Therefore, we expect more tourists when the stock price increases in the country of origin. The coefficient of the wealth effect is positive but not significant. The coefficient of transport costs also is negative but not significant.

- Did not change according to most of the dummies, with the exception of the September 11, 2001, attacks[3]. This positive sign can be explained by the diversion effect that led tourists to avoid the United States and Europe and prefer the Pacific Zone, and particularly NC.

5. DEFINING AN ECONOMIC POLICY FOR TOURISM IN THE DOM-COMS

With their high level of development and sometimes exceptional natural capital, French Dom-Com have assets that make tourism an obvious driver of their economies. However, these islands also suffer handicaps. Perhaps most important, they exhibit low price competitiveness, particularly in comparison with close geographic territories and direct competitors, such as islands in the Caribbean, the Indian Ocean, or the Pacific. This weakness reflects two causes. First, production costs and prices are very high in the Dom-Com, sometimes up to twice as expensive as they would be in metropolitan France, depending on the area. The distance and high cost of certain imported products may partly explain this effect, though these areas also likely suffer from increased public remittances (Gay, 2012; Candau et al., 2014). Second, these "island states" use the euro as their currency (or CFP attached to the euro) and therefore may suffer with any significant appreciation of the European currency, as in the 2000s.

Another handicap results from the remoteness of the country of origin of tourists. This factor is relatively less important for NC or French Polynesia, in that Japanese, U.S., and Australian tourists chose among these equally distant destinations, but it is a much greater issue for the islands of the Caribbean or the Indian Ocean. For the latter, metropolitan French tourists have other destination choices, such as Middle East and North African countries (Tunisia, Morocco, Egypt) or Southern Europe (Greece, Turkey), with much lower costs.

[3] Other dummies variables introduced to take into account various events (Fukushima catastrophe for example) were not significant and consequently not conserved.

In these conditions, opportunities to improve price competitiveness are limited, and the most viable choice could be to set a goal of non-price competitiveness. For example, one option would be to offer luxury accommodations that attract tourists with high purchasing power. Such a strategy presupposes quality services though, which require highly developed infrastructure (roads, health, water) and upscale hotels. Among the Dom-Com, Reunion Island follows an interesting strategy: In 2010, it obtained a designation for La Reunion National Park, circuses, pitons and ramparts from the UNESCO World Heritage Committee, which accounts for approximately 40% of its total area. At the same time, it greatly increased its range of hotel facilities. But this territory remains vulnerable to shocks, such as the chikungunya or "shark crisis." The quality of the reception available to tourists also is very uneven across Dom-Com.

Other policies or strategies might include fiscal policies, in the form of tax exemptions, to develop tourism. Prior implementations in Dom-Com have been poorly targeted, such that the initial investments were diverted to real estate transactions. A policy more focused on cruise passengers could be leveraged much better. In particular, we found that during the 2000s, the Caribbean islands have lost tens of thousands cruise passengers (Gay, 2012, p. 1638). The French overseas territories have suffered a significant delay in this sector.

6. CONCLUSION

This article has focused on the determinants of tourism in French overseas departments and collectivities. We are interested in explaining the number of tourists who arrive in overseas territories, except those arriving on cruises. First, we used a panel composed of six Dom-Com over the period 1990–2012 and, with a panel model estimation of the annual data, showed that appreciation of the euro by 1% against the dollar reduced the number of tourists by 0.47%. We also confirmed the negative impact of distance/transport costs and the chikungunya crisis on arrivals. Conversely, stronger growth in France or the United States and a higher level of wealth in the Dom-Com promoted tourism. Second, using monthly data for bilateral tourism flows, we realized a more detailed panel analysis for New Caledonia over the period 1995–2014. Taking the countries of origin of the tourists into account, we showed that an appreciation of the euro by 1% reduced tourism flows to NC by 0.12%. Higher inflation in NC penalized tourism. However, the distance and economic situation of the countries of origin did not significantly influence arrivals in NC. As possible extension for this latter analysis, we could take into account competitiveness and price indicators that integrated the prices of competitor destinations, insofar as we know, for example, the repartition of Japanese tourists across Europe, the United States, other Asian countries, and NC.

Globally, the exchange rate of the euro has a very important role in tourists' choices of destinations. Tourists seemingly make a trade-off across different destinations, such as in the Caribbean area or Indian Ocean Zone. Except for New Caledonia, the transport costs, which depend on both geographical distance and the price of oil (kerosene), also are significant determinants. Finally, it seems pointless to try to compete only on cost; tourism providers must make major efforts to improve their quality and offer superior product ranges.

REFERENCES

Arellano, M. and S. Bond, 1991. "Some Test of Specification for Panel Data: Monte Carlo Evidence and an Application to Employment Equations", *The Review of Economic Studies*, vol. 58, n°2, pp. 277-297.

Candau, F., Hoarau, J.-F. and S. Rey, 2012. "L'impact de la distance et de l'intégration sur le commerce d'une région ultrapériphérique d'Europe: l'île de La Réunion", *European Journal of Development Research*, vol. 24, n°5, pp. 808-831.

Candau F. and Rey S. 2014. "International Trade in Outermost Europe: A Comparative Analysis of Mayotte Island and French Overseas Departments ». The *European Journal of Comparative Economics*, vol.11, n°1, pp. 123-146.

Candau, F., Goujon M., Hoarau J-F. and S. Rey, 2014. "Real exchange rate and competitiveness of an EU's ultra-peripheral region: La Reunion Island", *International Economics*, vol. 137, pp 1-21.

Commission Européenne, 2006. "Fuel and air transport", Analysis of the EU Air Transport Industry, Final Report, Contract no: TREN/05/MD/S07.52077, prepared by Air Transport Department, Cranfield University.

Dwyer, L., Forsyth, P. and P. Rao, 2000. "The price competitiveness of travel and tourism: a comparison of 19 destinations", *Tourism Management*, vol. 21, n°1, pp. 9-22.

Dwyer, L., Mistilis, N., Forsyth, P. and P. Rao, 2001. "International price competitiveness of Australia's MICE industry", *International Journal Tourism Research*, vol. 3, pp. 123-139.

Gay, J.-C., 2012. "Why is Tourism Doing Poorly in Overseas France?", *Annals of Tourism*, vol. 39, n°3, pp. 1634-1652.

Goujon, M. and F. Hermet, 2012. "L'indice de développement humain : une évaluation pour Mayotte", Note et Document, *Région et Développement*, vol. 36, pp. 229-244.

Hoarau, J.F. and S. Blancard, 2013. "An optimal sustainable human development indicator for small island developing states: a reappraisal from data envelopment analysis", *Economic Modelling*, vol. 30, pp. 623- 635

Kerr S. A., (2005). "What is Small Island sustainable development about?". *Ocean and Coastal Management*, vol. 48, pp. 503-524.

Ringbeck, J., Gautam A., and T. Pietsch, 2009. "Endangered Growth: How the Price of Oil challenges International Travel and Tourism Growth", The Travel and Tourism Competitiveness Report, World Economic Forum.

Sauernheimer, K. 2013. Current Account Imbalances in the Eurozone: Causes, Remedies and the Role of the ECB, in: Kumar, R., Daianu, D., Basevi, G., D'Adda, C. (Eds.), *The Eurozone Crisis and the Future of Europe*, Palgrave Macmillan, London, New York.

Turner, R.K. (ed.), 1993. *Sustainable Environmental Economics and Management*, Belhaven Press, London.

LES DÉTERMINANTS DU TOURISME DANS LES DÉPARTEMENTS ET COLLECTIVITÉS D'OUTRE-MER FRANÇAIS

Résumé - *Cet article met l'accent sur les déterminants du tourisme dans les départements et les collectivités d'outre-mer Français. Une première estimation d'un modèle de données de panel annuelles pour la Guadeloupe, Martinique, Mayotte, Ile de la Réunion, la Polynésie Française et la Nouvelle Calédonie (NC), sur la période 1990-2012, montre qu'une appréciation de 1% de l'euro face au dollar réduit le nombre de touristes de 0,47%. Les résultats confirment aussi l'impact négatif des frais de la distance (coût de transport) et de la crise du Chikungunya. A l'inverse, une croissance plus forte en France ou aux Etats-Unis et un niveau plus élevé dans les collectivités d'outre-mer ont tendance à promouvoir le tourisme. Une analyse plus détaillée en panel, avec des données mensuelles pour la NC sur la période 1995-2014, révèle qu'une appréciation de 1% de l'euro face au dollar réduit les flux touristiques de 0,12%, et une inflation plus élevée en Nouvelle Calédonie pénalise également le tourisme. Cependant, la distance et la situation économique du pays d'origine n'influencent pas significativement les flux touristiques vers la NC.*

Mots-clés - TOURISME, DÉPARTEMENTS ET COLLECTIVITÉS FRANÇAIS D'OUTRE-MER, NOUVELLE CALÉDONIE, MODÈLE DE PANEL, EURO/US DOLLAR

TRANMISSION OF INTERNATIONAL SHOCKS TO AN EMERGING SMALL OPEN-ECONOMY: EVIDENCE FROM TUNISIA

Mohamed BELHEDI*, Ines SLAMA**, Amine LAHIANI***

Abstract - *This paper examines how international monetary shocks are transmitted to emerging market countries like Tunisia. A long-standing empirical literature on the transmission of international shocks was mainly based on small-scale structural VAR approach. This paper proposes a Factor-Augmented VAR (FAVAR) model to select the main determinants of the Tunisia's economy and assess the response of Tunisia's macroeconomic variables to international fundamental variables. In particular, we aim to analyze the impact that world shocks may have on the Tunisian economy following the 2008 international financial crisis. This specification allows exploiting a wide range of variables that could influence the conduct of the monetary policy as well as spur the transmission mechanism of external monetary shocks to the national economy. We are mainly interested in specific sources of shocks, such as unanticipated fall in the global economic activity, in interest rates and in commodity prices. Our approach relies on a large panel of data covering Tunisia and 10 European and industrialized countries including Tunisia, and 211 price, activity and money indicators. Our results show that the Tunisian economy is highly exposed to the shocks of foreign economic activity and commodity prices and, to a lower extend, to shocks of foreign interest rates and world inflation. Our findings also suggest that international shocks are transmitted to Tunisia's national economy through real channels.*

Key-words - INTERNATIONAL TRANSMISION, TUNISIA, ECONOMIC CRISIS, FAVAR MODEL

JEL Classification - F42, C38, F2

*MOfid UR13 ES60, Faculty of Economics and Management, University of Sousse ; mbelhedi@yahoo.fr
**MOfid UR13 ES60, Faculty of Economics and Management, University of Sousse ; slama.ines@hotmail.fr
*** LEO-UMR 7322, CNRS, University of Orléans ; amine.lahiani@univ-orleans.fr

1. INTRODUCTION

As global economy has become increasingly integrated, the pace of growth in the world economy and its impact on the domestic economy has become of first-order importance for economic agents and decision makers alike. In particular, the macroeconomic perspectives for the small open economies can be heavily influenced by the international developments. Thus, understanding the international transmission of the structural shocks is of crucial importance to identify the best-suited policy response to the international macroeconomic and financial fluctuations. In a world economy characterized by a steady increase in goods, capital and financial market integration the international dimension of the transmission mechanism has become an essential ingredient of the policy discussion. During the last decades and due to the agreements of partnership with the European Union (EU) in 1995, which boosted the commercial exchanges of its imported and exported goods, the Tunisian economy has turned into an open economy. This is clearly revealed by the degree of openness – as measured by the Openness Index - of the Tunisian economy which rose from 71.7% in 1994 to 91.2 % in 2012. Tunisia ranks now 10th in the European Union's market share[1]. This evolution further adds to the vulnerability of the Tunisian economy to the different shocks such as the increase in commodity prices which weighs heavily on business costs (Maier and De Pratto, 2008)[2]. With an open economy, Tunisia is now exposed to the global economic cycle and as such, understanding how these global economy fluctuations will impact home economy is of great importance in identifying the best policy response.

This paper provides a detailed assessment of the dynamic effects of external shocks on the Tunisian macroeconomic variables. Relatively, very little work has been done on the effects of the global developments on the Tunisian economy. Previous studies have estimated the transmission of the foreign shocks using small-scale econometric models employing basically the vector autoregressive models (VARs) or the structural vector autoregressive models (SVAR)[3]. Although these small-scale models supply plausible assessment of the dynamic responses of the key macroeconomic variables in response to shocks, they are essentially of low dimension leading to two potential problems with the results. First, the analysis is typically limited to some series that do not necessarily allow for a detailed evaluation of the transmission of foreign shocks to the domestic economy. Second, the sparse information set can contaminate the identification of the foreign shock because in a small dimension model these shocks are exogenously introduced and are not selected through data-driven statistical methods. These weaknesses can be addressed through an alternative approach which combines the standard VAR analysis with factor analysis

[1] Report from the BCT 2011 p 48.

[2] Tunisia has almost tripled its reserve budget for energy products to alleviate the charges for the companies and households between 2011 and 2012.

[3] See for example Eichenbaum and Evans (1995) and Grilli and Roubini (1995) who use VAR models and Souki (2008) and Klyuev (2008) for the use of SVAR models. Another alternative is the use of structural models, like in Schmitt-Grohe (1998).

through the use of an open-economy "Factor-Augmented VAR model" (FAVAR), as developed by Bernanke et al. (2005), and subsequently applied by Boivin and Giannoni (2008) and Mumtaz and Surico (2009). In contrast to the small-scale traditional VAR evaluation techniques, the FAVAR model addresses all these limits of small-scale model since it permits treating a vast panel of data. We combine FAVAR modeling with principal components methodology in order to identify the main international drivers of the Tunisian economy and then introduce the selected drivers into the FAVAR model to assess the impact of their variations on the main Tunisian macroeconomic variables.

We are particularly interested in some specific sources of international shocks, in particular the prices of basic foreign[4] products, foreign economic activity and foreign interest rates. Our analysis intends to estimate the impact of each shock on key Tunisian macroeconomic variables, mainly in the post-2008 international financial crisis, to assess the interaction between the Tunisian economy and the rest of the world, which we treat as "foreign" block. These movements clarify the transmission process of the foreign shocks to the Tunisian economy. Our methodology takes into account the co-movements of the international variables through the inclusion of several variables from the various sample countries. Contagion effect is also investigated using the principal components FAVAR approach.

Given the importance of the movements of commodity prices for the Tunisian economy[5], we extend the open economy FAVAR model of Mumtaz and Surico (2009) to include prices of raw materials as additional explanatory variables. Afterwards, we attempt to extract the specific international components from 211 series relative to 10 countries which are the main trade partners of Tunisia and the most industrialized countries in view of analyzing the incidence of the world evolution on the Tunisian economy.

Our results suggest that Tunisia is mainly exposed to the shocks of foreign activity and commodity prices. The fall in foreign economic activity has significantly affected the economic indicators of Tunisia. For instance, the fall in the exports of Tunisian manufactured goods and mechanical and electrical products, due to the world economic downturn, has precipitated the degradation of national trade balance. The high sensitivity of the Tunisian economy to the shock inflicted on the global economy, and more specifically on the euro area, finds its explanation in the privileged trade relationships linking Tunisia to its European partners.

Contrary to the findings of Mumtaz and Surico (2009) that similarly applied the FAVAR model to the UK case, the fall in foreign interest rates impacts relatively less the Tunisia's economy. This finding may reflect the delay of reaction of the Tunisian financial sector as compared to international standards of good governance and performance and, to a greater extend, disintegration of the Tu-

[4] The terms 'foreign' and 'international' are used to denote external shocks.
[5] Tunisia has an energy deficit and is a net importer of oil and its economy is heavily dependent on imports of petrol. The industry sector is the largest consumer of energy with a 36% share of overall consumption.

nisian financial system from the world financial system. In contrast, the decline in commodity prices has been beneficial for the Tunisian economy. It has improved the trade balance, in the sense that the fall in the price of the oil barrel reduced the import bill of energy products. For exporting firms, the fall in oil prices coupled with lower production costs helped to improve their competitiveness.

The paper is organized as follows: section 2 provides a literature review on the use of FAVAR model in studying the transmission of international shocks to national economies. Section 3 details our empirical methodology. In section 4 we summarize and discuss our findings. Section 5 concludes and presents some policy recommendations.

2. LITERATURE REVIEW

The recent empirical literature on the shock transmission gave more attention to the analysis of the impact of foreign shocks on macroeconomic fluctuations in emerging economies. Empirical methods include correlation analysis (Agrawalla and Tuteja, 2007; Ali and al., 2010), regression analysis (Nguyen and al., 2014; Makowiak, 2007) and quantile regression (Park et al., 2011; Eickmeier and Ng, 2011). The major limit of the previous papers is that they allow modeling the interaction between two time series only and hence fall in the omitted variables problem. Thus, other papers employ multivariate modeling to account for endogeneity and identification restrictions largely documented in the monetary policy literature. Indeed, by using the SVAR model, Sosa (2008) shows that the shocks to the US industrial production account for a large share of output fluctuations and Mexican exports and constitute the largest source of macroeconomic fluctuations in Mexico. In the same context, Berument and Ceylan (2010) investigate the effects of oil price shocks on output growth of countries in the MENA region. Gimet (2007) finds the high vulnerability of the Mercosur countries in the wake of international price shocks of agricultural products, the U.S. interest rate and the volatility of stock exchange indices in emerging countries. Mackowiak (2007) concludes that the US monetary policy shocks quickly and strongly affect short-term interest rates and exchange rates in emerging markets of Asia and Latin America.

In addition, Hoffmaister and Roldós (1997) find that Latin American economies are more sensitive than those in Asia following changes in the foreign interest rate. They also proved that emerging countries are affected unequally by external shocks.

Similarly, in the context of the global crisis, Moriayama (2010) shows that the increased financial stress and slowdown of economic activity in advanced economies may explain up to about half of the decline in growth of real GDP in the MENA countries following the collapse of Lehman Brothers.

Also, Utlaut and Roye (2010), analyze the effects of external shocks on countries in emerging Asia by estimating a Bayesian vector auto-regressive model (BVAR). The results show that the economic outlook in emerging Asia highly depends on the growth path of the world economy and remarkably little on business cycle fluctuations in China.

In their paper, Cashin, Mohaddes and Raissi (2012) use the Global Vector Autoregression (GVAR) model to analyze spillovers from macroeconomic shocks in systemic economies (China, the Euro Area, and the United States) to the Middle East and North Africa (MENA) region. The results show that shocks are transmitted across economies via trade, financial, and commodity price linkages. The MENA countries are more sensitive to developments in China than to shocks in the Euro Area or the United States.

Some recent studies use the FAVAR model to trace out the transmission of a country's monetary, financial and real activity shocks to other countries. Stock and Watson (2002) developed an approximate dynamic model of factors to recapitulate the information content of large data sets for predicting the target variable. They prove that the predictions based on these factors are clearly more plausible than those derived from a standard VAR model. This finding is probably due to the constraint of reduced set of variables in the VAR representation.

Bernanke and Boivin (2003) prove that the use of estimated factors can improve the assessment of the Fed's policy reaction function. As for Bernanke et al. (2005), they propose a potential solution to the problem of limited information which combines the standard structural VAR analysis with the recent developments in the factor analysis for a large data panel. They notice that the information exploited by the factor-augmented VAR methodology is critical to a correct identification of the monetary transmission mechanism. Their results provide a complete and logical image of the effect of the monetary policy on the economy.

Similarly, in order to predict the interest rate curve, Diebold (2004) details the construction of a factor model. His model incorporates macroeconomic and financial factors and reveals that the effects of causality are more present with the interest rate curve. The above works suggest the existence of a solid relationship between the macroeconomic variables and the prediction of the interest rates. These conclusions corroborate the findings of Ang and Piazzesi (2003) or those of Stock and Watson (2002), and can be explained by the sign effects of the Fed's monetary policy.

Bernanke et al. (2005) adopt the Factor-augmented VAR approach in order to integrate large information set used by monetary policymakers. They used a large data panel consisting of 120 monthly variables on the American economy to study the impact of a restrictive monetary policy. Indeed, in line with this policy, they noticed the fall in the real activity which supplies a coherent measure of policy transmission.

Other papers employ a large number of international data to focus on the role of capital control and the increase in global liquidity puzzles such as Miniane and Rogers (2007), Lagana and Mountford (2005), Ruffer and Stracca (2006), and Sousa and Zaghini (2007).

Mumtaz and Surico (2009) extend the FAVAR model as developed by Bernanke and al. (2005) for an open economy in order to examine how the foreign economic turbulences can impact the economy in the U.K. They find that the shocks of the foreign economic activity have small effects on the U.K economy whereas the foreign short-term interest rate shocks can have substantial effects. This result is not surprising given the major role the country plays as a global financial hub.

In the same vein, de Bandt et al. (2010) employ the FAVAR model to analyze transmission mechanisms between the national and international house prices in the US. They find out that the house prices in the United States, along with other factors such as interest rates and real activity, constitute the main sources that impact the house prices in other countries of the world. Gupta et al. (2010) also investigate the impact of monetary policy on house price in South Africa using a FAVAR approach. Their results indicate that house price inflation responds negatively to monetary policy shock, but the responses are different according to the housing segment among middle, luxury and affordable. Their results are more reliable than those obtained using small-scale VAR models in the housing market in that they do not fall in the home price puzzle observed in previous studies.

More recently, Vasishtha and Maier (2011) use a FAVAR model to analyze the incidence of the world evolution on the Canadian economy. They investigate different sources of shocks, in particular, the prices of basic products, foreign economic activity and foreign interest rates.

Moreover, they estimate the repercussions of every shock on key Canadian macroeconomic variables so as to draw a complete scheme regarding the effects of the international shocks on the economy of the country. Their results indicate that while it is mainly exposed to the shocks affecting foreign activity and the prices of basic products, Canada is much less exposed to the shocks that hit the world interest rates and inflation.

By employing a FAVAR approach Zuniga (2011) investigates how the American monetary shocks are transmitted to emerging market countries such as Mexico and Brazil. The results reveal that foreign monetary shocks are transmitted differently to Mexico and Brazil.

The ability of the FAVAR model to handle a large data set and its attractive statistical properties make it up-to-date. For instance, Aastveit (2014) finds that oil demand shocks are more important than oil supply shocks in driving macroeconomic variables. Fernald et al. (2014) argue that increases in bank reserve requirements as well as change in policy rate reduce economic activity and inflation in China.

To the best of our knowledge, no previous works have investigated the impact of world economic indicators on the Tunisia's economy using a large data set. This may be due to at least two reasons. First, the lack of goodwill to conduct a serious study regarding this issue by the previous managers. Second, Scientifics were reluctant to undertake such studies due to fear of unreliable data provided by the local authorities. Our analysis of the reaction of the Tunisian economy to international shocks is thus the first to shed light on the interaction between Tunisia and the world economy. To this end, we use the FAVAR model since, in addition to its ability to account for a large number of sources of international shocks; it is well-suited to time series with a short history and countries with rapid institutional and structural changes. Indeed, since 2011 Tunisia has undergone several structural changes either by effective reforms (more flexibility on the exchange rate policy, improved governance in the banking sector (Central bank Circular number 2011-06)) or by announcement effect (transparency in public procurement, support of the IMF and the World Bank for the structural reforms in financial sector).

3. EMPIRICAL STUDY

3.1. The open economy FAVAR model

The econometric framework used in this paper is based on the FAVAR model of Bernanke et al. (2005) and extended by the inclusion of international factors. According to Boivin and Giannoni (2008) and Mumtaz and Surico (2009), the model consists of two blocks: the first is for Tunisia (domestic) and the second is for the rest of the world (foreign /international). The situation of the economy cannot be directly observed but can be summarized by K unobserved factors, $F_t = \left[F_t^* \quad F_t^T\right]$ where * denotes the foreign economy and T indicates Tunisia. On the contrary, the policy rate of the Tunisian Central Bank (i_t) is supposed to be directly observed. The dynamic system of F_t and i_t evolves according to the following transition equation:

$$\begin{bmatrix} Ft \\ it \end{bmatrix} = B(L) \begin{bmatrix} Ft-1 \\ it-1 \end{bmatrix} + u_t \qquad (1)$$

where B (L) is a conformable lag polynomial of finite order p, and $u_t = \Omega^{\frac{1}{2}} e_t$ with $e_t \sim N(0, I)$ is a structural error term with zero mean and covariance structure given by $\Omega = A_0 (A_0)'$.

The equation (1) is the standard VAR except that the vector of factors F_t is not observable. These unobserved factors are derived from a panel of N indicators containing information about the fundamentals of the economy. Let X_t be the (N*1) vector of the informational variables where N is large with $N > K+1$, then X_t is linked to the two types of unobserved factors F_t and the observed i_t variables via the following equation:

$$X_t = \Lambda^F F_t + \Lambda^i i_t + v_t \qquad (2)$$

where Λ^F and Λ^i are respectively NxK and $Nx1$ matrices of factors loadings and v_t is a $Nx1$ vector of zero mean disturbances. Equations (1) and (2) represent the FAVAR model proposed by Bernanke et al. (2005) but extended by adding the foreign block as in Boivin and Giannoni (2008) and Mumtaz and Surico (2009). The main advantage of the static representation of the factor-augmented model given by equations (1) and (2) is that factors can be estimated by the principal components approach (see also Stock and Watson, 2002).

3.2. Identification of factors

Before estimating the FAVAR model given by equations (1) and (2), we first need to introduce unobserved factors F_t. To this end, we rely on four factors of the foreign block F_t^* such that $F_t^* = \{Y_t^*, \Pi_t^*, M_t^*, i_t^*\}$ where Y_t^* denotes the factor of the international real activity, Π_t^* the international inflation factor, M_t^* the international money factor and i_t^* the co-movements in the international interest rates. These international factors are identified through the upper *Nx4* block of the matrix Λ^F, which is assumed to be a diagonal block.

This comes to extract the factor of the international real activity from our international series which captures the real activity. Similarly, the international inflation factor is identified as the only factor that is loaded by all international inflation series. The remaining international factors are identified similarly. The dynamics of the Tunisian variables are captured by *k* domestic factors extracted from a large panel of Tunisian macroeconomic time series.

Similar to the standard VAR approach, the FAVAR model needs also alternative schemes of identification of policy shocks. We use the Cholesky identification method which is based on the assumption that the unobserved factors do not react contemporaneously to monetary policy shocks. Like Bernanke et al. (2005), we treat i_t as the instrument of the monetary policy for the domestic economy.

The dynamic for every Tunisian time series is a linear combination of all the Tunisian factors which are linked to the foreign factors through the transition equation (1). This implies that the response of any underlying variable in X_t to a shock in the transition equation (1) can be computed using the estimated factor loadings and equation (2).

We focus on the study of the dynamic effects of four shocks during 2008 international financial crisis: an unanticipated decline of international activity, an unanticipated reduction of the interest rate in the rest of the world, an unexpected decrease of foreign inflation and an unexpected slowdown of global monetary growth. Indeed, from the summer of 2007 there was a crisis of confidence among banks that blocked interbank relations and thus the "credit crunch". This has induced a banking liquidity crisis. To avoid paralysis in the functioning of the markets, the major central banks adopte rescue programs (such as the Paulson plan) and quantitative easing policy which allow the increase in the money supply. In early 2008, most financial markets of developed countries have been strained following the development of the "securitization". Thus, the high level of interdependence of financial systems explains the unusually synchronized nature of this crisis. Finally, the crisis was transmitted worldwide by the capital movements channel and international trade. In 2008, the advanced economies and many emerging economies are in recession with a contraction in household demand leading to a global economic crisis.

In this paper we normalized the impulse response of each variable with respect to its standard deviation. Considering this normalization, responses can be interpreted as percentage changes in the standard deviation (Lutkepohl, 1993). Impulse responses of each figure (section 4) show the response of the Tunisian variables following a one-standard-deviation shock.

The appropriate channel to the transmission of external shocks, often cited, is the foreign trade via exports and imports. These two variables, measured in volume, are used to gauge the intensity of the impact of the shocks caused by the turbulence in the world economy on the fundamentals of the national economies. Also, we introduce the oil price as the main external shock related to commodity prices.

The order of variables in our FAVAR specification is organized as follows: $\lfloor Y_t^*, \Pi_t^*, M_t^*, i_t^*, F_t^T, i_t \rfloor$. The foreign shocks in our model are identified by using the recursive ordering scheme. This way, the impact matrix A_0 is lower triangular implying that the rest of the world does not react to the variations of the contemporaneous Tunisian variables[6].

3.3. Estimation of FAVAR

The problem in our specification is how to recover the unidentified factors. Indeed, Bernanke et al. (2005) and Mumtaz and Surico (2009) have propose a two-step analysis of principal components to estimate the model. In the first step, the space spanned by factors $\hat{C} = (F_t^T, i_t)$ is estimated through the use of principal components (Stock and Watson, 1998; 1999). This method is shown to be numerically robust and computationally efficient. As already described, $\hat{F}_t$ is derived as part of $\hat{C} = (F_t^T, i_t)$ which is not covered by i_t. In the second stage, the FAVAR model in the equation (1) is estimated as the standard VAR by replacing the real factors (F_t) by their estimated counterparts $(\hat{F}_t)$. The approach of the second stage is chosen for its computational convenience[7]. Moreover, Bernanke et al. (2005) show that two-step and one-step procedures produce very similar results.

Bai and Ng (2002) provide an information criterion statistic to determine the number of factors[8] that should be selected to sum up effectively the existing information in the database. In our analysis of the Tunisia's economy we in-

[6] The use of the Cholesky decomposition is a standard practice in the literature (see Christiano et al., 2000 for an excellent review of literature). In the literature there exit several other identification methods, but the goal of our study is to reflect the contributions of factor augmented models for the analysis of international transmission mechanisms and not to analyze the alternative identification methods. To this end, we will follow Bernanke et al. (2005) and other studies that use the Cholesky decomposition method.

[7] The alternative estimator is a Bayesian one step likelihood based approach. Bernanke and al. (2005) show that the two approaches deliver qualitatively similar results.

[8] For further details, see Bai and Ng (2002).

clude four factors capturing respectively the real activity, the inflation, the monetary growth and the interest rates.

We choose k = 4 so that the impulse responses do not change significantly if additional Tunisian factors are added to the model (as in Mumtaz and Surico (2009)). This choice shows that the second stage of our estimation procedure implies the estimation of the VAR with nine endogenous variables. We have included four lags in the model to properly capture the dynamics as in Vasishtha and Maier (2011).

3.4. Data

Based on the increasing importance of big data analysis in empirical macroeconomic modeling, we use the FAVAR model to investigate the response of the Tunisia's macroeconomy to movements of international macroeconomic indicators. Indeed we use 211 series related to 11 countries[9] to analyze the incidence of the world economic innovations on the Tunisian economy. We are particularly interested in certain sources of shocks, in particular commodity prices, foreign economic activity, foreign interest rates and foreign inflation. We estimate the repercussions of every shock on key Tunisian macroeconomic variables so as to determine all the possible effects of the international shocks on the economy of the country.

Our database contains information on real activity, inflation, monetary growth and interest rates for Australia, Canada, Denmark, France, Germany, Italy, Japan, Spain, the United Kingdom and the United States. We use quarterly data covering the period from1990:Q1 to 2011:Q4. When a data series is available on a monthly basis, we calculate the average of the monthly observations during the 3-month horizon to obtain the quarterly values[10]. As in Bernanke et al. (2005) all the series are transformed to ensure their stationarity through the use of Augmented Dickey-Fuller (ADF)[11] test.

4. EMPIRICAL RESULTS

4.1. International co-movements

The analysis of international factor comovements allows extracting four common components of the foreign block of the panel that summarizes large amount of information about the economies which are estimated by principal components prior (X_t-$\hat{B}X_{t-1}$) using Bayesian likelihood methods and Gibbs sampling (Stock and Watson, 2005).

[9] The 11 considered countries include Tunisia (domestic), its main trading partners and some major industrialized countries (foreign).
[10] As in Bernanke et al. (2003), Mumtaz and Surico (2009) and Vasishtha and Maier (2011).
[11] Lag length in « Augmented Dickey-Fuller (ADF) » is determined by the Akaike Information Criterion (AIC).

Figure 1 plots the respective principal components of real activity, inflation, monetary growth and interest rates.

Between 1990 and 2011, the majority of countries witness several economic and financial crises (Asian crisis, Dot.com bubble). But these crises do not have the same magnitude or the same damage as the subprime mortgage crisis that has affected all sectors of these countries. Tunisia also has not suffered negative effects of these crises unlike the international financial crisis. However, in our study we are mainly interested in the 2008 international financial crisis which originated in the United States and widespread later to become a world economic crisis and hit the rest of the world countries. The components in Figure 1 illustrate the effects of this crisis. The recession of the global economy following the bankruptcy of Lehman Brothers and its domino effect on the U.S. banking system is clearly apparent in 2009 (Figure 1 (a)). This recession has caused a fall in demand at the international level, precipitating deflation (Figure 1 (b)).

Figure 1: Principal Components extracted from international data

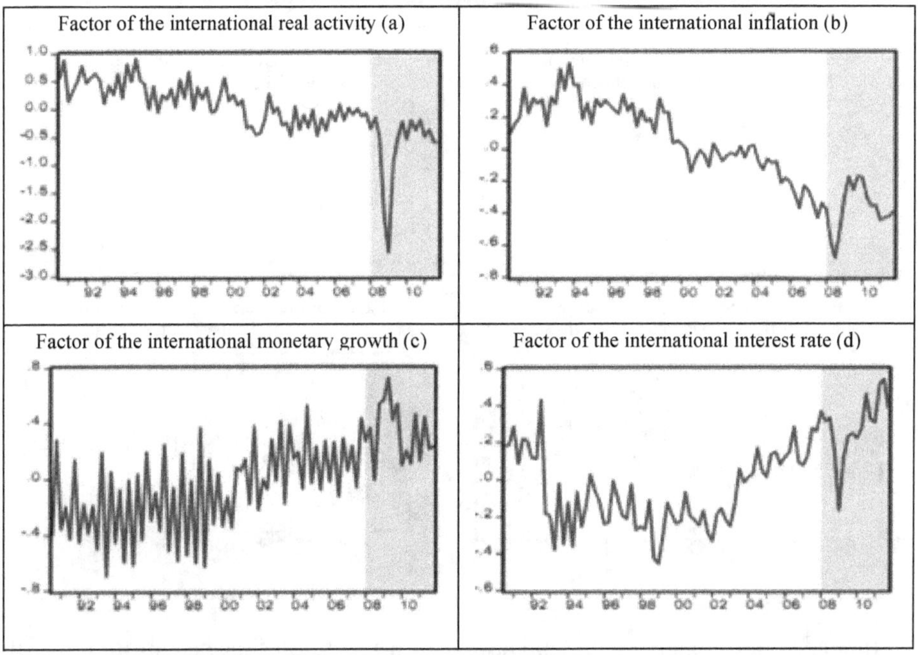

To salvage the banking system and avert massive failures of banks, many countries adopted plans to bail out their financial sectors, heavily damaged by the subprime crisis. The famous "Paulson" plan was the first to save the American banking system with a 700 million dollar injection to help banks to get rid of their toxic assets. Also, the central banks of the USA, European countries and many other countries of the world have adopted accommodating monetary policies which ended in reductions in interest rates which have achieved zero point (Figure 1 (d)) to allow banks to finance themselves at lower cost, limit the impact of the crisis on credit and revive the international economic activity. But the decline in interest rates and refinancing facilities offered by the Paulson plan does not have a significant impact on the money supply. The monetary authorities resort to quantitative easing policy to observe the growth of the money supply. This explains the growth of the international money supply in 2009 (Figure 1(c)).

4.2. Co-movements between the Tunisian and international factors

Figure (2) shows the dynamics of Tunisian and international factors. We notice some synchronization of tendencies between the national and international factors of real activity and interest rate. This is understandably obvious because of the sensitivity of the Tunisian economy to international fluctuations, especially those that hit the Eurozone countries with which Tunisia's trades amount to 80 %. The Tunisian economy is highly dependent on countries of the European Union in particular, with regard to exports, tourism receipts and flow of Foreign Direct Investment.

Figure 2: co-movements between the Tunisian and international factors

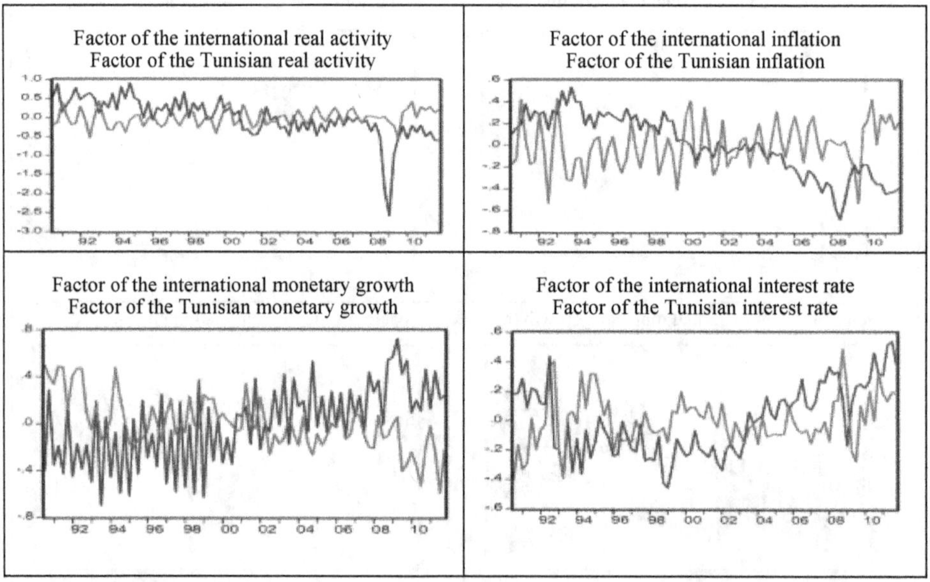

Indeed, trade openness in Tunisia led to a recession that has strongly influenced the overall volume of trade. According to the report of the International Monetary Fund (IMF) (2010) "at the end of 2008 and early 2009, there was a considerable drop in the export of industrial goods. This is the result of the current recession in the European Union. The result was a decline of industrial production and a fall in real GDP growth from an average of 4.6% in 2008 to 1.3% in the first quarter of 2009". Consequently, the Tunisian annual growth rate seems to be increasingly synchronized with that of the EU and its major trading partners. On the other hand, despite the weak financial market that is still emerging and undeveloped, Tunisia is required to take various immediate actions such as lower interest rates in order to reorganize the functioning of the financial sector and revitalize the economy.

However, for the factors of international inflation and international monetary growth this synchronization is not verified. Regarding inflation, the financial crisis has generated deflationary effects leading to a sharp decline in international inflation, while growth in Tunisia has always remained above 2% during the crisis and therefore inflation remained maintained. For monetary growth, industrialized countries resort to unconventional monetary policies that result in a strong injection of money into the economy, which is not the case in Tunisia, where the central bank is limited to conventional instruments including the policy rate to stimulate the economy.

4.3 Impact of a decrease in foreign economic activity

Figure 3 depicts the responses of Tunisia's economic activity, following a one standard deviation decrease in the world economic activity. The decline in global economic activity affects Tunisia's exports (X) in a direct fashion since nearly 80% of those exports are directed to the Eurozone, the first victim of the crisis. Manufactured products (XAIM) and mechanical and electrical products (XIME) were the mostly hit. That has contributed greatly to the degradation of Tunisian trade balance.

As regards the evolution of the inflation level, the index of consumer prices (CPI) declined due to reduced demand. In response, the Tunisian monetary authorities have been forced to lower their key interest rate to stimulate economic activity, which is reflected by lower money market rate (TMM). This explains the significance of the impulse responses of interest rates for a short period (3 quarters).

The industrial production index (IPI), registered a sharp decline, as a result of the fall in demand from the main partners of Tunisia. This negative impact is felt especially in the sector of textiles, clothing and Leather (IPITH), the mechanical and electrical sector (IPIME) as well as various manufacturing sectors (IPIMD), whose reactions are immediate and remain negative until the end of the period. Similarly, Tunisian imports have witnessed a downward trend. Especially, food and agricultural commodities (MAA) reacted after four quarters, manufacturing products after two quarters (MAIM) and mechanical and electric products (MIME) after two quarters.

4.4. Impact of a decrease in foreign inflation

Figure 4 shows the responses of Tunisia's main economic indicators to a one standard deviation decrease of the foreign inflation. This decline has caused the decrease in the world interest rate which has a positive effect on the global economic activity. Thus, the impact of the transmission of foreign inflation on the Tunisian economy (GDP) is positive and lasted approximatively nine quarters. The Tunisian exports (X) and imports (M) decreased during five quarters and then stabilized at a negative level.

Figure 3: Impulse responses due to a decrease in foreign economic activity

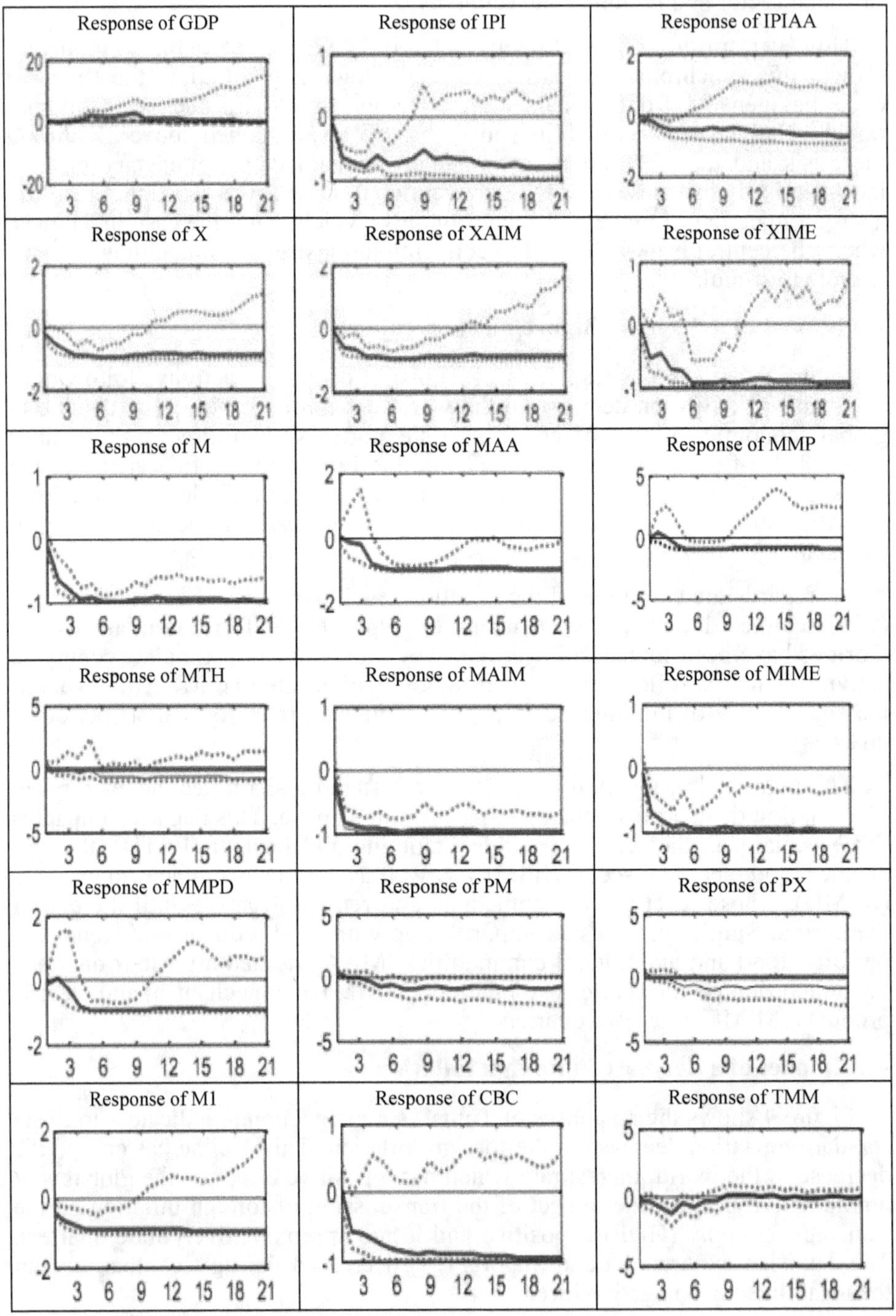

Figure 4: impulse responses due to a decrease in foreign inflation

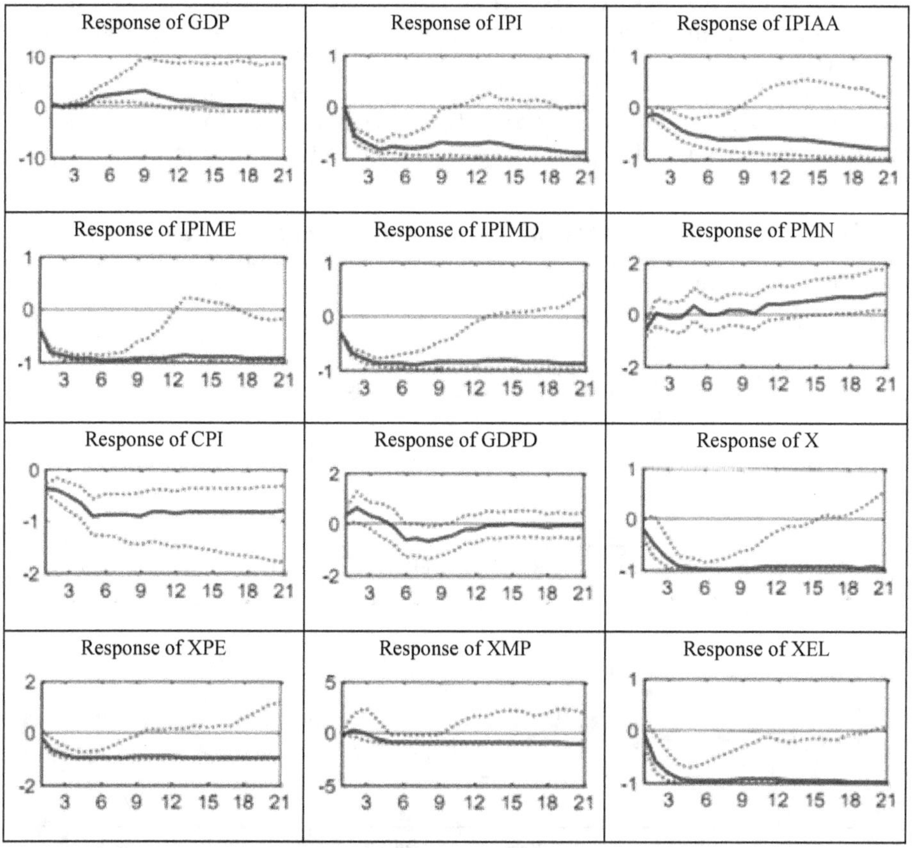

The analysis of the structure of exports shows that the energy products (XPE), the mining and phosphate products (XMP) as well as the energy products and lubricants (XEL) were the most affected.

Regarding imports, the decrease incorporates the manufacturing industries (MAIM), the phosphate mining and derivatives (MMPD) as well as mechanical and electrical industries (MIME).

Furthermore, the reduction in the foreign inflation of key trade partners was imported to Tunisia. As a result, the implicit GDP deflator (GDPD) becomes negative from quarter 6 to quarter 9 causing the reduction of the volume of refinancing from the central bank.

4.5. Impact of a decrease in foreign money supply

The impulse responses of Tunisian variables following a shock hitting the growth of the foreign money supply are represented in Figure 5. This shock is defined as one standard deviation decrease in the foreign money supply. Indeed, the decrease of the international money supply due to the world financial crisis has led to a fall of Tunisian demand for goods. We also notice an immediate fall of the level of Tunisian exports (X) and a decline in the industrial production index (IPI) from the first quarter. These effects have affected the agricultural sector (IPIAA) and industrial goods (IPIME and IPIMD) as well as energy products (PMN, XPE, XMP, XMPD and XEL). As for the Tunisian imports, the decline was highly significant in the first period (MMP, MAIM, MIME and MMPD). As a whole, the Tunisian money growth (M1) registered a sharp decline.

Figure 5: impulse responses due to the reduction of the foreign currency

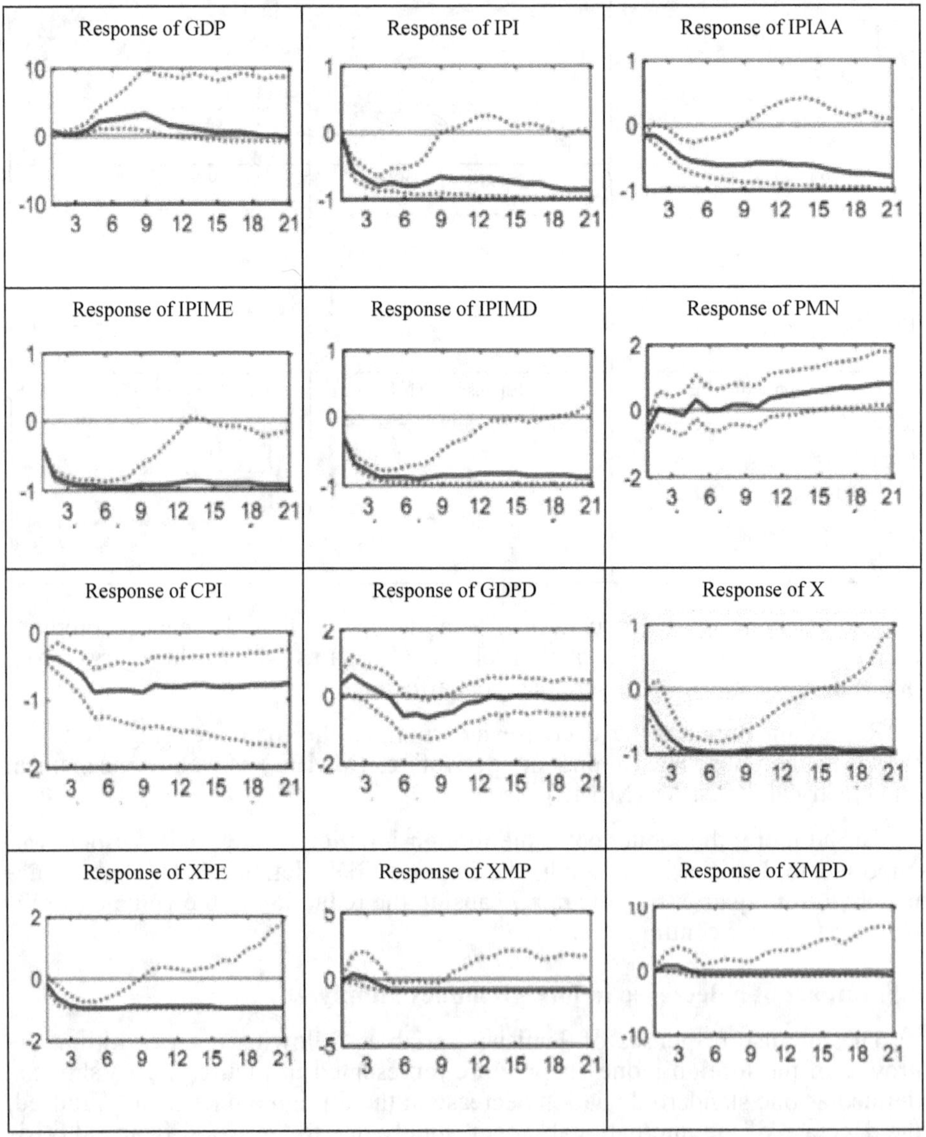

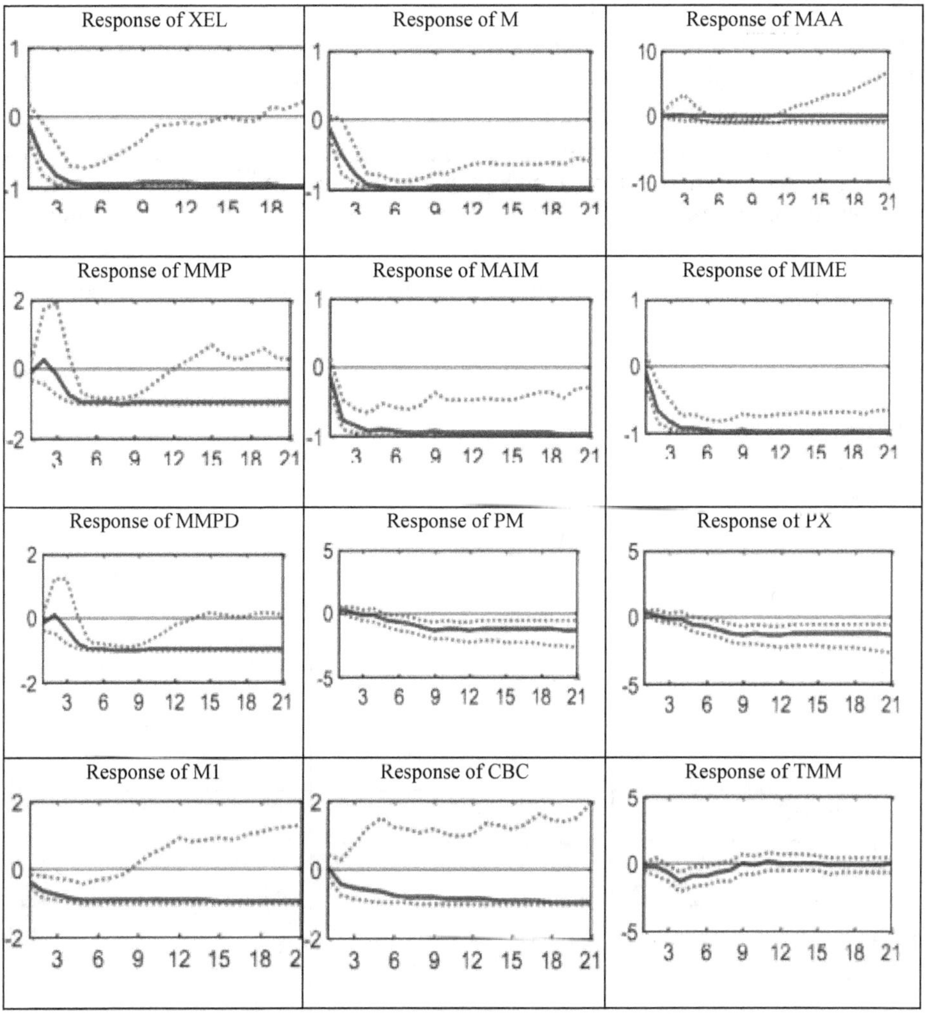

4.6. Impact of a decrease in foreign interest rate

By testing the dynamic effects of an unanticipated one standard deviation fall in international interest rates, Figure 6 showcases the impact of a shock to the foreign interest rate in our FAVAR framework on the Tunisia's economic indicators. The international financial crisis has generated deflationary effects that forced monetary authorities to lower their key rates. This decision was transmitted to developing countries and particularly Tunisia through the imbalance in its trade balance.

The fall of the Tunisian economic activity is apparent through the fall of the industrial production indices (affecting food sector IPIAA, mechanical and electrical sector IPIME, textiles and clothing sector IPITH and mine production PMN), the fall in exports (including manufacturing industries XAIM and mechanical and electrical industries XIME) and the decrease in imports (food MAA, mining and phosphates products MMP, textiles and clothing MTH, other manufacturing industries MAIM, mechanical and electrical industries MIME and mines, phosphates and derivatives MMPD).

As regards the interest rate, the transmission of external shocks takes two months to trigger the fall of Tunisia's interest rates. Indeed, it is in order to counter the slowdown in economic activity that the central bank of Tunisia was constrained to lower its key rate.

Figure 6: Impulse responses due to a decline in foreign interest rate

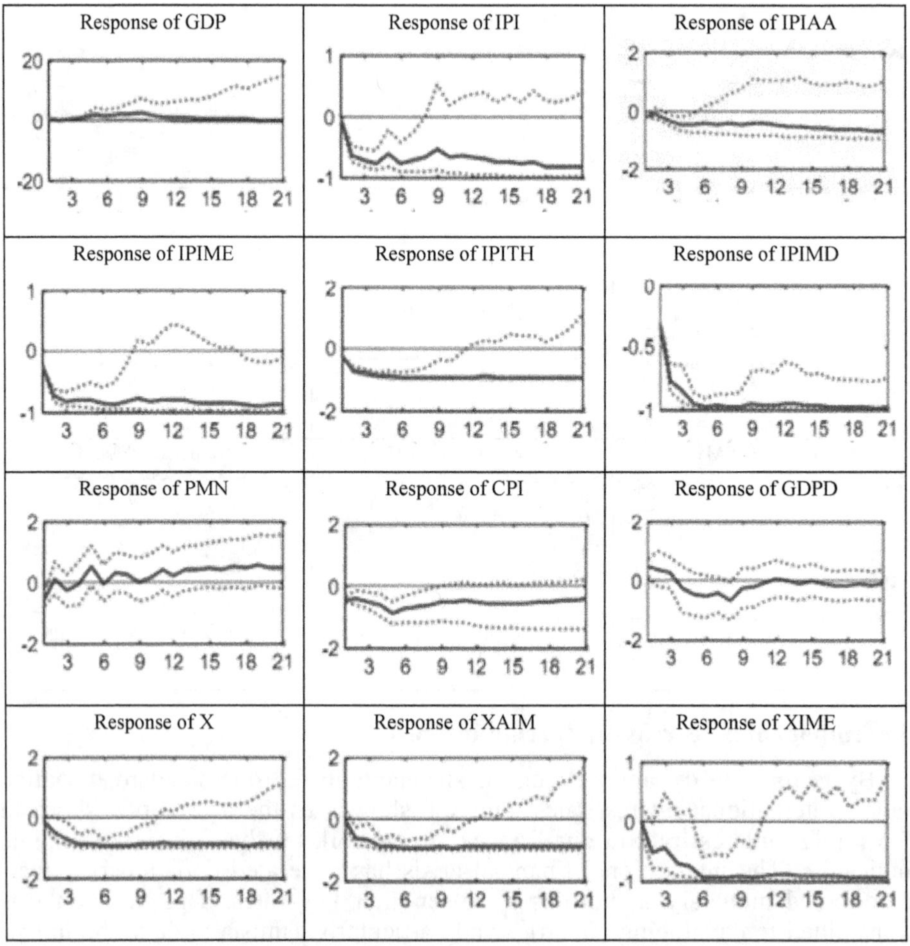

4.7. Reduction in the price of raw materials

Several previous studies (Sims, 1992; Vasishtha and Maier, 2011) report the high sensitivity of the fundamentals of developing countries to fluctuations of world commodity prices. Tunisia is not immune from this phenomenon.

To examine the role of the oil price shock, we placed it in the foreign block of the FAVAR model. As Tunisia is a "price taker," the oil price is expected to affect the Tunisian macroeconomic variables and not the other way around. Figure 7 shows the effects of a one standard deviation shock hitting the oil price on the Tunisia's main macroeconomic variables. Indeed, an oil price shock causes a short-term increase of MMA, MMP and MEL that vanishes after 3 quarters. Additionally, an oil price shock has a similar effect on XPE and XEL.

The decline in oil price has been beneficial for the Tunisian economy in two ways. At the macroeconomic level, it has improved the trade balance, since the fall of the price of a barrel reduced the import bill (food and agricultural products - MAA and mining Products and phosphate - MMP and Energy and lubricants - MEL).

Furthermore, for exporting companies (energy products - XPE and energy and lubricants - XEL), the fall in oil prices and the ensuing lower production costs helps to improve their competitiveness.

The decline in oil price has also driven the fall of inflation (GDPD) since three quarters after the occurrence of the shock and the interest rate (TMM) after two periods which helps increase the money supply (M2). Indeed, the fall in oil prices does not have the desired effect on the index of prices given that the prices of energy products are administered in Tunisia.

Figure 7: Impulsive response due to the reduction in the oil price

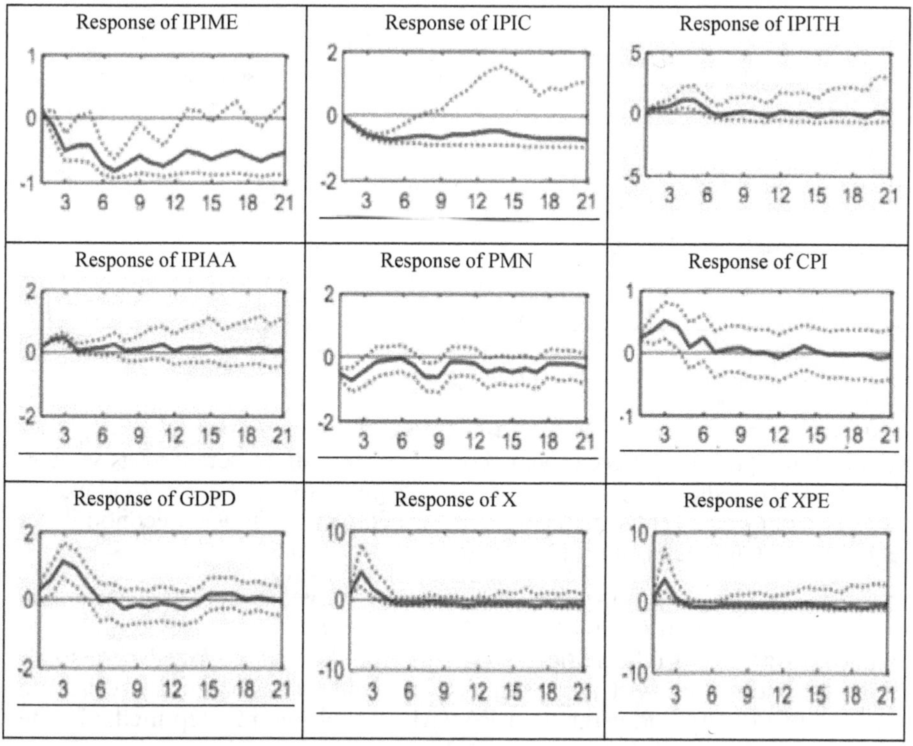

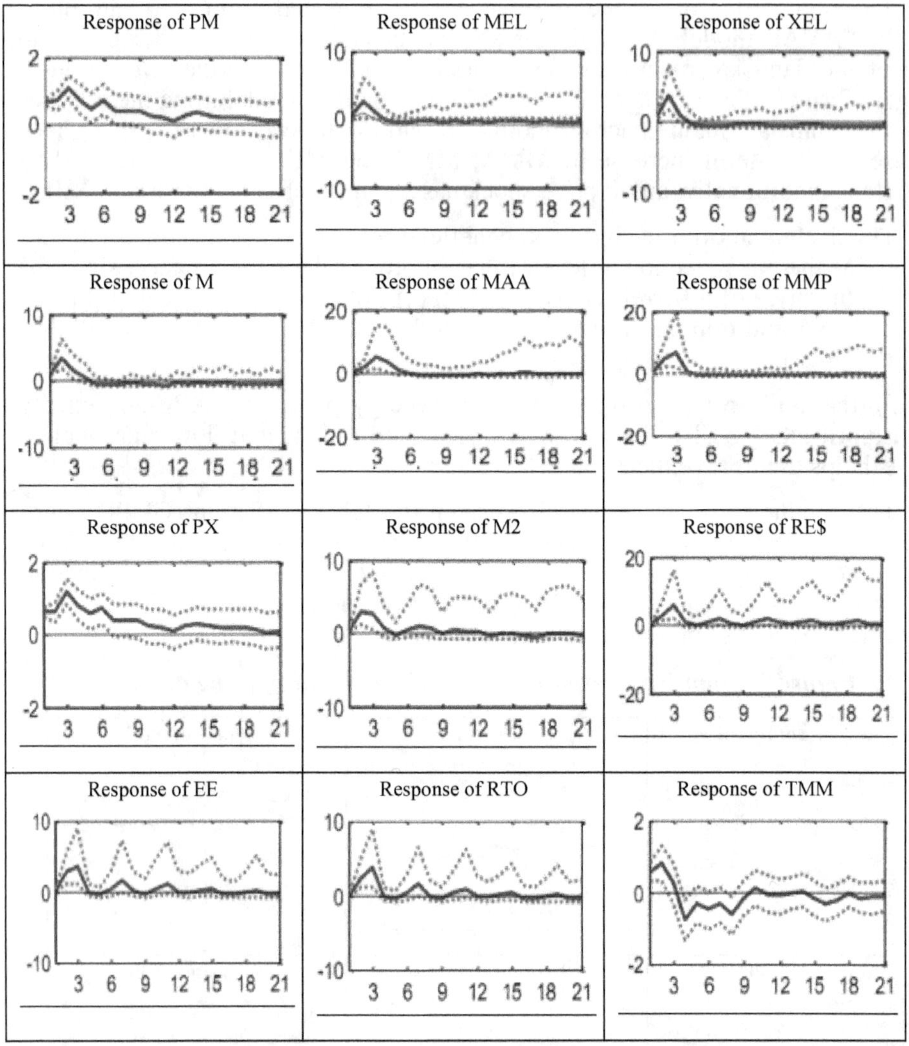

5. CONCLUSION

During the last decades, Tunisia has reinforced its integration into the global economy. This growing international economic integration increased its vulnerability to external shocks. The subprime mortgage crisis provides a vivid example of an economic event which was transmitted to the Tunisian economy via foreign demand and deterioration of the outside conditions.

To better understand how the world economic events were transmitted to Tunisia, we estimate an open-economy FAVAR model. This method allows to integrate a wide set of information, which will be then summarized by a small number of factors that will be introduced in standard VAR for analysis. We show how to identify and estimate a FAVAR model via a 2-step method. The first step is based on the selection of the main factors impacting the Tunisian economy using a principal components approach while the second on the Bayesian method which is based on the Gibbs sampling algorithm. Another key advantage of the FAVAR approach is that it allows handling a large set of variables.

In contrast to the existing literature on the transmission of international shocks, we use a set of data incorporating 11 countries (Tunisia and 10 European and industrialized countries) and 211 variables covering their respective economic activities, prices and monetary indicators to model the interaction between the national and foreign blocks of the VAR. The FAVAR methodology allows to quantifying the effects of the world evolution on a wide range of Tunisian macroeconomic variables. We focus on four big types of foreign developments: foreign economic activity, foreign inflation, foreign interest rates and commodity prices. Our results indicate that Tunisia is mainly exposed to the shocks of the foreign activity and commodity prices.

The decline in foreign economic activity has mainly affected the economic indicators such as Tunisia's exports of manufactured products and mechanical and electrical goods, which contributed to the degradation of Tunisia's trade balance. The high sensitivity of the Tunisian economy to the global economy and more specifically to the euro area shocks, finds its explanation in the privileged relationships that link Tunisia to its European partners.

Contrary to the conclusions of Mumtaz and Surico (2009) related to the United Kingdom, the reduction of foreign interest rates is relatively less important for Tunisia which reflects the delay of the Tunisian financial sector compared with international standards of good governance and performance.

The decline in the commodity prices has been beneficial for the Tunisian economy. It has improved the trade balance, in the sense that the fall of the price of a barrel reduced the import bill. As for the exporting companies, the fall in oil prices and the ensuing lower production costs helped to improve their international competitiveness. Overall, our results offer insights for Tunisian decision makers so that they can better understand the global economic cycle.

There are several ways to further extend this analysis. Given the steady openness of Tunisia's trade dealings (imports and exports alike), the global economic cycle has become increasingly important for Tunisia, and as such extending the sample is likely to be worthwhile. The countries in an extended sample may include more economic partners of the Tunisian economy like China and many African countries with which Tunisia is expanding its trades and investments. Moreover, future work could cover a closer investigation of the properties of FAVARs, the estimation methods and possibly alternative identification schemes.

REFERENCES

Aastveit, K.A., 2014, Oil Price Shocks in a Data-Rich Environment, *Energy Economics*, 45, 268-279.

Agrawalla, R.K., Tuteja, S.K., 2007, Causality Between Stock Market Development and Economic Growth: A Case Study of India, *Journal of Management Research*, 7(3), 158-168.

Ali, I., Rehman, K.U., 2010, Causal relationship between macro-economic indicators and stock exchange prices in Pakistan, *African Journal of Business Management*, 4(3), 312-319.

Ang, A., Piazzesi M., 2003, A no-arbitrage vector autoregression of term structure dynamics with macroeconomic and latent variables, *Journal of Monetary Economics*, 50, 745-787.

Bai, J., Ng, S., 2002, Determining the number of factors in approximate factor models, *Econometrica*, 70, 191-221.

Bernanke, B.S., Boivin, J., 2003, Monetary Policy in a Data-Rich Environment, *Journal of Monetary Economics*, 50, 525-546

Bernanke, B.S., Boivin, J., Eliasz, P., 2005, Measuring Monetary Policy: A Factor Augmented Vector Autoregressive (FAVAR) Approach, *Quarterly Journal of Economics*, 120, 387-422.

Berument, M.H., Ceylan B.N., Dogan N., 2010, The Impact of Oil Price Shocks on the Economic Growth of Selected MENA1 Countries, *The Energy Journal, International Association for Energy Economics*, 149-176.

Boivin, J., Giannoni, M., 2008, *Global forces and monetary policy effectiveness*, NBER Working Paper 13736.

Central bank of Tunisia, Circular number 2011-06.

Christiano, L., Eichenbaum, M., Evans, C., 2000, Monetary policy shocks: What have we learned and to what end? in J. Taylor and M. Woodford (eds). *Handbook of Macroeconomics*, Amsterdam, Elsevier, 65-148.

Cashin, P., Mohaddes K., Raissi M., 2012, The Global Impact of the Systemic Economies and MENA Business Cycles, *IMF Working Papers* 12/255, International Monetary Fund.

De Bandt, O., Barhoumi, K., Bruneau, C., 2010, *The international transmission of house price shocks*, Working Paper, N° 274, Banque de France.

Diebold, F. X., 2004, The Nobel Memorial Prize for Robert F. Engle. *Scandinavian Journal of Economics*, 106, 165-185.

Eichenbaum, M., Evans, C., 1995, Some empirical evidence on the effects of monetary policy shocks on exchange rates, *Quarterly Journal of* Economics, 110, 975-1010.

Eckmeier, S., Ng T., 2011, How Do Credit Supply Shocks Propagate Internationally? A GVAR approach, *CEPR Discussion Papers* 8720.

Fernald, J.G., Spiegel, M.M., Swanson, E.T., 2014, Monetary Policy Effectiveness in China: Evidence from a FAVAR model, *Journal of International Money and Finance*, 49, 83-103.

Gimet, C. 2007, L'impact des chocs externes dans les économies du Mercosur : un modèle VAR structurel, *Economie Internationale*, 110, 107-136.

Gupta, R., Jurgilas, M., Kabundi, A., 2010, The Effect of Monetary Policy on Real House Price Growth in South Africa: A Factor-Augmented Vector Autoregression (FAVAR) Approach, *Economic Modelling*, 27, 315-323.

Grilli, V., Roubini, N., 1995, *Liquidity and exchange rates: Puzzling evidence from the G-7 countries*, Mimeo, Yale University.

Hoffmaister A. W., Roldos, J., 1997, Are Business Cycles Different in Asia and Latin America?," *IMF Working Papers* 97/9, *International Monetary Fund.*

Klyuev, V., 2008, *Real implications of financial linkages between Canada and the United States*, IMF Working Paper WP/08/23.

Lagana, G. , Mountford, A., 2005, Measuring Monetary Policy in the U.K: A Factor-Augmented Vector Autoregression Model Approach. The Manchester School, 73, 77-98.

Lütkepohl, H., 1993, Introduction to Multiple Time Series Analysis, *Springer-Verlag.*

Mackowiak, B., 2007, External shocks, U.S. monetary policy and macroeconomic fluctuations in emerging markets, *Journal of Monetary Economics,* 54, 2512-2520.

Maier, P., DePratto, B., 2008, *The Canadian dollar and commodity prices: Has the relationship changed over time?*, Bank of Canada Discussion Paper 2008-15.

Miniane, J., Rogers, J.H., 2007, Capital Controls and the International Transmission of U.S. Money Shocks, *Journal of Money, Credit and* Banking, 39, 1003-1035.

Mumtaz, H., Surico, P., 2009, The Transmission of International Shocks: A Factor-Augmented VAR Approach, *Journal of Money, Creditand Banking,* 41, 71-100.

Nguyen, T.L., Thu G.T., Thi H.M., 2014, The Impact of External Shocks on Small Open Economies: Evidence from East Asian Countries, *International Journal of Economics and Finance*, 6.

Park, C., Chung, M., Lee, S., 2011, *The Effects of Oil Price on Regional Economies with different Production Structures: A case study from Korea using a Structural VAR model*, Energy Policy,*39,* 8185-8195.

Ruffer, R., Stracca, L., 2006, *What is Global Excess Liquidity, and Does it Matter?*, ECB Working Paper No 696.

Schmitt-Grohe, S., 1998, The international transmission of economic fluctuations: Effects of U.S. business cycles on the Canadian economy, *Journal of International Economics*, 44, 257-287.

Sims, C., 1992, Interpreting the macroeconomic time series facts: the effects of monetary policy. *European Economic Review*, 36, 975-1000.

Sosa, S., 2008, *External shocks and business cycle fluctuations in Mexico: how important are US factors?*, IMF Working Paper, WP/08/100.

Souki, K., 2008, Assessing the effects of U.S. shocks on the Canadian economy using alternative identification methods. *The North American Journal of Economics and Finance*, 19, 193-213.

Sousa, J., Zaghini, A., 2007, Global Monetary Policy Shocks in the G5: A SVAR Approach. *Journal of International Financial Markets, Institutions and Money*, 17, 403-419.

Stock, J.H., Watson, M.W., 1998, *Business Cycle Fluctuations in US Macroeconomic Time Series*, NBER Working Paper Series 6528.

Stock, J.H., Watson, M.W., 1999, Forecasting Inflation, *Journal of Monetary* Economics, 44, 293-335.

Stock, J.H., Watson, M.W., 2002, Macroeconomic Forecasting Using Diffusion Indexes, *Journal of Business & Economic Statistics*, 20, 147-162.

Stock, J.H., Watson, M.W., 2002, Implications of Dynamic Factor Models for VAR Analysis, NBER Working Paper No. 11467.

Utlaut, J., Roye B. V., 2010, The Effects of External Shocks on Business Cycles in Emerging Asia: A Bayesian VAR Model, *Working Paper*, 1668.

Vasishtha, G., Maier, P., 2011, *The Impact of the Global Business Cycle on Small Open Economies: A FAVAR Approach for Canada*, Working Paper 2011-2.

Zuniga, M.C., 2011, International Monetary Transmission, a Factor-Augmented Vector Autoregressive (FAVAR) Approach: The Cases of Mexico and Brazil. *Business and Economics Journal*, 26, 1-16.

Appendix. Description of the data

Data time series are from the IFS, the OECD (Main Economic indicators) and central banks of the considered countries. According to Bernanke et al. (2005), we divide the variables into subpanels: those with slow movement (S) and those with fast movement (F). All variables are then deseasonalized and stationarized. Below is a detailed description of data.

Industrial production (IPI)
All the countries: index of the total production of the industry, the seasonally adjusted data, 2005=100, Source: IFS

Exports(X)
All the countries: volume of the exports in Millions of US dollars, not seasonally adjusted data, Source: IFS.

Imports (M)
All the countries: volume of imports in Millions of US dollars, not seasonally adjusted data, Source: IFS.

Unemployment (CH)
All the countries: unemployment rate, in percentage, not seasonally adjusted data, Source: IFS.
Gross domestic product (PIB)
All the countries: index of the production, 2005=100, not seasonally adjusted data, Source: IFS
Gross National Income (GNI)
All the countries: Gross National Income, in national currency, seasonally adjusted data, Source:IFS.
Index of Consumer Price (CPI)
All the countries: index of the consumer price, 2005=100, not seasonally adjusted data, Source: IFS and OECD (Main Economic Indicators).
Import Prices (PI)
All the countries: index of the price of import, 2005=100, not seasonally adjusted data, Source: IFS.
Wages (S)
All the countries: unit cost of the work, Source: IFS.
International reserves (RI)
All the countries: international Reserves in millions, unit: SDR, Source: IFS.
Money growth (CM)
We use the series M1 for all the countries, except for the United Kingdom where we use M4, France M3 and Italy M2. The main source of data is IFS exception France M3 and Italy M2. The main source of data is IFS
exception:
*France: central Bank of France.
*Italy: central Bank of Italy.
Treasury Bill Rate (TBR)
All the countries: rate of the short-term Treasury bonds, in percentage, Source: IFS.
Discount rate (DR)
All the countries: discount rate at the end of period, in percentage, Source: IFS.
Money market rate (TMM)
All the countries: rate of the money market, in percentage, Source: IFS.
Short-term interest rate (TICT)
source of data IFS and OECD (Main Economic Indicators).
* France: 3-month PIBOR
* Italy: 3-month interbank rate on deposits
* Germany: 3-month FIBOR
* Australia: Yield 90-day Bank accepted bills
* Spain: Interbank loans - 3month
* Denmark: 3-month uncollateralized interbank rate
* Canada: 3-month corporate to paper rate
* Japan: Rate New 90 to less than 120 CDS
* United Kingdom: 3-month means LIBOR / LIBID
* US: spleen 3-month CDS
Long-term interest rate (TILT)
* France, Germany, Italy, Denmark, Spain and United Kingdom: long term government bond yield (10 years), Source: Eurostat

* Australia: Commonwealth government bond Yield (10 years), Source: bank of Australia.
* Canada: Government bond yield: 10 years benchmark (the End of the month), Source: CANSIM - Statistics of Canada
* Japan: Interest bearing government bonds - 10 years, Source: OECD (main economic indicators).
* The United States: Government bond yield (10 years).

Tunisia variables

Variables	Acronym	S ou F	Stationarization
1-GDP	GDP	S	Log-first difference
2-Index of the Production manufacturer- total index	IPI	S	Log-first difference
3-Index of the industrial Production Food-processing industries	IPIAA	S	Log-first difference
4-Index of the industrial Production Materials of Ceramic construction and Glass	IPICV	S	Log-first difference
5-Mechanical and electric industrial Index of the Production	IPIME	S	Log-first difference
6-Index of the industrial Production Chemistry	IPIC	S	Log-first difference
7-Index of the industrial Production Textile, Clothing and Leather	IPITH	S	Log-first difference
8-Index of the industrial Production Diverse Manufacturers	IPIMD	S	Log-first difference
9-Index of the industrial Production- Mines	IPIM	S	Log-first difference
10- Iindustrial Production Energy Index	IPIE	S	Log-first difference
11-Mining Production	PMN	S	Stationary
12-Exportation-Total	X	F	Log-first difference
13-Exportation-Farm Products and Basic Food.	XAA	F	Log-first difference
14-Energy Exportation-Products	XPE	F	Log-first difference
15-mining Exportation-Products and phosphate	XMP	F	Log-first difference
16-Exportation-Textile, clothing and leather	XTH	F	Log-first difference
17-Exportation-Diverse manufacturing industries	XAIM	F	Log-first difference

18-Exportation-Mechanical and electric engineering industries	XIME	F	Log-first difference
19-Exportation-Mine phosphates and by-products	XMPD	F	Log-first difference
20-Exportation-Energy and lubricants	XEL	F	Log-first difference
21-Importation-Totale	M	F	Log-first difference
22-Import - Farm products and basic food	MAA	F	Log-first difference
23-Import - EnergyProducts	MPE	F	Log-first difference
24-Import - mining Products and phosphate	MMP	F	Log-first difference
25-Import - Textile, clothing and leather	MTH	F	Log-first difference
26-Import - Diverse manufacturing industries	MAIM	F	Log-first difference
27-Import – Mechanical and electric engineering industries	MIME	F	Log-first difference
28-Import - Mine phosphates and by-products	MMPD	F	Log-first difference
29- Importation - Energy and lubricants	MEL	F	Log-first difference
30-Tourism-Entry of the non residents	TENR	F	Log-first difference
31- CPI- General	CPI	S	Stationary
32- GDP deflator	GDPD	S	Stationary
33- Import Price	PM	F	Stationary
34- Export Price	PX	F	Stationary
35-Monetary aggregate M1	M1	F	Log-first difference
36--Monetaryaggregate M2	M2	F	Log-first difference
37- Foreignreserve in millions $	RE$	F	Log-first difference
38- Foreignassets	AE	F	Log-first difference
39- Foreign exchange	EE	F	Log-first difference
40-Total reserve of gold	RTO	F	Log-first difference
41-Bank deposit: active	DAB	F	Log-first difference
42-Bank deposit: passive	DPB	F	Log-first difference

43- MonetaryReserves, Money NLE	RM	F	Log-first difference
44-foreign Liabilities	PE	F	Log-first difference
45-Deposit of government	DG	F	Log-first difference
46-Major Account	CC	F	Log-first difference
47-Credit of the central bank	CBC	F	Log-first difference
48- Foreign reserves to the month of imports	REMI	F	Log-first difference
49-Real exchange rates	TCR	F	Log-first difference
50-Exchange rates of $ in Dinars	TC$	F	Log-first difference
51-Rates of the money market	TMM	F	First difference
52-Rates of nominal effective exchange	TCEN	F	Log-first difference
53-Rates of real effective exchange	TCER	F	Log-first difference

TRANSMISSION DES CHOCS INTERNATIONAUX À UNE PETITE ÉCONOMIE ÉMERGENTE : CAS DE LA TUNISIE

Résumé - *Cet article étudie comment les chocs internationaux sont transmis à des économies émergentes comme la Tunisie. La littérature empirique sur la transmission des chocs internationaux est basée principalement sur une modélisation VAR structurel à petite échelle. Dans cet article nous utilisons un modèle VAR enrichi de facteurs (modèle FAVAR) et un large panel de données comportant 211 séries relatives à 11 pays européens et industrialisés pour analyser l'impact des chocs mondiaux suite à la crise financière internationale de 2008 sur l'économie tunisienne. Cette spécification a l'avantage d'exploiter un grand nombre de variables pouvant influencer la conduite de la politique monétaire et qui peuvent accélérer le mécanisme de transmission des chocs monétaire externes à l'économie nationale. Nous nous intéressons principalement à certaines sources de chocs telles que la baisse non anticipée de l'activité économique mondiale, du taux d'intérêt et du prix des matières premières. Nos résultats montrent que la Tunisie est exposée essentiellement aux chocs de l'activité économique étrangère et des prix des matières premières. En revanche, elle est beaucoup moins exposée aux chocs concernant les taux d'intérêt étrangers ou l'inflation mondiale. Nos résultats montrent aussi que les canaux par lesquels se transmettent les chocs externes sont principalement des canaux réels.*

Mots-clés : TRANSMISSION INTERNATIONALE, TUNISIE, MODÈLE FAVAR, CRISE ÉCONOMIQUE

COMPTE RENDU

Jean-Raphael Chaponnière et Marc Lautier (dir.), *Les économies émergentes d'Asie : entre État et marché*, Ed. Armand Colin, collection U, Paris, 2014, 268 p.

L'ouvrage de J.-R. Chaponnière et M. Lautier analyse les ressorts multiples des dynamiques asiatiques. Les auteurs mettent l'accent sur le fait que l'émergence de l'Asie se comprend dans le temps long, avec pour pilier majeur les institutions dont l'objectif est d'encadrer le dynamisme du marché. Ils soulignent avec justesse la pluralité des Asies : on y parle 800 langues, on y pratique de multiples religions, on y trouve des pays riches et pauvres, jeunes et vieillissants, démocratiques et dictatoriaux, ainsi que des stratégies diverses de croissance et d'insertion internationale.

L'ouvrage est structuré autour de 9 chapitres. Les auteurs, au premier chapitre, évoquent sur le plan historique les trajectoires différenciées de l'Asie et de l'Europe. Ils se demandent pourquoi l'Asie n'a pas suivi la voie européenne au cours des siècles passés et ils tentent de préciser les raisons pour lesquelles elle a décollé à partir de la seconde moitié du XXe siècle.

Le chapitre 2 traite du socle institutionnel de l'émergence. Les auteurs rappellent combien le rôle de l'État a été décisif dans les années 1960 pour expliquer la croissance des Nouveaux pays industriels (NPI). L'efficacité de la politique industrielle via un État développeur, comme le soulignera Kuznets, est une des clés de la réussite asiatique. Du point de vue de l'économie du développement en tant que champ d'analyse, ce rappel est salutaire, notamment via les débats autour du Consensus de Washington plutôt enclin à un désengagement de l'État.

Le chapitre 3 situe la fin de l'État développeur dans les années 1980 au moment où la réussite des firmes exige une moindre protection de la puissance publique. La transformation rapide des structures de production, les efforts en matière d'investissement, l'intégration internationale multiforme accompagnent une réelle dynamique industrielle qui se diffuse par vagues, en « vol d'oies sauvages », sauf en Inde. Ce qui compte avant tout c'est l'investissement matériel et immatériel, associé aux opportunités de l'ouverture, qui amène un changement structurel source de rattrapage technologique.

Le chapitre 4 aborde, à partir des années 1990, l'entrée de l'Asie émergente dans la globalisation financière, les crises politiques et économiques, les pratiques de mauvaise gouvernance et la fragilité de certaines économies suscitées par la dérégulation financière.

Le chapitre 5 traite de l'intégration régionale en Asie. Les échanges intra-asiatiques étaient estimés à 14 % en 2011 (6 % en 1985) à comparer aux 21 % des échanges intra-européens (24 % en 1985). L'intégration asiatique repose sur des échanges intra-branches et souvent intra-firmes à travers la localisation de chaînes de valeur qui ont contribué à la croissance et à de nouvelles opportunités d'échanges via des accords commerciaux. L'ASEAN créée en 1967 a longtemps été la seule organisation régionale. Vingt ans plus tard, les Etats-Unis se rallient au projet APEC proposé par l'Australie, ce qui constitue la première initiative américaine pour l'intégration asiatique. Suivra en 2009 le *Transpacific partnership* (TPP) (officialisé en octobre 2015) qui peut être perçu, au-delà d'une libéralisation préférentielle des échanges, comme la volonté stratégique américaine de contrer la montée de la Chine.

Le chapitre 6 analyse l'évolution des sociétés asiatiques, passant de réservoirs illimités de main d'œuvre assurant des bas salaires à l'émergence de classes moyennes, fondées sur des hausses de productivité et de salaires. Toutefois, il serait réducteur de considérer que ces évolutions sont semblables dans toute l'Asie : si le nombre de paysans baisse relativement en Chine et en Asie de l'Est, il n'en est rien en Asie du Sud et du Sud-Est. On assiste aussi à un creusement des inégalités. Les auteurs rappellent l'hypothèse de Kuznets selon laquelle les inégalités se creusent au début de la croissance pour se réduire avec le développement avant de citer les travaux récents de Piketty qui nuancent la portée de cette hypothèse : ce n'est pas tant la réallocation de la main d'œuvre de l'agriculture vers l'industrie qui limite les inégalités mais davantage les politiques publiques. En Chine par exemple, où la croissance ralentit, faute de taxes sur les plus-values, d'impôts sur le foncier, d'envolée des prix de l'immobilier, les inégalités de revenu vont continuer à se creuser avant d'être « dépassées » par les inégalités de patrimoine.

Le chapitre 7 s'intéresse à la croissance de l'Inde avec la question de la montée des services comme alternative ou non à l'industrie. Si la Chine est l'atelier du monde, l'Inde serait son « bureau », soit deux modèles alternatifs de développement. Là encore, il est utile de rappeler que l'Inde est un vaste pays qui n'est pas homogène. Il existe de fortes disparités entre les États indiens dont les plus pauvres ont des revenus proches de l'Afrique subsaharienne. Après avoir souligné les choix économiques de l'indépendance, les auteurs traitent de la Révolution verte, du désengagement de l'État, de l'impératif industriel, de l'ouverture commerciale, du secteur informel, d'une croissance pauvre en emplois et des diversités régionales. Si l'Inde a retrouvé un statut de grande puissance (la troisième après la Chine et le Japon en Asie) et si la démocratie parlementaire est réelle, l'agriculture reste assistée et peu productive, elle ne contribue pas à la croissance, l'industrie ramenée à 15 % du PIB n'est pas le moteur de l'économie et les activités de services ne sont pas à la hauteur des défis.

Le chapitre 8 revient sur la rapide industrialisation de la Chine qui la distingue des autres économies asiatiques depuis 40 ans. La Chine est devenue la première puissance manufacturière devant les États-Unis. Fidèles à leur démarche, les auteurs analysent les performances (ou les limites selon les cas) de l'économie chinoise au regard de son histoire, de ses institutions, de ses stratégies de développement. Du Grand Bond en Avant à la libéralisation économique et commerciale, puis à l'entrée à l'OMC, l'économie chinoise s'est profondément transformée pour en faire la deuxième économie mondiale avec en 2014 un PIB de 10 000 milliards de dollars courants. Les caractéristiques majeures de cette économie sont rappelées : un niveau d'investissement supérieur au niveau de consommation, une épargne très élevée, des réserves de change considérables, mais aussi des déséquilibres régionaux comme en Inde, des inégalités de revenus (le coefficient de Gini est estimé à 0,47 en 2013), une croissance non soutenable... On y ajoutera des interrogations d'ordre démographique avec les conséquences de la politique de l'enfant unique mais aussi des mouvements migratoires de la campagne vers la ville qui exigent des créations d'emplois, et d'ordre politique avec de nouvelles aspirations pour les classes moyennes peu compatibles avec un pouvoir politique confisqué.

Le dernier chapitre pose une interrogation majeure : le XXIe siècle sera-t-il asiatique ? Non, selon les auteurs, sans nier le basculement du centre du monde. Sur le plan démographique, l'Asie de l'Est vieillit, l'Asie du Sud reste jeune, la Chine sera vieille avant d'être riche. Sur le plan politique, les peuples aspirent à plus de libertés individuelles sources de tensions avec les autorités. Sur le plan économique, la croissance d'un pays comme la Chine est incompatible avec les contraintes environnementales. Enfin, si l'Europe est ou peut être le perdant de ce basculement du monde, il n'est pas acquis que les États-Unis perdront leur avance technologique, ni leur *soft power*.

Cet ouvrage, peu technique mais de qualité, a le grand mérite de resituer l'émergence asiatique sous de multiples aspects : économique, démographique, mais aussi historique et politique. Son autre mérite est d'insister sur les parcours différenciés, les diverses stratégies de croissance, les performances obtenues dans un temps plutôt court, mais aussi sur les importantes disparités qui caractérisent l'Asie et les nombreux défis qui restent à relever.

Jean-Claude Verez
LEAD, Université de Toulon

Charlie Karlsson, Martin Andersson, Therese Norman (ed.), *Handbook of Research Methods and Applications in Economic Geography*, Edward Elgar, 648 p. + XII p., 2015.

Ce nouvel Handbook sur les méthodes et les analyses appliquées paru chez Edward Elgar se veut un état de l'art des recherches en économie géographique, définie au sens large au carrefour de l'économie spatiale, de la géographie économique et de la science régionale. L'ouvrage, coordonné par l'habituel Charlie Karlsson dans ce genre d'exercice, avec deux collègues suédois, est une somme de quelque 650 pages, composées d'une introduction générale et de 28 chapitres. il réunit 56 auteurs, dont 43 européens, avec la part belle aux chercheurs suédois (10 auteurs) et néerlandais (10 auteurs). Aucun français parmi les auteurs, du moins aucun en poste en France, puisque Sandy Dall'Erba appartenait à l'Université d'Arizona au moment de la parution de l'ouvrage (il est désormais à l'Université d'Urbana Champaign, Illinois). Différents auteurs français sont cependant cités selon les chapitres, et dans l'introduction générale Perroux (1950, 1955), Ponsard (1988) et Aydalot (1986) dans l'histoire contemporaine de la pensée en économie régionale.

La section 2 de l'introduction peut être vue comme une bonne trame d'un cours de master en économie régionale, la section 3 inventorie, à travers un bref résumé, les 28 chapitres.

A travers les différents chapitres présentés en quatre parties, l'ouvrage offre un éclairage sur les approches méthodologiques et économétriques et leurs avancées (économétrie spatiale, systèmes d'information géographique GIS, modèles GMM et à équations simultanées, modèles d'équilibre général calculable...), les modèles et outils d'analyse (méthode shift-share, modèle input-output, multiplicateurs locaux et théorie de la base, indicateurs de concentration géographique...), les concepts (économies d'agglomération et débat sur l'opportunité de la distinction externalités MAR/Jacobs, externalités de connaissance localisées, marché potentiel ou la notion encore mal saisie de capital social...), des domaines d'analyse (migrations interrégionales, marchés locaux du travail, entrepreneuriat, systèmes d'innovation et fonctions de production de connaissances...).

Comme toujours dans les ouvrages de ce genre, les traitements des thèmes sont hétérogènes et parfois discutables. Certains chapitres se présentent comme des articles de recherche, d'autre plutôt comme des *surveys* ou un état des lieux des recherches. Mais cet ouvrage, dont on doit regretter un coût d'acquisition très élevé, a un mérite incontestable : il montre l'étendue de la recherche en économie géographique et en offre un panorama rare, il peut être vu comme une clé d'entrée dans certains domaines et une base pour des chercheurs et des étudiants avancés, le lecteur peut puiser à sa guise selon ses pôles d'intérêt et utiliser l'index et la large bibliographie donnée dans chaque chapitre.

Maurice Catin
LEAD, Université de Toulon

REVUE RÉGION ET DÉVELOPPEMENT

Site Web : www.regionetdeveloppement.org

Recommandations aux auteurs

La Revue Région et Développement publie en français ou en anglais des articles originaux, des notes et documents et des comptes rendus de lecture. Pour soumission à publication, l'auteur doit adresser à la rédaction de la revue le texte par courrier électronique ou le manuscrit dactylographié en deux exemplaires. La présentation des chapitres, des références bibliographiques et des notes de bas de page doit être conforme à celle de la revue. Les articles doivent être accompagnés d'un résumé en français et en anglais d'une dizaine de lignes, des mots-clés correspondants et de la classification du JEL. Le nom de l'auteur, l'institution à laquelle il appartient et l'adresse complète doivent figurer en page de garde.
Les articles proposés à la revue Région et Développement sont évalués par le Comité de rédaction puis soumis de manière anonyme à un ou deux referees. L'auteur reçoit un rapport d'évaluation, lui aussi anonyme, concluant à publication, révision ou refus.
Après avis favorable à la publication dans la revue, il sera demandé à l'auteur un envoi par mail du texte en Word (y compris figures, tableaux et formules mathématiques compatibles avec Word 2010).

Les propositions d'articles doivent être adressées à la rédaction de la revue :

Professeur Maurice Catin
Revue Région et Développement
LÉAD - Faculté de Sciences Économiques et de Gestion
Université de Toulon
70 Avenue Roger Decouvoux
83000 Toulon

Mail : maurice.catin@univ-tln.fr

Secrétaire général de la rédaction : Christophe Van Huffel
Tel : 04 83 36 63 02 - Mail : vanhuffel@univ-tln.fr

BULLETIN D'ABONNEMENT

Revue "Région et Développement"

- **Je désire souscrire un abonnement pour l'année 2015 (deux numéros) :**

☐ France, DOM-TOM : 37 € ☐ Étranger : 40 €

- **Règlement :**

☐ CCP ☐ Chèque bancaire ☐ Mandat international

Pour l'étranger, merci d'effectuer un virement en euros sur le ***CCP 23 625 44 N Paris*** ou bien un règlement par chèque bancaire en euros sur une banque domiciliée en France ou par carte de crédit internationale.

N° de la carte : |_|_|_|_|_|_|_|_|_|_|_|_|_|_|_|_|

Date d'expiration : |_|_|_|_|_|_|_| Banque : ....

Nom et Prénom : ....
Adresse : ....
....
Code Postal : .... Ville : ....
Pays : ....

Date :

Signature :

Ce bulletin d'abonnement à la Revue "Région et Développement" et votre règlement sont à retourner à :

Éditions L'HARMATTAN - 7, rue de l'École-Polytechnique, 75005 PARIS
Tél. : 01 40 46 79 14 - fax : 01 43 29 86 20 - site web : www.librairieharmattan.com

Abonnement annuel : 2 numéros
France, DOM-TOM : 37 €
Étranger : 40 €

L'HARMATTAN ITALIA
Via Degli Artisti 15; 10124 Torino
harmattan.italia@gmail.com

L'HARMATTAN HONGRIE
Könyvesbolt ; Kossuth L. u. 14-16
1053 Budapest

L'HARMATTAN KINSHASA
185, avenue Nyangwe
Commune de Lingwala
Kinshasa, R.D. Congo
(00243) 998697603 ou (00243) 999229662

L'HARMATTAN CONGO
67, av. E. P. Lumumba
Bât. – Congo Pharmacie (Bib. Nat.)
BP2874 Brazzaville
harmattan.congo@yahoo.fr

L'HARMATTAN GUINÉE
Almamya Rue KA 028, en face
du restaurant Le Cèdre
OKB agency BP 3470 Conakry
(00224) 657 20 85 08 / 664 28 91 96
harmattanguinee@yahoo.fr

L'HARMATTAN MALI
Rue 73, Porte 536, Niamakoro,
Cité Unicef, Bamako
Tél. 00 (223) 20205724 / +(223) 76378082
poudiougopaul@yahoo.fr
pp.harmattan@gmail.com

L'HARMATTAN CAMEROUN
BP 11486
Face à la SNI, immeuble Don Bosco
Yaoundé
(00237) 99 76 61 66
harmattancam@yahoo.fr

L'HARMATTAN CÔTE D'IVOIRE
Résidence Karl / cité des arts
Abidjan-Cocody 03 BP 1588 Abidjan 03
(00225) 05 77 87 31
etien_nda@yahoo.fr

L'HARMATTAN BURKINA
Penou Achille Some
Ouagadougou
(+226) 70 26 88 27

L'HARMATTAN SÉNÉGAL
10 VDN en face Mermoz, après le pont de Fann
BP 45034 Dakar Fann
33 825 98 58 / 33 860 9858
senharmattan@gmail.com / senlibraire@gmail.com
www.harmattansenegal.com

L'HARMATTAN BÉNIN
ISOR-BENIN
01 BP 359 COTONOU-RP
Quartier Gbèdjromèdé,
Rue Agbélenco, Lot 1247 I
Tél : 00 229 21 32 53 79
christian_dablaka123@yahoo.fr

Achevé d'imprimer par Corlet Numérique - 14110 Condé-sur-Noireau
N° d'Imprimeur : 126026 - Dépôt légal : février 2016 - *Imprimé en France*

www.ingramcontent.com/pod-product-compliance
Lightning Source LLC
LaVergne TN
LVHW011314061026
849535LV00005B/1553

* 9 7 8 2 3 4 3 0 8 5 8 8 3 *